两周礼器制度研究

吴十洲 著

商务印书馆
The Commercial Press
创于1897

2016 年·北京

图书在版编目(CIP)数据

两周礼器制度研究/吴十洲著. —北京:商务印书馆,
2016(2016.11 重印)

ISBN 978 - 7 - 100 - 11483 - 7

I.①两… II.①吴… III.①古器皿—礼仪—制度—
研究—中国—周代 IV.①K892.98

中国版本图书馆 CIP 数据核字(2015)第 177028 号

两周礼器制度研究

吴十洲 著

商 务 印 书 馆 出 版
(北京王府井大街36号 邮政编码 100710)
商 务 印 书 馆 发 行
三河市尚艺印装有限公司印刷
ISBN 978-7-100-11483-7

2016 年 4 月第 1 版 开本 880×1230 1/32
2016 年 11 月北京第 2 次印刷 印张 14 1/4
定价:86.00 元

序

首先对于这部学术著作的出版，谨表由衷祝贺。

我与作者十洲结成师生关系，应从 20 年前他最初在南开大学历史系就读算起，那时我作为历史系讲师，一边授课，一边在职攻读博士课程。十洲 1986 年重入南开大学攻读硕士学位，1989 年毕业后，至 1996 年再次考取博士研究生，时隔有七年，这其间他经历了丰富而有益的社会与学术研究的实践，包括在中国农业博物馆做了四年中国农业史的研究，在日本东京的国学院大学、中央大学及京都的国际日本文化研究中心做了两年考古学与历史学的研究，另外还在日本的 NHK 电视台工作过一年。1996 年他入南开攻读博士学位，我又担任他的指导教授。那一年我年近五十，他亦已年过四十。对于他在这个年龄仍能耐得寒窗苦，在学术上孜孜不倦以求上进的精神，我作为导师也不能不为之感叹。在十洲攻读博士课程期间，我奉调至北京的中国历史博物馆工作，他毕业后也回到北京，进入中国社会科学院工作，又遇到一处，过往如初，算是一份难得的师生缘分。

十洲的《两周礼器制度研究》一书，是在他的博士学位论文基础上完成的，作者较丰富的人生经历对完成这部著作起到了重要作用。譬如以往的研究经验，及由此得到的意志方面的锻炼，都对创造性地运用一种观点、一种研究方法有着无法取代的积极作用。在论文的写作中，十洲广泛搜集和运用周代金文材料，综合古文献、古文字与田野考古资料，系统地研究先秦时代礼器制度发生、形成与演变的过程，并对这一制度产生的社会历史与思想背景及其产生的深刻社会影响作了全面的分析与论证。同时,他在论述中尽可能地吸收了国内外学者在此课题研究中的已有成果,综合分析,加以裁断,使这部著作能够在采纳前人研究之长处的基础上形成自己独立的见解。

礼制是中国古代传统文化的核心内容,在两周时代用以维系贵族间的等级,并作为规范以制约人们的日常行为。关于当时的礼制,虽有东周各类礼书等文献记载,清代时又有众多学者对这些文献作深入考证,可以说已有累累成果。但现存东周礼书所记两周礼制一则不够系统全面,二则也渗入作者的构拟成分,未必皆是两周礼制之实录。近半个多世纪以来,田野考古发掘揭露的各种遗迹、出土的各类文物及古文字资料,为深入研究两周礼制这一重要课题提供了丰富的资料与深刻的启示。将这些资料与历史文献相结合,同时吸收当代新的史学及相关学科(如文化人类学、民族学、社会学)的各种理论,并注意采用新的富有时代性的研究手段,即完全可能在此课题研究上有开拓性的成果。

十洲的这部学术著作选择了两周礼制研究中的一个专题,从当时贯彻、强化礼制所必需的礼器着眼,去探讨礼制及相应的意识形态,这种选择当然也是基于丰富的考古资料对研究礼器制度有重要的支撑作用。但即使这样,这部著作的题目仍是较大的,也有一定难度。十洲克服困难,用了几个寒暑,完成了本书的写作,其所取得的成绩,我以为可以大致概括为以下几个方面:

首先,作者注意将文献记载与田野考古资料做科学的印证,努力揭示先秦礼器制度的全貌,对东周礼书有关礼器部分的记述加以全面整理,从而归纳出文献中所记各类礼器的组合制度,可谓是目前这一课题研究的最系统成果。其次,本书为两周礼器制度的研究设定了一个完整的研究体系,扩大了此领域的研究面,不只是停留在单种礼器的组合方面,而是全面考察礼器诸类别的整体组合形式、各类别内部的组合形式、各器种的数量关系与组合关系等。这一系统性考察在研究的视野与方法论上也是有创新意义的,较前人偏重礼器器种的个别研究,比如只侧重由墓葬出土青铜器的数量和组合研究礼器制度要前进了一大步。

再次,本书对礼器制度在先秦历史阶段的社会功能与其所昭示的贵族等级结构、家族宗法制度做了全面具体的考察。不仅论述了礼器制度形成的社会历史背景,并且探讨了其所反映的哲学、伦理观念,而这方面的研究过去是很少有人认真做过的。

另外,本书在以下具体问题的研究上,于观点或研究方法上也多有创获:

第一,从形制发生、演变角度,论述了新石器时代陶器在造型与用意方面与青铜器的渊源、承继关系,认为两周礼器源于新石器时代的通神与权力的陶质象征物。

第二,在研究礼器组合时,强调不同类、不同质料礼器之总体组合在确定贵族等级身份上的意义。

第三,借用数学方法对随葬青铜容器及其组合形式做定量分析,这种属于多学科交叉研究方法的尝试是尤应提倡的。

第四,在讨论礼器制度衰落原因时,从地缘政治、人文思潮角度作探讨,也颇有独到之处。

当然,对于两周礼器制度这样一个大课题,本书的研究应该被视为一个阶段性的成果,我们对文献典籍有关记载的理解可能有的仍需要再斟酌,对于考古发掘资料的认识与理解也还需要再深入,特别是不断涌现的新的考古资料也必将会纠正我们以往认识中许多不妥帖的地方,这一研究课题应该继续做下去,在本书这个高度上再迈上一个新的台阶。我想,十洲作为作者会和我一样有这种感受与愿望的。谨预祝十洲在学术研究上不断有新的学术成果问世。

朱凤瀚

2003 年 8 月

目　录

绪　论

　　无论是在古文字资料中，还是在文献资料中，礼器与礼的相关性都是十分显著的。简言之，礼器是礼的物化形式。礼器制度实际是两周贵族政治权力分配的一种反映，与西周分封制、册命制相联系。从汉至清末，一大批学者以注解经书的形式，对文献中记载的礼器与礼器制度进行了长期而广泛的考证，这项研究的内容宏富，对于认识两周礼器制度具有重要的借鉴作用。同时应当看到，经学式的考证缺乏历史学的思维，也没有条件得到考古学的印证。现代历史学研究在考古学的支援下，为揭示这一历史现象作出过卓越的贡献。拙著的重要学术论点是，将礼器作为一个整体的研究对象来考虑和认知。

一、礼器与礼器制度

（一）商周时代的"礼"

　　19 世纪末，皖南派经学大家、朴学大师瑞安人孙诒让完成了他的《周礼正义》（光绪己亥，1899），这是他积 30 年之功而成的巨帙；孙氏还著有《十三经注疏校记》，其中《周礼》是他依据宋拓蜀石经《周礼》残本校读的，校后自跋记的时间为"光绪丙戌"（1886）。这两部著作被誉为阂通而又颇守矩矱的典范。此前后他还出版了《古籀拾遗》(1888)、《古籀余论》(1903)等。孙著订正了宋代与清代许多金石学著述的错误,在考释铭文上他提倡偏旁分析方法,注意根据文字假借的原理采用声训,对于金文研究方法的发展有很大的推动作用。然而,遗憾的是,孙氏的研究终未能脱出经学的窠臼,他在对礼和礼器进行分析时,仅限于经书的解注,而缺乏对"礼"进行沿革的与系统的思考。

同时代的吴大澂是另一位金石学大家,他的《愙斋集古录》自序于光绪丙申(1896),全书 14 卷,收入青铜器 1029 件。这本书收录广博,墨拓精良,考释确当。此前他还出版了《古玉图考》2 册(光绪己丑,1889),此书对收入的古玉"辨证源流,引证经传,图说详明,至为精校"①。吴氏利用当时新出土的古玉实物来对照《周礼》等古书,这样便是以实物为证而不是全篇空想,这种方法是一大进步。但是,他研究古玉的目的仍然是"以资诂经之用"。他要把一些"佚名"的古玉,尽量在经书中找出它们的古名及用途,因之,有时便未免牵强附会。他的方法被现代考古学家夏鼐称作是"吴大澂式的经学家方法"②。

这两位学者,实为传统金石学之殿军,而且又开启了后世古文字学、古器物学之先河。

以史学之思想与方法研究中国古代的"礼",王国维的《释礼》③所提出的认识无疑是最早的范例之一,其发表的时间约在 1915 年。该文称,卜辞中的"丰"作苗、苗等,"象二玉在器之形,古者行礼以玉,故《说文》曰:'丰,行礼之器。'"王国维释:"盛玉以奉神人之器谓之苗,若苗。推之而奉神人之酒醴亦谓之醴,又推之而奉神人之事通谓之礼。"此说如照天烛,迥异前说,启迪了研究中国古代礼制起源的新思路。

---

① 朱剑心:《金石学》,文物出版社 1981 年版,第 53 页。
② 夏鼐:《商代玉器的分类、定名和用途》,《考古》1983 年第 5 期。
③ 王国维:《观堂集林》卷 6,中华书局 1959 年版。

此后,20 世纪 30 年代,郭沫若曾说,礼的下半部是壴,即"鼓"的初文[①],似于祭祀乐舞。到了 40 年代,他又说:"礼是后来的字。在金文里面,我们偶尔看见有用丰字的。从字的结构上来说,是在一个器皿里面盛两串玉具以奉事于神。《盘庚篇》里面所说的'具乃贝玉',就是这个意思。大概礼之起源于祀神,故其字后来从示,其后扩展而为对人,更其后扩展而为吉、凶、军、宾、嘉各种仪制。"[②]由此推之,古礼的特征为以祭神为核心的原始礼仪,则"丰"字下部结构之象形器皿为高圈足的礼器而无疑,此说曾为学术界所认同。

以上研究于认识中国古代文化中的"礼"与礼器,起到了继往开来的重要作用。作为拙著绪论,有必要就中国古代文化中的"礼",尤其是"礼"与礼器的关系问题展开讨论。

1. 古文字中的"礼"

继王国维、郭沫若之后,一部分学者仍然主张"古豊豐同字"之说;而另有学者则提出豊、豐是不同的两个字。这是关于古"礼"字的一个重要的认识课题。在这方面做过研究的有董作宾,他曾经在朱芳圃《甲骨学文字编》(上海,1933)第 5 卷第 5 页"豊"字条上眉批曰:"豐、豐、豊、豊非一字,乃四字也。"1985 年,林沄发表《豊豐辨》[③],明确提出,豊、豐二字音义迥异。豊字本从玨从壴,是古代行礼时常用的玉和鼓,是会意字;而豐本从丰(金文中作丰)从豆,是形声字。这一认识是可以接受的。

在已发现的殷墟书契中,从丰、作形声字的豐字几乎无存;从壴、作会意字的豊则有数十条之多,据意思比较明确的有"豊"字的卜辞,大致可分为如下诸类:

(1)祭自然神,如:

---

①　郭沫若:《卜辞通纂》,东京文求堂 1933 年版,第 54 页。

②　郭沫若:《十批判书·孔墨的批判》,人民出版社 1954 年版,第 82—83 页。

③　林沄:《豊豐辨》,载《古文字研究》第 12 辑。

……卜争贞：……河豊其……惟…… 　　　（《合集》14625，宾组）

豊祭的对象是河神。记录以河神为祭祀对象的卜辞比较丰富①。在《左传》昭公二十四年、定公三年、襄公十八年也均有沈玉祭河的记载，《穆天子传》卷一载："河宗伯天受璧西向沈璧于河……祝沈牛马豕羊。"卜辞14625虽然是一版残辞，但"河"与豊的关系还是可以确定的，豊本从玨，以玉祭河神的语义也是可以相通的。

（2）祭四方（土地诸祇之类的神），如：

其豊在下Ｙ北卿（乡）？兹用。 　　　（《屯南》173，历组二）

甲子卜：其豊……下Ｙ北卿（乡）？ 　　　（《屯南》2294，历组二）

北卿（北乡）即北向。《国语·越语下》曰："皇天后土、四乡地主正之"，韦昭注："乡，方也。"《诗·小雅·甫田》曰："以社以方"，《大雅·云汉》曰："方社不莫"，《大雅·大田》曰："来方禋祀"，《左传》昭公十八年曰："大为社，祓禳于四方"，《墨子·明鬼篇》引古逸书曰"用代祝方社"。四方之神实际上是四方的土地，因此，卜辞祭社与祭方性质相同，陈梦家认为此祭法皆与求雨、宁风雨有密切的关系②。上举两例卜辞所企望内容不明，但豊于土地诸祇之神灵的祇承关系是无疑的。

（3）祭商王的"高祖"（无世系可考的祖神），如：

丙午卜旅贞：翌丁未夔燎告，有豊…… 　　　（《合集》25962，出组）

在殷墟卜辞中，夔是具有自然权能的"高祖"神灵，在卜辞中是燎祭的典型对象，向其祈求的事项包括天象与年成。本辞卜采用燎祭与告祭两种形式祭夔，告祭亦为商殷通行的祭祖之礼。《礼记·曾子问》曰："天子、诸侯将出，必以币帛皮圭告于祖祢，遂奉以出，载于齐车以行，每舍奠焉，而后就舍。反必告，设奠。"此说与祭夔的卜辞相契。其中"有

---

① 陈梦家：《殷墟卜辞综述》，科学出版社1956年版，第598页。

② 同上书，第584—585页。

豊”之意，似乎与“必以币帛皮圭告于祖祢”的文献相关。

另外有：

乙未卜……贞：告豊？ （《合集》25885，出组）

似乎也是设奠告庙的一类。

(4)祭对商王朝发展有功绩的“先公”，如伊尹等：

贞：其作豊……伊御？ （《合集》26054，出组）

贞：其作豊，乎(呼)伊御？ （《合集》26914，出组）

伊即伊尹。名伊，尹是其官名。传说他帮助商汤攻灭夏桀。御，《说文》曰：“御，祀也。”《礼记·祭法》曰：“能御大灾则祀之。”《易经·蒙》曰：“利御寇。”所以“御”有“抵拒”“止息”等意。卜辞习见通过祭祀向祖先神乞求“御年”者，即免除灾祸，保佑年成①。

(5)祭与时王有明确世系关系的祖神，如：

大乙、大丁、大甲其作竦，竦门作豊庸又……

（《合集》27137，何组）

壬戌卜贞：王父甲……其豊，王受有佑？（《合集》27459，何组）

子卜：父甲豊？ （《合集》27460，何组）

丙戌卜：戊亚其隮其豊？ （《合集》27931，何组）

……贞：日于祖乙，其作豊…… （《合集》32557，历组二）

……其作豊，惟祖丁彡日𨒪，王受(佑)？（《屯南》348，无名组）

……侑豊，惟祖丁庸用？ （《屯南》1255，历组二）

辛未卜：其酌品豊，其桒于多妣？ （《屯南》2292，历组二）

甲子卜：父甲豊，惟祖丁豊用？大吉。（《屯南》2294，历组二）

日于祖丁，其用兹豊…… （《屯南》2921，历组）

在殷墟卜辞中，祖先神是可以“宾于帝”的神灵，具有与天神沟通、

① 参阅朱凤瀚：《商周时期的天神崇拜》，《中国社会科学》1993年第4期。

表达时王企望的中介作用,是商族的保护神。且"帝"在神格上高于祖神,凌于祖神之上,因而卜辞习见卜问帝是否"令(命)雨"何时"令(命)雨",或卜问帝是否"降菫""降祸""降卷""降若"等。或许由于所祭神格的不同,在卜辞中未见以"豊"的形式祭祀帝,而是采用"作豊"来祭祖神,尤其是祭那些与时王有明确世系关系的祖神,看来"豊"与祭祖神有较密切的关系。应当特别指出的是:祭祖先神与祭其他神所不同者,不需要巫的介入,接近后来的礼制。

(6)所用不明的几例,如:

弜庸其豊……爵有正?	(《合集》31021,何组)
丙戌卜:惟新豊用?	(《合集》32536,历组)
惟旧豊用?	(同上)
弜作豊?	(《合集》31180,何组)
其作豊,有正受佑?	(同上)
弜用兹豊?	(《合集》30725,何组)
惟兹豊用,王受(佑)?	(同上)
弜作豊?	(《屯南》2143,历组二)
其作豊有正?	(同上)
贞:品亚惟王豊用? 吉。	(《屯南》2346,历组二)
惟兹豊用?	(《合集》30725,何组)
惟兹豊用,王受(佑)?	(同上)

以上"作豊""豊用"似与祭某神无涉,虽然也可能会是祭祀的一种,却与王事相联系,有可能是以豊这种形式做有利于商王的祈禳事。卜辞中的"受佑""有正""吉""王受(佑)",都可以看作是"豊"事的结果,或商王企望的结果。"作豊",似与《尚书·洛诰》的"功宗之礼"意近,也是王的一种政治行为。

综上所述,(1)(2)以豊祭奠自然神与祭四方神的卜辞仅有三条,而在(3)(4)(5)中以豊祭奠各种祖先神的卜辞则有十数条之多。似乎可以认为豊是一种更注重于祭奠祖先神,尤其是祭与时王有明确世系关系的祖神的一种宗教礼仪。豊的内容或许如本字从壴从珏,在形式上与用鼓用玉的礼乐仪式相关。再者,用豊的权力似乎不在于巫,而是掌握在王的手中,在豊祭祖先神的卜辞中出现的贞卜者唯有王,王用豊祭祀与之最为亲近的祖先神。另外,由于祖先神被认定为是商王的保护神,因之,没有降堇、降祸、耄年之类的损坏权能,故作豊所企冀的只有利于商王的"吉"或受佑。同时值得关注的是,乞佑的目的之一还有"正",这里所说"正"的含义究竟是什么? 还不得而知,但是"正"通"政"也是古人诠解的一种,《荀子·非相》曰:"起于上所道于下,正令是也。"豊是途径,"有正"是目的,无论是不偏斜之正,还是通政之正,都是由豊的途径来企冀实现的乞佑目的。由此可以认为,"豊"字初意,似乎是一种强调礼器(鼓和玉之属)参入的以祭祖与王事为主要内容的宗教性盛典仪式。

到了西周,原本在殷墟甲骨中用得十分清晰的豊字,似乎由金文一开始就出现了豊豐混用的现象。其原因归根结底是由于金文中的豐字的较多使用引起的。

譬如:西周金文中《墙盘》之"豐年"、《𦃟季遽父卣》之"豐姬"(族氏名)、《师簋》之"豐还",《卫盉》之"禼旂于豐"等,除去恭王时期的《墙盘》中的豐年确有后来的豐收之意,其余的均为地名。

以豐作地名的字亦出现于殷墟甲骨卜辞中,如:

甲寅卜:乙,王其田于豐,以戍擒?　　　　　　　(《怀》1586)

贞:勿往豐?　　　　　　　　　　　　　(《合集》8262,宾组)

前一个豐字是商王田猎的去处,极有可能就是后来周文王翦灭了沣河西岸的商王朝的诸侯国崇,而就此地建立起的新都豐京。《诗·大雅·文王有声》云:"既伐于崇,作邑于豐。"《古本竹书纪年》有曰:"(帝辛)六年,周文王初禴于毕。毕西于豐三十里。"(王国维注:后一句"此亦注文。")这是在商末周初出现的一个极为重要的政治都城。也许正是由于豐的特殊政治意味,导致了金文"豐"字大量使用。吴大澂的《愙斋滕稿》就曾以为豐乃豐镐之豐。又由于"豊""豐"字体相近,逐渐形成了混用的现象。后一个豐有可能是"豐"字之异构[①]。由此似乎可以认为,"豐"字与后来的古"礼"字无关。

近现代古文字研究诸家于"豊""豐"二字上纠缠不清的主要原因,在于西周金文中"豊""豐"二字的混用。那么,造成西周金文中豊豐的混用的原因又是什么呢?"豊""豐"二字形体较为相近固然是其主要原因之一,同时也与金文"豊"字从豆之礼器相关。《诗·大雅·生民》云:"卬盛于豆,于豆于登,其香始升,上帝居歆。胡臭亶时。"《毛传》曰:"木曰豆,瓦曰登,荐菹醢也。登登之大羹也。其求神之义则一也。"豆作为一种高圈足的礼器,其形象分明表示着向上祝鳌以祭天神的轨迹。古文字中的"陟"字与"降"字相对,表示天神人鬼升天和降地的轨迹。《大雅·文王》之"文王陟降,在帝左右",《瘨钟》甲组铭"大神其陟降"者是也。西周金文中豊豐下部或从壴,或从豆,已经开始混淆。如"豐年"(《墙盘》)、"豐姬"(《赗季遽父卣》)的"豐",与如"作册豊"(《豊鼎》)、"为大豊"(《麦尊》)的"豊"之下部形体异同已不可分辨。似更接近豆形器之象形。因此"豊""豐"为异字,而在金文中二字从豆之结构却无别。

统而言之,由古文字的礼所得到的重要启示之一是,无论是甲文之从鼓从珏,还是金文之从豆从壴均与祭祀仪礼用器相关。似乎能够表明在最初的祭祀礼仪中,礼器所具有的重要的相关作用。

同时应当看到,由上文所论可知"礼"字乃由豊字发展而来;但"礼"字除了继承"豊"字的原有意义而外,实则把祭祀者的行为仪节也加到

[①] 林沄:《豊豐辨》,《古文字研究》第 12 辑,中华书局 1985 年版。亦已提到此字,认为还缺乏足够之证据。在此姑且用之。又,郭沫若曰:"豐盖豐沛之豐,或说为豐京,然豐京之豐金文作蓱,且必系以京字"(《两周金文辞大系考释》,第 25 页)。殷周之际确有两个"豐"地。

里面去了(尽管礼更多地表现为祭祖)。从上引甲骨文的上下文看,很难承认甲骨文中的"豊"字,即可等同于东周文献中出现的"礼"义。故礼字由豊字而来,但不能说豊即为古礼之义。因为从豊到礼,中间还须经过一种发展。由此不妨推断,殷人虽有祭祀之仪节,但其所重视的是,在由仪节所达到的"致福"的目的,而不在仪节本身,故礼的观念并不显著。《礼记·表记》云:"殷人尊神,率民以事鬼,先鬼而后礼……周人尊礼尚施,事鬼神而远之,近人而忠焉。"在这几句话里面,分明将事鬼神看作是一件事,而将"礼"看作是另外一件事①。这似乎是在告诫我们,仅以古文字资料来说明礼的形成与发展,并与东周礼书相契合,将是多么的困难。然而,有一点是可以证实的,这就是无论是在古文字中豊字,还是在后来古文献中出现的"礼",其中礼器于礼制中所体现的显著相关性是基本一致的,这种关系也得到了考古学的验证。

2. 西周文献中的"礼"

准确地说,先秦传达给后世"礼"的概念的文献资料,最早的也未能超越西周初年的上限。在西周文献中出现的"礼"字,可以归纳为如下几类:

(1)用于表示祭祀仪式

在《尚书》之《洛诰》中出现有三个"礼"字,其一,周公曰:"王肇称殷礼,祀于新邑,咸秩无文。"郑玄注:"王者未制礼乐,恒用先王之礼乐。伐纣以来,皆用殷之礼乐。"宋人蔡沈注《书经集传》言:此周公告成王宅洛之事也。殷,盛也,与五年再殷祭之殷同。秩,序也。无文,祀典不载也。言王始举盛礼,祀于洛邑,皆序其所当祭者,虽祀典不载,而义当祀者,亦序而祭之也。《说文》曰:"作乐之盛称殷。……《易》曰:殷荐之上帝。"另外,《周礼·大宗伯》中诸侯朝王于京都或近畿分别称"殷同(殷

---

① 徐复观:《中国人性论史》,台湾学生书局1985年版,第三章中有相似观点。

见）""殷国"，皆为王亲会诸侯，与某些西周器铭中王派臣属殷成周（殷遗民）不同。商末青铜器《二祀·邲其卣》铭亦有"殷"字，当与西周器铭中的"殷"礼近同，是在殷礼中奉王命执觌赐之事①。从《洛诰》前后文的关系来看，以上三种说法以后者为胜。这样解释才与周初的形势相合。此文可释为：王行赏赐诸侯之殷礼（似为分封之典），举祭宗祖于新都洛邑，这些都不曾见成文礼典。

其二，《洛诰》曰："惇宗将礼，称秩无祀，咸秩无文。"所谓惇，厚也。宗，尊也。将，大也。可以理解为：厚其尊重先祖的大德，举行如此大规模的祭祀礼典。此处的"礼"当指祭典的次秩，而当时却还无现成的规则。这与西周之初形势十分契合。又，蔡沈注曰：此谓宗，功宗之宗也。意思是评定建国的功绩。进一步分析此说，讲功绩即贵族的政治权利的分配，即见于文献的周初分封诸侯与分配器物。

其三，《洛诰》曰："四方迪乱，未定于宗礼。"蔡注：宗礼者，即功宗之礼也。乱，治也，四方开治。公之功也。未定功宗之礼，故未能敉公功也。敉功者，安定其功之谓，即下文命宁者也。所谓"宗礼"似含宗祖之祭。这句话是"王曰"，大意是：天下四方相继得以治理，但还没有评定功臣所居之功，还没有嘉奖周公所得功勋（宗法）的章程，即确定贵族等级的"礼"，包括参祭的次秩，也包含依等级而享有的器物分配。以上三则不仅说出了礼祭的名目，而且强调了礼祭所遵循的程式。由此说明"礼"已不再是祭祀本身，而是指祭祀过程与贵族政治权利分配的规则。

《君奭》中亦载有一个"礼"字，曰："率惟兹有陈，保乂有殷，故殷礼陟配天，多历年所。"大意是殷商时代的六位有道的贤臣（商王成汤、太甲时有伊尹，太戊时有伊尹之子伊陟及臣扈、巫咸，祖乙时有巫咸之子巫贤，武丁时有甘盘）循惟此道，相继安治殷商，以保乂有殷。陟，升遐

---

① 参阅朱凤瀚：《有关邲其卣的几个问题》，《故宫博物院院刊》1998 年第 4 期。

也。故殷商先王之祀终能以德升遐配天,而享国长久。此指殷代商人行祭祀天之礼,这些旧贤臣皆能因有德而配享(但实际商人不祭天,这里是周人站在自己立场上的表述)。

《洛诰》与《君奭》的四处"礼"的文字,皆指祭祀而言;拟或可以说,西周时,礼应是与祭祀相关的一套仪节,祭祀的仪节规则,即称之为礼。以上祭祀的内容都是宗祖的。与甲文出现的"豊"字意相近,然而,在此过程中参入了贵族政治权利分配的规则。①

此外,《诗·周颂·丰年》云:"丰年多黍多稌!亦有高廪,万年亿及秭。为酒为醴,烝畀祖妣。以洽百礼,降福孔皆!"《序》说:"秋冬报也。"这里"百礼"是指报祭,群神的众多礼仪。《毛传》云:"此秋冬报赛田事之乐歌。盖祀田祖先农方社之属也。"《郑笺》云:"报者,谓尝也,烝也。"所谓田祖,当指神农,即《郊特牲》之先啬。先农,当指后稷,即《郊特牲》之司啬。方,社,即《小雅·甫田》所云之"以社以方"②,《云汉》所云之"方社不莫",是也。此外宋儒或以为此"祭上帝"。先啬祭之属还有蜡,《礼记·郊特牲》云:"天子大蜡八。伊耆民始为蜡。蜡者也,岁十二月,合聚万物而索飨之也。"郑玄注:"先啬一,司啬二,农三,(古田畯)邮表畷四,貓虎五,坊六,水庸七,昆虫八。"此中亦有初民拜物教之神也,多与农事有关。③

---

①　这首诗《郑笺》说是"当为刺厉王"。后来宋范氏《补传》、清阮氏《补笺》,或从史事,或从古历法,确认此诗是刺幽王的。《毛传》云:"(十月)之交,日月之交会。"《郑笺》云:"周之十月,夏之八月也。八月朔日,日月交会而日食。"是谓交会,是谓日食。1955年《光明日报·科学》第44期载陈遵妫《从十二月十四日环食谈起》一文认定,诗中指周幽王六年,十月建酉,辛卯朔,日入食限。即"指公元前776年9月6日的日食"。由此得到现代天文历法科学家的证实,故《十月之交》实为西周晚期之作。

②　《诗经·小雅·甫田》第二章云:"以我齐明,与我牺羊,以社以方。"《毛传》:社。后土也。"《郑笺》:"秋祭社与四方。"

③　《礼记·郊特牲》:"蜡之祭也,主先啬而祭司啬也,祭百种以报啬也。"唐司马贞《补史记·三皇本纪》:"始教耕,故号神农氏,于是作蜡祭,以绪鞭鞭草木。"

以上文献《尚书》中出现的"礼"多指与王事有关的祭祀之仪,比较古文字资料是要明确了一些,表现为祭祖;《诗经·周颂·丰年》则表现由为农事丰作而进行的祭奠,祭奠的对象是田祖或先农。

(2)用于表示国家典章制度

成于西周末的《小雅·十月之交》有一处"礼"字,第五章云:"曰予不戕,礼则然矣。"译成白话的意思是,皇父曰:"我这样做(指因在向地筑新城,拆屋废田之事)不是伤害百姓,是按照礼制行事。"《郑笺》云:"不供上役,礼则当然,言文过也。"此处所谓"礼"指的是国家发布的法令,是西周贵族之意识形态与法律、制度的总称。

(3)用于表示宫廷礼仪

《小雅·宾之初筵》中也有一处"礼"字,第二章有云:"百礼既至,有壬有林。"《毛传》云:"壬,大。林,君也。"马氏《通释》曰:"有壬,状其体之大;有林,状其礼之多。"《尔雅》云:"林烝亦训为君,又训为众,其义一也。"译成白话文是:百礼已周到之至。这很伟大,这很隆重。在奢华的宫廷宴会上,礼器成了礼仪的表征,"笾豆有楚","钟鼓既设","籥舞笙鼓"……是宫廷礼仪程序。《集传》云:"百礼,言其备也",讲的也是礼的物化形式。这首被认为是卫武公"刺时"的,也是幽厉王时的诗,属西周晚期。

以上(2)(3)文献中出现的"礼",无论是表示祭祀的,或是国家制度、宫廷礼仪的,均与国家政治制度有着显著联系。同时显而易见,仅靠上述文献中的文字资料来认识中国古代文化中的"礼"仍显不足,为此有必要将研究对象置于西周以后的历史文献,以丰富我们对先秦"礼"的认识。

3. 东周文献中的"礼"

东周文献出现"礼"字的地方渐趋增多,以至今天能够看到是时说到礼的条目不下千百之数,"礼"的字意也到了临事取义、旨趣各异的地步。汉儒诂经之时曾试图予以规范，《周易·序卦传》《说文解字》《尔雅·释言》《诗毛传》却说："礼，履也。"何以"礼"训"履"呢？这似乎与《礼记》中的两处将礼与履相连的说法不无关系，《祭义》载曾子论孝道时说："礼者，履此者也。"《仲尼燕居》曰："言而履之，礼也。"此说自有其道理。所谓"履"就是"践履"，大概是认定礼是一种具有很强实践性的社会行为，且有一定的规范。进一步演绎，可以认为，礼是要人们按照一定的规则展开的社会实践活动。这可以说是礼的一种特征。同时，似乎可以认为，礼的实践性也体现了礼在人们社会生活中所具有的普遍意义。《礼记·礼器》曰："礼也者，合于天时，设于地财，顺于鬼神，合于人心，理万物者也。"东周文献认定，礼涉及宇宙自然万物，社会、人生，与之均有莫大关系。

仅从上文有关古"礼"字的分析来看，中国古代礼制的产生是一个漫长的历史过程。在它产生与形成的最初阶段与古俗、古代宗教相连，一般表现为用一定的祭器祭祀特定的神祇。到了商晚期、西周初期，已具有政治上的功能，王掌握了最高级别的礼，并且操纵礼将不同等级的政治权利分配给贵族，即上文提到的"殷礼"。到东周，这些功能得到了朝野政界和学术界的整理和丰富，达到了一个十分宏大的体系。以至《礼记·礼器》说"经礼三百，曲礼三千"，可见当时礼的内容之丰富与繁缛。

透过复杂烦琐的礼仪条文，可以认为礼的政治作用是其最为基本的要素。所谓政治作用的本质体现在政治权利的分配上，"礼"所体现的政治权利包括王权、君权（统治权，诸如用兵权）、祭祀权（祭天，祭祖，祭自然神）、朝聘权、财产所有权、宗主权及功名利禄享用权等。礼作为政治权利分配的确定因素，用来调整君与神、君与臣、官与民、夏与夷以及贵族之间的政治关系。大约在孔子的前后，礼被赋予浓厚的政治思想，礼与政治之间的关系，被认为是完全一致的，即"礼之于政，如热之有濯也。濯以救热,何患之有?"①

如《礼记·乐记》曰:"礼自外作。""礼者,天地之序也。""序,故群物皆别。"也就是说,礼不仅代表天地之异,而且体现了天地之序,进而表征人类社会的差异、等级和秩序。礼的主要政治功用的核心意义是用以维护统治集团内部秩序,即"唯礼可以已之。……士不滥,官不滔,大夫不收公利"。然而,礼制又不同于法律,它往往以华夏民族历史上长期形成的特有的文化载体形式出现,"礼之可以为国也久矣,与天地并。君令、臣共、父慈、子孝、兄弟、弟敬、夫和、妻柔、姑慈、妇听,礼也。君令而不违,臣共而不贰;父慈而教,子孝而箴,兄爱而友,弟敬而顺;夫和而义,妻柔而正;姑慈而从,妇听而婉;礼之善物也"。② 礼强调人际间的亲缘关系,并将建筑于氏族内部的尊卑长幼之间的秩序施行于政治。如郭沫若所说:"礼,大言之,便是一朝一代的典章制度;小言之,是一族一姓的良风美俗。"③这话说得简约,却很有道理。古人向来就是将国事与家事的道理放在一起讲的。

维护统治者的政治秩序的礼,从本质讲是一种分配制度。《荀子·礼论》说:"先王恶其乱也,故制礼义以分之,以养人之欲,给人之求,使欲必不穷乎物,物必不屈于欲,两者相持而长,是礼之所起也。"即所谓"礼者,养也。"在《荀子》看来,礼是一种作为调节统治集团内部人欲与物质生活资料之间矛盾、冲突的分配制度。

从另一种角度来看,礼的外在形式在政治领域所起的作用是一种确定因素。这种确定因素的外在形式起码包括"名"(名分)与"器"(礼器)两个方面,《左传》成公二年曰:"唯器与名,不可以假人。""若以假人,与人政也。"是说带有政治权利的确定因素的器与名不能无端转让

---

① 《左传》襄公三十一年。

② 《左传》昭公二十六年。

③ 郭沫若:《十批判书·孔墨批判》,东方出版社 1996 年版,第 86 页。

给其他人。

《左传》哀公六年载,公使朱毛告于陈乞,曰:"君异于器,不可以二。器二不匮,君二多难。"①这里是说君权与礼器(礼器使用权)的性质不同,君权在等级社会中是绝对的,第一性的;而礼于政治是第二性的,礼器的性质与功用是从属于政治的。上面《春秋》的故事并没有完结,最终陈乞以卿大夫身份弑其君荼。这件事本身也说明了礼器的政权象征作用只能是第二性的,是从属于政治的。

春秋中后期,诸侯会见与朝见天子和霸主,被认为是礼之大要。即"会朝,礼之经也;礼,政之舆也;政,身之守也。怠礼失政,失政不立,是以乱也"。②礼的政治作用,在于维护最高的政治统治权;在于维护统治集团内部的政治秩序。"礼,经国家,定社稷,序民人,利后嗣者也。"③然而,问题并非如此的简单,孔子曰:"天下有道,则礼乐征伐自天子出;天下无道,则礼乐征伐自诸侯出。"④这里强调的是,礼作为政治的确定因素是受"道"所制约的,礼是道与器、名的结合,无道之"器"与"名"将偏离原有的政治秩序,因此不再符合作为正统化身的圣人的政治主张。

"夫名以制义,义以出礼,礼以体政,政以正民。是以政成而民听,易则生乱。"⑤也是说礼以政治为之本体。《礼记·哀公问》写了鲁哀公和孔子的一场对话,中心是议论治政之要。孔子认为:"为政先礼,礼其

---

① 《公羊传》同年载,陈乞曰:"夫千乘之主将废正而立不正,必杀正者。吾不立子者也,所以生子者也。走矣!"与之玉节而走之。《左传》与《公羊传》同传《春秋》"齐陈乞弑其君荼"之事,因之,《左传》所谓"器"与《公羊传》所述玉节相合,另外,从逻辑关系上看,与君权相并提之"器"不大可能是一般之物,似乎可以认为以上文献中所谓器当指礼器。

② 《左传》襄公二十一年。

③ 《左传》隐公十一年。

④ 《论语·季子》。

⑤ 《左传》桓公二年。

政之本与。"这里所谓的礼已经有了称之为"道"的内在精神,这种礼与政治倒置的逻辑关系,体现了以孔子为代表的儒家学说。从本质上看,在这一时期,为了使礼的政治作用得以充分实现,礼的内容不断地被人们加以丰富。诸如:德、恕、敬、尊、顺、忠信及卑让,等等。故《荀子·大略》曰:"礼者政之挽也。为政不以礼,政不行矣。"荀子认为:政是以礼作为牵引的,离开了礼,政治就无法运行。他将礼的作用推到了极致。

综上所述,在商祭祖礼的基础上,西周则以政治的形式将礼凝固于制度之中,在东周时期又出现了礼的伦理化,理念化。今天,我们在先秦文献中所见"礼"之记载应得到古文字资料的补充,拟或有助于对古礼的认识。

4. 古文字与古文献中的"彝"字

"彝"字与后来所称礼义在许多方面有着相似之处,载有彝字的甲文中有周原甲骨 H11:1 曰:

癸巳,彝文武帝乙宗。贞:王其邴祭成唐? □鼎纨示及二女? 其彝血牪三? 豚二? 亩有足。

卜辞中出现的"彝文武帝乙宗",彝在这里无疑是用来表示祭祀,其后"□鼎纨示及二女? 其彝血牪三? 豚二?"是具体地卜问是用三羊还是用两豕来祭成唐(成汤)。前一句的句型与《祀四·邴其卣》铭"乙巳,王曰尊文武帝乙,宜在召大庭"相似。"彝文武帝乙宗",或可释为以彝为器祭文武帝乙宗,另有相近的辞。例如:

甲寅贞:来丁巳尊于父丁? 宜卅牛。

乙卯贞:其尊甂又羌?(《合集》32125)

"尊甂"即置备祭器。卜辞亦曰"尊其鬲"(《屯南》1090),"尊鬲"也是置备祭器[①]。"□鼎纨示及二女?"或可释为以鼎纨示二女。"王曰尊

---

① 参阅朱凤瀚:《有关邴其卣的几个问题》,《故宫博物院院刊》1998 年第 4 期。

文武帝乙",或可译为王曰以尊为器祭文武帝乙于召。当然据后来习见于铭文中的"彝"的用法,未必一定要特指某一具体的器物,但如果脱离礼器的功用,似不易将用"彝"、用"鼎"、用"隋""甒""鬲"等不同的祭祀用器解释清楚。

近现代学者几乎都对"彝"字提出了自己的认识。吴大澂《说文古籀补》在彝字下从杨沂孙说,云:"古彝字,从鸡,从廾,鸡象冠,翼、尾、距形,手执鸡者,守时而动,有常道也。故宗庙器谓之彝。"邹衡在《夏商周考古论文集·试论夏文化》中还例举了用鸡祭祀是东方的风俗。说"彝"从鸡从廾,象手执鸡,指示彝所从之形体,极为明确可信。惟其解说解谓鸡守时而动,为有常道,以释彝之训常,则未免迂曲。然而,可知很早就已经有学者注意到,彝之所以象双手捧鸡或鸟形者,是以宗庙常器中实有象鸡或鸟形之物为依据的。

罗振玉曰:"《说文解字》:'彝,宗庙常器也,从系,系綦也。廾持米,器中实也,互声。'古文作𢑥𢑤,二形卜辞中彝字象手持鸡。与古金文同。其义则不可知矣。"①

郭沫若曰:"鸡在六畜中应是最先,为人所畜用之物。故祭器通用的彝字竟为鸡所专用也。就是最初用的牺牲,是鸡的表现。"②

徐中舒也持相似的观点,他认为,彝见于卜辞及金文,字形象双手捧鸡或鸟形,其鸟形或鸡形,有冠、喙、翼、尾、足、距(金文彝,尾旁缀系,从系,仍是尾形之讹,其讹变之次第如𢀖𢀗𢀘)。此字与当时彝器有相合之处,而后始可构成此彝字之形与义。徐说甚是。

现存铜器中有全体作鸡或鸟形者,诸如日本住友氏及英国猷氏各藏有数器③。另外,宝鸡茹家庄 M1 乙:24 所出禽尊即一鸟形之器具,

---

① 罗振玉:《增订殷虚书契考释·中》,东方学会 1927 年版,第 36 页。
② 引自朱芳圃:《甲骨学文字编》第 12 卷,第 2 页。参阅《说尊彝》,《集刊》七,第 75—78 页。
③ 见《删订泉屋清赏》及《猷氏集古录》。

纹样极似流散海外的两件藏品,惟失盖。以此论之,此类器大部分皆当
为殷时之器,即至迟亦当为西周初所作。铜器可能本为木制或陶制之
仿造品,则此类形制之器当存在更悠远之历史。出土的殷代遗物雕镂
之精美,实在不是其他时代所能企及的。可以推论商殷既具有如此雕
镂之技能,而此期铜器中多有禽形、鸟形之器,因之则当时木制、陶制此
类之器必当更为普遍,一定有此更为普遍之器。彝之象手捧鸡,或鸟彝
之训常必与此为不可分之事实。

在西周的文献资料中,"彝"与当时的礼仪、礼制有着密切的关系,
与礼器有着相当密切的关系。在《洪范》中有"彝伦攸斁""彝伦攸叙"的
话。而《尚书》周初文献中,大约一共出现有 10 个"彝"字;如《康诰》:
"汝陈时臬事,罚蔽(断)殷彝。""王曰,封,元恶大憝,矧惟不孝不友……
惟吊兹不于我政人得罚,天惟与我民彝大泯乱,曰,乃其速由,文王作
罚,刑兹无赦。""勿用非谋非彝。"《酒诰》:"无彝酒。""聪听祖考之彝
训。""诞惟厥纵淫泆于非彝,用燕丧威仪。"《召诰》:"其惟王勿以小民淫
用非彝。"《洛诰》:"厥若彝及抚事,如予。""朕教汝于棐(辅)民彝。"《君
奭》:"无能往来,兹迪彝教,文王蔑德降于国人。"《说文》以彝为"宗庙常
器",即凡重器之通称。而"古者德善勋劳,铭诸鼎彝"[①];《洪范》的两个
彝字,及上面的 10 个彝字,皆由此引申而来。以上彝字,归纳起来,包
括有常字的意义;如"彝酒""彝训""彝教"者是也。有的是法典、规范的
意义,如"殷彝""非彝"者是也。而《酒诰》的"非彝",系以上文的"纵淫
泆"及连同下文的"用燕丧威仪"为其内容,则是一般生活中的威仪亦称
为彝。就《康诰》"民彝"的上文"矧惟不孝不友"数语观之,则孝友之德,
也包括在彝里面。徐复观曾提出,周初由敬而来的合理的人文规范与
制度,皆包括于"彝"的观念之中,其分量远比西周初的礼的观念为重

---

① 桂馥:《说文解字义证》。

要。这是远承《洪范》的"彝"的观念足以当之；而西周初以宗教仪节为主的礼的观念，决不足以当此。徐氏在《中国人性论史》中，其原意是以彝与礼的关系的发现，来印证其西周初宗教向人文移转的话题的[①]。可以认为周初"彝"的观念与后来礼的观念的恰合，正好说明了彝器（即礼器）在这一历史时期中的重要作用。

王国维曾说：尊彝皆以礼器之总名也。古人做器皆云作"作宝尊彝，或云作宝尊，或云作宝彝。然尊有大共名之尊（礼器全部），有小共名之尊（壶、卣、罍等总称），又有专名之尊（盛酒器之侈口者）；彝则为共名，而非专名"。[②]　彝是礼器的泛称，自然与祭礼有关，参与了祭礼过程。彝作为礼器便与礼相认同。以上对于古礼字与彝字的分析，将有益于认识在古礼形成过程中，礼器于古礼相互作用之关系。

5. 关于"五礼"与用器

《周礼》把周王朝的礼节分为"吉、凶、宾、军、嘉"五大类，这种划分法具有一定的概括性，因而被历代礼学家所沿用，如宋代的张大亨将《春秋》经传所记的有关事迹，一一据五礼而分属之，作《春秋五礼例宗》。元代吴澄的《春秋纂言》，明代石光霁的《春秋钩玄》，清代姚彦渠的《春秋会要》等，也是按照五礼来收录《春秋》所载的实际事例的。清代学者秦蕙田的《五礼通考》，就是按照五礼的划分通论古代礼制的。"五礼"在两周"礼"中具有重要意义，在如下常见礼仪中间或与礼器相联系。

（1）吉礼与所用礼器

吉礼是祭祀之礼。《仪礼》中有《特牲馈食礼》《少牢馈食礼》，都是祭礼；《礼记》有《祭义》《祭统》《祭法》《郊特牲》等，亦谈到祭礼，但不与

① 参阅徐复观：《中国人性论史》，第44—45页。
② 王国维：《古礼器略说》，载《雪堂丛刻》，1915年。

《仪礼》中的祭礼相对应。

《周礼·春官·大宗伯》把吉礼分为 12 类。与之相联系的礼仪都会有礼器参与，譬如：玉器、盛牲牢的青铜容器、礼乐器以及祭祀时使用的车马与服装，相随的是严密而复杂的典章制度，体现了一些用器的规则。出于文献可确定祭祀中使用有特定礼器的记载如下：

祭天帝，譬如禋祀、实柴、槱燎这三种祭祀仪式，都是积柴而焚，利用上升的烟气来致诚祀神的形式，唯禋祀加币帛，实柴加牲体和币帛，"币帛"亦即帛，《周礼·大宰》贾文彦疏释之为束帛，用以祭神，也用以聘问馈赠。

祭宗庙祖先，譬如"以肆献祼享先王"。肆，肆解、即肢解牲体。这里是指用肆解的牲体进献先王。取血腥荐祭之意。献，献醴酒。祼，灌祭，用郁鬯灌地以祭神。既用郁鬯祭神，也就必用盛醴酒之器，似可以用金文中习见的"秬鬯一卣"一辞加以印证。享，是祭祖的专称。"以肆献祼享先王"是一种祫祭。《大雅·文王》有云："殷士肤敏，祼将于京。"《毛传》曰："祼，灌鬯也。"《传疏》曰："祼灌叠韵，鬯即一鬯也，秬鬯灌神，是谓之灌鬯。"《公羊传》文公二年："大事者何？大祫也。大祫者何？合祭也。其合祭奈何？毁庙之主陈于大祖，未毁庙之主皆升合食于大祖。"于礼书与其他文献资料中习见祼祭之器，具体问题将在拙著下文论及。

又譬如，"以烝冬享先王"。烝，是冬祭先王的名称。《小雅·天保》云："禴祠烝尝，于公先王。"《公羊传》何休《注》说："烝，众也，气盛貌，冬万物毕成，所荐众多，芬芳备具。"《小雅·天保》云："吉蠲为饎，是用孝享。禴祠烝尝，于公先王。君曰卜尔，万寿无疆。"另一首诗云："礼仪既备，钟鼓既戒。""乐具入奏，以绥后禄。"[1]钟鼓即祭祖礼仪中的"器"。

在各类吉礼中，《周礼》特别强调的是郊祭天帝、社祭社稷、享祭宗

---

[1] 《诗经·小雅·楚茨》。

庙。祭祀的神祇不同，使用的祭器也就不同。其中郊祀天帝更被摆到了所有祀祭的首位。不仅祭祀天帝的仪制隆重，陪祭的神鬼亦多，且祭祀的时间也特别长。"郊者，并百神于天而祭祀之者也。"①"郊之祭，大报天而主日，配以月……以朝及暗。"②其原因是周人信奉"天"的至上神地位："弗吊旻天，大降丧于殷。我有周佑民，将天明威，致王罚，敕殷命终于帝。"③而周天子自命是天之元子，他是受天帝的委派，代表天帝来化育人类，统治万民，治理天下的。"时迈其邦，旻天其子之，实右序有周。"④"有王虽小，元子哉！"⑤这里体现了天命与王命的合一，因此郊祀天帝也就必然被摆到了所有祀祭之首。在郊祀过程中，王者要穿着特殊的礼服，乘坐特殊的车马，使用各种礼器与天地百神沟通。王者对于这些礼器具有独享的占有权。

（2）凶礼与所用礼器

凶礼是指天子、邦国、诸侯、卿、大夫、士遭凶丧祸患时哀悼吊唁、慰问救济的礼仪，《周礼·春官·大宗伯》："以凶礼哀邦国之忧。"它包括丧、荒、吊、祪、恤五种。在《仪礼》一书中记丧礼的，有《士丧礼》《既夕礼》《丧服》；在《礼记》中谈及丧礼的，有《曾子问》《丧服小记》《杂记》《丧大记》《奔丧》《问丧》《服问》《间传》《三年问》《丧服四制》等 10 篇，说明礼书作者对丧礼的重视。

丧礼是处理死者殓殡尊馔和拜踊哭泣的礼仪。其中有种种复杂烦琐的礼节。礼在丧制服饰、器用、殓殡奠馔和拜踊哭泣等等方面都为丧礼制定了严格的尊卑亲疏的宗法关系。墓葬中的随葬品理应是丧葬礼

---

①　《荀子·礼运》。
②　《礼记·祭义》。
③　《尚书·多士》。
④　《诗经·周颂·时迈》。
⑤　《尚书·召诰》。

中的重要器用,譬如丧器、素器、肆器、明器等。这在东周礼书与两周墓葬考古发掘中都有着相当丰富的资料。

荒礼特征之一是指在荒年凶岁统治者自行贬损饮食及用器以示忧民恤民。《礼记·曲礼》中记载的周王朝统治阶级履荒礼而自行贬损的条制是:"岁凶,年谷不登,君膳不祭肺,马不食谷,驰道不除,祭事不县,大夫不食粱,士饮酒不乐。"这是说,若逢荒年凶岁,五谷不登之年,天子进食不能杀牲。礼制规定,凡是天子,国君杀牲进食就得举行食祭,而荒年"不祭肺",就是不杀牲;"不县"即不悬,祭祀时不悬钟磬等重大乐器……这是荒礼的用器规则之一。

(3)宾礼与所用礼器

宾礼即朝觐之礼。宾礼用器是两周贵族等级制度的重要体现,主要礼器是表示君臣关系的符信瑞器,以体现君臣之礼;与表示尊卑关系的符信瑞器,以体现贵族等级之礼。《仪礼》中有《觐礼》,属于朝礼。在《仪礼》中还有《聘礼》,《聘义》与《聘礼》相对应。这是诸侯朝见天子的礼制。其目的是亲睦邦国中天子和诸侯、邦国和邦国的关系。《周礼》中执掌宾礼的官府是春官宗伯和秋官司寇。宾礼包括"朝、宗、觐、遇、会、同、问、视"八种。宾礼的过程,伴随着各种礼器的使用,包括与祭器的混用,反映了礼器制度中"天人合一"的观念。其中"以圭璋聘重礼也",又,"以聘而还圭璋,此轻财而重礼之义也"[1],便是聘礼的一种重要形式。此外,礼书上还记有"宾器",即举行乡饮酒礼之用器,《地官·乡师》有曰:"州共宾器。"郑玄注:"宾器者,尊俎笙瑟之属。"此乃地方官家用器的一种制度。

(4)军礼与所用礼器

《周礼》所载军礼有五种,每种军礼都制定有各种具体的制度条文,

---

① 《礼记·聘义》。

杀戮刑赏制度甚严。军礼的外在形式之一体现于象征军权的兵戎之器。在彝器记赏赐铭文、贵族墓随葬的复数以上的兵器中,都可以找到充分的实物资料证据。

(5)嘉礼与所用礼器

《周礼》说以"以嘉礼亲万民,以饮食之礼亲宗族兄弟;以昏冠之礼亲成男女;以宾射之礼亲故旧朋友;以飨宴之礼亲四方之宾客;以脤膰之礼亲兄弟之国;以贺庆之礼亲异姓之国"。[①] 可见"嘉礼"是亲睦男女、兄弟、朋友宾客和邦国万民的一种礼制。它包括饮食、昏冠、宾射、飨宴、脤膰、庆贺六种仪制。婚礼与冠礼一样,在《仪礼》中有《士昏礼》记其仪节,在《礼记》中有《婚义》从理论上谈了各种仪节的意义。以上嘉礼都有相应的礼器。

射礼,在《仪礼》中有《乡射礼》《大射》,在《礼记》中有《射义》与之对应,在这些篇章中记载有各项礼仪中使用的礼器,其中有乡器、射器、媵器等,与之相关的用器制度拟或是春秋战国时期的地缘性礼制。譬如:古代射礼,是当比赛结束,输家被罚喝酒。《论语·八佾》说:"子曰:'君子无所争,必也射乎! 揖让而升,下而饮,其争也君子。'"即其事也。乡礼,即乡饮酒礼。《仪礼》有《乡饮酒礼》,《礼记》有《乡饮酒义》。关于乡饮酒礼的意义与目的,应如《乡饮酒义》所说:"乡饮酒之礼,六十者坐,五十者立侍以听政役,所以尊长也;六十者三豆,七十者四豆,八十者五豆,九十者六豆,所以明养老也;民知尊长养老,而后乃能入孝弟,民入孝弟,出尊长养老,而后成教,成教而后国可安也。"这是以用豆器的数量来确定长幼尊卑。

由于嘉礼同起居饮食的行为准则关系十分密切,因此在五礼中更具有普遍意义。如:饮食之礼,周王朝的饮食之礼极为繁褥,其要有:第

---

① 《周礼·春官·大宗伯》。

一,规定天子诸侯公卿大夫的食制,从三礼的记载知周王朝对天子诸侯公卿大夫食制的规定是十分奢侈的。《周礼·天官·膳夫》条说:周天子"食用六谷,膳用六牲,饮用六清,羞用百有二十品,珍用八物,酱用百有二十罋"。食用六牲,饮用六清,羞用百有二十品;子男二十四品;上大夫二十品;下大夫十六品。可见饮食之礼不仅是食物的丰俭不同,而且盛食物的容器也有着明显的等级差异。

另外,古礼中还规定天子至卿大夫"食必举乐",必有音乐助侑,因此,在音乐中就有了燕乐,乐器参与了贵族的宴飨。《论语·微子》中描写春秋晚年礼崩乐坏时载有"太师挚适齐,亚饭干适楚,三饭缭适蔡,五饭缺适秦,鼓方叔入于河,播鼗武入于汉,少师阳、击磬襄入于海"的记载,这段话中的亚饭干、三饭缭、五饭缺,就是为周天子用餐时侑食助兴的乐师。

综上所述,五礼之仪均伴随着各种功用、各种等级的礼器,从而构成一个庞大的、复杂的、有序的政治权力分配的确定体系,这一体系的最重要的外在形式即礼器。

(二) 礼的物化——礼器

上文对古文字与文献中的"礼"的分析,说明"礼"的奉行本身即有器物的条件,也可以说"礼"的奉行一定具有物化之形式。在这种物化的形式中,能够反复参与其中,专门与"礼"的奉行相关的器具就称之为——礼器。

礼器,从纵的关系来看,它产生于自发的祭祀用器与权力象征物,到了一定时期,转化为人为的成组的表示不同等级的"礼"用之器;从横的关系来看,礼器是崇神祭祖,表征政治权利的媒介之物。它主要体现在国家和贵族的各种礼仪中(原生的),在民间,这种转化则是间接的(派生的)。人类学家拉德尔德曾指出,除原始社会外,任何一个社会的文化都有"大传统"(或称"精英文化""上层文化")和"小传统"(或称"民间文化""下层文化")之分。就周代礼器制度而言,即以文化传统为载体,亦有"大传统"和"小传统"两重层面。作为"大传统"应体现在国家和贵族的形式中;而作为"小传统"则体现在民间世俗化的形式中,即使是在礼器制度走向世俗化的过程中,这样的两重层面的现象依然存在。拙著将要讨论的两周礼器制度主要集中于国家和贵族的层面上,而与世俗的礼器现象无涉。

在界定了研究对象的范围之后,为了使下文的分析进一步深入,有必要根据文献资料为之下一个定义。下文将要讨论的是——什么是礼器?

两周铜器铭文中的"器"字,或作铜礼器的"共名"。陈梦家曾说:"彝"与"器"是铜器最大之共名。[①] 譬如:《髲鼎》铭:"髲乍(作)宝器"(《三代吉金文存》2·45·2,后简称《三代》)。《𪓐建鼎》铭:"𪓐建乍(作)匋(宝)器"(《三代》2·52·5)。《𥥅鼎》铭:"王为周𥘗(锡)贝五朋,用为宗器:鼎二、簋二。"(《三代》4·10·1)另有称行器者,《𩵦子鼎》铭:"𩵦子茸(䒾)塞为其行器。"(《录遗》81)《𡩋皇父鼎》(一)铭:"𡩋皇父乍(作)雕娟般(盘)盉隮器,鼎簋一具……"《伯雍父盘》铭:"白(伯)雝(雍)父自作用器。"可见两周已用"器"字来表示青铜礼用容器,乃至其他质料的礼用器具。

《尔雅·释器》有47条,包括器与治器的方法。器当中种类繁多,有日常用容器、祭器、酒器、玉器、服饰、文具、车马、羽饰、乐器架与兵器及食品,还有农具、渔具、捕鸟具等,范围十分宽泛。其中算得上礼器的唯有"彝、卣、罍,器也"。拟或其中有的广义与狭义的区别。《易系辞》曰:"备物致用,立成器以为天下利。"据此,"器"应有三个方面需要关注,其一,"器"一定是具体的物质形态的,即"备物"者是也;其二,

---

① 陈梦家:《西周铜器断代》3,《考古学报》第11册。

"器"是有一定功用的,即"致用""为天下利"者是也;其三,"器"是有一定形制的,"立成器"者是也。这三点同样是礼器所要遵循的规则。

礼器,是礼的物质形态,或曰礼之形而下者。今天能看到的先秦礼器有出土的玉器、青铜礼用容器、兵器、礼乐器、车马器及葬器等。然而,可以肯定地说这些并不是古礼器的全部。"簠簋俎豆制度文章,礼之器也"①,所谓"制度文章"是指一个王朝的礼乐法度与典章制度,它和"簠簋俎豆"等礼器构成了"礼"的外在形式及内容。《左传》隐公五年云:"昭文章,明贵贱,辨等列,顺少长,习威仪也。"杜注:"车服旌旗。"《礼记·大传》曰:"考文章,改正朔,易服,殊徽号,异器械,别衣服……"《论语·泰伯》说尧帝之时"巍巍乎其有成功也,焕乎其有文章。"其"文章"当指使用礼器的规范。张光直曾说:"青铜的另外一个主要用途,即在祭器上的使用,可将青铜当作贵族威权与节制、约束规则的象征。三代期间,这些容器在形式与装饰纹样上经过了许多,有时是相当显著的变化,但是它们的主要功能是始终未变的。在那最高的一层,若干青铜容器用来象征一个王朝对国家的统治……"②其实青铜器只是这一物化形式的重要组成部分之一。如果将礼器按器物质地分,或玉石,或青铜,或竹木漆陶,或纤维……如此分类的方法至今仍为广泛使用,这件事本身就说明人们对礼器的物质形状分类的认同。

一种说法是,礼源于对事物的分辨,包括因功能赋予器物本身的一定意义。如《礼记·器》载:"君子曰:无节于内者,观物弗之察矣。欲察物而不由礼,弗之得矣……故曰:礼也者,物之致也。"即所谓礼的功用之一是作为区分物质现象的标准。又曰:"昔先王之制礼也,因其财物而致其义焉尔。"大意可以理解为,无财物者不可以行礼,因之先王制

---

① 《礼记·乐记》。
② 张光直:《中国青铜时代》,生活·读书·新知三联书店 1983 年版,第 22 页。

礼，必因其财物的有无、品质、用途而致其意义。

礼器所具有的特殊功用，在文献中主要有三方面的体现：

其一是礼器具有宗教化的特征，即"受天有大命"，在等级社会的时代，礼器类比了持有者与天神、祖神的特殊关系，充满着宗教的神秘色彩。《何尊》铭曰："惟武王既克大邑商，则廷告于天。曰：余其宅中或（国），自之辥民。"《周礼·天官·宗伯》云："以礼乐合天地之化，百物之产，一事鬼神。"同时，东周礼书中出现的天子祭天的专门祭器也可以作为这方面的一种论据。

其二是礼器具有政治化的特征，礼器不同于一般器用，它是一种具有政治内涵的，以体现享有国家，或贵族的不同等差的权力为表征的特殊器具，因而礼器受到统治者的高度重视。《左传》桓公二年还说"武王克商，迁九鼎于雒邑"。九鼎在这里代表着王权。

《大雅·棫朴》云："济济辟王，左右奉璋。奉璋峨峨，髦士攸宜。"是说威仪的周王，左右诸臣捧着玉璋，仪容堂堂，位置恰当。又说："追琢其章，金玉其相，勉勉的王，纲纪四方！"这是用其金玉之质规范的"文物"来反映文王的勉勉进取，与王朝严明的纲纪，并使之达至远方的庶国。另外，《假乐》篇云："威仪抑抑，德音秩秩。无怨无恶，率由群匹。""之纲之纪，燕及朋友。百辟卿士，媚于天子。"很明显，有形的礼器造就的"威仪""德音"是纲纪的标志，也是百辟卿士媚于天子的重要依凭。《左传》中有所谓"大器"、"宗器"之称，文公十二年曰："镇抚其社稷，重之以大器。"表明了大器与社稷之间的关系，即如前所说，大器对于镇抚社稷有一种确定作用，并且由此得到了当时社会的普遍认同。

礼器政治化特质的另一种表现是：不同的礼器与礼器组合代表不同的贵族等级。《左传》庄公二十一年记，周天子巡视虢公所守之地。"郑伯之享王也，王以后之鞶鉴予之。虢公请器，王予之爵。"由于爵作为礼器，贵于鞶鉴，郑伯文公因而认定周王重虢而轻郑，由此开始怀恨周王。这说明礼器客观上产生了区别贵贱亲疏的效应。庄公十八年记"春,虢公、晋侯朝王。王飨醴,命之宥。皆赐玉五毂,马三匹,非礼也"。原因是"王命诸侯,名位不同,礼亦异数,不以礼假人"。虢公与晋侯地位不同而赐以相同礼器与相同的礼器组合,因此是不合于礼的,这与前一个故事大同小异。礼器的差异,在于礼器本身有着固有的规制、规格与数量。《周礼·典命》所谓"宫室、车旗、衣服、礼仪各眂其命之数",是也。又,《礼记·礼器》:"天子之豆二十有六,诸公十有六,诸侯十有二,上大夫八,下大夫六。"郑注:"豆之数,谓天子朔食、诸侯相食及食大夫。"这是以器之个数来代表不同贵族等级的一例。又:"《赞大行》曰:圭,公九寸,侯伯七寸,子男五寸;博三寸,厚半寸,剡上左右各寸半,玉也。藻,三采六等。"《礼记·杂记下》郑注曰:"藻,荐玉者也。子男执璧,作此赞者失之。"这是以器之尺寸来代表不同贵族等级的一例。"器"还成了王者考察诸侯是否有志于享,从而国家政事是否安得的重要凭据。这方面可以在考古学资料中找到充分的证据。

先秦礼器的另一方面的特质,应是其作为一种符信的功能,它可以代表持器者与君王之间关系。礼器在诸侯国林立的政治形势下,作为符信来确定周天子与诸侯,诸侯与诸侯,九州分野之内的华夷之间的关系。"凡诸侯即位,小国朝之,大国聘焉,以继好、结信、谋事、补阙,礼之大者也。"[1]"执事以为瑞节,要结好命。"[2]《周礼·春官·典瑞》郑玄注曰:"人执以见曰瑞,礼神曰器。瑞,符信也。""瑞"是作为王权凭证的玉器,《左传》哀公十四年:"司马请瑞焉。"可见礼器之符信作用。

---

① 《左传》襄公元年。
② 《左传》文公十二年。

　　其三是礼器具有宗法的特征,严格遵循宗法制,成为宗法制社会的重要标志。周人鉴于殷人继统制上兄终弟及所造成的"自中丁以来……比九世乱"①的教训,而创设了宗法制度。这是基于政治因素对贵族血缘关系的进一步调整。宗法制度确立的结果是崇隆长子而退拟母弟,强化了尊尊关系,削弱了亲亲关系。礼器作为祭祀用器时,用于宗庙。为主祭者使用,主祭者一般即宗子。这一严格的规范也可以用来说明礼器与宗法制度的关系,如《诗·小雅·楚茨》所描述的贵族家族祭祀祖先的场面:

> 礼仪既备,钟鼓既戒。
>
> 孝孙徂位,工祝致告:
>
> "神具醉止。"皇尸载起,
>
> 钟鼓送尸,神保聿归。

诗中的孝孙即祭祖礼仪中的主祭者,亦即家族长,或称宗子。祭祖礼毕,宗子走到主祭的位置上,负责致祝辞的工祝向之报告说:"神都已经醉了。"于是击钟鼓送尸,送走神灵,撤去祭品。祭祖礼仪告一段落。诗中出现的礼器仅有钟鼓,然而不难推测凡文献或考古资料所载祭祖之器都一应出现在这一场合。所谓"殷道亲亲,周道尊尊"②。《国语·楚语下》云:"使名姓之管,能知四时之生,牺牲之物,玉帛之类,采服之仪,彝器之量,次主之度,屏摄之位,坛场之所,上下之神,氏姓之出,而心率旧典者为王宗。"韦昭注:"宗,宗伯,掌祭祀之礼。"孙诒让《周礼正义》卷三二曰:"宗即礼官之通称。《鲁语》又云:'夏父弗忌为宗。'宗即宗伯也。《书·顾命》云'大宗麻冕彤裳。'又云'上宗奉同瑁。'孔疏引郑《书》注,以为上宗犹大宗,即大宗伯是也。"大宗伯即《周礼》中最高的礼官,

---

① 《史记·殷本纪》。

② 《史记·梁孝王世家》。

很显然,在国家的形成中掺杂了宗族的成分。抑或说明礼器同样具有很强的宗法特征。

西周后期的《逆钟》铭曰:"今余易(锡)女(汝)毌(干)五锡、戈肜悬,用摄(?)于公室仆庸臣妾、小子室家……"大贵族叔氏不仅赐予逆以兵器类的礼用物品,而且授予其管理公室和管理"小子室家",即小宗的权力。

综上所述,礼器是具有物质形状的,有特殊功用的,有一定形制的器具。礼器由自发的祭祀用器与权力象征物发展而来,最终体现为国家与贵族政治权利的分配制度。礼器的功用具有鲜明的宗教化、政治化和宗法化的特征,其中以政治化特征尤为显著。由于以上因素的综合原因,《礼记·礼器》篇有曰:"礼器,是故大备,大备,盛德也。""礼也者,合于天时,设于地财,顺于鬼神,合于人心,理万物者也。"又:"君子曰,无节于内者,观物弗之察矣;欲察物而不由礼,弗之得矣;故作事不以礼,弗之敬矣;出言不以礼,弗之信矣。故曰礼也者,物之致也。"郑玄注曰:"致之言,至也,极也。"孔颖达正义曰:"故曰礼也者,物之致也者,引旧语结察物必须礼也。致犹至极也,无礼既不为民物敬信。故礼所为万物之至极也。"这里所谓使民敬信的物之极致,进一步分析,即礼的物化——礼器。认同了器物的极致也就认同了支配该器物者的极致,即"大人之器威敬"①的意思。《礼记·礼器》假孔子之口说:"诵《诗》三百,不足以一献。一献之礼,不足以大飨。大飨之礼,不足以大旅。旅具矣,不足以飨帝。毋轻议礼。"先不去说以上诸礼的精神内容孰重孰轻,且就诸礼的物质内容而言,分明是一个递增的系列,似乎可以说,孔子认为:物质形式越高的,其礼的形式也就越高。又,《礼记·曲礼》曰:"礼不下庶人。"郑玄注曰:"为其遽于事,且不能备物。"孔颖达疏云:"礼

---

① 《礼记·表记》。

不下庶人者,谓庶人贫无物为礼,又分地是务,不服燕饮,故此礼不下庶人行也。"以上文献与注释论证了礼归根结底是一种物化形式,是一种体现统治集团内部权力分配的物质形式。由此进一步可以认为,物化的礼与礼的物化作用是两周礼制的特质。

又譬如《左传》隐公五年记,臧僖伯谏曰:"凡物不足以讲大事,其材不足以备器用,则君不举焉。"他在这里说的大事是指祭祀与兵戎;器用指的是用于祀与戎一类国之大事之器用,直接与君权相结合。于祭祀的器用,他认为:"昭文章,明贵贱,辨等列,顺少长,习威仪也。鸟兽之肉不登于俎,皮革、齿牙、骨角、毛羽不登于器……器用之资,皂隶之事,官司之守,非君所及也。"皂隶是地位低下的贱役;官司之守是指一般官吏职责所分管之事。他们管理的是一般生活生产的器用。臧僖伯的话不仅说明"礼器"非但不是一般资材所制造,而且它的生产、使用的管理也非职属于一般低级官吏。说明礼器的生产资料与生产过程都是集是时全社会之最良者,代表了全社会物质生产生活的最高水准。

认知两周礼器的形制,对礼器进行分类研究无疑是不可缺少的。以质地分类固然是可行的,然而有时也必须考虑功用的因素,这是在此领域做过研究的人都有着深刻体会的一项艰巨工程。礼器的质地或功用均有很强的特性和他性,譬如玉、石、青铜、竹、木、漆、陶、纤维……其质地特性十分显著,然而仅以质地分类不但不能把握事物的全部,而且会与功用相交错;同时由祭器、丧器、食器、酒器、盥器、兵器、乐器、车马器可见其功用特性也十分显著,然而古人一器多用、一器多质的现象很普遍,因之必须两相兼顾,对考古学资料与文献资料予以综合考虑,以将各种礼器型制分门别类,并把它们规范在一个比较完整的认知体系中。

(三) 礼器制度的定义与内涵

"制度"一词见于文献,较早者为《易经·节》(《彖》),其文曰:"天地节而四时成,节以制度,不伤财,不害民。"又:"君子以制度议德行。"孔颖达正义曰:"天地以气序为节,使寒暑往来,各有其序,则四时功成之也。王者以制度为节使用,用之有道,役之有时,则不伤财,不害民也。"又曰:"数度谓尊卑,礼命之多少……君子象节以制其礼数等差,皆使有度。"这里所谓制度,是节制之意,强调"序"与"度"的作用。犹如《商君书·画策》曰:"衣服有制,饮食有节,则出寡矣。"这里的"寡"指少数人,拟或贵族阶层,其中已见"制度"之意。

以现代社会科学的观点,制度(institution)可以简言之是持续的曾被公认的社会生活的规范,或解释为在相互关系中被确立的个人行为方式。制度的具体特征体现为:(1)依据各个人的行为,而期待着他人也遵从、所确立的行为方式;(2)其次,如果有人脱离了这种方式,依据于相关法规、习惯与习俗的社会反作用或将予以制裁;(3)然而,这并不是说,由于加以制裁,人才服从制度。制度区别于法律。一般说来,制度是行为的规范化,可使人们的生活更加自如、简易,并且为实现人们社会生活的种种目的与要求,而赋予社会生活以规律,调节社会内部的各种关系。同时,制度往往不仅给予个人,而且给予社会集团以安定。由于制度的形成是过去经验的沉淀和积累,因此它作为一种文化的载体与保存者发挥其作用。譬如《左传》隐公一年曰"先王之制",隐公五年曰"古之制也"之属;(4)根据制度,将会有既得利益者,也会有非既得利益者。制度成为人们的价值观念与信念的对象。(5)制度不仅存在于人们的观念之中,而且还存在于现实的政治集团、宗教集团、家族与集体作业机构中,或者用旗帜、音乐、徽章、仪式等各种标志规范的人群中。假如用礼器作为标志规范人群的话,那么,首先将划分持有礼器者与非持有礼器者两个群体,其中持有礼器者就是既得利益者,未持有礼器者就是非既得利益者。在持有礼器者的群体中又因礼器的种类、数量、组合形式的不同,再划分为若干亚群体,在各亚群体中,人们据过去所沉淀和积累的经验而形成的价值观念与信念来约束其各自的成员,并使之遵从确立的支配礼器的行为规范。总而言之,制度是一种依据道德、习惯、习俗而形成,并加以制定的包括政治、经济、法律等诸多内涵的社会规范。

所谓"礼器制度"基本上可以认为是,相对固定的、规范的统治者与统治集团内部或宗族内部根据礼俗、祖制约定而成的礼器分配规则。是"文物典章制度"中偏重用器物的一种。礼器制度从属于先秦时代的王权与分封制度,及贵族等级制度,体现了宗法制社会中统治集团上层的价值观念与信念,其兴衰过程也相一致。它的特征其一是,从属于王与贵族阶层间的各项制度(行为规范),譬如宗法制度、册命制度、贵族爵禄制度等。在持礼器的社会群体中构成了明显的尊卑、贵贱及上下之关系。王通过国家的官僚体制对礼器进行管理与分配;其二是,礼器制度具有结构上的多级别性,在每一级别中都有相应的礼器规格,其规格包括礼器的品质、种类与数量及组合,并以此来确定各个等级的既得利益者的利益份额。由于礼器制度与王权政治、贵族等级密切相关,因此其严密程度也与之相关。礼器制度主要体现为礼器的管理与分配上,在一般情形下,如《左传》桓公二年曰:"文物以纪之,声明以发之,以临百官,百官于是乎戒惧而不敢易纪律。"这应是统治集团内部秩序的常态,严密的文物典章制度成为其社会集团安定的重要保障之一。对脱离了成制的行为予以制裁,应是礼器制度应有的功能之一。《礼记·王制》曰:"析言破律,乱名改作,执左道以乱政,杀。"郑玄注曰:"乱名改作,谓变易官与物之名,更造法度。"由此可见乱名改作的罪过之大,以及礼器相关制度之森严。正由于礼器制度是政治制度的一个组成部分,故与法律有着某些联系,这也是毋庸置疑的。只是因所谓的"刑不上大夫"的原则,故发生这样的情况的可能性不是很大。此外,应当指出的是,礼器制度的制裁功能相对薄弱,如上所述,制度作为一种文化的载体与保存者发挥其作用,依据的是习惯与习俗的社会反作用,因而对于脱离了某种规范的行为,多予以类于《左传》上常见的"非礼也"之道义上的谴责,而未见实际的制裁,这应是两周礼器制度功用的重要特征之一。

除了祖制与习俗是礼器制度的依据以外,显然它还受到社会伦理的制约,《礼记·礼运》曰:"是故夫政必本于天,殽(效)以降命。……降于五祀之谓制度。此圣人所以藏身之固也。"如是说,这一制度亦用圣人的言行作为依据,一方面说明这一制度具有公认的神圣性;另一方面,圣人是世俗社会的最高精神代表,那么这一制度的制裁功能已经值得人们怀疑了。这些都说明两周礼器制度的复杂性,因此,应当做到具体情况具体分析。

如前所述,礼器是一种具有政治属性的特殊器物。《左传》襄公三十年载,北宫文子对卫侯曰:"有威而可畏,谓之威,有仪而可象,谓之仪。"威仪是古代政治权威的表征,不同的政治权威具有不同的威仪,礼器则以不同的"威仪"来表征不同级别的政治权威,而礼器制度则是用来维护最高的权威,并且用来确定威仪与权威之间关系的秩序,即在国家与贵族的相互关系中确立个人的行为方式。

东周礼书中《周礼》载有详尽的职掌礼器的职官群体,因此礼器制度可以认为是一种管理形式。《周礼》的职官依天、地、春、夏、秋、冬六大官属而分,管理礼器的职官其地位或位在六卿,显赫之至;或为中士、下士,还有以奄人为之,近乎卑下。其中,天官之属,多掌王与后的车服、金玉、玩好等良器,专为天子服务,因而杂有宫中内官;地官之属或有掌管邦国与乡为单位的礼仪器用之职;春官之属或掌管礼器的职官最多，形成了以大宗伯为首的王朝礼官体系，分掌也很具体；夏官之属或为掌管各种兵器，其中包括各种仪礼中所使用的兵器；秋官之属或掌管邦国治器之约的，与掌包括四方币献之金玉齿革兵器者，其中具体职官可举例如下：

《春官·典庸器》曰："掌藏乐器庸器。及祭祀，帅其属而设筍簴陈庸器。"郑玄注："庸器，伐国所获之器，若崇鼎，贯鼎及以其兵物所铸铭也。设筍簴，视了当以县（悬）乐器焉。陈功器以华国也。"

《春官·典瑞》曰："掌玉瑞玉器之藏，辨其名物与其用事，设其服饰。"郑玄注："人执以见曰瑞，礼神曰器。瑞，符信也。服饰，服玉之饰，谓缫借。"

《春官·司尊彝》曰："掌六尊六彝之位，诏其酌，辨其用与其实。"郑玄注："位，所陈之处。酌，沛之使可酌，各异也。用，四时祭祀所用亦不同。实，郁及醴齐之属。"

如上所列：春官宗伯下属的有典庸器，是专掌乐器、战利品的；有典瑞，是专掌玉器的；还有司尊彝，是专掌盛酒之器，各种酒醴及共用途的官职，等等。管理之严密可想而知。又，《论语·泰伯》载，"笾豆之事，则有司存"。看来起码在孔子的时代，诸侯国仍存在有管理祭礼与祭器的专门官吏。

《周礼》中还构筑了财物（包括礼器）的庞大的储藏系统。譬如，《天官·大府》曰：大府"掌九贡、九赋、九功之贰。以受其货贿之入；颁其货于受藏之府；颁其贿于受用之府"。郑玄注："九功谓九职也。受藏之府，若内府也。受用之府，若职内也。凡货贿皆藏以给用耳。良者以给王之用；其余以给国之用。或言受藏，或言受用，又杂言货贿，皆互文。"《左传》昭公十八年曰："使府人、库人各儆其事。"孔颖达疏云："《周官》有大府、内府、外府、天府、玉府、泉府、而无掌库之官，盖府库通言，库亦谓之府也。诸侯国异政殊，故府库并言也。"王朝对礼器的管理还包括礼器的使用制度。譬如:《周礼·春官·肆师》曰:"立大祀用玉、帛、牺牲;立次祀用牲、币;立小祀用牲。"很显然,《周礼》具有一定的构拟成分,然而在金文所见大量的与之一致的官名也说明两周确实存在着一个庞大的官僚体制,其中有的与管理礼器的职官有关①。

同时,礼器制度又可以认为是一种分配制度。《周礼》记载有各种掌管礼器的职官,其中"典命。掌诸侯之五仪诸臣之五等之命",所谓"五等之命"如下:

(1)上公九命为伯,其国家宫室车旗衣服礼仪,皆以九为节;

(2)侯伯七命,其国家宫室车旗衣服礼仪,皆以七为节;

(3)子男五命,其国家宫室车旗衣服礼仪,皆以五为节;

(4)子男之卿再命;

(5)其大夫壹命,其士不命,其宫室车旗衣服礼仪,各眡其命之数②。

所谓"命",当指周王按官爵等级赐予臣下的仪物,如玉圭和官服等。《国语·周语上》曰:"襄王使邵公过及内史过赐晋惠公命。"韦注曰:"命,瑞命也,诸侯即位,天子赐之命圭,以为瑞节也。"又,"襄王使太宰文公及内史兴赐晋文公命",注曰:"命,命服也。"如"宫室车旗衣服礼仪,各眡其命之数"。其"×命"应是一层分配等级,或一个分配单位,因命不同而宫室车旗衣服礼仪不同。这俨然是一整套国家的分配体制。《周礼》之构拟固不可信,然而两周贵族之礼器分配形式大致如此无疑。两周器铭载王册命赏赐贵族的内容亦可作为其分配体制的确实之证据。

---

① 参阅张亚初、刘雨:《西周金文官制研究》,中华书局1986年版。

② 《周礼·春官·宗伯》:王之三公八命,其卿六命,其大夫四命,及其出封,皆加一等,其国家、宫室、车旗、衣服礼仪,亦如之。凡诸侯之适(嫡)子誓于天子,摄其君,则下其君之礼一等,未誓,则以皮帛继子男,公之孤四命,以皮帛,眡小国之君,其卿三命,其大夫再命,其士壹命,其宫室车旗衣服礼仪,各眡其命之数。侯伯之卿大夫士,亦如之。

　　君王以颁发的形式将不同品级的礼器分配给其下属各等级的贵族。譬如：《周礼·考工记·玉人》曰："命圭九寸，谓之信圭，侯守之；命圭七寸，谓之桓圭，公守之；命圭七寸，谓之躬圭，伯守之。"郑玄注："命圭者王所命之圭也。朝觐执焉，居则守之。"是时，诸侯初封及嗣位来朝，王命以爵，即赐以圭，此圭为命圭，予以爵的一种确定信物。另外，王还以赏赐的形式将礼器分配给其下属各等级的贵族。

　　《史记·礼书》曰："人体安驾乘，为之金舆错衡以繁其饰；目好五色，为之黼黻文章以表其能；耳乐钟磬，为之调谐八音以荡其心；口甘五味，为之庶馐酸咸以致其美；情好珍善，为之琢人磨圭璧以通其意。"司马迁认为，礼器是在高层次的物质分配上的对象于人的享乐欲望的特殊消费物品（其中的大部分是耐久性的），防范其淫侈是礼器制度的主要作用之一。

　　从文献上看，礼器的使用一旦超出了规定的度，就会被认定是"非礼也"。《左传》昭公十年引《书》曰："欲败度，纵败礼。"[1]即言放纵欲望势必败坏礼仪法度。欲与度，纵与礼的关系是相对的，是对立的，而度与礼的约束是上古的祖制的积淀。实则是王用传统礼仪与传统意识（习惯、习俗）对所辖政治集团进行控制的一种手段。《左传》襄公二年载："夏，齐姜薨。初，穆姜使择美檟，以自为榇与颂琴，季文子取以葬。君子曰：'非礼也。'"理由是"……礼无所逆。妇，养姑者也。亏姑以成妇，逆莫大焉"。诗曰："其惟哲人，告之话言，顺德之行。"季孙于是为不哲矣，且姜氏，君之妣也。檟为制棺良材，榇，棺也。颂琴，为陪葬之用。穆姜此时已无权势，故季文子夺其棺与颂琴，用以安葬齐姜。穆姜为成公之母。齐姜为成公之妇，夺穆姜之葬品与齐姜，则是亏待婆婆而成全媳妇，大逆于礼。"非礼也"只是一种对事物的

---

　　① 亦见伪《古文尚书·太甲中》。

评价,充其量不过是一种谴责,而"非礼也",即"欲败度,纵败礼",兹一旦成为现实会受到怎样的制裁? 却几未见于史书。

有学者感慨古人每天要生活在"礼也"与"非礼也"之中[①],而这些"礼也"与"非礼也"的主要标准之一,很显然是由礼器的分配与使用情形来判定的,其中主要的标准就是,以礼器的组合关系、数量关系来确定并标志贵族的等级关系,即礼器的制度。

二、学术史上有关礼器的重要研究成果

学术史上有关礼器的重要研究,最初始于汉代学者对礼书的注疏,对出土的古青铜器、古玉器等进行系统的研究,始于宋代的金石学,到了清代,对经书和古器物来了个大整理,尤其是随着古文字学、古音韵学、古文献学的确立,使得古器物的研究取得了突破性进展。现代史学与考古学最终为礼器制度的研究提供了认识上的学术思想与方法论,并将丰富的文献资料与考古学资料结合在了一起。前人的研究为两周礼器制度研究提供了很好的基础,并使之成为可能。

首先,礼书作为儒家的经典,历代学人反复进行了传、注、笺、疏,留下来的著作颇多。其中《周礼》向被认为并非可作为信史的古书,关于《周礼》的成书年代长期以来还是一件难断的公案,但是其中所述官制与其他典章文物制度及军事、经济制度等,多在不同程度上反映了东周时代或较其更早的时代所存在过的各种制度的实况,这已为近年来先秦史学、古文字学研究成果以及考古发掘资料所证实。从此种意义看,《周礼》的史料价值是无可非议的。注释礼书从西汉

---

① 杜正胜:《古代社会与国家》,台北允晨文化实业股份有限公司 1992 年版,第 84—85 页。

今文学、东汉古文学就已形成了庞大的学术流派,积累了内容宏富的学术遗产,这些文献无疑都是值得借鉴的。

(一) 汉至清代的相关学术研究

1. 汉唐学者对礼书中礼器的注疏

在东汉时期,勃兴之训诂学为古史的研究增添了活力。贾逵、马融、许慎皆为其中之大家,而郑玄更是集周秦、两汉训诂之大成。东汉末年的郑玄以古文经学为主,融贯古今文经说,开创了以博大精深著称的郑学。不仅平息了古今文之争而为当世所宗,也对后世经学的发展投下了巨大的影响力。

郑氏毕生治经,著述宏富,其中以《三礼注》为代表之作。唐人孔颖达认为"礼是郑学",宋人朱熹也极言:"三礼郑注,淹贯博奥,古今绝学。""三礼郑注"受到如此推崇的原因之一,即是他继承和发扬了汉儒治经以校勘为基础的优良传统。段玉裁于《经义杂记》序中论及校雠之学,曾说:"千古大业,未有盛于郑康成者。"可见郑氏在校勘经书上之伟大成就。

郑玄校勘三礼中礼器与礼器制度的特点是他注经的态度,其特点之一是存异。在校法中并存"故书""今书"的异文,校仪礼,并存"古文""今文"的异文。同时,他校勘的态度恭慎。可以看到郑注称引杜子春、郑兴、郑众和卢植等人的校语,而集其大成,即使自己不从其说,也不淹没前辈的一家之言,留待后人采择。有关礼器的注释大量反映在《郑注》之中。譬如,《周礼·春官·龠章》曰:"掌土鼓……"郑玄注引杜子春云:"土鼓,以瓦为匡,以革为两面,可击也。"又《礼记·明堂位》《秋官·壶涿氏》载有土鼓、"炮土之鼓"等辞,郑注与杜子春的解释基本相同。郑玄注从郑兴、郑众(郑司农)等旧注的地方很多,在此不再赘述。

其特点之二是,考释典章文物制度尤为精到,纠正原谬,不乏创见。

譬如:《考工记·梓人》:"梓人为饮器,勺一升,爵一升,觚三升,献以爵,而酬以觚,一献而三酬,则一豆矣。"郑玄注:"'觚'当为'觯','豆'当为'斗'。"郑释觚为觯者甚是。

其特点之三是,郑玄注先秦礼器大量地比照了汉代礼制。譬如,《天官·凌人》:"大丧共夷盘冰。"郑玄注曰:"汉礼器制度:大盘广八尺,长丈二尺,深三尺,漆赤中。"又《春官·典瑞》曰:"裸圭有瓒,以肆先王,以裸宾客。"郑玄注:"……汉礼瓒盘大五升。口径八寸,下有盘,口径一尺。"如此注释不仅有一定的参考性,而且具有一定的可信性。然而,由于比照汉制的原因,也有疏于拟构的,譬如:《夏官·大司马》曰:"师帅执提。"郑玄注引郑司农云:"提,谓马上鼓有曲木提持,鼓立马髦上者,故谓之提。"即行军时师帅所执有木柄可提的一种小鼓,用来发号施令。其中提为鼓的解释有误,在"鼓立马髦上"就有了时代的误差。到唐代,贾公彦就看出了其中的破绽。贾疏曰:"此先郑盖据当时已有单骑,举以况周。其实周时皆乘车,无轻骑法也。"[①]这是郑注比照汉制而得出的一例显著误释。

其特点之四是,郑玄注中常见用经书互注,或引《诗》《春秋》《尔雅》《说文》等文献释礼器的情况。譬如,《春官·典瑞》曰:"大丧共饭玉、含玉、赠玉。"郑注引《礼记·杂记》篇曰:"含者执璧将命。"郑玄随之说:"则是璧形而小耳。"又《考工记·玉人》:"璧琮九寸,诸侯以享天子。"郑玄注引《仪礼·聘礼》"享君以璧,享夫人以琮",很有说服力。再如《乡射礼》曰:"三笙一和而成声。"郑玄注引《尔雅》曰:"笙小者谓之和。"是注很清晰。

郑注可以说是后世解经注经的楷模,他的方法与成就奠定了对先秦礼器认知的基础,为后世注经者所承袭。

---

① 　汉郑玄注、唐贾公彦疏:《周礼注疏》,中华书局影印,阮元刻十三经注疏本。

　　另外,郑玄注失之于附会的地方也不少,譬如:《仪礼·燕礼》郑注释方壶。郑玄注曰:"尊方壶,为卿大夫士也。臣道直方……尊士旅食者圜壶,变于卿大夫也。旅,众也。士众食,谓未得正禄,所谓庶人在官者也。"清人黄以周就不以为然,其著《礼书道故·名物图》曰:"方壶以口足皆方得名;圆壶以口足皆圆得名。"又如:《左传》僖公二十三年曰:"春匜沃盥,既而挥之。"杜注:"匜,沃盥器也。"《礼记·内则》曰:"敦、牟、卮、匜,非馂莫敢用。"郑玄注曰:"卮,匜也,酒浆器。"王国维《说觥》以为盛盥水之匜,无盖。盛酒之匜,有盖,盖皆作牛首形,即兕觥。王说与考古学资料相符。可以认为,造成郑玄注附会的原因大体上可归于时代的局限。

　　继郑玄之后,对文献所载礼器注释最有成就的当数唐代的孔颖达。孔少时曾从隋大儒刘焯问学。入唐后,历任国子博士、国子司业、国子祭酒等职。长于《左传》《郑氏尚书》《王氏易》《毛诗》《礼记》,兼善历算。曾奉诏与颜师古、司马才章、王恭、王琰等撰《五经正义》,为唐代科举取士注疏标准书。其经学思想兼取南、北学,主张对礼书的原有注释"疏不破注",未能成一家之言。譬如,《礼记·明堂位》曰:"俎,有虞氏以梡,夏后氏以嶡,殷以椇,周以房俎。"郑玄注是:"房,谓下跗也。"孔颖达疏曰:"按《诗》注'其制足间有横,下有跗,似堂后有房然'。如郑此言,则俎头各有两足,足下各别为跗,足间横者,似堂之壁,横下二跗,似堂之东西头各有房也。但古制难识,不可委知,南北诸儒,亦无委曲解之,今依郑注,略为此意,未知是否。"由此可见孔氏"疏不破注"原则之一般。究其原因大致是比较郑玄的年代去古已远,所谓"古制难识"。

　　然而,另一方面孔颖达疏又有条件接受更多的研究成果,有助于择优是用,故也有独到之处,譬如,《诗·鲁颂·閟宫》云:"牺尊将将。"毛传:"牺尊有沙饰也。"《礼记·明堂位》曰:"尊用牺象、山罍。"郑玄注:"牺尊以沙羽为饰,象骨饰之。郁罍之器也。"与毛传同。孔颖达则引王肃注《礼器》云：“为牺牛及象之形，凿其背以为尊，故谓之牺尊。”据考古学资料可以证明，毛传与郑注不确，孔疏引王说为是。这是孔疏对文献所载礼器注释所做出了贡献的一个例证。

2. 宋儒理学与金石学研究

宋学中有两种现象与礼器研究的关系显著，一是理学的兴起，一是金石学的出现。宋初，儒者治经尚守汉唐义疏，庆历后风气逐变，刘敞作《七经小传》，开创义理之学端绪，至王安石《三经义》颁行，废除汉唐传注，义理之学遂兴。元佑间，苏轼、司马光等人，排斥王学，而《伊川（程颐）易传》专明义理，故“宋学”主要指宋代（包括元明）程朱和陆王两派的理学。《四库全书总目提要·经部总叙》曰：“要其归宿，则不过汉学、宋学两家互为胜。夫汉学具有根柢……宋学具有精微……”

理学的一支——宋元礼学，亦有创新之处。后周显德中，周世宗修定礼典，由于年代久远，宗庙彝器大多失去原貌，工匠乃随意制作，无所遵从。于是，世宗命国子司业兼太常博士聂崇义，考定礼器型制，供有司营造。聂氏遂搜罗前代《三礼》图本，共得六种。重加考订，而成《新定三礼图》20 卷。此书分冕服图、宫室图、投壶图、射侯图、旌旗图、祭玉图、鼎俎图、丧服图等 16 部。此书引经据典，图文并茂，对于研究古礼，有一定参考价值。由于古器物失传已久，考古之学又尚未兴起，可以参考的文物极少，所以礼图的复原有相当的困难，望文生义者较多。如“谷璧”则在璧上画谷，“蒲璧”则在璧上画蒲，宫室车服之图也多有类似的情况，因此历代学者对此书评价并不高，沈括《梦溪笔谈》、欧阳修《集古录》、赵彦卫《云麓漫钞》等都讥其好臆测古制。此外，杨复有《仪礼图》17 卷及《仪礼旁通图》1 卷，此书全录《仪礼》17 篇经文，疏解文意，均以图示，共 205 幅。《仪礼旁通图》则按宫庙门、冕弁门、牲鼎礼器门等分类设图，附于书后。此书依经绘象，随事立图，颇便于阅读，但图例不严，方向、比例都无定规，容易造成理解上的困难，但瑕瑜互见，不可一律否定。如聂崇义采旧图为《三礼图集注》，其后杨复《仪礼图》、朱熹《仪礼经传通解》、李如圭《仪礼释宫》等，开后来绘图、释例、考释名物之先。是以经为本来释礼器的一支学脉。

释礼器的新学术——金石学也诞生在这一历史时期。自宋真宗（998—1022）始，尤重儒学，推崇儒家经典，金石之学在当时正适应了北宋统治者此种政治需要，这点在北宋刊行的金石著作中有比较明显的表述。应该说明的是，此种证补经史的功用，由于含有实证主义的色彩，所以客观上有助于史学与文字学的发展。北宋王朝为了恢复礼制，甚至依据经典仿造出土古礼乐器。宋徽宗时出土铜器尤多，仿制礼乐器之风亦更盛。

再者，宋代中央集权制的加强，做官者益多，官僚机构宠大，金石学也正适应了士大夫文人对精神文化的需求。有一部分学者专心致力于青铜器及其铭文的研究。北宋中期以后，相继出现了一批于后世颇有学术价值的以古代金石器为研究对象的图书。其中著名的有吕大临《考古图》（10卷），此书所收古器物有铜、玉器共224件，每器均有图，并摹写铭文，记大小、容量、重量。解说器物时除己意外，引用了杨元明、刘敞、李公麟诸家之说，成书约在1102年。此书所定器物名称错误较多，但著录各项内容较齐备，其方法多为后世所仿效。李济称："在这部书内，我们可以看见，还在11世纪的时候，中国的史学家就能用最准确的方法，最简单的文字，以最客观的态度，处理一批最容易动人感情的材料。"[①]再就是宋徽宗敕编、王黼等纂《宣和博古图》（30卷），此书所录诸器，皆宫廷内府所藏。据翟耆年《籀史》曰：宋徽宗"酷好三代钟鼎书，集群臣家所蓄明器萃之天府"，其编修时间初起于大观（1107—1110）初年，至宣和五年（1123）后始成。所收青铜器共20类，839器。

---

① 　李济：《中国古器物学的新基础》，《文史哲学报》（台湾）1950年第1期。

包括杂器 40,铜镜 113。每器均有器型图与铭文,兼记大小、容量、重量,并附以考释。系宋代铜器著录书中集大成者,于定名、器用、考证亦有成绩,但在定名仍多有疏误,一些考释亦有牵强附会之处。另外,还有薛尚功撰《历代钟鼎器款识法帖》(20 卷)、赵明诚撰《金古录》(30 卷)等,注录规模之大为前代所未见。宋儒治学严谨,多精于鉴别,故此类图书有较高的学术价值。

吕大临在《考古图》序说中提出的三个目标:(1)"探制作之原始",(2)"补经传之厥亡",(3)"正诸儒之谬误",看来都完成得不错。王国维纂辑《两宋金文著录》时,仍认为《考古》《博古》二图当为后世的金石著录家们之准则。尤其是对于宋人的彝器定名,王国维更是褒奖有加,他曾说:"凡传世古礼器之名,皆宋人所定也。曰钟,曰鼎,曰鬲,曰甗,曰敦,曰簠,曰簋,曰尊,曰壶,曰盉,曰盘,曰匜,曰盦,皆古器自载其名。而宋人因以名之者也,曰爵,曰觚,曰觯,曰角,曰盦,古器铭辞中均无明文。宋人但以大小之差定之。然至今日仍无以易其说,知宋代古器之学,其说虽疏,其识则不可及也。"①这是对宋代金石学尤为中肯的评价。即便在今天一些宋人所定器物的名称已不再用了,但金石之学对于古器型制、品质的考证,仍然是认识商周礼器的基础,它对后来的学术研究产生了深远的影响,其开创之功诚不可没。

然而,宋代及清代的收藏家所重视的古器物,只能代表了极狭小范围内的标本。他们很少感觉这些古器物资料本身的历史价值,在断代问题上也存在有很大的偏差。分代分期方面虽用力最久,但李济称之"最没有上道"的一件工作。即便是做了一些考证,也多缺少历史的根据。赵希鹄算得上精于赏鉴的人,他所举出的第一条辨别钟鼎彝器时

---

① 王国维:《古礼器略说》,载《雪堂丛刻》,1915 年。

代的标志是"夏尚忠，商尚鬼，周尚文；其制器亦然"。① 这一理论被近代考古发掘的事实差不多完全推翻了。

3. 清代学者对礼器的再认识

清人对于两周礼器制度研究的重要贡献，在于空前深入的大规模学术整理。其相关研究主要有如下两个方面，

其一是对礼书及相关古文献和典籍进行校注、辨伪、辑佚、整理与编排。由于清代学术注重考证，对古籍理解务求深透，谨严之风胜于两汉，因此他们所作校注工作成绩巨大。今日治先秦史欲从先秦典籍中寻找礼器制度史料，自然首先要能读懂这些典籍，也就绝不可忽视清人的校注。如段玉裁《周礼汉读考》，主要是从音读角度补充说明《周礼》郑注及其所引汉人诸说之字释，并疏解注文。徐养原《周官故书考》，是在段玉裁、惠栋诸家文字考证基础上，从音韵、训诂角度说解《周礼》字义、词义的著作，亦可参考。江永《周礼疑义举要》（收入《皇清经解》），按《周礼》诸篇顺序，专门从文义上解释其中一些难词、难句。再就是王鸣盛的《周礼军赋说》（收入《皇清经解》）。江、王二氏著作主流仍属于经学范畴，即多就经解经，然对于明了《周礼》本义不无助益，特别是二氏著作中亦引《春秋》《左传》及《国语》《司马法》等典籍，以与《周礼》文相印证来探考周代制度之实况，因此这种研究实已具有史学研究的意义。乾隆十三年（1748）修定的《三礼义疏》，其中《周礼义疏》48 卷，《仪礼义疏》48 卷，《礼记义疏》82 卷（内有图 5 卷）。《仪礼义疏》末《礼器图》4 卷，用杨复《仪礼图》本，对其中的谬误，则逐一刊正。《礼记义疏》博采群言，诸子轶闻，百家杂说，对郊社、乐舞、裘冕、车旗、尊彝、圭邕、燕饮、飨食，以及《月令》《内则》所涉及的各种名物，都逐一辨证、考订。堪称精微。

---

① 赵希鹄：《洞天清录集》，丛书集成版，第5页。

《仪礼》注疏类,《仪礼》一书记载了先秦(主要是东周时期)贵族礼仪制度与宗法等级关系。在乾、嘉年间成书的凌廷堪的《礼经释例》,将《仪礼》所记诸礼制分为以下若干例:通例(即日常生活中通用之礼仪)、饮食之便、宾客之例、射例(即射礼之各规则)、变例(即丧礼规则)、祭例、器服之例、杂例。每一例下又分若干具体事例,于各事例下举出《仪礼》,此书间引其他典籍中相关内容,并加以诠释。同时成书的尚有张惠言的《仪礼图》,以图示方法表现《仪礼》之宫室、礼仪、服制,并于图上加以简要的文字说明,所示虽未必皆合于先秦实际,但以直观方式表现《仪礼》繁复的制度,且述说简明扼要。

然而,仅就清代学者对于"三礼"校注来评价他们对礼学研究的贡献还是不够的,因为诸如在先秦史料的辨伪方面,先秦典籍及汉代学者说解这些典籍的重要著作的辑佚方面,以及对史籍的整理与编排方面、金石学和古器物学的编纂整理方面,还有相关的专题学术论著都为两周礼器制度的研究奠定了史学方面的基础。另外,《尔雅》《方言》《释名》《广雅》诸书,实际上是集中了汉魏以来古汉语学的所有资料,分门别类地编纂而成的工具书。清代学者郝懿行、钱绎、毕沅、王先谦又加以疏证,特别是高邮王念孙的《广雅疏证》,成绩更为可观。后来阮元《经籍籑诂》告成,不但材料更集中、更丰富,而且便于使用。这些学术上的成就都为后人读解先秦史料,尤其是古文字资料提供了一把钥匙。

其二是清人是对古器物的研究。清代先秦青铜器铭文研究,始于顾炎武、朱彝尊,前者著有《金石文字记》6卷,后者亦有青铜铭文考释之作,载于《曝书亭集》46卷。清初虽已有此类著作,但从总的情况看,青铜器研究之风是以乾隆帝敕令编撰宫廷所藏铜器图录为开端的。乾嘉时代及以后很长时间内,学者咸以通晓金石学与小学为荣,以考证古器铭文为学术之最。乾隆十四年(1749)始命廷臣梁诗正(1697—1763)

等仿照《宣和博古图》的体例，将殿廷陈列的与内府储藏的青铜器著录成书。这些青铜器多系元明两代与清初出土的。乾隆帝诏谕定其名为《西清古鉴》，全书 40 卷，乾隆十六年（1751）书成，二十年（1755）内府刻本。光绪十四年（1888）又有迈宋书馆铜版本。共收青铜容器、乐器、武器及其他杂品、青铜镜共 1529 器。其时代自商至唐，以商周器为多。这是以考证清宫收藏为中心的研究，但因为当时鉴别水平较低，故全书中收伪器甚多，据容庚考证，其中有铭伪器约占全数十分之二，无铭伪器更多，且此书所印图像多无比例标准，铭文缩临，多失真，考释亦多有穿凿之处。

另有《宁寿鉴古》16 卷，体例同《西清古鉴》，收青铜器 600 件。成书时间与编纂人未载，但《西清续鉴》甲编引此书，知在其前。《西清续鉴》甲编 20 卷，附录 1 卷，由王杰等编成。收青铜器 844 件。乾隆四十六年（1787）始编，至乾隆五十八年（1793）成书。《西清续鉴》乙编 20 卷，编纂人与时间同甲编。此青铜器 98 件，皆清奉天（今沈阳）行宫所藏器。

后三书的鉴别、编纂与考释水平与《西清古鉴》大致相同。此四部书中只有《西清古鉴》是在乾隆年间刊行的。其余皆至后世甚晚才出版，故在当时流传并不广，但由于是乾隆帝亲自敕撰编修青铜器书籍，故对青铜器研究之复兴起到较大的推动作用。如端方（1861—1911）在评述乾隆帝敕修以上诸书的影响时所言"自时厥后，名臣耆献，承流飏风，鉴别考证日益精核"。此言虽不无溢美之意，但大致符合实际。在此种风气影响下，除乾隆年间敕撰的内府藏器书籍外，尚有多种私人编纂的玉器、青铜礼器等著录与考证书籍相继出版，成绩斐然。

应特别指出的是，在清人研究《周礼》著作中，被学界公认的最有成就的著作是光绪末年成书的孙诒让之《周礼正义》，是书 86 卷 200 余万字,实为宏篇巨制,帙函如山,孙氏自言著书的目的是"寻绎经文,博稽众家,注有牾违,辄为匡纠"。梁启超《中国近三百年学术史》概括孙书之特点有四端:(1)释经语极简,释注语极详;(2)多存旧疏;(3)虽极尊郑注而不默守迴护;(4)严辨家法,不强为牵合。当然,《周礼正义》毕竟是以传统的治经学为路径,注重通过汉儒以来旧注来研究《周礼》,实际上是对至清代为止的《周礼》之学作了一个全面的总结与评判,而在方法上缺乏创新。孙氏相信《周礼》为周公制作,所述为周初之制,自然也影响了他对《周礼》所言制度做出科学的、合乎史实的分析。

(二) 王国维的"二重证据法"与其《古礼器略说》

罗振玉比孙诒让晚生 18 年,王国维又比罗振玉晚生 11 年。罗王生活的年代正值古物大量出土的时代,就材料的占有来讲,孙氏是不能跟后来的二人比拟的。罗振玉和王国维的学问,在后代被人合称为"罗王之学",他们一方面继承了乾嘉学派,特别是晚清考据之学的严谨,熟谙古代文献典籍与文字音韵之学,另一方面又强调实证,摆脱了传统经史之学的从文献到文献的研究方法,并能够有机地将这两方面的材料与学问结合起来治史,以地下出土的古文字资料来补证文献史料。

1917 年,王国维发表了著名论文《殷周制度论》(收入《观堂集林》卷 10)。这篇文章与王氏多数作精细研究的著作不同,侧重于宏观,高屋建瓴,其主要观点认为:"虞夏商皆居东土,周独起于西方,故夏商二代文化略同。"而"夏殷间政治与文物之变革,不似殷周间之剧烈矣"。这是从人文地理角度来说明商周文化差异之原因。他提出周人制度大异于商者,其中有两点值得特别关注:其一阐述了立子立嫡之制,由此而有宗法、丧服、封建制等;其二是庙数之制。商人祭法"无亲疏远迩之殊","无尊卑之差",而礼家所言庙制,则萌芽于周初。顾颉刚对这项研究评论说:"他确想把所有材料综合起来,探求商周史的中心问题的。

但对于伪书未加以严格的别择,不能尽善。都是些材料,尚没有贯以统系。"①

王国维还用两周金文资料考证周史、年历及古代礼制,其中如1914年所撰《明堂庙寝通考》(收入《观堂集林》卷3),1915年所撰《生霸死霸考》(收入《观堂集林》卷1),等等。更为重要的是,1925年,王国维在清华研究院开"古史新证"一课,后于1927年10月刊于《国学》月刊第2卷第8、9、10号合刊上,其中倡导"二重证据法",曰:"吾辈生于今日,幸于纸上材料外,更得地下之新材料。由此种材料,我辈因得据以补正纸上之材料,亦得证明古书之某部分,全为实录,即百家不雅驯之言亦不无表示一面之事实。此二重证据法,唯在今日始得为之,虽古书之未得证明者,不能加以否定,而其已得证明者,不能不加以肯定,可断言也。"(第366页)从"二重证据法"提出的年代来看,所谓"地下之新材料"是指自1899年起,于安阳小屯村出土的甲骨文字与当时出土的青铜器。这些器物大都是盗掘的,后辗转成为金石收藏家的藏品,而并非是考古发掘的器物,因此,王国维所能做到的是将这些零散的"地下之新材料"与"纸上之材料"二重证据合一,其局限性是显而易见的。将现代考古学资料与古文资料"二重证据法"行之,还是后来的事。王氏去世后,他的学生如吴其昌、徐中舒等仍实行其所倡道的"二重证据法"。即使在安阳殷墟发掘开始后,这种研究方法仍在古史学界产生着极大的影响,并有新的发展。

王国维对于两周礼器研究的最为直接的贡献,是1915年刊于《雪堂丛刻》的《古礼器略说》,其篇名没有收入《观堂集林》中去,而其中单篇,如《说斝》等散见于《观堂集林》。

《古礼器略说》内共有《说钟》《说句鑵》《说盉》《说卣》《说斝》《说咒

---

①　顾颉刚:《悼王静安先生》,《文学周报》1928年第5期。

觥《说盉》《说彝》《说俎上》及《说俎下》10篇。每一单篇均以一个器皿话题为论,十分精湛。譬如:《说钟》指出:古代铸钟不必尽遵《周礼·考工记·凫氏》制度,或《凫氏》但举其大数,鼓铸之时仍须以声律定之。《说句镯》则提出:吴越间礼俗自与中原不同,不能据此铭文"句镥"而谓其器铎也。《说鬵》曰:"凡匕肉必于鼎,故鼎亦得鬵名,非鼎之外别有一种名鬵者也。"《说卣》引殷虚卜辞、金文、《尚书》《汉书》《毛诗》、石鼓文诸资料,以证"读脩为卣,由其声类得之"。《说斝》更是旁征博引,举五种证据说"散"本非器名,系斝字之讹。均有很强的说服力。《说彝》则论证"彝者皆敦也",等等。这篇论文无论在方法论上,或其结论于认知礼器制度上均有着不可低估的价值。

(三)现当代有关研究之进展

罗振玉的儿子罗福颐校补王国维的《国朝金文著录表》,改名为《三代秦汉金文著录表》。表内列了他认为可靠的古器物共5423器。其中有出土地点一栏,大半都作了空白的处理,填写出土地点的器物仅有133件,占所录器物总和的2.45%,这张表足以证明清代的古器物学对古器物出土地点的极端的忽视,其所造成的学术上的巨大损失也使清代学者无法通过墓葬中出土古器物的组合关系来探讨其所折射出的礼器制度。

我们知道,20世纪二三十年代,各地不断有大规模盗掘古墓和大批珍贵青铜器出土。这批新出土的铜器引起海内外学术界的注意。为了把这批新资料提供给学界研究,经过学者的种种努力,陆续结集出版一批相关著作。这批学术成果大多出现在现代考古学建立之后,历年主要带有考古学意味的出版物有:1928年,罗福成编成《传古别集》2集,选印殷墟所出纹饰、文字较精青铜器等文物13件。1923年,出版了吴鸿元《新郑出土古器图志》。1924年,容庚编成《宝蕴楼彝器图录》，收入沈阳故宫铜器 92 件。1929 年，关百益出版了《新郑古器图录》(2 卷)，收入铜器 93 件。1935 年，孙海波《新郑彝器》著录铜器等文物 95 件。1930 年罗振玉编成《贞松堂集古遗文》(16 卷)，选辑铭文1525 件。1932 年，徐中舒《猷氏编钟图录附考释》一书，把洛阳金村所出为刘体智所收得的编钟著录出版。1933 年，容庚编有《颂斋吉金图录》收入铜器 93 件。1934 年，刘体智编成《善斋吉金录》(28 册)，共收入铜器 5728 件。同年，容庚选承德避暑山庄原藏铜器 100 件，编成《武英殿彝器图录》一书。于省吾《双剑誃吉金图录》(2 卷)，主要收入近代新出土铜器 115 件，也编讫于这年出版。1935 年，刘节出版了《寿县所出古器图释》(1 卷)，商承祚出版了《十二家吉金图录》(2 册)，所著录163 件铜器中有一部分为寿县文物。这一年出版的传世铜器著录有容庚《海外吉金图录》(3 册)，收入日本收藏铜器 158 件，罗振玉出版有《贞松堂吉金图》(3 卷)，共收铜器 198 件，刘体智《小校经阁金文拓本》(18 册)，共收铜器铭文 2217 件，等等。说这些著作是带有考古学意味的出版物，其原因是他们并没有能够直接使用现代考古学的方法。

　　这一时期，有学者试图对旧藏商周青铜礼器做一番梳理，其中最杰出的代表人物是瑞典人高本汉，最初他根据了 46 种有关中国青铜器的图录及铭文的著作，作过一番甚为详尽的分析比较[①]，由此找到了殷器与周铜器的基本区别，并把周铜器分成殷周、中周、淮三式。他所选的类型标准以铭文为出发点，包括全器的形制、各部位的形态、纹饰的结构，图案的内容，由此归纳出用作分辨各期的标准。他很巧妙地运用了数学统计，并加以论证，有若干数目成为他立论的根据；然而，高本汉的研究成果在殷墟小屯发掘面前，遇到了巨大挑战。其中包括：(1)高本

---

① 　高本汉 1935 年以来陆续在《远东博物馆馆刊》发表的关于中国青铜器的论文。

汉认定的三种殷器基本符号"举""亚形""析子孙"在当时小屯出土的82件青铜容器中一次也没有出现过;(2)他所认定的有殷代铭文的器物,所表现的形制与纹饰,有些在小屯器物上完全没有出现过①。这不能不说是高本汉所依据的原始材料已经失去了一般的代表性。虽然高本汉运用了除考古学以外的相关西方近代学术思想与方法,但在整理中国青铜器的分期研究上出现了重大失误。李济称之"欧美的收藏家及汉学家,对于中国青铜的了解也并没有超出《考古图》的标准很远"②。可以设想,如果将这一方法运用于考古发掘的相关资料,其收效之显著是不言而喻的。这件事从反面说明了现代考古学在寻找两周礼器制度的时间性方面的蓬勃生命力。

如李济指出:"过去的古器物学家,最不容易避免的一种错误,是把器物的形制、纹饰与功能,不加分辨地混在一起谈。于是纹饰的差异,可以认作是形的差异;形制不同的器物,常被它们的类似功能,在观念上同化了。"③在这方面,考古学有着前学无法比拟的优越性,因此可以说,当代礼器之研究是以现代考古学的出现为标志的。

另外,对古器物的全面了解方面,仅仅是在形制的演变上取得认识还是远远不足的,研究其功能,即礼器的存在与人、与社会的关系,这是现代历史学的任务。毋庸置疑,古器物曾经作为经学的附庸,将器物与礼制相结合是该学派的一贯传统。这一学术传统使后来的史学探讨找到了不少依据。但是这些依据缺乏沿革的、系统的分析。同时也可以说,这方面,古器物学家仅做了很少的工作,其中有的理解过于笼统,过于表面,譬如宋代的金石学家的器制分类法;有的理解过于机械,过于

---

① 参阅李济:《中国古器物学的新基础》,《李济考古学论文选集》,文物出版社1990年版,第68—69页。

② 李济:《如何研究中国青铜器》,《李济考古学论文选集》,第72页。

③ 李济:《李济考古学论文选集》,第69页。

偏颇,譬如以《西清三编》为代表的强调教化的说法。

在考古学方面,值得特别一提的是李济的学说与实践。其一,他组织了早期的殷墟小屯考古,组织了发现黑陶文化的城子崖遗址的考古发掘等;其二,他用考古学资料叙述某一器物的演变,譬如,青铜容器由陶质容器演变的历史[①],青铜戈追溯到新石器时代的石镰(石刀)[②],并指出各种类型器物演变率的不同;其三,引用人类学理论于殷周史研究,探究中国早期文明之起源,譬如《殷商时代的历史研究》(1969);其四,涉及随葬礼器的组合,在《记小屯出土之青铜器》(1948)列举了10座墓葬的76件青铜礼器,分别论述其演变阶段,其中“有机性的联系”论证了觚与爵的匹配率以及“觚”与“觯”组合在10座墓中出现了五次等。

李济学说的不足,如在最初的报告中,李济论述的重点仍然是在古代艺术上,说“安阳出土的作品,不得代表成熟的艺术,并且证明在它们背后,还有一长段的历史”。这话说得当然没错,但未能把握出土礼器的历史价值。同时,由于战事频仍,安阳小屯殷墟考古实际出土的礼器残片虽然甚多,但是几乎无完整者,对于考证其制度仍显不足。再者,他在《安阳最近发掘报告及六次工作之总估计》中提出“确与中亚及西亚有关者为:青铜业,矛、空头锛等”的观点,与事实显然不符。

另外,小屯10座随葬青铜礼器墓的分类统计,仅注重了觚形器与爵形器的严格匹配率,忽视了鼎与其他礼器的组合关系,譬如:随葬青铜礼器最多的M188(8件)、M232(10件)、M238(14件)、M331(21件)、M333(10件)及M338(11件)中除M238以外,都有鼎随葬,有鼎随葬的墓及随葬品总数明显高于没有鼎随葬的墓。这是否代表墓主身

---

①　《小屯下面的先秦文化层》写于1944年;《小屯殷代与先殷陶器的研究》写于1953年;《羿的形制及其原始》写于1967年。

②　《殷墟铜器五种及其相关问题》写于1933年。

份等级十分值得研究,而李文未予关注。在后来发表的《殷墟出土青铜礼器之总检讨》(1976)中,礼器组合的问题也没有论及,从现有的考古资料来看,觚形器与爵形器的组合应在二里冈下层时期,即早商,二里冈上层时期应已存在用鼎的组合关系,即用鼎制度。同时,玉器等也没有放在李济统计的礼器组合中加以论述。

最初考古学发掘的成果很快得到古文字学的学术支持,随着大量古器物的出土,参照有历史学意味的金文学著作释读带有铭文的铜器变得十分重要。容庚的《金文编》充当了这一使命,在早期考古学报告中引《金石编》的例子屡见不鲜。譬如李济的《1929 年秋季发掘殷墟之经过及其重要发现》(1930)、《俯身葬》(1931)等。另外容庚在《殷周礼乐器考略》中为各种青铜礼器下的定义,亦为早期考石学发掘所利用。容庚的《商周彝器通考》上、下册(哈佛燕京学社 1941 年版)在青铜礼器研究上具有重要意义,也是我国青铜礼器研究史上的集大成之作,其体例扼要而概括。诚如于省吾《序》所言:"此书之作,分章辑述,究极原委,甄录载籍,参以己见,掸邃迹,理纷挈,辨群言之得失,成斯学之钤键,洵为空前之创作,稽古之宝典矣。"尤其是其(三)类别、(四)时代、(五)铭文的演变、(六)纹饰特征、(七)铸法、(八)价值等,于两周礼器研究极具指导意义。

综合 1949 年以前的相关学术研究,其主要成就在于古器物学与古文献学的结合上,至于考古学的实践与研究还仅仅是开创之功,尚未达到为之提供系统证据的程度。新中国成立前有计划的考古发掘仅在安阳进行,其发掘成果只有 8 个报告,其述限于前 7 次,材料亦不完整,除此之外,其他发掘向伴随于大规模的盗掘之后,1931 年夏,中央研究院与河南古迹研究会曾在河南浚县进行发掘,前后计 4 次,历时 6 个多月,清理残墓 88 座。其中经古人盗掘的约占三分之二,经今人盗掘的约占三分之一,只余原封的坟墓,虽然所获古物计有千余件,但多数墓葬已不见本来面貌,故其研究的意义已丧失殆尽。

新中国成立后,科学考古发掘有突飞猛进的发展,其成绩之宏巨,出土文物之丰富,已有诸多专门研究。在此需要特别指出的是,至此有了古史研究与考古学的真正结合,考古发掘与考古学研究给予认知礼器制度以有力的支持。

苏秉琦之《洛阳中州路(西二段)·结语》(科学出版社 1959 版)不仅在考古地层与年代分期上颇为精到,而且注重了随葬品间的组合关系,折射出礼器制度的变化。他指出,这里的殷文化遗存与郑州二里冈有着鲜明的联系,代表了殷文化遗存的晚期阶段。论文将这一文化遗存中的 10 个西周墓按它们的规模大小分为 3 型 4 类,大型墓(M816)随葬品有铜鼎、簋、盉、盘、陶罐、蚌圭、鱼、贝、玉珏、玻璃料珠及其较大木椁。中型墓(M123、211、640),随葬品较少,有陶鬲、簋、罐、蚌圭、鱼、贝、玉器,及木椁。小型墓分有陶器墓与无陶器墓两类,陶器墓(M403、404、506)随葬品少,有陶鬲或簋或罐、贝。无陶器墓(M315、327、354)随葬品少,有蚌圭或鱼,M315 有较小木椁。苏秉琦还指出,大型墓与中型墓的差别主要是随葬品中用铜器(鼎、簋、盉、盘)代替了部分陶器(鬲、簋)。这样就使青铜礼器在随葬品中的等级突出来,而且依据的考古学资料很具代表性。

在洛阳中州路(西二段)遗存中,东周的大型铜器墓也具有显著的礼器组合形式。第一期大型铜器墓,如 M2415,墓坑较大,重椁,主要随葬品有铜鼎、簋、盘、舟、匜,及玉石等。第二期大型铜器墓,如 M1、4、6、216、1041 等,墓坑较大,有椁,主要随葬品有铜(铅)鼎、簋、盘、舟、匜、罍,及玉石等,与这里西周大型(M816)的一个不同之点是出现了有仿陶罐的铜罐,只有少数的墓(M216)仍用陶罐。第三期大型铜器墓,如 M115、2729,墓坑较大,重椁或单椁,主要随葬品有铜鼎、豆、罍、舟、匜,及玉石器等。第四期大型铜器墓,如 M2717,墓坑较大,重椁,主要随葬品有铜鼎、豆、壶,玉石器等。另有大型陶器墓,如 M1316、2719、2721,墓坑较大,重椁,主要随葬品有陶鼎、豆、壶、匜、甗,及玉石器等。除大型的铜器墓以外,第一期、第二期、第三期、第四期的中小墓均为陶器墓与无陶器墓。苏氏还注意到随葬中的这样几个现象,如第一期还只有大、中型墓才有的圭,到第二期小型墓中也有了。再者,第二、三期只有中小型陶器墓才有的一些新东西,如三棱铜镞和玉石器组合 IIA,到第四期大型铜器墓中也有了。这些表述都具有深刻的考古学意义。

郭宝钧代表作有《中国青铜器时代》(1963),《商周铜器群综合研究》(1981),其中后一本书依据六个作为界标的器群,将商周青铜器发展过程划分为六个阶段,并详细地说明了青铜铸造技术在各个阶段的发展演变情况。特别应当提到的是,早在 1935 年,中央研究院史语所发掘河南汲县山彪镇 M1 时,郭宝钧即注意到此墓所出的形制相同而尺寸大小递减的五个鼎,在发掘报告中提出了“列鼎”问题:“列鼎制度在山彪镇发掘以前,我们是不晓得的。山彪镇出土后,在整理过程中,感觉到这一组的鼎的形状、花纹相似,只是尺寸大小,依次递减,恐怕就是古人所谓‘列鼎而食’的列鼎吧?”[①]现在研究者多已习惯于将其作为此种组合的鼎的名称,即成为了名词,拙著为研究方便亦暂取此说。

此后,随着考古事业的发展,所谓“列鼎”不断面世,郭宝钧及时总结了这一事实,在《山彪镇与琉璃阁》中他进一步指出:“根据已出土十几组列鼎出土的实例,我们清楚地了解:周自厉王以降,统治阶级中的一些阔绰者,都爱用三、五、七、九成组的大小相次的列鼎随葬。”在分析了琉璃阁战国墓地、新郑春秋期铜器群等文物资料后,郭宝钧总结说:“若按大小尺寸排列,它们的高低、口径、重量,均递有差减,而形制花纹

---

① 郭宝钧:《山彪镇与琉璃阁》,科学出版社 1959 年版,第 11—13 页。

却相若,也是属于列鼎的两组。……由此我们可以说,在东周时期……把燕飨或祭祀用的鼎彝,按三、五、七或九的数目组合起来,按容量大小排列起来……这似乎是可以肯定的事实。"①

郭宝钧的"列鼎"说为后来的用鼎制度的研究开辟了前景。但是,这项研究也有局限性,按其定义,年代最早的"列鼎"组合仅见于西周中期②,因而,以此种组合关系还不能概括整个用鼎制度的历史。1978年俞伟超、高明两位发表长文《周代用鼎制度研究》,分两篇论述,上篇论周代鼎制分类及其使用制度,下篇论述了周代用鼎制度的变化,认为完整形态的鼎制在周初已形成(文中推测了此制与五等爵制的关系),后经三次(西周后期至春秋初、春秋中期至战国早期、战国中晚期)破坏,至战国末趋于崩溃。对于俞、高氏文章中所提出的用鼎制度在西周初已形成的看法,后来又有学者撰文表示赞同,并加以补充,如宋健《关于西周时期的用鼎问题》(1983)认为西周早期墓葬中以鼎簋组合占主导地位,与商文化以觚爵组合为主不同,所以西周早期周人用鼎制度确已形成。但"列鼎"制是昭王后的表现形式,说明西周用鼎制度有逐步规范的过程。又王世民《关于西周春秋高级贵族礼器制度的一些看法》,选择做器者身份明确的器组考察"列鼎",认为列鼎的相配很与编钟制度近似,亦同意西周前期即有完整的列鼎制,并根据妇好墓礼器情况推测殷代已有完整的礼器制度。与以上认为用鼎制形成于西周的看法不尽相同的是,20世纪80年代初邱德修所写成的《商周礼制中鼎之研究》③,全文分五章,第一章论鼎之称谓与分类,分类名称与上举俞、高文不同;第二章论作鼎缘由;第三章从典籍资料研究诸种鼎的使用制度及鼎簋相配规律;第四章利用考古发掘资料研究殷商用鼎制度,认为殷

① 《辉县发掘中的历史参考资料》,《新建设》1954年3月号。
② 张家坡西周墓,参阅《新中国的考古收获》,1962年卷,第59页。
③ 其内容梗概,见其1982年发表之提要。

商中晚期已有固定鼎制;末章利用 320 座墓葬(或窖藏)所出土实物资料,分四个阶段研究两周用鼎制,并论鼎制的发展与崩坏。

对用鼎制形成于西周持不同意见的还有王飞的《用鼎制度兴衰异议》(1986),主要据考古资料否定西周有严格的用鼎制度,认为严格的用鼎制度形成于西周、春秋之际,春秋是此制最严密、最完善时期,战国中期后走向衰落。

1990 年,林沄发表《周代用鼎制度商榷》,深入地讨论了研究用鼎制度的客观条件,从材料的科学性与研究方法上审察以往的研究工作。文章认为有关文献几乎皆是晚周的,且不够明确,考古资料中仅春秋时代大、中、小型墓稍齐全,除可依据形制、纹饰确定列鼎外,尚无其他客观准则对鼎进行用途上的分类与定性,因此现在所进行的研究不可能不含有推测与假设之成分。

很明显上述用鼎制度的研究尚存在着立论上的问题,将春秋作为用鼎制最严密、最完善时期,无疑与两周礼器制度的发展历史不符,因此不能不考虑所谓用鼎制度在两周发展史中的位置。上文提到二里头上层遗址墓葬已经出现了随葬鼎的组合,到西周时期已有多鼎的组合关系,而东周时期,以天子为中心的礼器分配制度已经基本瓦解,春秋时期用鼎数量的固定化,仅仅是贵族制度衰落滞后现象的反映。另外,把鼎的数量作为用鼎制度的核心,毋宁把鼎与其他礼用容器的组合作为用鼎制度来研究,这样可能更清楚地把握用鼎制度的全貌。迄今在用鼎制度的一些关键问题上仍存疑义,譬如:用鼎制度(包括鼎簋或鼎与其他器类相组合的制度)在长达八百年的时间里有着哪些变化? 不同文化区域是否使用一个相同的用鼎标准? 墓葬的规模与用鼎的数量是否一致? 所见墓主自铭身份是否与文献所载用鼎轨范相合? 等问题,似仍需在上述研究成果基础上作进一步的积极而又谨慎的探索。

在考证礼器制度方面做出卓越成就的有郭沫若,其代表作有《青铜器时代》(1945)、《殷周青铜器铭文研究》(1954),他的卓绝贡献是注意到甲骨文、殷周金文与青铜器的联系,以历史唯物主义的观点,对青铜礼器进行了分期、断代及分区域的研究。此外,陈梦家的代表作《古文字中之商周祭祀》《殷墟卜辞综述》《祖庙与神主之起源》等,研究范围明显更加宽阔。另外,张政烺、唐兰的相关论著也为礼器制度研究提供了宝贵经验。对于先秦礼制作比较全面又扼要述说的还有李学勤,1984年他发表了《古代的礼制与宗法》一文,阐述了礼的范畴、五礼的具体内容、礼的社会政治作用、古代的司掌诸礼的官职,并介绍了儒家的礼学与礼书的要旨,还择取部分礼制仪节对礼制内容作了较具体的说明。此外还有一些文章分别论说礼的起源、发展与社会功能等问题,均有参考价值。1986 年,张亚初、刘雨出版了《西周金文官制研究》(中华书局版),其中一些内容与礼器制度相关。此外,刘雨的《西周金文中的祭祖礼》(1989)以西周金文为基本资料,兼引用其他先秦铭刻资料及文献,对古礼盛行的西周时代之最重要的祭祖礼作了系统的论述。文章分祭祖礼为 20 种,分别就各种祭祖礼的来源、性质、祭祀地点、用牲、行用时间等问题作了详细考证,说明多数祭祖礼殷周同名,可见"周因于殷礼"的史实,但周人亦有所改造。文章最后分析了周人之祖神观念,提出西周金文中上帝皆指德行好的先王之神灵,而天是与祖先、上帝不同的非人格神。所论颇有独到之处。商与西周古礼,文献记载寥寥,可利用的古文字资料尚待深入探求。过去虽已有学者这样做,但未做的工作尚多。另外,刘雨还先后发表《西周金文中的飨与燕》(1991),《西周金文中的射礼》(1986),主要依据经过断代的西周金文(在研究射礼时还利用了战国铜器上的人物画像类纹资料),同时参照文献考证古礼,提出了一些与以往研究者不同的、值得重视的新见解。1995 年朱凤瀚《古代中国青铜器》出版,这是一部关于青铜的综合学术研究成果,其中多处涉及了两周礼器制度。拙著借鉴了上述研究成果。

在国内相关文化史方面的研究始于 20 世纪 80 年代。1983 年,张光直在国内出版了代表作《中国青铜时代》(生活·读书·新知三联书店),这部著作实际上是一本论文集,其学术成就主要在于广阔的文化史学的视野。在比较了不同古代文明的基础上,张光直第一次论证了中国古代青铜器的特征是具有显著政治性的青铜礼器与兵器,认为"青铜时代的中国文明要依靠当时物质财富的分配方式,而权力是用来保障财富之如何分配。中国青铜器便是那政治权力的一部分"(第 13 页)。包括在构成的间架的社会单位是当时整个城邑文化,同时,他还指出,这个系统的心脏似乎是昭穆制、宗法制和封建制。张光直的财富与权力的分配的构想为拙著的贵族分配制度的论证思路开了个头。

1989 年,吉林大学常金仓博士论文《周代礼俗研究》[①],是从礼俗方面进行研究的学术成果。他认定礼与俗本质的区别之一在于礼有严格的等级精神,而风俗却无这种意识。"礼虽然由民间风俗孵化出来,甚至保留了许多原有的仪式,但就其精神实质而言它已成为民间自发风俗的对立物。"(第 44 页)常金仓将周代礼俗分解为生命礼节、物质生活中的礼、社会交往中的礼、宗教和巫术中的礼等,在说明每种礼节时都列举用器的资料。虽然他不是着重来说明用器等级与贵族等级的关系,但是他给礼节的分类却具有了方法论的意义。

1991 年陈成国《先秦礼制研究》(湖南教育出版社版)出版,该书体系以先秦沿革史的顺序排列,礼器的使用规则散见于各时期的各种有特色的礼典之中,资料的使用比较繁富,其中将礼的制度时期的划分比较整齐。

1992 年詹鄞鑫《神灵与祭祀》出版(江苏古籍出版社),该书将祭祀的精神形式与其物质形式相结合。上编第三章分别论述了粢盛制度、

---

① 文津出版社 1993 年版。

酒卣制度、笾豆盛制度、鼎簋壶豆制度和玉帛制度等,很有新意,仅嫌论证过于简约。

1997年杨华《先秦礼乐文化》出版(湖北教育出版社),它从礼乐文化的角度探讨了在这一领域当中用器的制度,包括礼乐文化的政治化。第五章阐述了钟、鼓、磬等乐器的使用制度,有一定文化史的资料意义。

以上几本著作从文化学的角度探讨了部分礼器的使用规则,这是近年来古礼制研究的新特点。这些研究不仅观点新颖,而且方法上多有突破,但是就礼器制度的研究而言,并没有建立一个完整的认知体系,这也正是拙著将要为之进一步努力的意义所在。

日本学者所做的相关研究主要成果大致以下:

日本学者的殷周考古学研究始于20世纪二三十年代,其中最富研究成就的有日本著名汉学家、京都教授内藤虎次郎(即内藤湖南,1865－1934)与京都大学考古教研室的创始人、文学部教授滨田耕作(1881－1938)及其弟子文学部教授梅原末治(1893－1983)等。在这方面,梅原末治成绩尤为显著,除参与著录泉屋铜器外,他还先后编纂了《青山庄清赏》(1942)、《白鹤吉金撰集》(1951)等,1933至1935年出版《欧米蒐储支那古铜精华》,其中所收彝器部3册,共250器;武器、车马具、雕像等为1部,共200器。

自20世纪50年代以后,出现了另一研究中国礼器的学术群体,其中的代表人物有下列各位:

水野清一,其《殷周青铜器与玉》①图文并茂。在这本书附表中,水野将商周青铜器分为殷(郑州后期,安阳前期、中期、后期),西周初期、中期、后期,战国前期、中期、后期和秦汉期共14期;并概括了重要器类在各期的标准器型与纹饰。这些研究对比照以青铜器为主线的礼器发

---

① 东京经济新闻社 1959 年版。

展脉络有一定的参考价值。

松丸道雄出版有《西周青铜器与其国家》①，及《关于西周青铜器中的诸侯制造者——周金文研究·序章（2）》②等。他的研究视野宽博，尤善于将考古学资料与历史上的国家形态相结合，从而得出较为深刻的学术观点。

白川静的《金文通释》自 1963 年始由白鹤美术馆志分辑发行，后又合装为 7 卷 8 册，至 1983 年出齐，对西周至战国时期青铜器铭文作了综合研究。它对研究器铭中出现的礼器制度有很大帮助。

在这方面作出突出成绩的还有林巳奈夫的《殷周时代青铜器之研究》③。该书资料丰富，考证详密，并引用了相当多的新出土资料，系迄今日本学界对中国青铜器研究最深入、规模最大的著作。另外，他的几篇学术论文也颇有独到的见解，如《周礼考工记的车制》④、《仪礼与敦》⑤、《"周礼"的六尊六彝与考古遗物》⑥与《殷·周时代礼器的类别和用法》⑦等。这些论文将文献资料与考古资料相结合，对多种礼器组合关系的制度进行了深入细致地研究。

三、研究主旨与研究方法

首先，本书确定两周礼器制度作为研究对象，并将礼器作一个完整

---

① 东京大学出版会 1980 年版。

② 《东洋文化》1979 年第 59 期。

③ 《殷周青铜器综览 1》，东京吉川弘文馆 1984 年版，另外还有《殷周时代青铜器闻样之研究》《春秋战国时代青铜器之研究》，共三部。

④ 《东方学报》第 30 册，1959 年。

⑤ 《史林》第 63 卷，1980 年。

⑥ 《东方学报》第 52 册，1980 年。

⑦ 《东方学报》第 53 册，1981 年。

的体系来研究,用"效应"来概括礼器的所有功用与被赋予的各种意义,并把具有礼的效应之形而下者看待为一个整体。如《左传》昭公三十二年曰:"唯器与名,不可以假人,君之所司也。名以出言,信以守器,器以藏礼,礼以行义,义以生利,利以平民,政之大节也。若以假人,与人政也。政亡,则国家从之,弗可止已。"可以推定,两周人实用的各种礼器要比我们今天看到的丰富得多。或许是由于金石学的影响,在以往的研究中,多偏重于器种的个别研究,尤其是由于青铜礼器的大量出土与青铜铭文的极高史学价值,重青铜器而轻非青铜器的现象较为明显,将礼器作为一个整体研究对象的工作基本上没有去做。本文将在这方面做出自己的努力。

再者,本书在将礼器看待为一个整体的基础上,把东周礼书等文献中的礼器与考古学资料中的礼器分成若干类别,既要考察整体的组合形式,又要考察其各个类别的组合形式,以此来认定两周礼器制度的存在形式。礼书中礼器的分类有:(一)玉器类——祭祀用玉、朝聘用玉、敛尸用玉、服玉;(二)青铜礼用容器类——祭祀用器、飨宴用器、盥器;(三)漆木竹陶礼器类——祭祀用器、飨宴用器;(四)乐器类——打击乐器、管弦乐器;(五)车服类——车马、服冠履、旗物;(六)丧葬器类——丧器、葬器;(七)兵器类——五兵、军法、军乐、甲胄干等。墓葬考古学资料的主要分类有:(一)玉器;(二)青铜礼用容器;(三)兵器;(四)乐器;(五)车马;(六)棺椁六个部分。另外本书对两周铜彝铭文出现的赏赐礼器也作了分类。并由此考察各类用器制度,包括各种礼器的数量关系与组合关系之构成。

其次,本书将探讨两周礼器制度在各个历史阶段的发展变化,研究其发生,发展至衰亡的历史过程,考察与之相联系的各种政治的、经济的、文化的因素。礼器产生于自发的祭祀用器与权力象征物,到了一定时期,具体地说是在二里冈遗存(商早期)就已转化为人为的成组的表示不同等级的"礼"用之器；从横的关系来看，它主要体现在国家和贵族的各种礼仪中（原生的），在民间，这种转化则是间接的（派生的），而旧贵族制度的瓦解与礼器的世俗化又成为导致礼器制度衰亡的直接原因之一。

同时，本书是将两周礼器制度作为一种贵族分配制度来认识的，其通篇都贯串了这样的认识。从两周金文来看，王曾以赏赐的形式将不同等级的礼器分配给贵族，作为上层贵族也曾将其中的一部分，用赏赐的形式分配给下属贵族，当然主要的形式是由王直接分配给各级贵族。赏赐的物品种类很多，综合起来有两大类，一是货币形式，即货贝；二是实物形式，常见的包括玉器、宗彝、钟磬、命服、车马（车马器）、銮旗及兵器等，这些器物无论是在文献中，还是在墓葬考古中都可归属于礼器范畴。这样的赏赐在周初伴随着分封，王分配给大小诸侯的还有人仆田土与祭祀用的牺牲。到了西周中期共王时期，赏赐伴随着册命进行，册命的对象多是邦国的属臣。另外，赏赐也有伴随着军功与事功的，是一种随机性的分配，但是分配的依据仍然是贵族等级。从两周金文看，贵族接受赏赐礼器的分配形式是经常性，可以作为一种贵族分配制度来看待。

本书通过对大量的先秦时代的文化遗存资料与先秦文献资料的考察分析认为：两周礼器制度的建立不仅与古代农业社会的城邑文化的形成、发展有着密切的关联；而且，这一制度表现出显著的排他性，即先秦礼器制度对非农业体系与非城邑文化的诸民族集团的排斥。

目前在考古学资料中，能够给予两周文物制度提供明确考古学地层关系、器物承袭关系的应属中原文化区系。中原地区新石器时代的考古学资料与夏、商、周礼制的承继关系将在正文中予以阐述。

今天，商周考古不但已经发展为夏商周考古研究，而且已扩大到整个青铜时代诸文化的研究。1983年偃师尸乡沟商城的发现，对于夏商文化的分期以及商代都城的定位问题都产生了十分重要的意义。陕西周原西周甲骨文和各地大量铜器铭文的发现使古文字的研究有可能推进到一个新的境地。本书通过研习前人的研究成果,尤其是在前辈学者对先秦遗存的直接考察与分析中,获得了学术上的启发。因此,拙著将研究的主导方向再次投入到作为历史证据的古遗址、古遗物、古文字的考察上来,希冀对设定的研究对象进行深入细致的考察,从中得出自己的分析。

第一章 礼器制度之来源与形成

　　新石器时代的玉器与用于祭祀的陶质高三足（高四足）及高圈足容器，参与了氏族上层集团经常性的礼仪过程。它们中间的一部分最终与氏族高层权力、原始宗教礼仪相结合，成为了一贯性的礼器。因此，新石器时代是礼器制度的萌芽期。至迟在夏商时期，王权与等级社会已经确立，礼器随之成为王权与贵族权力的象征。二里头、二里冈遗址出土的成组青铜器标志着礼器制度的初步形成。商晚期殷墟墓葬出土的多种类型随葬品组合群，说明了礼器制度已经成熟。到了西周，随着以嫡庶制为核心的宗法制与分封制的建立与完善，礼器具备了宗教、政治、宗法三方面的综合特征，并贯穿于西周贵族的分配制度与管理制度之中，最终演变成了以器的组合关系、数量关系确定贵族的等级关系的礼器制度。

一、周以前的礼器及其特性

　　本章的主旨是探讨礼器萌芽阶段的状态与其形成、发展的过程，以及与之相关的社会意识。原始形态的祭祀用器与权力象征物的研究，对于研究古代礼制的起源无疑是十分必要的。探讨这些用器的所属关系与使用状况，也就是探讨礼器和礼器制度的起源与形成。

　　前文已经提到过，礼器纵的关系的起始是自发的祭祀用器与权力象征物。祭祀用器表现为持器者与祖先神灵的联系，其特征一般表现为对祖先神的隆敬,特殊的祭器则体现为沟通大神的特权;权力象征物表现为持器者非同一般人的至尊权威,通常表现为持器者在社会组织中所享有的支配他人的权力,特殊的权力象征物则体现为"受天有大命"与生杀予夺之大权。譬如《诗·大雅·公刘》上描述的周先祖公刘的威仪,"维玉及瑶,鞞琫容刀"。公刘佩带的玉及瑶是受之天命的象征,镶嵌宝石的刀则是生杀予夺的象征。到了一定时期,它们转化为人为的成组的表示不同等级的"礼"用之器。

礼器制度的起源与发展过程大致可以做如下表述:其萌芽始于原始社会后期(新石器时代),礼器最初作为原始宗教的祭祀用器和氏族酋长们的权力象征物(有时二者合而为一的);而礼器制度的初步形成是在进入等级社会之后,礼器成为统治集团内部权利分配的确定因素;其制度化、近乎成熟的时期约在商代中晚期(二里冈文化上层期与殷墟文化时期);西周初期,礼器具备了政治、宗教、宗法的综合特征,并贯彻于以天子为中心的国家的分配制度与管理制度中,最终演变成了以器的组合关系、数量关系确定贵族等级的礼器制度。

(一) 新石器时代的礼器萌芽

所谓自发的祭祀用器与权力象征物,是指那些从某种生活、生产用具向专门礼器过渡的特殊器具,这里说的过渡体现为器物使用上的随机性。譬如玉质的琮、璧,陶质的鼎、尊、壶、豆等供献祭品用器,用于原始宗教的伊耆氏蜡辞,拟或也用于日常生活。《周礼·春官·龠章》曰:"国祭蜡,则吹《豳风》,击土鼓,以息老物。"这是由原始乐器与古老的祭歌汇成的祈福农业丰作的蜡祭场面。

玉器的来源是什么？很可能是由采用了磨制技术制作的生产、生活用具,或由装饰品转变而成的具有避邪作用的通神物。传说中上古帝王名"颛顼"是以"瑞玉"为声符的,古音同"瑞玉",马王堆汉墓出土的帛书《五星占》即将颛顼直接写成"瑞玉"。因之有可能颛顼是以玉器作为避邪通神物的古老部族。早期玉器的出土在新石器时代晚期,与颛顼的传说时代基本相符。据《史记·封禅书》引《尚书·舜典》:舜"在璇玑玉衡,以齐七政。遂类于上帝,禋于六宗,望山川,遍群神。辑五瑞,择吉月日,见四岳诸牧,还瑞"。① "璇玑玉衡"和"五瑞"都是玉器,据汉人孔国安注、唐人孔颖达疏、宋人蔡沈注,都说"七政"为日月五星,是后来的"上帝"。"六宗"为六种祭法,表达了古人以玉器象天文的意识。

另外,几种具有礼器意味之陶质容器的考古年代也出现在新石器时代的这一时期,其中那些高三足与高圈足的陶质容器就表现了对神祇的隆敬,它们类比了人类社会与神祇世界的联系,遂祭器与祭奠神祇的仪典趋于一致,进而将这种联系回归人类社会,握有沟通大神祭器的氏族酋长成为了神的代言人,社会组织的统治者。当具有权威的祭神(祭祖)器颁发给统治集团内的所属成员,并使之等级化,也就具有了所谓的礼器意味。这一过程的完成经历了礼用陶质容器向礼用铜质容器的进化。如《史记·封禅书》载,"闻昔泰帝(太昊)兴神鼎一。一者壹统,天地万物所系终也。黄帝作宝鼎三,象天地人。禹收九牧之金,铸九鼎,皆掌亨(烹)鬺上帝鬼神。遭圣则兴,鼎迁于夏商"。很显然在这里所说的鼎被赋予了神性,在将鼎拟人化的过程中,鼎成为了祭神的法器与权力的象征物。"神鼎一"的意义是"谓一元者,大始也"。② 概括了创世纪的万物;"宝鼎三"的意义是象征"天地人",体现了人与天地的精神沟通;"九鼎"则象征"九牧",是王统治的政治区域。其中拟构的成分是显而易见的,然而,司马迁在"鼎"字前面使用的动词是有区别的,太

---

① 据《史记·封禅书》引文。
② 《春秋繁露·玉英》。

昊用的是"兴",有开启之意;黄帝用的是"作",是制作之意。由此表述似乎可以认为,前二者应在青铜时代之前,而禹是"收九牧之金",用的是"铸",应与青铜铸造技术的出现不无关系,垄断祭神祭祖权应发生在青铜时代。同时,《史记·封禅书》所述鼎的数量也是变化的,依次是神鼎一、宝鼎三、鼎九,其象征的意义也不同,因而,鼎由自发的氏族酋长的权力象征物演变成制度化的王权象征物的轨迹还是可以看得很清楚的。

从考古学资料来看,礼器与礼器制度的演进也是有脉络可觅的,到了原始社会后期,贫富分化在氏族内部已经出现,在相同血缘家族的墓葬群中已出现了随葬品的显著差别。山东的大汶口文化墓地,有些大墓随葬了数十件陶鼎或数十件背水壶,个别墓甚至随葬 100 多件高柄杯,远远超出了一般消费的需要。这样的随葬形式体现了一个近乎于礼的过程。《礼记·礼器》曰:"古之圣人,内之为尊,外之为乐,少之为贵,多之为美。"这里所谓的美可理解为器的数量与人的欲求之间的一种和谐,也就是说越是多的量也就是趋于这种和谐。使用众多数量的随葬品,很有可能与此种古老观念相关。至于属"少之为贵"的玉器、漆器和丝绸等高档手工制品,很可能是为氏族贵族集团所控制,仅在其内部进行直接分配;有的则可能是巫术与神权的象征物。同时,在同一墓地的另一些墓中则只有很少的随葬品,或者没有一件器皿随葬。这是最初的以器物的有与无,或多与少体现的社会人的最初分化,超出生活需求的那一部分器皿成为了私有化秩序的标志。然而,在这一时期的随葬品中却未能体现以器物的组合关系与数量关系确定墓主等级的那种关系。因此本书将存在有这样一种器物聚集现象的时代称之为礼器萌芽时期。

1. 新石器时代的玉器

良渚文化的年代,据碳十四年代测定,大约在距今四五千年前,具体是在公元前 3300 年至前 2000 年,相当于大汶口文化的中晚期和龙山文化时期①。随着田野考古发掘的进展,玉器的早期形态已在良渚文化等遗存中呈明朗化。1973 年江苏吴县草鞋山大墓 M198 的发掘,首次揭示了良渚文化不仅有人工堆筑的高台墓地和土扩大墓,有前所未见的精致陶器,而且更重要的是,有与典型良渚文化陶器共存于一墓的玉器。以草鞋山发掘为契机,接踵而来的有张陵山、寺墩、福泉山、反山、瑶山等玉器大墓的考古发现,这些考古发掘使良渚文化玉器遂成为了中国考古学界的研究热点。

良渚文化遗存发现的玉器具有显著的原始宗教特征。玉璧上的鸟、日、月等图像被认为是氏族名号或标记及权力象征,所反映的是对自然神(主神太阳)与宗祖神(鸟祖保护神)的合并崇拜。良渚的玉器造型中那种"神人兽面图形",凸出的浮雕部分表现的是兽面动物与神人(面)的合聚体。其中的兽面动物是由猛兽的头部(主要是虎头)、鳞甲动物的身子和水生动物(或两栖动物)的蹼状脚掌三部分组成了的聚合体;而神人则是一个以社会生活中掌握贯通天地神权的人物为范本,被神化了的人物形象。继而分析,塑造这个"神兽面"图形的客观效果就把"氏族特权人物与崇拜的图腾神结合起来,以增强氏族特权人物的神性,从而强化氏族成员对氏族特权阶层的宗教性崇拜"②。

人们还发现,良渚玉琮与寺墩遗址的布局极为相似,玉琮中间的圆孔相当于寺墩圆形的祭坛,玉琮的俯视图,犹如寺墩的总平面图,与祭坛在造型上的一致进一步说明了玉琮的祭神功用。或寺墩古国依照玉琮的形制建筑了圆形祭坛,或寺墩古国依照圆形的祭坛制造了玉琮,总之,从造型看,二者皆具有祭神功用而无疑。寺墩祭坛可能是沟通天地的通道,而玉琮当具有与祭坛相同的功能。拥有玉琮的人即沟通天地

---

① 详见严文明:《良渚随笔》表 1,《文物》1998 年第 3 期。

② 参阅史宗刚:《无愧于东方文明之光》,《文物》1997 年第 7 期。

的操纵者,死去的操纵者即成为后来操纵者的祖先,玉琮上的人面便是墓地上的先祖像,良渚玉琮也就是与祖先神沟通的渠道。考古人员将祭坛的主体形式复原为覆斗式。在祭坛的西南部集中分布有四座墓,墓葬 M1、M2 为良渚文化早期,或中期偏早,M3、M4 略晚,其中 M4 打破了祭坛灰土方框的西边,破坏了祭坛的原有格局。由此可以确定这四座葬玉墓与祭坛有着密切的联系。

从这里的墓葬中出土的玉器共编为 104 号,以单位计则超出 200 件。器种有琮、璧、钺、冠状饰、三叉形器、镯、带钩、枚端饰、串饰、柱形器、曲匕形器、锥形器、插件、坠、管、珠等 10 多种。其中玉琮有 3 件。均为外方内圆的矮方柱体。其中 M4:2 的器型呈上大下小状,对钻成孔,中间错缝,制作粗简。上部仅以两条凸横档表示阔嘴,纹饰细部均未加以细琢,甚至连神人的圆眼也被省减。四处凸块上的纹饰也不甚规整对称。看上去古朴而神秘,很可能是玉琮的早期形象。

学者们还注意到以刻纹玉璧为代表的玉器精品的拥有者,无疑既握有氏族的最高权力,又握有祭远祖的礼神权的氏族酋长。氏族酋长权与礼神权相结合,祭祖权从属于氏族酋长权,祭祀与会盟结合,构成了玉、神、部落联盟酋长三位一体的雏形。毋庸置疑,良渚的玉璧和玉琮与东周礼书的礼天地的璧、琮是相近的器物。据考古报告,瑶山遗址发现的祭坛附近没有同时期的居住遗址,而是一座独立的宗教性建筑。祭坛的南半部有东西成行的南北两列墓葬,与祭坛构成一个整体,说明墓主与祭坛的密切关系。墓葬的大小及随葬品数量有别,却都以随葬玉器为主,当不是这类文化的普通墓葬。再者,玉琮、玉(石)钺仅见于南列诸墓,玉璜及纺轮仅见于北列墓葬。有学者推测南列诸墓主人为男性,北列为女性。[①] 其中南列诸墓所出玉琮似乎说明氏族贵族(尤其

---

① 参阅苏秉琦:《中国文明起源新探》,生活·读书·新知三联书店 1999 年版,第 145—146 页。

是男性贵族)拥有着祭神与通神的权力,同时,玉钺似乎象征着支配氏族成员的权力。此外,在东距瑶山遗址约 7 公里的汇观山遗址发现的两处祭坛的周围除墓葬、灰土围沟等地面遗址外,也没有发现一般的生活堆积和遗存。这应是与良渚文化玉器所体现的宗教巫术相适应的一种祭祀场所。通过典型的良渚文化祭坛与墓地遗址的发掘,可以认为祭坛的最初祭祀功能可能已经放弃,最终转变为氏族贵族墓地,而祭坛和部落贵族墓地所出玉琮造型的契合又说明了礼神权与氏族贵族权力的结合。

红山文化与良渚文化同属于一个历史时代,以相距千里的空间距离不期而遇,两处文化遗址在诸多文化因素方面都有着惊人的相似之处。据发掘报告①,牛河梁遗址各地点的积石冢多有与祭坛结合的布局。冢体和祭坛有方有圆,或方圆结合。冢坛又围绕神庙而设置,如牛河梁第二地点(编号牛 2)为多冢组合,东西一线铺开四冢一坛,表现出深厚的宗教祭祀氛围和以神为明确祭祀对象的特征。据已发表的相关考古报告,该遗址出土玉器的情况如下表:

辽宁牛河梁遗址墓地随葬玉器简表

发掘地点	冢号	已发掘墓葬数量	随葬玉器墓	无随葬玉器墓
第二地点 一号冢(21) 二号冢(22) 四号冢(24)	26 4 16	15(其中 1 座同时随葬石钺 1) 1 6(其中 1 座同时随葬陶器)	11(无随葬品墓) 3(无随葬品墓) 10(随葬陶器墓 3,无随葬品墓 7)	
第三地点	单冢	10	3	7(无随葬品墓)
第五地点		2	1	1(无随葬品墓)
第十六地点		3	2	1(无随葬品墓)

从出土的随葬品情况来看,该遗址墓葬可分为三类,其一是随葬有

---

① 《辽宁牛河梁第五地点一号塚中心大墓(M1)发掘简报》,《文物》1997 年第 8 期。

玉器的墓,在已发掘墓葬中有 61 座墓中随葬有玉器(其中一座墓同时随葬陶器),占已发掘墓葬总数的 64.8%,其中未见有其他器物随葬,这一现象即称"唯玉为葬"。其二是随葬有陶器墓,仅见 4 例(一座墓同时随葬陶器),没有普遍意义。其三是无随葬品墓,有 30 座,占已发掘墓葬总数的 31.9%。如果将玉器作为祭神器的话,可以认为有三分之二的人随葬有祭神器,拟或墓主具有祭神权;而有三分之一的人没有随葬祭神器,拟或墓主没有祭神权。另一方面在随葬玉器的墓中,玉器的数量亦有多寡之分。

其中,一个重要的问题是,在红山文化遗址发现的玉器是以玉璧为主的。以出玉器较为丰富的两座墓为例,见下表:

牛河梁遗址第二地点一号 M21 冢与第五地点一号冢 M1 随葬玉器简表

发掘地点	墓号	璧(件数)	其他玉器
第二地点一号冢	M21	10(有小孔,可穿佩)	菱形饰 1、箍形器 1、勾云形佩 1 件、双联璧 2、管箍状器 1、龟 1、竹节状器 1、镯 1、兽面牌饰 1 等
第五地点一号冢	M1	2(有小孔,可穿佩)	鼓形箍 1、镯 1、勾云形佩 1、龟 2 等

据第二地点一号冢 M21 发掘简报[1],该墓的随葬品均为玉器,共 20 件,置于死者周身,位置未经扰动。其中璧 10 件。体扁平,周边薄似刃,孔周与璧面光素无饰,上端近缘外对钻 1 至 3 个小孔,可穿系佩挂。另有格外引人注目。它置于死者腹部正中,玉体扁平光洁,双面雕琢兽首形象。双耳大且竖起,镂空圆目及鼻孔,阴刻出耳,眉际、鼻、嘴部廓线。吻部宽大,嘴角下咧,下颌窄尖,上有对钻二小孔,可穿系捆绑,有插磨使用痕迹。M21 随葬玉器之丰富,是目前红山文化单座墓葬中最多的一座。死者周身陈祭大量玉器,墓内不见陶器,是典型的

---

[1]　《文物》1997 年第 8 期。

"玉敛墓",具有浓厚的宗教祭祀色彩。10 件方圆形玉璧和 2 件双联璧成组对分置墓主人身体的上下左右相对称部位,极可能是用于祈祭神灵之物;寓有权力象征意义的兽面牌饰,玉龟和玉竹节状器(有人称之为原始玉琮)陈置在身体胸腹部等重要位置上。在第五地点 M1 中出土有共 7 件,有 2 件璧。出于墓主头部两侧。其中之一近方圆形。二璧均边薄似刃,近边缘钻双孔。就单座墓葬而言,这两种配套的成组玉器,是具有一定的组合规律的葬玉方式,如以璧为主的佩饰组合,似具有后来礼的含义;而就整个墓地的葬玉方式而言,还找不到有一定规律的葬玉组合,更不能以葬玉的数量关系来确定墓主的身份等级,似还不具有后来礼器的意义。

红山文化玉器在表达思维观念和精神因素方面最集中的体现是通神器及其排他性。牛河梁的中心大墓和大型土圹石棺的墓坑面积多在 9 至 16 平方米之间,大抵与同期或稍晚的大汶口文化、良渚文化、陶寺文化、山东龙山文化的大墓相近。如把整个积石冢的面积也算在内。一般面积可达 200 至 400 平方米。墓葬的巨大规模与随葬数量有限的随葬品很不相称,而其中玉器分量之重,含义颇深。以玉为佩,以玉为祭和以玉为葬,这些都说明玉在红山先民心目中的重要性是超乎寻常的。

良渚玉器中的琮与红山玉器中的璧等均具有较为显著的祭神用器与权力象征物的特征,因此是新石器时代礼器萌芽中的重要标志之一。

此外,黄河上游的距今约四千年的齐家文化皇娘娘台遗址墓葬M48,随葬玉石璧 83 件,在这一遗址同时出土的有以羊的肩胛骨为主的卜骨,有一部分墓葬还出土有制作精致的玉斧、玉铲、玉琮等器物,造型规整,光润美观。有可能与祭祀的权力及礼仪相关。它们应是通神器,也是氏族权力的象征物。[①] 1978 年在山西襄汾陶寺清理了一处墓

---

① 《武威皇娘娘台遗址第四次发掘》,《考古学报》1978 年第 4 期。

地,在 109 座墓葬中只有 17 座墓有随葬品,其中没有陶器,只有玉、石及骨器,如琮、环、镞等①。在南京市内北阴阳营墓葬中也随葬有大量的玉器、玛瑙和绿松石装饰品,以璜最多,管次之,其他有玦、环、珠、坠等。有些墓中很特别地用几颗天然花石子随葬,有的放在人口中,有的置于陶器内,当有原始信仰的用意。② 据上述考古发掘得知,原始社会后期,在氏族墓地中随葬玉器的现象已经十分普遍,将其作为通神器的意识已趋显著。

《周礼·大宗伯》所称:"以苍璧礼天,以黄琮礼地。"其承继脉络之久远,实在令人吃惊,虽然其中颜色未必像礼书所说的那样规范、整齐,但以璧、琮通神的意识还是可以由以上考古学资料作为依据的,并能够从中得出肯定的答案。从中我们看到先秦礼器源于巫术用器的承继关系,诸如玉器中的琮、璧等。

中原地区二里头、二里冈、殷墟、江西新干大洋洲、四川三星堆等地遗址也都有出土的玉器,有学者通过分析认为从纹饰、器型等方面比较,都受到新石器时代玉器的强烈影响。以玉为葬、以玉为祭的古代习俗证明,玉器早于青铜器并影响青铜礼器,为此有学者认为良渚玉器揭示了我国东南区存在着一个玉器时代③。

然而,新石器时代的玉器(大抵可以认为是作为巫术的通神之器)又是怎样过渡到等级社会的礼器?可以认为在其过渡历史进程中,尤以农业的发展、城邑的发展、原始宗教的演变与国家的形成等为其形成演变的基本因素,同时也是制约其发展的重要因素。再就是仅用上述新石器文化的考古学资料来说明它们与弘扬于夏、商、周三代的礼器制度的联系,似乎还是不够的。其主要原因是由于这些文化遗址都存在

---

① 《山西襄汾县陶寺遗址发掘简报》,《考古》1980 年第 1 期。
② 《南京市北阴阳营第一、二次的发掘》,《考古学报》1958 年第 1 期。
③ 参阅王明达:《"中国·良渚文化国际学术讨论会"纪要》,《文物》1997 年第 7 期。

有地层堆积比较简单,承继关系不甚明确的缺陷,有学者曾指出:"良渚文化的去向不明,同后续者缺乏承袭关系,作为文明的源头尚有欠缺……"①此类问题也同样存在于红山文化与屈家岭文化等考古文化遗址,还有待进一步的考古发掘与相关的学术研究。

2. 新石器时代陶器中的青铜礼器雏形

陶器与青铜器的显著区别,大致有两个方面:其一是在于所用质料,青铜原料从开采、运输、冶炼到铸造,环节多,工艺过程比较陶质原料要复杂得多,因此从生产组织到生产程式都相对严密。在当时的生产条件下,青铜原料与青铜器的制作应控制在国家手中,"国之大事,在祀在戎"②均与之相关。由于这一原因,祭神活动遂由分散走向垄断,王成为祭大神的主祭者。随着神权的集中,祭神之器也由陶器演变成青铜器。其二,是青铜容器比较陶器具有更精美的纹饰,造型更趋于庄重,具有更加显著的威仪,表现使用者的显贵身份。《左传》宣公十二年记晋随武子论礼治曰:"君子小人,物有服章,贵有常尊,贱有等威,礼不逆矣。"显然青铜礼器比陶器更适于表征以威严为特征的贵族身份,同时,青铜器比陶器更能够表现正统宗教的权威性。

一般认为,新石器时代的大量陶质容器与后来的青铜容器造型又有着明显的承继关系。那么,这种承继关系的内在原因又是什么呢?从陶器的底部与足部来看,新石器遗址的陶器大抵可划分为尖底、圜底、平底、圈足与三足(兼有很少的四足器)五种类型,其中尖底出现于新石器早期的仰韶文化等遗址中,消失于新石器中晚期,其他四种几乎延续于整个新石器时代。然而这四种器型于前后各期的比例是有着明

---

① 严文明:《中国古代文化三系统说(提要)》,《中国北方古代文化国际学术讨论会论文集》,中国文史出版社 1995 年版。

② 《左传》成公三年。

显的不同,主要是三足器(四足器)、圈足器与圜底、平底的比例发生了变化。譬如:最早的三足器是在约公元前 6000 年的河北武安磁山遗址出土的锥足钵形鼎与河南新郑裴李岗出土的锥足钵形鼎,河北武安磁山还出土有四足器;最早的圈足器也出土于裴李岗文化,是圈足钵与圈足碗。其余则以圜底的或是平底的为普遍。考古学资料证明,一般来说,除少数区域(如黄河上游的齐家文化,以平底器为主,三足器则占很少的比例),越是向后期发展,大多数区域的墓葬出土的三足器与圈足盘之比例就越是增加,而平底与圜底器的比例则越是减少。如长江流域的屈家岭文化与其有承袭关系的青龙泉三期文化相比,三足器的比例就有逐次增加趋势,特别是陶鼎的数量后期较前期显著增多,马家滨文化中从早期到晚期的陶器比例中,陶鼎也是逐渐增多,变化显著。其中崧泽类型中,全部陶器中圜底器大大减少,圈足器发达。而后来发展起来的良渚文化中的圈足器、三足器比崧泽类型则更为发达。在广东地区的石硖文化遗址,于二三期遗物中盛行三足器、圈足器以及圜底器,平底的完整陶器仅在墓中发现了一件。黄河上游的客省庄文化中三足器也占主要地位。

从进入等级社会后的青铜礼器型制来看,笼统地说,三足器(兼有少量的四足器)与圈足器演变成礼器的比例最大。其原因很可能是,在三足器与圈足器,尤其是高三足与高圈足器中,体现出一种非实用、非功利性的倾向。首先是这类造型与定居的农耕生产方式与农业文化相关,并与人类由狩猎生产方式向农耕生产方式转变的历史进程相一致,由于当时人类的迁徙活动减少,因此,不适应于经常迁徙的游猎和游牧生活的三足器与圈足器的数量则随之增多。其次,三足器与圈足器将所盛的食物被架高,有一种隆而敬的意识在其中,其造型表达为就高祀神的意识,与"以禋祀昊天上帝"之"歆"的原始影像相合。当时"万物有灵观"包含着一定如此一贯地导致拟人化的观点,……只要借助有意识的隐喻就能拟构"。① "歆"的影像正是这样被隐喻、被拟构的,并折射到器物的造型当中。特别是非炊具类的高三足与高圈足类器物,很可能用于氏族上层的祭祀与燕飨的仪礼之中。在一位西方学者的研究中,他认定作为"东部陶器传统的主要特征"之一是,"陶器之器身常因某种方法加高而不着地"②。虽然他并没有进一步说明这样的做法的背后是怎样的一个思维世界,但是,可以断定这里并非仅出于美观上的考虑,而是用于祭神。由此可以推论,其中必然包括一个类似原始宗教的思维世界,起码在后来的文献中,这种"加高而不着地"的意识已经表达得很明确了,"馨香祀登闻于天"③,"以天之高,故燔柴于坛……天神在上,非燔柴不足以达之"④,以及于金文中所见障字,即尊加阜旁以表示字本为崇高之义。似乎高三足与高圈足类器皿已蕴含有了起码是相似的意识,即在加高的陶器中已具有了"上帝居歆"的影像。

显而易见,三足器与高圈足器的陶质容器是后来青铜容器的雏形,大多与新石器时代的三足、高圈足陶器有着显著承袭之关系。包括三足器中的鼎、斝、盉、鬲,圈足器中的豆、盘、觚、壶、杯、盂、簋、尊等。邹衡在论述早商遗址出现的铜礼器的特点时,指出其中器型多直接仿自陶器。除盉系仿自夏文化的陶盉之外,其他几乎都仿自早商文化的同类陶器。例如,鼎、鬲、甗多作空锥足,爵腹模截面多作椭圆形,斝作平底空角足或分档袋足等。⑤ 这不仅说明青铜礼器的启始,而且也说明了陶质容器与青铜质容器在纵向关系上一贯的时间上的连续性。譬如:

---

① 〔英〕爱德华·泰勒:《原始文化》,广西师范大学出版社 2005 年版,第 236 页。

② 〔美〕吉德炜:《从考古器物看中国思维世界的形成》,*Le Civilta Cinese Antice*,Venice,April,1985。

③ 《尚书·酒诰》。

④ 《礼记·郊特牲》孔疏。

⑤ 参阅邹衡:《夏商周考古论文集》,文物出版社 1980 年版,第 124 页。

　　新石器时期的三足器中的陶鼎显然是青铜鼎的形制渊源,只是陶鼎中上部结构之釜形、钵形退出了后来作为青铜礼器的行列;而盆形、罐形则成为最初青铜鼎的主要造型。陶鼎的下部结构比较复杂,而在后来青铜鼎使用最多的是锥足、圆柱足与尖底扁足。1987 年在河南偃师二里头出土的网格纹青铜鼎,是目前所见唯一的一件二里头文化的铜鼎,其造型敛口、折沿,薄唇内附一加厚的边。口沿上立二环耳,空心的四棱锥状足。腹饰带状网格纹一周,高 20 厘米,口径 15.3 厘米。这件鼎的造型,除去空心四棱状足和立二环耳(陶鼎中锥状足),其余特征几乎都见于新石器时期的陶鼎。而早商的敛口、折沿、鼓腹、圜底的铜鼎也可以从新石器时代的陶鼎(如河南龙山文化后岗类型的罐形鼎)见到其雏形。

　　陶斝的束腰罐形基本上为早期的青铜斝所继承。二里头出土的青铜斝,与王湾类型的束腰盆式斝有多处相似之处。青铜斝的出土地域也与河南龙山文化王湾类型的分布地域大致吻合。在地层关系上,河南龙山文化有直接叠压在二里头文化一期之下。而二里头文化的分布及放射性碳素测定的年代与文献记载的夏文化的地域及年代是相近的[①]。其承继关系显著。

　　陶鬲的器型大致可以分为两类,一类是分档式,即档部三分,从底部中心点向腹部引出三根放射线,将三足截然分开;另一类是联档式,则无明显分界[②]。青铜鬲的形制几乎与陶鬲相同。

　　陶盉的形制特征是:硕腹,腹部一侧斜生长管状流,另一侧有一鋬,三足(或作四足),有盖。在二里头遗址中也有封顶陶盉出土,1987 年在河南偃师二里头夏晚期遗址出土了一件同形的铜盉。另外,河南郑

---

　　① 　参阅《关于夏文化及其来源的初步探索》,《文物》1978 年第 9 期。

　　② 　邹衡:《论先周文化》,《夏商周考古学论文集》,文物出版社 1980 年版。

州东里路出土的弦纹铜盉与二里头文化的陶盉相似,与青龙泉三期文化的管状嘴大袋足盉也颇为相似,当同属于一种造型。

陶甗,可分为联体甗和分体甗两种,从器型上看,甗的上部为大口盆的甑,下部为鬲,并合二器为一。甗专用于蒸炊,鬲盛水,甑置食物。联体甗是鬲与甑合为一体;分体甗则是两个部分分作,使用时可分可合。殷代早中期的联体青铜甗基本上承袭了山东龙山文化的联体陶甗的特征。

圈足器有陶豆,形制非常丰富,分布地区也很广泛,于河南龙山文化、齐家文化、大汶口文化、马家浜文化、良渚文化及大溪文化等遗址中均有发现。青铜豆本于同形的陶豆,其中可分别为无镂孔柄与有镂孔柄两类,均见于同形陶器。镂孔犹如竹编器,似与文献中的"笾"相似。

青铜盘在早商二里冈上层期即已出现,其形制特性是敞口,沿外折,浅腹,平底,高圈足。亦可在陶盘中找到其雏形,譬如王湾类型与王油坊类型的镂孔高圈足盘,以及石峡文化的圈足盘、良渚文化的深腹或浅腹式大圈足盘等。其造型特征基本一致。另外,1974年湖北黄陂盘龙城出土的敛口、折沿、深鼓腹、圈足的商中期铜盘,其形制与圈足陶盘也很近似。

陶斝的特征是敞口、束腰、高圈足。其特征几乎为青铜斝完整地承袭了。诸如1982年于河南郑州白家庄出土的大敞口、束腰、高圈足的商早期铜斝与陶斝一脉相承。

陶壶的形制特征基本上可以概括为:长颈或较长颈,直口或微侈口,深鼓腹,圈足,譬如屈家岭文化晚期的圈足壶、江西地区的圆腹或肩腹圈足壶以及良渚文化的长颈鼓腹圈足壶等。青铜壶始见于殷中期,与陶壶同形。1977年于北京平谷刘家河出土的直口、长颈、深鼓腹、圈足的商中期铜壶也是其中一例。

陶杯大致可分为有耳和无耳两类,有耳的特征一般为大口或敞口,长筒状腹,或有极矮的圈足,有耳,殷墟小屯 5 号墓出土的象牙杯属这一系列。无耳类中又可分为有高柄与无高柄两式,有高柄一般为高圈足。1973 年陕西扶风法门镇出土的敞口,直腹内收,高圈足商中期兽面纹高足青铜杯应属这一系列。

陶盂,包括磁山文化的椭圆陶盂、岳石类型的折腹盂,屈家岭文化晚期的盂形器与青铜盂也有器型上的承继关系。

陶簋,河南龙山文化三里桥类型的高圈足敞口簋形器,岳石类型的圈足簋,大溪文化的敛口簋,良渚文化的折沿式三鼻式簋与青铜簋均具有器型上的承继关系。

陶尊,陶尊可分为有肩尊与无肩尊两类,或为盛酒器,譬如良渚文化的喇叭口圈足尊及岳石类型的圈足尊等。青铜尊(除鸟兽形尊)造型与之无异。1974 年于偃师塔庄出土的敞口、敛颈、宽肩、鼓腹、圜底、圈足的商早期铜尊,等等。

陶容器向青铜礼用容器演变示意图

器皿种类	陶 器	青 铜 器	
鼎	马家滨文化盆形陶鼎 河南龙山文化后岗类型罐形陶鼎 大汶口文化陶器	河南偃师二里头出土网格纹青铜鼎 出土青铜鼎	郑州白家庄 M2
		郑州铭功路出土青铜鼎 窖藏出土青铜鼎	郑州向阳食品厂
		安阳小屯 M388 出土青铜鼎 M1 出土青铜鼎	安阳 59 武官村
		黄陂盘龙城李出土青铜鼎 铜鼎	殷墟西区出土青

斝	河南龙山文化王湾类型束腰盆式陶斝	河南偃师二里头出土青铜斝	二里冈下层时期青铜
		郑州白家庄 M2 出土青铜斝	黄陂盘龙城李 M1 出土青铜斝
		安阳小屯 M33 出土青铜斝	安阳大司空村出土青铜斝
		殷墟西区出土青铜斝	
盉	河南龙山文化陶器 大汶口文化陶器 青龙泉三期文化管状嘴大袋足盉	河南偃师二里头出土青铜盉	河南中牟黄店出土青铜盉
鬲	河南龙山文化陶鬲	郑州白家庄 M3 出土青铜器鬲	安阳小屯出土青铜器鬲
		黄陂盘龙城李 M2 出土青铜鬲	辉县琉璃阁商墓出土青铜鬲
		陕西岐山京当乡京当村出土青铜鬲	
豆	河南龙山圈足陶豆 齐家文化圈足陶豆 大汶口文化圈足陶豆 马家滨文化圈足陶豆 良渚文化圈足陶豆 大溪文化圈足陶豆	安阳郭家庄东南出土青铜豆	
		陕西宝鸡杨家沟西高泉村秦墓出土青铜"周生"豆	

续表

盘	龙山文化陶器盘 王湾类型圈足陶盘 王油坊类型圈足陶盘 石峡文化圈足陶盘 良渚文化圈足陶盘	郑州白家庄 M2 出土青铜盘　　安阳小屯出土青铜盘 黄陂盘龙城李 M1 出土青铜盘 湖北黄陂盘龙城出土商中期圈足青铜盘
觚	大汶口文化陶觚	河南郑州白家庄 出土商早期青铜觚　　安阳 59 武官村 M1 出土青铜觚 安阳小屯出土青铜觚　　殷墟西区出土青铜觚 辉县琉璃阁商墓出土青铜觚
壶	屈家岭文化晚期圈足 陶壶 江西地区圈足肩腹陶壶 良渚文化长颈鼓腹陶壶	北京平谷刘家河出土商中期圈足青铜壶
卣		郑州向阳食品厂窖藏出土青铜卣
杯	河南龙山文化陶杯 	陕西扶风法门镇出土商中期高圈足青铜杯
盂	磁山文化椭圆陶盂 岳石类型折腹陶盂 屈家岭文化晚期陶盂 形器	郑州向阳食品厂窖藏出土青铜盂
簋	河南龙山文化三里桥 类型高圈足敞口陶簋 形器 岳石类型圈足陶簋 大溪文化敛口陶簋 良渚文化折沿式陶簋	殷墟西区出土青铜簋

续表

尊	良渚文化折喇叭口圈足陶尊 岳石类型圈足陶尊 大汶口文化陶器	郑州向阳回族食品厂窖藏出土青铜尊 郑州白家庄 M3 出土青铜尊
甗	河南龙山文化陶器 山东龙山文化的联体陶	安阳 59 武官村 M1 出土青铜甗　　安阳小屯出土青铜甗 殷墟西区出土青铜甗
爵		偃师二里头出土爵　　二里冈下层时期青铜爵
罍	龙山文化陶器	郑州白家庄 M2 出土青铜罍　　安阳小屯出土青铜罍
瓿		安阳小屯出土青铜瓿

上古的陶质祭器向铜质祭器演变应与上古的原始宗教向正统宗教的演变相关,在宗教信仰的早期历史中,人对神灵的崇拜,有的是偶然的,有的是一贯的,只有那些与人类生存关系密切的神,最终才可能被纳入正统的祀典之中。如《国语·鲁语上》:"夫圣王之祀也,法施于民则祀之,以死勤事则祀之,以劳定国则祀之,能御大灾则祀之,能捍大患则祀之。非是族也,不在祀典。"而对那些纳入正统祀典的神灵,也就必然使用与之相应的专门的祭器祭祀,而与之不相适应的祭器则被淘汰。

例证之一是,据苏秉琦的研究,尖底瓶很有可能是仰韶文化时期的一种祭器。他认为尖底瓶（或称酉瓶）并不都是日常使用的汲水罐之类，有的是适应专职神职人员出现而出现的宗教上的特需、特供。这类陶器在遗址出土看来很多，但能选出典型完整的标本则很少，这说明了它们并不是大量使用的日常生活用具。他还认为最早的袋足器是北方与中原两个不同文化传统融合的产物。尖底瓶和鬲（斝）都不只是生活用品，而可能同祭祀的神器有关。[①] 尖底瓶后来到哪里去了？安特生曾提出过鬲的起源是由三个尖底器结合而成的假说。河曲地区以准格尔旗的几个地点为代表，在五千年前后出现末期小口尖底瓶与尖底腹斝共生，已是鬲的原型。伊克昭盟准格尔旗两个地点发现的两件晚期小口尖底瓶（一件完整器，一件残片）和两件尖腹底斝残片，这两件尖底瓶底部内壁结构的细部变化与尖腹底斝的细部变化几乎一样，这样可以肯定两者间曾共存交错[②]。后来三足尖腹底斝取代了尖底瓶。尖底被三足抬高脱离了地面。由此似乎可以假设，是人们祭神观念的一次大的变革，从而导致祭器的形制也随之产生了变化。尖底瓶的祀之对象似在器之底部，包括土域、水域等诸自然神；而后来的三足器与圈足器的祭祀之对象似在器之上部，即自然天象的诸神灵与与之相联系的祖先神灵。这种宗教崇拜在后来统一为上帝天神与王族的祖先神，即为社会普遍认同的"能御大灾则祀之，能捍大患则祀之"圣王之祀的神灵。

特别应当指出的是，三足器与高圈足器最终成为正统祀典中最具造型特征的礼器，不会是一种偶然现象，是历史长期演化的结果。而最初参与祭祀的器皿很可能是偶然的，故礼器的渊源一定是上古的生活实用器。在过渡时期，其功用也常常是随机的，不确定的。在长期的历

---

① 参阅苏秉琦：《中国文明起源新探》，第29—30页。
② 同上书，第47—50页。

史演变过程中,一种器皿不再参与祭祀活动的可能性有两种,一是它的功用不能长久地与祭祀礼仪相结合,二是所祀神灵在人们精神生活的变化中被淘汰,而该器又不适用于祭奉新的神灵,那么这一用于祭祀的器皿将不会再延续。尖底瓶(或称酉瓶)最终被淘汰正是这样一个例子。

在不断淘汰又不断产生新的祭祀用器皿过程中,并行着一个"民则祀之"逐步演变为"圣王之祀"的过程;偶然性的祭器演变成一贯性的礼器的过程。拟或正是由陶质容器演变为青铜容器的过程。而祭祀与礼仪用青铜容器的出现与玉器(这里指琮、璧、钺等)一样,从一个侧面反映了贵族阶层对祭祀权与方国权力的垄断,这一特征在等级社会形成之后变得更加突出。

(二)夏商时代的礼器与其历史背景

1. 二里头文化与二里冈文化遗存及其礼器特征

据考古发掘,已知以偃师二里头文化遗存为代表的文化是一种青铜文化。其绝对年代在文献所载成汤史迹之前的三四百年间,处于历史上记载的夏王朝时期。二里头文化前身问题是一个比较复杂的问题,是关系中国古代青铜器起源的重要考古学研究课题。就已知考古发掘资料,在龙山文化陶寺类型遗址、河南龙山文化王湾类型遗址以及齐家文化等遗址发现有早期红铜器遗存;同时,在马家窑文化的马家窑类型遗址、马家窑文化的马厂类型遗址以及齐家文化等遗址还发现有早期青铜器遗存。其中属河南龙山文化王湾类型的登封王城岗遗址出土的青铜容器残片(T196H617:14)[①],是迄今中原地区发现最早的青铜器皿,出土这件青铜容器残片的灰坑属王城岗龙山文化四期遗存,其中还出土有木炭,据碳十四测定距今 3555±150 年。树轮校正为距今

---

① 《文物》1983 年第 3 期;《文物》1984 年第 11 期。

3850±165 年,约公元前 1900±165 年。王城岗 T196H617 出土的青铜容器残片,残高 5.7 厘米、残宽 6.5 厘米、厚 0.2 厘米,重 35 克。胎质很薄,厚薄均匀,呈圆弧状,下部有转折,应是用多范法合铸的容器。发掘者认为很可能是青铜鬶的残片,其铸造水平超过了用单范或双合范铸造的生产工具、武器。因此它不可能是青铜业刚刚产生时期的制品,而是青铜铸造业经过了一段长时间的发展后,趋于成熟的标志。据此可以推论青铜铸造业当产生在王城岗龙山文化四期以前的一段较长时间,则豫西地区龙山文化青铜器的出现不会晚于公元前 2000 年前的数百年间[①]。由此也可以推测迄今中原地区发现最早青铜器的——河南龙山文化王湾类型即二里头文化的前身,这件青铜容器残片即二里头文化青铜器的前身。

二里头类型文化可以分为四期,从二里头二期开始就有青铜器的出现。据目前的考古资料证明,二里头第二期的青铜器是具有真正意义上的最早期青铜器类型。属于这一期的青铜器有爵、戈、戚、小刀、锛、凿、锥、鱼钓、铜条、铃、镶嵌圆形铜器、圆泡形器、兽面青铜牌饰等。

与这些青铜器同时出土的最重要的发掘有:大规模的夯土建筑——宫殿基址,二里头类型文化晚期(第四期)出现了形体较大青铜兵器——戈、钺等,尤其是出现了爵与斝的青铜容器组合,另外,还有玉器和石磬。这些考古学资料为最初的国家形态下的礼器存在与发展状况提供了证据。

同时,在这一时期的各种形制陶器中也有着微妙的变化,二里头类型文化中多种圈足器,尤其是晚期,几乎占到了一半,甚至大部分的圈足器和少数的三足器作圜底。先商文化漳河类型中几乎没有圜底器和圈足器,而都是平底器。拟或这一现象如《国语·楚语下》所载观射父

---

①　参阅朱凤瀚:《古代中国青铜器》,南开大学出版社 1995 年版,第 7—11 页。

曰："颛顼受之,及命南正重司天以属神,命火正黎司地以属民,使复旧常,无相浸渎,是谓重、黎绝地天通。"所谓重、黎"绝地天通",是说从此平民不再具有直接和天地之神沟通的权力,巫史有了专职,使过去"夫人作享,家为巫史"的社会状态为之一变。一方面是青铜礼器为国家垄断,另一方面是大部分陶器成为真正的盛贮器。

在早商遗存中,青铜器由贵族阶层垄断的趋势更加显著。二里冈下层墓葬已经出现瓯、爵、斝等铜礼器的组合,湖北盘龙城商代二里冈期墓葬中发现大量青铜礼器,包括兵器,新出现了罍和簋等。安阳早期遗址已出现大规模的陵墓(侯家庄 HPKM1500 和 HPKM1217),商墓葬出现了大量青铜礼器。二里冈类型出土的青铜礼器有鼎、鬲、盉、斝、尊、罍、瓿、盘等。从考古年代来看,最早出现的青铜容器是体积较小的酒器,次第是体积较大的盛黍稷器和盛牲牢器及少量盥器。这样一个考古学资料的排列顺序,大概与早期青铜冶炼与铸造技术[1],以及组织生产的规模有关。

1975 年于郑州东里路黄河医院发掘了 M32,出土有两件青铜器,一件爵(C8M22:1)、一件斝(C8M22:2),正如发掘报告所指出的,像这样有确凿证据的商代二里冈下层铜器墓还是首次发现[2]。1955 年于郑州白家庄商墓(C8M7)出土铜爵 2、斝 1、凿形铜器 1、铜戈 1,此外还有几件玉石器,亦可归入二里冈下层期偏晚[3]。1977 年至 1981 年发掘登封告城王城岗遗址时,于 T245M49 墓葬中出土青铜爵、斝各一件[4]。另外,登封袁桥(墓?)出土有爵 1、斝 1,中牟黄店(墓?)出土爵 1、斝 1。

---

[1] 新石器时代的烧陶业的相关技术与陶质容器的造型及工艺,都为青铜铸造业的产生提供了必要条件。

[2] 杨育彬等:《近几年来在郑州新发现的商代青铜器》,《中原文物》1981 年第 2 期。

[3] 图见《河南出土商周青铜器》,文物出版社 1981 年版,十七、十八。

[4] 河南省文物研究所、中国历史博物馆考古部编:《登封王城岗与阳城》,文物出版社 1992 年版。

初步可以认为二里冈下层期青铜器的组合形式有三种,即爵;爵、斝;爵、盉。爵的单一组合形式仅出土于荥阳西史村 M2,该墓应归属于二里冈下层期偏早,所以仍保留着二里头文化早期多见的随葬器制。剩下的两种组合形式存在于其他六座墓中,时间皆应归属于二里冈下层期偏晚,以爵斝组合形式最为常见。此种形式中爵斝多数是等量的,但也有爵 2 斝 1 的情况,在二里头四期墓葬中(如 1984 年秋发掘的二里头六区 M9)已出现这种形式。另外,在二里头文化三、四期的墓葬中,已有陶盉配铜爵的形式,由此看来,二里冈青铜器的组合与二里头文化时期有着相同之处,充分表现了两种青铜文化之间的密切联系。二里冈下层期青铜器的三种组合形式说明当时的贵族阶层已有了微弱的等级差别。

二里冈上层已见以鼎为中心的随葬青铜容器组合——有鼎墓,包括鼎、鬲、爵、斝、觚、盉与盘等,随葬品组合中另外有兵器与工具、陶器,以及象牙觚。与有鼎墓相对应的是无鼎铜器墓,包括青铜容器爵、斝、觚等(详见本书第 285—293 页)。见于二里冈上层的铜器墓葬之随葬品种类不仅多,而且已经形成了至少有两个层次的礼器组合关系,即有鼎墓与无鼎铜器墓。由此说明这一时期的贵族等级已经初步形成,拟或贵族等级制度开始萌芽。应当指出的是,二里冈上层时期遗存与殷墟早期类型遗存相连,构成了完整的商代考古体系,对于认识周以前的礼器制度特征具有重要的研究价值。

2. 殷墟文化的礼器特征

通过考古学研究,殷墟遗物可以认为是一个存在有多种层面的、较为完整的古代农业社会的考古学资料体系。殷是一个以农业为主的社会,在殷墟卜辞中记载了耕作的过程及其收获;卜辞记载了卜问商王国及其所属族邦的“受年”;并且有很多关于卜雨的卜辞,很多关于祈雨于先公高祖及自然诸神的卜辞,而卜辞所表现的帝是施雨的主宰,可见下雨是当时社会生产生活中最主要的要求；同时，卜辞中已有周密的历法制度之存在，它的产生与使用是符合了农事配合天时的原始信仰的逻辑关系；在安阳殷墟发掘有磨光石器和大量的集中储存的收割用石镰；殷墟发掘的青铜制酒器足以证明王室用"剩余"的粮食酿酒；据文献记载，从成汤以来，商王国所迁徙的都邑都在华北平原靠近河流的两岸。《尚书·汤誓》所谓"舍我穑事"，其穑事即"稼穑"之事，也就是农业。此外，在殷墟卜辞中还出现有"罍田"形式的祀典①。

殷是否已具有了一个从物质到精神完善的农业社会体系呢？似乎并不尽然。首先，简陋的农具与华美的青铜礼器之间形成了鲜明的反差，农业社会生产也并不发达。其次，牧畜的名称，在卜辞中可谓是洋洋大观，诸如牛、羊、犬、马、豕、豚、豴等等，数目繁多。可见牧畜在当时仍然是重要生产手段，有以下三点可以证明：

(1)祭祀用牲，记载特多，一次用牲至三四百。这样大的规模，如果没有繁盛的牧畜生产是不可能实现的。因此殷墟社会的生产方式应具有很大的畜牧业成分。

(2)用牲的名目，记载非常严格，分类也多。杜守素说牛、羊、犬、马分类如此严密，足以证明这些生产的特性反映成为人类的观念。他这个见解是很有创造性的。罗振玉说："其祭时牢牲之数无定制，一以卜定之。其牲或曰大牢，或曰小牢……又曰牡、曰牝、曰羍、曰犆。"

(3)用牲的方法很复杂，足以证明畜类当作食品的分类很进步。罗振玉说："其用牲之法曰竟，曰埋，曰沈，曰卯。"有只用一法，有兼用两法或三法的②。

社会的农业化程度似乎直接影响在祭神的供品上，由于礼用容器

---

① 张政烺：《殷契羍田解》，《甲骨文与殷商史》，上海古籍出版社 1983 年版，第 1 辑。

② 参阅罗振玉：《殷墟书契考释》卷下，礼制第七，1915 年。

是以盛供品的种类来作区分的,因此与盛供品的器皿有着相当关系。"粢盛"指粮食五谷。"粢"或写作"齍"(异体字,见于东周礼书)泛指五谷,"盛"表示盛于簋簠等容器,合称"粢盛",则指祭祀用的谷物供品。《左传》桓公六年云:"吾牲牷肥腯,粢盛丰备。"又云:"奉盛以告曰:絜(洁)粢丰盛。"后一句拆开说,则"粢"指谷物,"盛"指簋簠等容器。商代初期,大约经历过以畜牧为主的时代,盘庚以前,商人曾多次迁都也许是其中原因之一。而由这样的社会形成的供献制度,牲牢的地位远远高于五谷,盛器也因之确定了形制。这种制度一旦成为传统,到了后来尽管农业经济占据主导地位,供献制中粢盛的地位仍不能与牺牲相抗衡,而只能处于第二位,而盛器中的鼎、俎、锎等盛牲牢之器皿也就占据了主导地位,而盛黍稷之器皿(或曰"粢盛"之器)中的簋、簠、敦等也就只好位居从属的地位,还有酒器,它用为祭祀与贵族礼仪其"盛"也和农业不无关系。

另一方面,是祭器的质地经历了由陶器而铜器,由少量铜器进而大量铜器的演进变化,而这一变化的物质基础来自以国家为经营者的青铜铸造业生产规模的扩大。据考古学资料证明,夏晚期与商早期的城邑遗址已发现冶炼青铜的作坊。平粮台三期的灰坑 H15 发现一块铜渣,位于四号高台夯土基址的南侧,而二里头一号宫室基址的周围也出土了铸铜陶范和坩埚碎片,冶铜遗址的位置似乎说明早期国家形成之初,青铜就已被王朝所直接控制。郑州商城铸铜遗址见于北城外紫荆山之北,及旧城南关外,城西人民公园商代遗址也发现附黏铜渣的坩埚残片①。这三处虽在商城之外,但城外遍布二里冈上下期及人民公园期的遗物,亦当在城内宫室的统治之下。殷墟铸铜遗址与作坊分布更广,在高楼庄西边 400 米及薛家庄南边 400 米的地方发现两处,分别属

---

① 《考古学报》1957 年第 1 期。

于殷的早期与晚期①。苗圃北地,即薛家庄冶铜作坊以西 400 余米之地出土的房基,内外皆有大量陶范和坩埚片②。小屯出土铜器的地方经常找到红烧土碎块、木炭、坩埚、炼渣、铜范和尚未冶炼的铜矿砂,可见小屯设有铸铜作坊。甚至与平粮台、二里头的情形类似,连宫室区也有作坊。考古报告说,甲、乙、丙三组基址的文化层、夯土层,以及窖穴常见铜锈、炼渣和红烧土。其中可能有些与宫室同时相近存在。

殷遗址中铸铜作坊与宫室建筑杂处,虽和后世的宫城截然不同,但这也表现出早期城邦国家的特性。当时统治者利用青铜铸造兵器和礼器,一方面是兵权与执政权的融合,另一方面则是祭神权与统治权的一体化。作为政治权利分配表征的礼器,直到春秋时代,表示贵族身份的礼器皆由官府的百工制作,这一历史现象直至这些城邑崩溃、青铜时代结束为止。诚如上述,中国早期国家的青铜工业是政治性的,不具有商品的意义③,而且青铜也很少用在农业生产上。

殷墟墓葬中已经出现了以青铜容器为主体,兼有玉器、兵器、乐器、车马器等构成的礼器组合,次第出现情况是:第一期的铜器发现不多,即使在传世器中也极少见。刻纹白陶在这一期兴起,铜器与陶器同出一墓的现象显著。第二期的铜器发现比第一期明显增多,但尚未见到大型铜器出土,这一期中刻纹白陶特别盛行,与铜器同出的陶器的现象也比较普遍。第三、四期的铜器发现明显增多,纹饰富于变化,种类多,盛行三层立体交错的花纹,铭文的数量也增多。邹衡说:“看来,殷墟的青铜工业的初步发展阶段是在第二期;发展到高峰是在第三、四期;第一期似乎还处于比较低级的阶段,而与商代二里冈期的青铜器相差还不远。”④

---

① 《考古》1963 年第 4 期。
② 《考古》1961 年第 2 期。
③ 参阅张光直:《中国青铜时代》,生活·读书·新知三联书店 1983 年版。
④ 参阅邹衡:《夏商周考古学论文集》,文物出版社 1980 年版,第 89 页。

另一个显著的现象是,墓葬中的礼器不仅以数量关系,而且还以组合关系来表示贵族的身份等级关系。有的墓葬仅有很少的铜器随葬,与其他器物的组合也很简单,而有的墓葬出土的铜器数量多,与其他器物的组合也比较复杂。譬如:第三期高楼庄M8,青铜容器类有鼎2、簋1、斝1、爵2、觚2、卣1、斗1、壶1,兵器类有铜戈1、铜矛1、铜刀1,乐器类有铜铙3,玉器类有玉璧、玉钺等。用如此分类法同样可以对多座殷墟大中型墓进行统计。这说明在商殷晚期,贵族在政治权力分配方面已经相当规范。可能当时已经存在类似"祀典"一类的贵族物质形态的分配规则。殷墟五号墓(即妇好墓)更加呈现出多种华丽礼器的组合形式(详见本书第四章论述)。

周以前,拟或可以称之为礼器制度的前发展阶段,这段历史可分为新石器文化的萌芽期,二里头、二里冈文化的初步形成期与殷文化的接近成熟期三个阶段。萌芽期的特点是祭祀用器与权力象征物的出现与发展,人们为了确定私有化秩序而尽可能多地拥有这些用器;初步形成期的特点是王将祭祀权与统治权集于一身,这一时期出现了趋于规范的器物组合形式;接近成熟期的特点是,王对贵族实行多种层次的分配,具体体现为多层次的礼器组合形式,其中包括玉器、青铜器、车马器、乐器、兵器及葬具,但此时规范性尚不显著。

二、西周礼器制度的确立

礼器制度的最后完善应当说是在西周之初,周灭商后,第一次以"宗功"[①]的分配形式确立了以嫡庶制为核心的宗法制,这在中国社会制度史上是一个重要的转折点。其中最为典型的是"天子"的帝王象

---

① 《尚书·洛诰》。

征、社稷的国家象征和宗庙祭祀的政治象征及贵族等级分配制度,反映了正统宗教与政治已完全结合为一体。这时礼器制度才有了政治、法令方面上的保障。下文就此形成的历史过程作简要说明。

(一) 周人礼器制度的形成与其政治基础

《诗·大雅》中《生民》《公刘》《绵》《皇矣》《文王》与《大明》六篇是周人自述开国的史诗。讲述自后稷至周文、武王的创业史迹,很有历史感。从中似能窥视西周礼器制度最初形成的概貌。周族的上世活动于泾水上游,公刘都豳,即邠县(今陕西彬县)栒邑一带。后稷子孙"窜于戎狄之间"垂数百年,晚至太王才来岐下定居。故周族先公时代与戎狄必有密切的关系。周族在太王时代开始振兴,祖孙三代刻意经营,相当程度地吸收非周姬的部族,逐渐在岐下之地产生了一个以"西土之人"作为认同意识的居落群体。

《生民》述周之始祖后稷的事迹。云:"诞后稷之穑,有相之道。"后稷发明了农业,并予以推广,而且将所收获的农作物"卬盛于豆,于豆于登。其香始升,上帝居歆"。"后稷肇礼"是见于文献记载的周人始祖最早的祭上帝之祭礼,似乎是说从后稷开始有了祭祀上帝的制度,由于表述过于简约,难以为凭,但与殷墟卜辞中记载的大量用牲祭神的殷人,毕竟有所不同。如是说后稷开创了周人的农业,后稷的"肇祀"是以农作物为祭品,因此盛黍稷器为常用祭器,应当说是能够说通的。郑笺云:"我后稷盛菹醢之属当于豆者,于登者。其馨香始上行,上帝则安而歆(享)[飨]之:'何芳臭之诚得其时乎!'美之也。"这正是用豆用登的功用。"上帝居歆"似乎奠定了周人礼器制度的指导思想。

《公刘》记述了公刘之时,周人已做到了"廼场廼疆,廼积廼仓",既划定了田界,又有了储存的粮食。同时有了军队,"弓矢斯张,干戈戚扬",公刘作为君主已经显示出非凡的威仪,他"维玉及瑶,鞞琫容刀";

他创建周人的京师,"于豳斯馆",在豳地营造宫室。虽然当时只有"酌之用匏"简陋条件,但在公刘的策划下,追随他的贵族也具有"俾筵俾几,既登乃依"的礼仪与最初的礼器享用权。

《绵》记述了古公亶父"至于岐下,爰及姜女",在周原获得了肥美的土地,于是他率领族人在此建筑宫室,并建造宗庙,"作庙翼翼"。宗庙的设立于两周礼器制度有着非同一般的意义。宗庙制度的建立不仅使祭器得到了规范,而且使以嫡庶制为核心的宗法制下的贵族等级分配制度有了依凭的伦理基础。

《皇矣》记述了"皇矣上帝,临下有赫"。上帝在观察天下四方之后,"乃眷西顾",从而选定周人并降佑于他们。自大伯王季,周人的事业有了很大的发展,"奄有四方","王此大邦"。文王之时,周人"既受帝祉","爰整其旅",以保卫"我陵我阿""我家我池"。在这一时期,周国军旅比较先祖(诸如:公刘)之"刀"的象征意义具有了更多的实际政治作用,而成为王权统治的表征与实际力量,由此周人"以笃于周祜,以对于天下",确立了"顺帝之则"的指导方针。从中亦可以观察到,用戎器(兵器)作礼器,这样的做法在先秦时代确是有其道理的。

《文王》记述了文王在"殷之未丧师,克配上帝"的形势下,"于缉熙敬止","假哉天命",与商比邻。文王称王,殷人予以承认,有殷士助祭于周京。他们"厥作裸将,常服黼冔"。也就是说殷人于周京执行灌酒之礼,而照常穿戴殷人的衣冠,祭奠周人的祖先,"假哉天命",与"大邦"商比邻。

《大明》记述文王"小心翼翼,昭事上帝",并遵从上帝的旨意,"燮伐大商","肆伐大商"。他开始了翦灭大邦商的伟大事业,由此奠定了有周一朝八百余年之基业。

根据这六篇《诗》,可以推知在先周时期,其先祖们就为后世的文物典章制度奠定了政治上的基础。大致情况可见下表:

篇名	主要祖先	与周建国相关的事迹、事项	诗中出现的神灵与礼用之器
《生民》	后稷	从事种植农业生产	用豆等祭器盛上农产品祭祀上帝
《公刘》	公刘	树立宗君,建仓储粮,加强武备,营造宫室	用简单的器具规范神与人,君与臣
《绵》	古公亶父	划定疆土,设立官吏,修建城池	造作祖庙,建社——社神,击鼓助祭
《皇矣》	王季、文王	整顿军旅,开拓疆域	祭天作类,祭旗作祃
《文王》	文王	诸侯臣服于周,"万邦作孚"	行灌礼于京,"上帝既命"
《大明》	文王、武王	文王改国号为周,改邑为京,武王伐灭商国	昭明如何奉事上帝

从诗的内容来看,首先是,在后稷时就已确立了周族与上帝之间的精神关系,表现为以上帝作为周人得以降生于世的神圣本原,并将周人所以兴旺发达,皆归功于上帝的旨意,进而神化其先王。尤其突出了作为农业民族与上帝之间的密切联系。上帝之所以"乃眷西顾",是由于对商人的不满,而且也在上帝青睐于周人"其菑其翳。修之平之,其灌其栵"的农事活动,因此上帝接受了后稷"或舂或揄,或簸或蹂"的祭品,以及高圈足的祭器(豆、登等)奉行的祭仪,而"上帝居歆",降以特别的庇护。其次,先周已经建立了以王为中心的国家,至迟在公刘、古公亶父时,周族已建立了军队,有了象征王权的京师和王宫及礼仪,由此产生了君臣之礼,百辟之享。同时,可知周族已建立了本族的祖庙,强化了对祖神的祭奠,在宫室中"作庙翼翼"。在建都之始,"裸将于京",并且得到了殷人的承认。并用豆、登①为器来享祖神。先周时期周人的这些实践与由此产生的精神都光大于后来的西周礼器制度中。

---

① 《仪礼·公食大夫礼》:"大羹涪不和,实于镫。"郑玄注:"瓦豆谓之镫。"《尔雅·释器》作"登"。"镫""登"均为借字。《说文·豆部》曰:"𤿜,礼器也。从夆,持肉在豆上。读若镫同。"故登为豆形陶质礼器。

从考古学资料来看,先周文化是一种高度发展的青铜文化,它不仅有大量的青铜武器、车马器等,而且有成套的青铜礼用容器。殷时代的周人已有了自己铸造的可能主要用于祭祀祖先的青铜祭器。在先周文化遗存中陕西宝鸡斗鸡台瓦鬲墓[①]第一期,相当于殷墟文化第三、四期[②]。这一期中有一定数量的墓葬随葬铜戈和铜甲泡。此外还随葬蚌泡骨刀和滑贝及绿松石饰物等。铜器墓随葬有鼎、簋、觚、爵、斝、尊、觯、卣、罍、瓿等青铜容器,戈、矛、镞、弓形器及甲泡等铜兵器等。第二期的绝对年代不会早于乙辛时代的早期,墓葬中铜器组合中新出现了甗和盉两种容器和矛、戣两种兵器,与这一时期的殷墟墓葬的礼器组合基本相同。另外,岐山、礼泉、铜川、耀县、长安沣西等地出土的商后期青铜器所代表的文化类型,由于资料比较零散,地点亦比较分散,其是否属于同一类型,还不好确定,但其共同之处在于主要存在于殷代晚期。铜器中有一部分与殷墟铜器型制相同(或即得自于商人);一部分是在殷墟铜器式样基础上从形制或纹饰上加以局部的改造,具有地域文化类型的特征。代表性的青铜礼器有礼泉朱马嘴大圆鼎、铜川三里洞出土大圆鼎。礼泉朱马嘴出土的铜甗。岐山贺家村 M1、长安张家坡沣毛 M1 出土的乳钉较尖突的盆簋,岐山贺家村 M1 出土的援带羽状纹的三角援戈。此种类型的青铜礼器类型分布的区域,与殷代时周人的势力范围相合,其存在年代也与周人活动于此的时间相合,所出墓葬或有所谓先周文化的陶器,所以,此类型器物有可能属于殷代时周人的文化[③]。这些考古发现与上述《诗经》所描述的年代相合。

"受天有大命"的周王的出现,使礼器与王权最初的结合演变为帝

①　苏秉琦:《斗鸡台沟东区墓葬》,1948 年北平版,《图说》,中国科学院出版 1954 年版。

②　参阅邹衡:《论先周文化》,《夏商周考古学论文集》,文物出版社 1980 年版,第 306—309 页。

③　参阅朱凤瀚:《古代中国青铜器》,南开大学出版社 1995 年版,第 668 页。

王的象征物,譬如鼎(大圆鼎)、圭、钺等,随之礼器成为了维护周王统治的工具。《礼记·王制》曰:天子巡守"命典礼,考时月,定日,同律,礼乐,制度,衣服,正之。……变礼易乐者为不从,不从者君流;革制度衣服为畔(叛),畔者君讨"。礼器的管理权与分配权与最高级别礼器的享用权都掌握在帝王手中。

(二)周民族的宗教信仰与相关的礼器制度

1. 祖庙祭祀中的礼器使用

从已知的古文字资料与文献资料可知,殷商时代的宗庙用礼器,即祭奠祖先神的祭器。殷墟卜辞中亦见殷人以宗庙形式祭奉祖先,对此已有学者做过深入研究[①]。从祭祖礼的总体形式上看,孔子关于"周因于殷礼,所损益可知也"[②]的说法,应当说基本是正确的,这是由于在殷墟甲骨文与西周金文中出现有众多的同名祭祖之礼[③],然而,特别要指出的是,周人在继承了殷人祭祖礼仪的同时,并非无所变化,无所差异。譬如:周人的以嫡庶制为中心的宗法制度在祭祖礼中是有体现的,与殷人遍祀先公先王远祖的制度明显不同,西周金文中所见受祭对象没有超出三代的。再者,周人的禘礼不言祈求的对象及其具体内容,这与殷人祭祖祈佑的事项还要通过占卜进行的方式当然不同。从中体现了《礼记·表记》载孔子的说法"殷人尊神,率民以事鬼,先鬼而后礼……周人尊礼尚施,事鬼神而远之,近人而忠焉"的内在区别。此外,从祭祖所用的祭品来看,周人与殷人祭祖的方法也有着众多相异之处。

其一,本文认为,与偏重于用牺牲祭祖的殷人相比,周人更强调用

---

① 如朱凤瀚:《殷墟卜辞所见商王室宗庙制度》,《历史研究》1990 年第 6 期。

② 《论语·为政》。

③ 刘雨《西周金文中的祭祖礼》(《考古学报》1989 年第 4 期)中,列举了 20 种祭礼,其中有 17 种是殷周同名的。

礼器来祭祀先祖。然而这并不是说殷商不用礼器祭祖,相反用牲与用器原本在古人祭祀中就是不可分的,这里强调的是两个相关事物在一定条件下的变化与其比率。同时,应当指出的是,由殷人偏重用牲到周人偏重用器似乎是一个发展过程。见于殷墟甲骨的用牺牲于祭祖的卜契很多,很普遍,诸如:

> 庚寅贞,酚,彡伐自上甲六示三羌三牛,六示二羌二牛,小示一
> 羌一牛?　(《合集》32099,厉组)

从中可以看到,殷人遍祭"自上甲"以来的诸直、旁系先王神主,集众祖先神于宗庙,以"大示""小示"等规格分奉神主,或牢数上略有区别,而诸神主均荐有牲牢。可想而知,一次奉祭的牺牲有多少。郭沫若曾不无感慨地说:"观其牲牢品类,牛羊犬豕无所不备,而用牲之数有多至三百四百者,实为后世所罕见。"①由此很难想象在祖庙中品摆设如此众多的盛牲之器。可以说,殷人的这种奉祭牺牲的方法迄今还是不十分清楚的。

商人祭祖并不是不使用荐牲的器皿,卜辞中有载:

> 癸卯卜,𡝉贞,下乙其屮鼎? 王固曰:屮鼎。上隹大示、王亥亦
> 鬯。(《合集》11499 正,宾组)

卜辞大意是,王视兆后曰:可对下乙行屮鼎之祭,同时对其上的神主大示和王亥行鬯祭。行屮鼎之祭实际上同时也用牲,行鬯之祭实际上同时也用酒器。卜辞中的用器与用盛显然是结合在一起的。从常理看,殷时代的周人用鼎于祭祖礼仪,一定会受到殷人的影响。然而从已知的资料来看,周人用于祭祖的牺牲比较殷人要少得多,且用法也有不同。此见于周原甲骨(H11:1):"癸巳,彝文武帝乙□,贞王其为祭咸唐鼎。御及二母,其彝血,豕三豚三? 有正。"

---

① 郭沫若:《卜辞通纂考释》,科学出版社 1982 年版,第 100 页。

此辞贞问周王作祭祀商祖成汤的鼎，御报及母，鼎彝衅以三只公羊、三只小猪的血是否合宜？得到了肯定的答复。这里周人用牲不是直接祭祖，而是用作鼎彝衅血，即文献称之的"衅邦器"。《周礼·小子》曰："掌祭祀羞羊肆、羊殽、肉豆。而掌珥于社稷……凡沈辜侯禳饰其牲，衅邦器。"《礼记·杂记下》曰："凡宗庙之器，其名者成，则衅之以貑豚。"名者，即有名之器，属青铜礼用容器。由此可知周原甲骨与后世文献的说法是一致的。

在周灭商而取得政权之初，在"王肇称殷礼，祀于新邑，咸秩无文"[①]的形势下，周王承用商人祀典的礼仪是顺理成章的，因此，文献记载中出现了周初尤为特别的大量用牲的祭典。如《逸周书·世俘》载，乙卯，"武王乃以庶国祀馘于周庙……断牛元，断羊二"；告于周庙，"以斩纣身告于天稷，用小牲羊、犬、豕于百神、水、土于誓社。……用牛于天于稷五百有四，用小牲羊、豕于百神、水、土、社二千七百有一"。这是一次大规模的用牲祭天神与祖神及众神的盛典，很有可能是承袭了殷人的祀典方式，以表示周人对殷人政权的取代。西周初器《子黄尊》[②]之铭即为证明，其铭曰："乙卯，子见在大室，伯□□琅九、百牢。王赏子黄瓒一、贝百朋……"

从铭末族名看，做器者子黄是殷遗民，其爵称为伯，子黄向周王贡纳玉石九品并业祭用的牺牲百牢，实际上是表示殷遗民对周王臣服，一次献纳如此众多的用牲，很可能与周初的武王告祭天神与周庙的盛典有关[③]。如此众多数量的献牲似不见于西周中后期，而且"业祭"也仅见于殷墟卜辞，是殷人用于祭祀先王先公的祭礼，如：

　　　　贞。业于王亥，四十牛。辛亥……　　（《前》4·8·3）

---

①　《尚书·洛诰》，详见本书第 9 页。
②　《文物》1986 年第 1 期。
③　此铭时日为"乙卯"，与据《逸周书》推算的武王行祭的日期相同。

甲寅卜,㱿贞,出于庙,一牛。其出……   (《前》1·47·1)

辛巳卜,犬贞,出自上甲元示,三牛;二示。二牛,十三月。

(《前》3·22·6)

其内容是用牲牛享祭祖神,而"出祭"则罕见于后来的西周彝铭。这次周初的大规模的用牲祭典,很可能脱离了周人宗教传统,在两周历史上也是不多见的,不普遍的。

《诗·周颂·我将》云:"我将我享,维牛维羊,维天其右之。"《郑笺》曰:"神享其德而助之。"周人也用牺牲祭祖,但数量上已明显地低于殷人之祭,且以鼎之类的器皿盛牲祭祖已有确证,除上文所述周原甲骨(H11:1)"王其祭咸唐鼎"事外,如《诗·周颂·丝衣》云"自堂徂基,自羊徂牛,鼐鼎及鼒,兕觥其觩……"强调了礼器的奉行。鼐为大鼎,鼒为小鼎,是盛牲牢的礼器,兕觥为酒器,也作祭祀用器,说明周人是以专门礼器来祭祀先祖的,这在西周墓葬考古资料中也得到了证实。

周人与殷人祭祖方法的相异之处其二是,周人用不同的祭器体现了多种形式的祭祖礼。虽然诸种玉器与青铜容器已出现于殷商,但是迄今在殷器铭文与殷墟书契中还找不到它们具体用于哪些祭祖礼的记述,而见于文字的周人用不同的祭器参与不同祭祖礼,综合起来则有如下五类:

(1)用盛牲器禘祭、禋祭、告祭祖先神

康王时器《大盂鼎》铭:"王各(格)周庙……用牲,啻(禘)周王、武王、成王……王二十又五祀。"

关于古禘礼的祭法,其详已不得而知。从铭文资料来看,与文献中的描述有着很大的距离。但以牲祭祖、以鼎盛牲的事实还是可以明确的。

春秋末年时器《哀成叔鼎》铭:"哀成叔之鼎,永用于禋祀。死于下土,一事庚公,勿或能句。"禋祭的奉行在文献中是比较清楚的。《韩诗外传》曰:"天子奉玉,升柴,加于牲上而燔之。"可知禋祀是将牲上加玉,以柴焚之令生烟,上达天廷,至于祖先之所。《哀成叔鼎》铭是以鼎用于禋祀的确证。

又,《逸周书·世俘》:"辛亥,荐俘殷王鼎,武王乃翼……王烈祖自大、大伯、王季、虞公、文王、邑考以列升,维告殷罪。"这是用俘获的鼎来告祭祖先神。

(2)用盛黍稷器饎祭、尝祭、烝祭祖先神

西周初器《天亡簋》铭:"乙亥,王有大丰,王凡三方,王祀于天室。降,天亡右王。衣祀于王丕显考文王,事喜上帝。"铭文大意是:武王衣祀其考文王,而得到了文王的保佑。关于铭中的"喜"字,刘心源在《奇觚室吉金文述》(4·12)、陈梦家在《西周铜器断代》(一)中都认为当读作"饎"或"糦",乃祭名。关于上帝,过去学者释作至上神之上帝。刘雨释"此铭的上帝从上下文义看,就是'丕显考文王'"。① 本书从刘说,即武王以黍稷之食享祭其考文王。

簋簠为盛黍稷之礼器,《周礼·舍人》曰:"凡祭祀,共簠簋,实之,陈之。"郑玄注曰:"方曰簠,圆曰簋。盛黍稷稻粱器。"这在出土的考古资料中得到了证实。《鄀侯少子簋》铭:"妷乍(作)皇妣中妃祭器八簋。"此铭说,鄀侯少子"合取吉金",为皇妣宜君中妃作了八件簋。此铭表明簋作祭器,并有八件的组合形式。

《曾伯霎簠》铭:"余择其吉金黄鑪,余用自作旅臣(簠)。台(以)征台(以)行,用盛稻粱。用孝用享,于我黄且(祖)文考。"铭中曾伯霎用簠祭祖祭文考的事实不仅清楚,而且以簠盛谷物的事实也是明确的。

又,西周晚期器《六年琱生簋》铭:"佳六年四月甲子,王在莽……用作朕剌祖召公尝簋……用享于宗。"以簋尝祀祖,不见于殷代铭刻资料,也不见于西周早期和中期金文,可能是周人在西周晚期新设的祭祖礼

---

① 刘雨:《西周金文中的祭祖礼》,《考古学报》1989 年第 4 期。

仪。据文献①载,此祭为以新谷荐于宗庙,奉先祖尝新之意。

另外,用豆器作烝祀的又是一类,如《诗·大雅·既醉》云:"公尸嘉告。""笾豆静嘉。"西周晚期器《大师虘豆》铭:"大师虘作䕮尊豆,以邵洛朕文祖考。"《琱生豆》铭:"琱生乍(作)尊豆,用享宗室。"前一例铭"䕮"上从米,中从豆,下从廾,即烝祭。从铭文内容与字义看,祭祖礼的"尝"与"烝"均有豆一类的器皿参入。

(3)用酒器裸祭、御祭祖先神

祭先王源于殷时,在甲骨文中有确证。又,《诗·大雅·文王》云:"殷士肤敏。裸将于京。厥作裸将,常服黼冔。"殷墟甲骨文中有字作"𤽎",似口沿有流、束腰的三足酒器,其三点示从流中倾出的酒液。旧或读作裸。《周礼·春官·大宗伯》曰:"以肆、献、裸享先王。"郑玄注曰:"裸之言灌,灌以郁鬯,谓始献尸求神时也。"礼书中对裸祭使用的器皿也做有本有原的交代。譬如圭璋等,《礼记·郊特牲》:"……灌以圭璋,用玉气也。"《周礼·春官·典瑞》曰:"裸圭有瓒,以肆先王,以裸宾客。"郑玄注曰:"爵行曰裸。"贾公彦疏引《投壶》礼云"举觯赐灌"。《诗·大雅·旱麓》云:"瑟彼玉瓒,黄流在中。""清酒既载,骍牡既备。以享以祀,以介景福。"亦属祭祖受祜一类。《伯公父勺》铭:"白公父乍金爵,用献用酌,用享用孝于朕皇考。"②说明诸种酒器也参与了裸礼。

用于御祭祖先的酒器有卣等,《作册𠭯卣》铭:"作册𠭯作父辛宝尊,厥名曰义。……用作大御于厥祖妣父母多神"这件名"义"的器实际上是一盛酒的卣,做器人用它来祭祖与父母等多神,以御灾异。

(4)用玉器告祭、禋祭祖先神

《尚书·金縢》曰:周公"周公立焉,植璧秉圭。乃告太王、王季、

---

① 《诗·鲁颂·閟宫》:"秋而载尝……"《左传》桓公十四年:"秋八月……乙亥,尝。"《周礼·春官·大宗伯》:"以尝秋享先王。"

② 《陕西扶风县云塘、庄白二号西周铜器窖藏》,《文物》1978 年第 11 期。

文"。《周礼·郁人》："掌祼器,凡祭祀之祼事,和郁鬯以实彝而陈之。"《鲜簋》铭曰："鲜蔑历,祼玉璋、祼玉三品……"王赐贵族祭祀用玉,即赐予贵族以祭祖权。

另外,《韩诗外传》曰："天子奉玉,升柴,加于牲上而燔之。"可知禋祀于牺牲上加玉器。

(5)用钟鼓乐器享祭祖先神

用钟鼓祭祖多见于《诗·周颂》之乐歌,如:

《执竞》云："钟鼓喤喤,磬筦将将,降福穰穰! 降福简简,威严反反。"

《有瞽》云："应田县鼓,鼗磬柷圉。既备乃奏,箫管备举,喤喤厥声,严雝和鸣,先祖是听。"

另外,《叡钟》铭曰："叡作宝钟,用追孝于己伯,用享大宗。"厉王时宗周钟铭"乍宗周宝钟。""用邵各不显且(祖)考先王。"

考古资料有在扶风召陈凤雏村周城遗址的甲区西北 200 米远的地方发现一组与凤雏甲组基址布局相似的大型建筑群基址。压在大堂之上的西周晚期堆积中出土了许多大型石磬块。这些石磬周身镂刻精美的花纹,填以红色、绿色颜料,当为宗庙祭祀用器①。

由此可以推论,周人祭祖庙的祭器亦有不同的种类与不同的器皿组合,以表示对不同祖先神的敬意。

周人与殷人祭祖礼相异其三是,周人的祭祖礼与王权政治更加紧密地结合在一起,这一结合对两周礼器制度产生了深远的影响,使礼器完全具备了宗教、政治及宗法三要素。周天子于宗庙行祭祖礼后向贵族赐器,传达了赐器礼仪与礼器本身所具有的宗法特征。诚然,宗庙制度是历代王朝作为维护其宗族宗法制度的工具,商王室的宗庙制也不

---

① 参阅尹盛平:《周原西周宫室制度初探》,《文物》1981 年第 9 期。

例外,如告庙、宗庙占卜、同姓贵族共祭等皆源于商王室宗庙制度,以成为子姓贵族集团得以稳固的重心所在[1]。然而,如《管子·国准》所云:"殷人之王,诸侯无牛马之牢,不利其器……"从现存卜辞亦可看出商王将祭祖权揽于一身,这使宗庙之政治作用受到了内在因素的限制;相反,在利用宗庙进行宣扬祖先圣德以凝聚族人方面,周人做得更加深入,更加具体。如《周颂》是周人在宗庙中演奏歌咏之诗乐,其中不乏表现为周王室在其宗庙中大力颂扬其祖先功绩的诗篇,尤其是树立了文、武周王的圣王形象,称颂他们盖世无双的功绩。并将宗庙作为训导诸侯的课堂,云:"烈文辟公,锡兹祉福。惠我无疆,子孙保之。"告知诸侯们,所获这无疆的祉福都是先王赋予的,因之,必须学习周文武王的榜样,"不(丕)显维德,百辟其刑之"。告诫诸侯"无封靡于尔邦,维王其崇之,于乎前王不忘"。[2] 不要在你的封国为恶作孽,而要光大先王的圣德。由此加强宗族的血缘联系,并倡导"以考以享",对宗族克尽忠孝,这样才能获得祖先所赐"绥以多福,俾缉熙于纯嘏"[3]的保佑。

又,《礼记·曾子问》曰:"天子诸侯将出,必以币帛皮圭告于祖祢,……反必告设奠。"在金文也得到了证实,如《麦方尊》(《西清》8·33)铭:"王令辟邢侯出□侯于邢,雩若二月,侯见于宗周……唯归,追天子休,告亡尤。"记邢返国设奠告庙之事迹。

在宗庙中,周王与公卿贵族还在祭祖之后大肆册命贵族,并加以赏赐(包括礼器),这种赏赐实际上是由周王进行宗法制度下的政治权力的分配。

如西周早期器《献侯鼎》铭:"唯成王大祗在宗周,赏献侯嗣贝……"在奉祭实行赏赐的例证还有:《叔卣》(《录遗》161)、《盂爵》(《三代》16·

---

① 参阅朱凤瀚:《殷墟卜辞所见商王室宗庙制度》,《历史研究》1990 年第 6 期。

② 《诗经·周颂·烈文》。

③ 《诗经·周颂·载见》。

41·3)《圉卣》(北京琉璃河 M253)、《大令方彝》(《三代》656·2)、《歸
伣进方鼎》(《文物》1986 年第 1 期)等,铭文反映了西周初年王奉行讱
礼而赏赐贵族。

又,西周早期器《士卿尊》铭:"丁巳,王在新邑,初塱。王易(锡)啾
士卿贝朋。……""塱"也是一种祭祖礼,同样进行有赏赐贵族的活动。

西周早期器《庸伯𪉷簋》铭:"佳王伐述鱼,征伐淖黑。至,燎于室
周,易(锡)庸伯𪉷贝十朋。"庸伯征伐而返,王在宗庙举行燎祭,并赐予
朋贝,以表彰其战功。

穆王时器《剌鼎》铭:"佳五月,王在初,辰在丁卯,王啻(禘),用牡于
大室,啻(禘)邵王,剌御,王易(锡)剌贝三十朋……"

又,另一穆王时器《吕方鼎》铭曰:"在五月既死霸辰在壬戌,王饗□
大室,吕征于大室,王易(锡)吕𨟻三卣,贝三朋。"大室为宗庙中建筑,饗
即行祭礼于大室。

王何如于宗庙对贵族进行赏赐?《礼记·祭统》曰:"古者明君爵有
德,而禄有功必赐爵禄于太庙,示不敢专也。"孔颖达疏曰:"凡赐爵者,爵,
酒爵也。谓祭祀旅酬时赐助祭者,酒爵故云赐爵。"依孔说,久而久之酒
爵的爵而演绎为"赐爵禄"的爵。孔疏又说:"故称奠此爵赏之施之也者,君
尊上,爵赏于庙,不自专,故民知施,必由尊也。"这两段孔疏的思路基本
上是符合周制的,然而,"赐爵禄于太庙"似不必释为"故民知施",其实这
正是宗法制度下贵族礼器分配的一种体现,假设孔疏的"民"是指贵族成
员,"施"是指宗法制度下的分配规则,倒也不错。由《礼记·祭统》的相
关内容可知,王于宗庙对贵族进行赏赐与铭文内容是一致的,因此,可以
认为,西周的祖庙祭祀制度在客观上促进了礼器制度的发展。

穆王时器《繁卣》铭:"佳九月初吉癸丑,公酌祀。雩旬又一日辛亥,
公啻(禘)酌辛公祀。衣事,亡盽。公蔑繁历,易(锡)宗彝一胦,车马
两……"这是以公的身份在宗庙祭祀后进行赏赐的一例。反映了此类

赏赐是西周贵族普遍施行的分配制度。

综上所述，殷周时代的祭祖用器，在各自的特定的历史条件下有着诸多的差异。包括殷人偏重于用牲，周人偏重于用器，在他们的表述中分别予以不同程度的强调；再者，殷人无明确的与其祭祖礼仪相结合的用器规则，周人则有较明确的与其祭祖礼仪相结合的用器规则；另外，周人曾在宗庙赐货贝与礼器予贵族，以弘扬宗法制度之精神，而殷人则没有这方面的仪轨。研究殷周时代祭祖用器的异同，将有益于对其历史过程的理解，由此可知礼器制度的形成与发展于西周有着重大转折。

2. 祭农神之礼与相关礼器

王国维在《殷周制度论》一文提出过"中国政治与文化之变革，莫剧于殷周之际"的著名论点。理由何在呢？王国维首先强调的是："自五帝以来，政治文物所自出之都邑，皆在东方，惟周独崛起于西方……故夏殷间政治与文物变革，不似殷周间之剧烈矣。"那么东土与西土的生产方式与文化又有哪些不同？

在考察殷墟遗址时，人们会发现这一时期大量的渔猎生产遗存。有学者为安阳殷墟的动物遗骸作了鉴定：

> 曾经杨钟健研究，所作'安阳殷墟之哺乳动物群'曾分别其出土数目级别不同可分为以下四项：
>
> 1000 以上　　肿面猪，圣水牛，四不像鹿；
>
> 100 以上　　猪，牛，梅花鹿，殷羊，獐，家犬；
>
> 100 以下　　虎，獾，狸，熊，马，兔，黑鼠，竹鼠；
>
> 10 以下　　犀牛，象，膜，狐，豹，乌苏里熊，猫，山羊，扭角羚，猴，田鼠，鲸，共 29 种。其中可定为家畜者为肿面猪，牛，圣水牛，殷羊，家犬，猴等。其中有可注意者，即肿面猪当为家畜与野生者的分别，而家畜出土之数多于野生者。其次应可注意者是卜辞中用为祭祀的牲品者多是家畜，如牛（牢），羊（宰），豕，豕，豚，犬

等。只有豕同时也是野生的。"①

这是当时商殷社会生产方式的一种写照,其渔猎与游牧的成分显著。

周人最初也是从事粗耕农业,兼营采捕渔猎,居徙无常处的古老氏族。他们居处于秦晋一带的黄土高原②,据《史记·周本纪》,舜时"封弃于邰,号曰后稷,别姓姬氏。"据此可以理解为,姬姓周族自其形成之初,即与姜姓族在一个共同地域内生活。王玉哲曾论及此说:"姜与姬累世通婚,两族必自古就住在一起,或者为相邻部族,才能维持这种密切关系。"③由于姬姓族以姜姓族为其母族,则姬、姜两族实是因通婚关系而共组成一个部落。自此时起,作为一个民族亦成熟。④从而使自己发展成为一个定居的农业部族。这样的一个部族之迅速崛起,是否已具备取代前一个社会的变革条件?这似乎已经超出了本书的研究范围。在此需要探讨的是与之相关的农业社会与礼器制度之间的关系。礼器与农业社会最初的结合是祭祀与农业相关的神祇。由于农业已变得与上古中国人的生存方式息息相关,农业的持续与发展成为了周族社会的中心,也就成为了具有精神内容的礼器制度一贯性的基础。在重要的礼用容器中,诸如盛牢器、盛黍稷器、盛酒器均与农业相关,后两种直接用来盛祭神的农业产品,前一种盛牲牢器中的牲畜产品也包括在古代农业范畴中⑤。

---

① 陈梦家:《殷虚卜辞综述》,中华书局 1988 年版,第 555 页。

② 即所谓"邰"地。

③ 《先周族早来源于山西》,《中华文史论丛》1982 年第 3 期。

④ 参阅朱凤瀚:《商周家族形态研究》,南开大学出版社 1995 年版,第 245 页。

⑤ 中国古代社会的农业从来就是以种植农业为主,以牲畜农业为辅的结构。考古资料证明,在自然条件的影响下,自古以来,我国长城以北的广大地区的各族是以游牧为主;其中也有少数宜农地区是定居的农兼畜或畜兼农的。但在长城以南的广大地区的各民族是以由迁徙走向定居的农兼牧为主,其中也有少数地区因人口稀少、条件较差,偶有短期远牧的,但并非游牧;因为就该地域的自然条件来看,实无逐水草而居,实行游牧的必要。这样看来,农牧结合既是我国广大宜农地区的重大特点,也是我国五千多年来以农立国的根本保证。

　　周社会农业经济程度的深入,使围绕于农业的祭祀得到了政治统治者的高度重视,在长期的农业实践中养成了"天人合一"思维方式的中国人,既祭奉天神地祇,又将开拓农业之祖先作为了周族农业的保护神与崇拜的对象。《国语·鲁语上》曰:"昔烈山氏之有天下也,其子曰柱,能殖百谷百蔬;夏之兴也,周弃继之,故祀以为稷。……稷勤百谷而山死……周人禘喾而郊稷,祖文王而宗武王……高圉、大王,能帅稷者也,周人报焉。凡禘、郊、祖、宗、报,此五者国之典祀也。"可知祭后稷已成为周人例行的国家祭礼大典。

　　后稷成为最重要的农业神之一。《大雅·生民》中含有这样一层意思,诗中说:"诞后稷之穑,有相之道。""诞降嘉种,维秬维秠,维穈维芑,恒之秬秠,是获是亩。"人们祭祀后稷为的是"以兴嗣岁",企望得到祖神兼农业神后稷的庇护,获取来年的丰收。作为祭祀后稷的乐歌还有《周颂·思文》,诗序曰:"《思文》,后稷配天也。"祭者在颂歌中称赞后稷发明农业的伟大功绩,"贻我来牟,帝命率育,无此疆尔界,陈常于时夏!"又,《尚书·召诰》曰:"若翼日乙卯,周公朝至于洛……用牲于郊,牛二。"此牛二者,帝牛一,稷牛一也。《逸周书·作雒篇》曰:"周公设丘兆于南郊以祀上帝,配以后稷。"有学者说此乃自周公在雒祀天,始行后稷配天之祭。

　　《诗》所见祭后稷(田祖)的礼仪与礼器如下:

　　祈雨——"琴瑟击鼓,以御田祖。以祈甘雨,以介我稷黍,以谷我士女。"(《小雅·甫田》)

　　《甫田》是王者春夏祈谷于上帝,祭方(四方之神)、祭社(后天之神)、祭田祖(先农之神)以及时奉雩祀祷诸神的乐歌。可知,时人用弹琴弹瑟击鼓来迎祭田祖,并祈求时雨。

　　祭皇祖后稷——"牺尊将将。""笾豆大房。"①

---

　　①　《诗经·鲁颂·閟宫》。

《诗·鲁颂·闷宫》云:"皇皇后帝,皇祖为稷。"《郑笺》曰:"皇皇后帝,谓天也。……亦配之以君祖后稷。"人们为此不仅投入了巨大的热忱,而且有丰盛祭品与庄重的祭器,祭典是依照典章文物而奉行的礼的过程,包括"白牡骍刚,牺尊将将。毛炰胾羹,笾豆大房。"牺尊,《周礼》作"献尊","献"借作"牺",《春官·司尊彝》曰:"其朝践,用两献尊,其再献,用两象尊,皆有罍。"笾与豆均为高圈足礼器。豆有铜质,有陶质。笾专为竹制豆形器。《尔雅义疏》曰:"笾豆同类,用不单行。故单言豆者,即可统笾。《诗·小雅·楚茨》云:'为豆孔庶'是也。其单言笾者,亦可概豆。《周语》云'品其百笾'是也。"大房,《毛传》曰:"大房,半体之俎。"是载牲体的礼器。《礼记·明堂位》称"周以房俎",是重要的祭祀用礼器之一。《闷宫》是赞美鲁僖公新作寝庙的诗,诗中称其为"后稷之孙",可知鲁国贵族用牺尊、笾、豆、(大房)来祭祀"皇祖后稷",其神格仅次于"皇皇后帝",即上帝。

由以上诗篇得知,祭后稷用的礼器有鼓等乐器,豆、笾、登等高圈足盛濡物之器,有牺尊等盛酒之器,还有俎(大房)等切肉器。由于后稷配祭于天——上帝,因此除玉器外与祭上帝的礼器在种类上无所区别。当然仅依据文献资料还是很有限的,这个问题还可以再探讨。

3. 天神崇拜与相关礼器

周人的天神,如《诗·周颂·臣工》云:"明昭上帝,迄用康年。"属农业民族的至上神。祭祀天神,由于和农牧生产的密切关系,"启蛰而郊"的祭天祈年的礼俗由来已久。一年农事活动将要开始的早春,周王要亲自主持隆重的宗教仪式"祈谷"于上帝,并进行"籍田"典礼。《诗》中《噫嘻》《载芟》便是描述"祈谷""籍田"祭祀活动的。《诗序》说:"《噫嘻》,春夏祈谷于上帝也。""《载芟》,春籍田而祈稷也。"周天子用耟在籍田象征性地挖几下,以示躬耕,"借民力以治之,以奉宗庙,且以勤率天下,使务农业"①。成康时器《令鼎》铭:"王大籍农于谋田。"②可见周初已经形成了由王主祭天神的礼仪。

然而,把天神作为农业的大神进行祭祀的同时,礼书中不止一次地强调"三代之礼一也",如《礼记·礼器》曰:"三代之礼一也,民共由之。或素或青,夏造殷因。"看来有一定的道理。周人基本上是相信天是有德的,《周颂·桓》云:"绥万邦,娄丰年,天命匪解。"说的是武王平定天下,得到上天的佑护,年年丰登。"天命匪解"的意思是天命没有懈怠。怎样才能做到"天命匪解"呢?《大雅·板》云:"天之牖民,如壎如篪,如璋如圭,如取如攜。"牖,通"诱",为开导之意,这里用玉器来比拟天的开导。

在祭祀天神活动中,人们于不同的祭祀场合,使用不同的礼器,在《诗》中依祭祀对象不同,相关表述分作如下两类:

祭天,祭上帝的礼仪与礼器:

禋祀——"靡爱斯牲。""圭璧既卒。""不殄禋祀,自郊徂宫。"③

明堂祭天——"我将我享,维羊维牛,维天其右之?仪式刑文王之典……畏天之威。于时保之。"④

禋祀——"克禋克祀,以弗无子;履帝武敏歆,攸介攸止。"⑤

祈来年——"卬盛于豆,于豆于登。其香始升,上帝居歆。"⑥

粗略地归纳一下,以上载于《诗》的参与祭天,祭上帝的礼器有圭、璧、鼎、豆和登等。这些描述与东周礼书的说法相接近。剩下来的问题是,哪些礼器用于贵族礼仪,哪些礼器则施用于民间礼俗。这是需要进

---

① 《汉书·文帝纪》韦昭注。

② 罗振玉编:《三代吉金文存》,4·27。

③ 《诗经·大雅·云汉》。

④ 《诗经·周颂·我将》。

⑤ 《诗经·大雅·生民》。

⑥ 同上。

一步研究的,本书将以下面的章节予以讨论。

值得注意的一种情况是,王合祭天、上帝与祖神的形式。如《逸周书·世俘》:"辛亥,荐俘殷王鼎,武王乃翼,矢圭矢宪,告天宗上帝。王革服格于庙,秉黄钺语治庶国。"引文中的武王将告祭天神与告祭祖庙视为具有同等重要意义的祭典。《国语·周语上》载虢文公语:"……农祥晨正,日月底于天庙,土乃脉发。……及期……王裸鬯,飨醴乃行,百吏庶民毕从。"这里强调的是,王行籍礼的目的首先是要合天时,"阳气俱蒸,土膏其动",所谓天时即农时;其次是王要对祖先行裸礼,表示敬奉祖神,以此来动员百吏庶民开始一年一度的农作,构拟出天与人的合而为一。如《鲁颂·闷官》云上帝"降之百福,黍稷重穋,稙穉菽麦";又如《小雅·楚茨》云:"我黍与与,我稷翼翼。我仓既盈,我庾维亿。以为酒食,以享以祀。以妥以侑,以介景福。"享祀的神祇是"先祖是皇,神保是飨。孝孙有庆,报以介福,万寿无疆"。整个精神过程无不与农业活动息息相关。

《小雅·信南山》的内容也是表述祭祀与农事的。诗曰:"疆场翼翼,黍稷或或。曾孙之穑,以为酒食。畀我尸宾,寿考万年。中田有庐,疆场有瓜。是剥是菹,献之皇祖。曾孙寿考,受天之祜。"诗中所表达的奉祭祖先之目的分明是在于"受天之祜",其"祜"又即"黍稷或或",而人们再以"酒食"奉祭祖神……循环往复,"寿考万年"。这似乎就是古代农业社会行事的一种逻辑。

《小雅·甫田》似一通乞佑天神的祷告词,曰:"以我齐明,与我牺羊,以社以方。我田既臧,农业之庆。琴瑟击鼓,以御田祖,以祈甘雨。以介我稷黍,以谷我士女。"

《小雅·大田》也有相似的表述,如"田祖有神","来方禋祀,以其骍黑,与其黍稷,以享以祀,以介景福"。以上都是将奉祭上天与上帝、田祖相结合,祈愿诸神共同降佑,以保风调雨顺,农业获得好的收成。

另一种情况是，天与上帝、祖神相离，因之"天降丧乱，饥馑荐臻"①。《云汉》记载了周宣王时遇到的一场连年大旱，"旱既大甚，蕴隆虫虫。不殄禋祀，自郊徂宫。上下奠瘗，靡神不宗。后稷不克，上帝不临。耗斁下土，宁丁我躬?"由于上天诸神失合，世人的祭祀不能奏效。因之，周人的天神应是天与上帝、祖神（譬如后稷）的结合。上天只是半个神，客观上它是农作物赖以生长的自然条件，上帝作为至上神而决定天降佑或降灾害于人世。朱凤瀚认为，"天宗上帝"之"宗"当训为"尊"，"天子乃祈来牟于天宗"，"天尊"应理解为天之尊长，即天神之首，"天宗上帝"还是指上帝。② 本书从朱师说。只有祖神才是周人的保护神，祖神"帝命率与，譬如上育"，创造了农业，降之以嘉种，却不能左右天象，属人神一类的。这三者结合在一起的天神群体才是农业的吉兆。从以上文献看，在人们希冀三者神祇结合的奉祭活动中，多有组合形式的礼器的参与。如《逸周书》中的鼎、圭、黄钺，《国语》中的行禋礼之器，《诗》中的盛黍稷之器、盛牺牲之器以及助祭的"琴瑟击鼓"等。贵重而肃穆的礼器也体现了参祭天神者的崇高社会地位。

（三）周王朝的建立与"制礼作乐"之器

1.周初分封制与礼器制度

了解两周的政治格局与政治制度，对于理解两周的礼器制度有着特殊的意义。从种种迹象来看，西周的政治格局，是天子之邦的周邦与庶邦——万邦的并存。如《墙盘》铭"曰古文王……迺受万邦"的政治局面并没有因为武王克商有根本的变化；然而，由于周室灭亡商朝而获得的在诸侯中间之独尊地位则是十分明显的。如《礼记·大传》载："牧之

---

① 《诗经·大雅·云汉》。
② 朱凤瀚:《商周时期的天神崇拜》,《中国社会科学》1993 年第 4 期。

野,武王之大事也。既事,柴于上帝,祈于社,设奠于牧室,遂率天下诸侯执豆笾,逡奔走,追王大王亶父、王季历、文王昌,不以卑临尊也。"武王灭商纣之后,燔柴以告天帝,陈祭以告社稷,奠告行主于牧野之馆室,使用的是祭典规范的豆笾等礼器。然后又率诸侯以祭告祖庙,追加先公以天子之名号,而不以诸侯之卑号临天子之尊。这是商王不曾有过的尊严。

据《史记·鲁周公世家》记伯禽"初受封之鲁,三年而后报政周公","(齐)太公亦封于齐,五月而报政周公"的史料推定,真正实行分封制度当在周公摄政时期。这使周初的政治形势为之一变。关于西周建封,东周人的评论强调其封国藩屏的作用。如《左传》僖公二十四年:"昔周公吊二叔之不咸,故封建亲戚,以藩屏周。""其怀柔天下也,犹惧有外侮,扞御侮者莫如亲亲,故以亲屏周。"又,《左传》定公四年曰:"昔武王克商,成王定之,选建明德,以藩屏周。"《左传》僖公二十四年孔颖达疏曰:"藩屏者分地以建诸侯,使亦师作蕃蓠屏捍也。"据《左传》僖公二十四年的说法,当时受封的邦国有 25 国。《吕氏春秋·观世》曰:"周之所封四百余,服国八百余。"这里所说大概是于周代的整个过程的封国数目,因为分封制度可以说是与周王朝相始终的。分封制度以周公、成王、康王时期最为集中。进入到西周中期以后,分封制度所造成的政治格局已经形成。

礼器制度是西周分封制度的一个重要组成部分。分封诸侯、分赏礼物似不见于西周以前。《史记·殷本纪》载:"夏师败绩,汤遂伐桀,俘厥宝玉,义伯,仲伯作《典宝》。"但不闻商汤有分赐诸侯器物之说,这或许说明此乃有周一代特有的制度。周天子将土地与土地上的人民分封给诸侯的同时以赏赐的方式将礼器分配给贵族。周公制礼作乐,分封诸侯,当然将礼器制度囊括于其中。诸侯受赐分物已成常制,《左传》文公六年:"古之王者知命之不长,是以并建圣哲,树之风声,分之采物。"孔疏曰:"采物,请采章物色,旌旗衣服,尊卑不同,名位高下,各有品制。

天子所有,分而予之,故云分之,定四年传称分鲁公以大路、大旗之类,皆是也。"据《左传》定公四年载,子鱼追忆周初分封时说:"昔武王克商,成王定之,选建明德,以藩屏周。故周公相王室,以尹天下,于周为睦。"伴随着分封制的实行,"分鲁公以大路、大旂、夏后氏之璜,封父之繁弱……"所谓大路即金路,为以铜作饰之车乘。铭文中多作"金车"。初为天子赐同姓诸侯之车。大旂为立于"金车"上的大旗,上绘有交龙。璜为半璧之玉器。"繁弱"为古之良弓。《荀子·性恶》曰:"繁弱、矩黍,古之良弓也。"它们均为具有政治权力象征意义的礼器。

《左传》昭公十五年载籍谈的一段话说:"诸侯之封也,皆受明器于王室,以镇抚其社稷,故能荐彝器于王。"以封晋为例,晋侯受赐之器有:"密须之鼓,与其大路,文所以大蒐也;阙巩之甲,武所以克商也,唐叔受之,以处参虚,匡有戎狄;其后襄之二路镃钺秬鬯雕弓虎贲,文公受之,以有南阳之田,抚征东夏,非分而何。夫有勋而不废有绩而载,奉之以土田,抚之以彝器,旌之以车服,明文以文章,子孙不忘,所谓福也……"文中的前一段是周初对唐叔的分封,后一段是周襄王对晋文公的封赐。

由此可以证明西周的分封促进了礼器制度的形成与发展。这一点在西周彝铭资料中也有着充分的证据。

见诸于铭文的受赐礼器种类大致有彝器、瑞玉、武备、乐器、车马具、命服及旗物等。这些礼器同时又是奢侈的手工业品,用于满足贵族的物质生活与精神生活,具有哪一种等级的贵族就会享用哪一种等级的器物。如:《孟子》中质问:"为肥甘不足于口与? 轻煖不足于体与? 抑为采色不足于目与;声音不足于听于耳与? 便嬖不足使令于前与? 王之诸臣皆足以供之,而王岂为是哉?"礼器中的哪一项又不是极致的物质享受呢? 所谓礼的僭越,实际上就是贵族超越了物质享受的等级。

为了在天子与诸侯之间传达王的命令,确定诸侯受命于王的关系,用以代表王权而执以王赐的"符信",亦可称"符瑞"之器。其最初究为是个什么样子?这在文献中不乏记载,如《史记·晋世家》载:"武王崩,成王立,唐有乱,周公诛灭唐。成王与叔虞戏,削桐叶为圭以与叔虞,曰'以此封若。'史佚因请择日立叔虞。成王曰:'吾与之戏耳。'史佚曰:'天子无戏言。言则史书之,礼成之,乐歌之。'于是遂封叔虞于唐。唐在河、汾之东,方百里,故曰唐叔虞。"是时王之符信或是尚未规范,故有成王"削桐叶为圭"的典故。《左传》僖公十一年载:"天王使召武公,内史过赐晋侯(惠公)命。受玉,惰。过归,告王曰:'晋侯其无后乎?王赐之命,而惰于受瑞,先自弃也已……'"可以肯定在春秋中叶,"受玉"与"受瑞"作为天子对诸侯分封受赐礼器的制度,已被确定下来。

又,《大雅·崧高》载宣王封赐申伯,"锡尔介圭,以作尔宝"。可见诸侯的介圭是受封的符信。《大雅·韩奕》曰:"韩侯入觐,以其介圭,入觐于王。王锡韩侯:淑旂绥章,簟第错衡。"《周礼·地官·司徒》曰:"掌节,掌守邦节而辨其用。""掌节,掌守邦节而辨其用,以辅王命。守邦国者用玉节,守都鄙者用角节。凡邦国之使节,山国用虎节,土国用人节,泽国用龙节,皆金也。以英荡辅之,门关用符节,货贿用玺节,道路用旌节,皆有期以反节。凡通达于天下者必有节,以传辅之,无节者,有几则不达。"另外,礼器在王与诸侯间朝聘时是必备的。《周礼·小行人》:"合(规定法式)六币:圭以马(配以马),璋以皮,璧以帛,琮以锦,琥以绣,璜以黼。此六物者,以和诸侯之好故。"《左传》襄公十九年记鲁君"赌荀偃,束锦加璧乘马,先吴寿梦之鼎"。虽与《周礼》略有出入,但可以认为是两周的礼制。上文所言璋、璧、琮、琥、璜与《春官·大宗伯》引文所言五等诸侯的执圭又有用途之不同。《白虎通·文质》曰:"王玉者各何施?盖以璜以征召,璧以聘问,璋以发兵,圭以信质,琮以起土功之事也。"五等诸侯各执与身份相应之圭朝天子,而职事、目的不同,另用的玉赞也不同。"讲礼于等,示威于众,昭明于神"①成为统治者的固有观念。

2. 集中于城邑的礼器制作

进入等级社会以后,城邑具有了政治、宗教、宗法与经济的综合功能。纳西族的象形文字中🐘,KaｌｄＹ乚。从地从🐘(Ka乚 皇帝),字意是京城,是全国的中心城市。字意表示有王权的地方②。

夏商社会的生产方式已经与城邑方式相结合。在多处夏商遗址中残留有夯土的城墙和宫室,墓地有随葬的礼器用容器和兵器。城墙的兴建使社会整体资源集中在少数人手中,众人创造的财富大部分用来供养少数统治者。这与新石器时代早期普遍匮乏的均等完全不同。伴随着征服战争的推进同时便出现了人口集中、仰韶时期所未曾有的"大邑"。以城墙作为防御的建筑设施最常见于定居的农业社会,而定居的生活方式使人类社会有足够的能力建造大型和较为复杂的防御建筑。张光直先生说:"整个青铜时代的基本社会单位是有城墙围绕的城邑。""青铜时代的城邑是建来维护宗族权力的。"③

屈原的《天问》中有这样一个发问:"伯昌号衰,秉鞭作牧。何令彻彼岐社,命有殷国?迁藏就岐,何能依?"伯昌即周文王,他在殷王朝衰微末季而能发号施令,作西方六州之牧,行使政治权力。前一问是周武王伐纣灭殷,迁都就丰,另立新庙于新都,而取代天下,这是为什么?后一问是周的祖先携其财产,率领族众,由邠地定居于岐地,广大民众何以依从追随他呢?时逾千年,柳宗元作《天对》以答曰:"伯鞭于西,化江江流浒。易岐社乙太,国之命以祚武。"④很明显,屈原与柳宗元都将周

---

① 《左传》昭公十三年。
② 见方国瑜:《纳西象形文字谱》,云南人民出版社 1981 年版,第 121 页。
③ 张光直:《中国青铜时代》,生活・读书・新知三联书店 1983 年版,第 109、110 页。
④ 《全唐文》卷 585。

祖古公亶父迁岐,周武王迁丰的成功归于祖庙的设立,祖庙不仅能够延
祚后王,而且还能统率族众。

甲文中有这样的卜辞:

王封(作)邑,帝若?　　　(《丙》86)

郭沫若释作为"封",有修筑城郭之意。建造城邑获得帝的承诺。

前文已经论及商末《四祀邲其卣》铭载帝辛十二月自乙日"四祀"祭
文武帝乙连续三日,所谓"□鼎钕示及二女(汝)?"当释为以鼎示二女
(汝)?"王曰尊文武帝乙"当释为王曰以尊为器祭文武帝乙于"召"。

见于西周彝铭王祭于都城的内容一下丰富起来①。另外,还有贵
族参祭于都城的内容,如《贸尊》铭:"公暴于宗周。"由于都城是全国的
政治与祭祀的中心,因此必然成为聚集名器重宝与九鼎之尊的地方。
《左传》庄公二十年曰:"凡邑有宗庙先君之主曰都,无曰邑。"宗子应为
城邑的主人。直至战国时期,"东周与西周战,韩救西周。为东周谓王
曰:'西周者,故天子之国也,多名器重宝。……'"②《汉书·地理志》河
南郡称:"河南者,故郏鄏地,周武王迁九鼎,周公致太平,营以为都,是
为王城,至平王居之。"

礼制在诸侯国政治中得以认同,应当说是有其内在原因的。周初
建立的一大批为数众多、或保持原有姓氏、或赋予新姓氏、以宗族为单
位的城邑,均受到周王的重新分封,并得周天子赐予的象征其政治地位
的礼器,即所谓"备物典策,官司彝器"。因此城邑遗存一定是研究礼器

---

① 成王时器《何尊》铭:"王初瞁宅于成周,复禀武王豊(礼)福自天。"成王时器《㖔士卿
尊》铭:"王才(在)新邑。初馪。"成王时器《献侯鼎》铭:"唯成王大奉(襟),才(在)宗周。"昭王
时器《臣辰卣》铭:"王大禽于宗周。"昭王时器《麦尊》铭:"王客(格)荦京彤祀。"表明穆王在荦
京(丰京)举行彤祀。穆王时器《𨟻伯戜簋》铭:"……寮(燎)于宗周。"《孟爵》铭:"王初于成
周。"《上士盂》铭:"唯王大奉(襟)于宗周,㳄䆾荦京年,在五月既望辛酉。"五月于周为夏季。
等等。

② 《战国策·东周策》。

制度的一个重要考古依据。

自古公亶父营筑周城至周文王徙居丰邑,周城为周人之都凡历三世,当在百年上下。由于其北倚岐山,人亦多以岐周称之。在岐周遗址及其周围发现有多处礼器作坊遗址。云塘村西南的西周中晚期骨器作坊遗址,总面积在 6 万平方米以上①。另外,还发现有齐家村东的冶铜作坊遗址与骨器作坊遗址,另一处重要发现是庄白村南的玉器作坊遗址,以及召陈、任家附近的制陶作坊遗址。周天子颁赐的礼器很有可能是这里铸造而成。周文王晚年徙都丰,然而不久即开始营建镐京,周人在武王时徙都镐。《大雅·文王有声》郑玄笺曰:"武王于镐京行辟雍之礼,自四方来观者皆感化其德,心无不归服者。"由周武王至幽王,凡十二王,历时三百余年,其文物古迹之丰自不待言。可惜,"自汉帝穿昆明池于是地,基构沦褫,今无可究"(《水经注·渭水》)。镐京沦陷于昆明池,故地面遗迹无多矣,文献资料也很少。各地发现的两周城址中多有各种作坊。城邑的出现使礼器的规模生产成为可能。城邑不仅为制造成组的复数以上数量级的礼器提供了手工工场,而且它作为正统宗教与政治的完全结合提供了场所,使礼器的管理与分配的实施成为可能。

祭神的礼器汇集于城市。也可以说中心城市的形成与发展促进了礼器制度的形成与发展。主要是城市为此提供了必要的物质上的条件。这在古城遗迹考古中得到了证实。

所谓洛阳王城的西北部发现有烧制日用陶器和随葬明器的窑场,制作骨质和石质饰品的场所②。这很可能仅是当时手工作坊的一部分。在曲阜鲁国故城的宫殿区的东、西、北三面发现了环绕着的铸铜、冶铁、制陶、制骨等手工业作坊。在齐国临淄故城也发现了冶铁和其他

① 参阅《扶风云塘西周骨器制造作坊遗址试掘简报》,《文物》1980 年第 4 期。
② 参阅《洛阳涧滨东周城址发掘报告》,《考古学报》1959 年第 2 期。

手工业遗址,在河北易县的燕下都遗址亦发现分布很广的铸造和其他手工业作坊遗址。在侯马古城遗址,发现该城上端的"平望"城和右侧的"牛村"城,中部都有夯土建筑基址,显然是当时的宫殿所在。在此仅东1公里多的地方,又有面积较小的"马庄""呈王"二城,长宽仅350米,似为都城近郊的宗庙或其他建筑遗址。在这些城圈以南的浍河岸边,发现有分布范围很广的铸铜、制陶、制骨等手工业遗址,突出地反映当时晋国手工业的发达情形。

在侯马铸铜遗址第二、三期遗存中出土有27个陶范单位,内容非常丰富,大多为礼器,其中以第三期陶范出土数量最多,时代约在战国早期。据陶范遗物可以认定如下特征:其一有了较细的分工,雕刻技术高超,专业化程度较高。如车马器范突出。有车𫐐模等。由这些遗物可以想见当时错嵌工艺的发达程度,正发现的蟠螭纹模组、带钩模和戈镈模等足以说明这一问题。支物造型独具匠心,如当卢模、蟠螭形模、虎形模等。其二是注重提高功效,如扁环的制作、模组制范的普及和模范的互相翻制等[1]。在这些陶范中,除少数铲、镢、削、镈等工具外,多数均为礼器,将青铜用于礼器,而不是生产工具的现象,早为学者所关注[2]。

从金文资料看,高级贵族掌握的手工业经济规模相当可观,例如董家村窖藏出土的《公臣簋》,铭曰:

> 虢仲命公臣司联百工。(《陕》一,192—195)

又如前引《师𫠣簋》铭曰:

> 佰和父若曰:师𫠣,……余命女(汝)……司我西编仆奴、百工、
> 牧、臣、妾……(《大系》98)

---

① 参阅《1992年侯马铸铜遗址发掘简报》,《文物》1995年第2期。
② 张光直:《中国青铜时代》,生活·读书·新知三联书店1983年版,第22页。

皆言贵族拥有"百工",即工种技艺不同的各式手工业工匠,同先秦时代所谓"工商食官"制度,由此可知,礼器专为贵族礼仪使用,而非市场行为。

另一个问题是城市与农村的关系,《管子·揆度》篇曰:"百乘之国,中而立市,东西南北,度五十里,为耕田万顷,为户万户。……千乘之国,中而立市,东西南北,度百五十余里,为耕田十万顷,为户百万户。"这显然是一个理想化的计划,有夸张的成分,但也必定以一部分真实情况为背景。从中可以看出,当时的城邑与农业生产有着密切的联系。这种情况与古希腊的城邦社会也有着某些方面的近似。

与《管子》的理想假设的方式相似,古希腊哲学家柏拉图在其晚期的著作《法学篇》中,把他的理想国描绘成一个由 5040 个农民公民组成的城邦。虽然柏氏所述是一个理想化的社会,但在这里,当时的历史现实对他的影响是十分明显的。尽管柏拉图的理想国比较《管子》的计划要谨慎得多、具体得多,但它们的共同之点是没有忽视农业经济与城市的结合。在《管子》那里,城邑中的军事力量与所能支配的农业经济的规模是成正比的,从这一点来看,《管子》的理论更为接近实际。《管子》认为中国古代城邑的作用,最初的体现是一个军事单位,在考古材料中,更多的是夯土城墙、战车、青铜兵器等遗迹遗物。在作都的城邑中有规模巨大的宫殿、宗庙、陵寝和青铜器、玉器等礼器的遗迹遗存,以及祭仪的遗迹如牺牲或人殉,一方面是作为政权基础的宗法制度的象征,一方面是借宗教仪式获得政治权力的手段。因此,张光直先生称:"中国城市初期形式有它自己的特征。"[①]

色诺芬在论述古希腊大都市中的手工业作坊时说,即使在如雅典那样的大城市里,工匠之间的竞争仍然十分激烈:"在我所知道的行业

---

① 张光直:《中国青铜时代·二集》,生活·读书·新知三联书店 1997 年版,第 14 页。

中,银矿开采是唯一不引起嫉妒的行业……例如,如果有太多的铜匠,铜制品的价格就会变得低廉,铜匠就会失业,铁匠的行当也是如此。"色诺芬的这段评论无疑表明,希腊城邦中的手工业生产并非以大规模的出口为目的,而只是为了满足当地的需求。

与古希腊同大致时代的东周都城,其手工业区域的分布就与之有着很大的不同,以燕下都为例①,通过考古发掘,可知燕下都的宫殿区周围的"武阳台"以西的河渠内外,分布着铸造兵器、钱币的作坊和其他手工业遗址。由此看来这是由王控制的官营手工作坊;在燕下都遗址的东城南部,也发现了个别手工业遗址,同区还出土很多绳纹板瓦、筒瓦和半瓦当的残片,当不属一般平民的住地,因之可以断定这些作坊是为贵族生活服务的。因此在西周至春秋这段历史过程中,各国都城中的手工业作坊,尤其是生产礼器的手工业作坊几乎不存在古希腊式的竞争。集中于王宫与贵族区的礼器作坊,为社会上的上层政治集团所垄断。如《礼记·王制》曰:"锦文珠玉成器,不粥于市。"原则上礼器是不容许进入市场的。

综上所述,西周以后的城市发展为礼器制度的确立奠定了物质的基础。王与诸侯等高级贵族在城邑中拥有的手工业作坊成为了生产礼器的场所,这里的产品专用来为贵族服务,成为借助于宗教权威建立的以政权为基础的宗法制度下的权力象征物。最终使礼器成为贵族分配制度中以实物为主要内容的组成部分。

---

① 李晓东:《河北易县燕下都故城勘察和试掘》,《考古学报》1965 年第 1 期。

第二章　礼器制度的社会功能

两周礼器制度的社会作用,其中最典型的如"天子"的帝王象征物,还有,以礼器的组合关系与数量关系构成的社稷的国家象征物,与宗庙祭祀的宗教象征物。同时,其社会作用不仅仅表现在礼器象征作用本身,作为一种具有政治作用的制度,礼器的分配已成为区别权力等级的分配体制。天子将一部分诸侯朝享来的财物(包括各种礼器),以封赐的形式再分配给贵族。这种形式实际上是"二次分配"。如果将礼器制度的政治作用之一归于"尊尊"的话,那么其另一种社会作用便可以归于"亲亲"。两周礼器分配制度中具有很显著的亲缘特征。这在文献资料与考古学资料中都能够找到确切的实证。

一、礼器制度与政治制度

在本书绪论中已经涉及礼器的属性问题,特别提到了礼器的政治功能。第一章在探讨礼器起源与形成的历史时,也以较大篇幅论述了在正统宗教与政治走向完全结合的过程中礼器所具有的政治功能。这里将进一步系统、全面地考察分析礼器制度在两周时期的社会作用。

礼器制度作为维系王权与贵族政治体制的重要组成部分,其实质性内容包括由下而上的"享",这是礼器制度的重要政治基础。据《尚书·禹贡》蔡沈注,"享"有两个方面,即"上之所取谓之赋,下之所供谓之贡"。其中"贡"是当时这种形式的具体形式;再者,是由上而下进行的分配,分配的主体是王与高级贵族,分配的客体是各不同等级的贵族,赏赐是当时这种分配形式的具体体现。这样一个由下而上、再由上而下的封闭的循环结构遂成为维护周族王室政权的礼器分配结构。《尚书·洛诰》篇云:"汝其敬识百辟享,亦识其有不享。享多仪,仪不及物,惟曰不享。惟不役志于享。凡民惟曰不享,惟事其爽侮。"百辟,即诸侯。享,即诸侯朝享天子。仪可释为礼仪;物可释为器币,即礼器玉帛。这段文字的大意是:周公在告诫成王所谓"御诸侯之道"。在周公看来,诸侯的朝享有诚有伪,人君识别诚伪的方法,惟克敬者能识之,"享"不尽在于物态的玉帛。也就是说人君识别诸侯的真诚与否不能仅是看其进献之物多少,如若器币有余而仪礼不足,亦不可谓享;同时,周公并没有否定用物享王之必要,而是说"仪不及物,惟曰不享"。物与仪是"百辟享"的形式,也是其内容。诸侯惟不致力于朝享天子,则庶国的人民就会效仿,这样举国上下都会认定上不必享。因而诸侯无享天子之诚,则国家政事必将陷入差爽僭侮的混乱之中。

从《尚书》的这段文字可以认为,周初诸侯朝享天子是当时重要的政治制度之一,其中有礼仪之制,亦有进献礼器和财物之制,缺一不可。《左传》昭公十三年:"昔天子班贡,轻重以列。列尊贡重,周之制也,卑而贡重者,甸服也。"所谓"班贡"是指贡赋的等次,即贡赋的轻重按爵位的高下而定。"甸服"指在天子直辖畿内纳贡赋者,亦即距王城千里以内之地的卿士大夫采邑,向王纳贡赋,均称甸服。《国语·周语上》:"日祭、月祀、时享、终王,先王之训也。"是说采地之君,其见无数。侯服皆岁见,其见也,必以所贡助祭于庙。即《孝经》所谓"四海之内,各以其职来祭"。这里所说祭与贡是相互结合的,是采地之君与侯服对王的义务。上古以来,王者就开始用武力来使被征服者交纳贡赋。《史记·五帝本纪》说:"轩辕之时,神农氏世衰。……于是轩辕乃习用干戈,以征不享,诸侯咸来宾从。"这说明贡赋制度是由强大的武力来维护的,而严格的贡赋制度应是以王为中心的礼器制度的物质保障。

　　礼器制度的意义,不仅在于周王对礼器的物的占有,而且在于对礼器的管理与分配,这两方面是相互作用的。如前文所述,礼的物化现象与现实社会生活中的物质现象是一致的。由"礼"来确定人们(狭义的贵族)所应有的物质享受,确定贵族等级的器物就是礼器。作为现实社会的统治者拥有着最高级别的物化礼,礼器也就成为了社会物质生活的最高形式。统治者依据长期的社会经验与习俗传统,在统治集团内部逐渐完备了具有等级差别的礼器享用规范。支配这一行为规范的是一个庞大的以价值观念与信条为特征的文化载体。首要的是贵族对周天子的政治统治权的臣服,即诸侯对天子的朝享;其次是通过礼器的再分配,确立统治集团内部成员为各个等级层次上的既得利益者,并用礼器的分配(赏赐)形式将其确定下来。因此,"礼有大有小,有显有微。大者不可损,小者不可益,显者不可掩。微者不可大也"。① 同时,统治者将狭义的用礼器规则转化成现实社会生活中广义的物质享用规范,这样,被规格化的贵族分配形式已不仅仅是作为礼用祭器的享用权了。

　　另一方面,如《礼记·大传》曰:"圣人面南而治天下,必自人道始矣。立权度量,考文章,改正朔,易服色,殊徽号,异器械,别衣服,此其所得与民变革者也。"时王因民之所尚而变革礼器。礼之滥觞,可以说是王者于统治集团内部的规制,礼器的社会功用是王者用于维护其统治集团内部秩序的特殊政治工具。同时又由于礼器制度最终落实于贵族阶层,因此与贵族制度的荣衰相始终,即便是在周王室衰落的情况下,礼器制度的社会政治作用依然存在,仍然可以"立权度量,考文章,改正朔,易服色,殊徽号,异器械,别衣服"来维护其统治集团内部秩序。

---

① 《尚书·金縢》。

（一）周天子所拥有礼器之象征意义

由于周天子在政治上所占据的绝对优势，周天子所拥有的礼器具有着特别的意义。周克商后二年，武王病笃。周公设祭坛，亲自"植璧秉圭"（《礼记·礼器》），向太王、王季、文王祈祷，愿以己身代武王而死，虽然当时周公并没有称王，但他以"植璧秉圭"向先王祈祷已是代行天子之礼。可以认为周天子拥有象征支配最高权力的礼器，而且这种权力是独尊的。它体现了自殷而后确立的"其尊君抑臣，朝廷济济"[①]的占有主导地位的社会意识。从文献资料上看，周天子所执有的礼器可归纳为以下三种类型：

1. 天子之礼器与国家政权象征

重要的是，天子垄断了祭天神的权力。惟至上人君祭祀至上神。而惟王祭天神的方法之一就是垄断祭天神的礼器。上帝崇拜为周人带来的政治成果是减少了与夏商时期盛行的种族要素，而增强了宗族间的相容性，由此巩固了王权的统治。由于天神在周人原始宗教信仰中的特殊地位，因此于王室予以高度重视。天子垄断祭祀昊天之礼的史实还是可信的。康王年时器《何尊》铭："佳武王既克大邑商，则廷告于天，尔有唯小子之蔑，于公氏，有爵于天，覰令（命），苟亯戋！"作器者简略地追述了武王"廷告于天"的祭礼。在周武王联合各族方国，打着"恭行天罚"的旗号，推翻商殷统治之后，着手营建雒都时，就"设丘兆于南郊，以上帝配□后稷"（《逸周书·作雒解》），周公摄政时也"郊祀后稷以配天，崇祀文王于明堂以配上帝"。[②] 可以认为，由于小邦周克商的军事上的胜利，使周人相信超越自己祖先神的至上神"天神"的存在，因此周人之上帝与周人祖先神及自然神间结有统属关系。西周晚期周厉王时

[①] 《史记·礼书》。

[②] 《史记·封禅书》。

所作青铜器《默钟》铭也说:"惟皇上帝、百神保余小子。"有种种理由相信,该铭的"小子"拟或是周厉王本人。铭文内容也说明上帝作为周族的保护神而受到周王室的崇奉,周王也就成为奉祭上帝的当然的主祭人。

周王行祭昊天之礼的用器又是哪些呢?《周礼·春官·典瑞》记:"四圭有邸以祀天旅上帝。"表明持有特殊礼器的周王与上帝的特殊关系。另外还有见于礼书的王之吉服"大裘而冕"①,以及钟鼓管瑟等各种助祭乐器②。《逸周书·世俘》载武王"用牛于天"。可证明在神格的等级上,天(上帝)的等次明显高于其他众神,因此受祭用牲(包括盛牲之器—鼎、俎等)的规格也是最高的。《尚书·金縢》篇载周公曰:"我其以璧与圭,归俟尔命;尔不许我,我乃屏璧与圭。"孔疏曰:"'……屏璧与圭',记告神之辞也。"屏,藏也。意思是说如果先王之灵答应他的要求,就拿璧与圭祭祀他们;而如果先王不答应他的要求,就将藏匿这些社稷象征物,不祭祀他们。离开了璧、圭就不得事神,则周之基业必坠,因此祭天礼地的璧与圭也就代表着王权。其中璧如《周礼·大宗伯》所曰:"以玉作六器,以礼天地四方。以苍璧礼天……"诸文献所表述的以玉通神的功用是一致的。

在殷人的信仰中,上帝和祖先神是二元的,上帝和祖先神没有血缘关系,如《诗·商颂·玄鸟》说:"天命玄鸟,降而生商。"与殷部族的始祖只与玄鸟有血缘关系不同,周人建立了上帝和祖先神一元化的宗教崇拜,这种宗教神的关系体现为祖先神与上帝的直接血缘关系。由此创造了周人与上帝同种的故事。《大雅·生民》说:"厥初生民,时维姜嫄……履帝武敏歆,攸介攸止,载震载夙,载生载育,时维后稷。"《鲁颂·闷宫》说:"赫赫姜嫄,其德不回,上帝是依,无灾无害,弥月不迟,是

---

① 《周礼·春官·司服》。
② 《周礼·春官·大司乐》。

生后稷。"都表明了周人的祖先神与上帝之间的亲密关系。即使如此，王在祭天与祭祖时遵循着不同的祭法，《逸周书·世俘》载："辛亥，荐俘殷王鼎，武王奈翼，矢珪矢宪，告天宗、上帝。王不革服格于庙，秉黄钺语冶庶国。禽人九终。王烈祖自大王、大伯、王季、虞公、文王，邑考以列升，维告殷罪。"可见周武王"咸刘商王纣"之后在同一天举行了两场祭典，一是祭天宗上帝，一是祭王室先人。祭天与祭祖的场所不一，而武王的祭祀用的服装不改。告天宗上帝则有荐鼎，"矢珪矢宪"；祭王室先人则秉黄钺，有"禽人九终"。可见祭天与祭祖的礼器是不通用的。

由于深信祖先神能够御祸赐福，所以周王对祖先神非常恭敬，《诗·周颂·闵予小子》："念兹皇祖，陟降庭止，维予小子，夙夜敬止。"对祖先神的祭祀也非常隆重。《诗·小雅·天保》："吉蠲为饎，是用孝享，禴祠烝尝，于公先王，君曰卜尔，万寿无疆。"铜器中也有王祭祀祖先神的铭文，穆王时器《效尊》铭："王灌于裸。公东宫内飨于王。"[①]礼书等文献还记载周王用彝尊祭祖，《周礼·春官·司尊彝》曰："掌六尊、六彝之位。……春祠，夏禴，裸用鸡彝、鸟彝。……秋尝、冬烝，裸用斝彝、黄彝。……凡四时之间祀、追享、朝享，裸用虎彝、蜼彝。"《春官·小宗伯》曰："辨六尊之名物，以待祭祀、宾客。"又"辨六彝之名物，以待果将"。果，通"裸"。即以圭瓒酌郁鬯灌地以降神，用以宗庙祭祀，另外，王聚会大宾客亦有用裸礼。《礼记·祭统》曰："君执圭瓒裸尸。大宰执璋瓒亚裸。"孔颖达疏："天子诸侯之祭礼，先有裸尸之事，乃后迎牲。"到了春秋时代，鲁国国君实行裸祭时越礼行径，因之孔子曰："裸自既灌而往者，吾不欲观之矣。"[②]

《公羊传》桓公二年何休注曰："礼祭：天子九鼎……"行祭礼，天子

---

① 〔日〕嘉纳治兵卫：《白鹤吉文集》，白鹤美术馆 1934 年版，图 9。
② 《论语·八佾》。

使用最高数量级的重要礼器。祭祀典礼要陈列各种祭器，这是没有疑问的。周天子是周族宗庙祭祖的主祭人，因之也是祭祖礼器最高规格的拥有者。《大雅·棫朴》云："济济辟王，左右奉璋。奉璋峨峨，髦士攸宜。"这是一幕祭祖的场面。诗中的"左右奉璋""奉璋峨峨"是用来衬托"济济辟王"之盛大祭典，王之身旁参加助祭的大臣都"奉璋峨峨"，推知王之祭器又该是多么典丽。

周初分封时，王也将圭之类的礼器赐予诸侯，许多本来是周王"臣子"、亲戚的人成了邦君，由于按照宗法原则实行分封，本来属于家族内部的关系扩展到政治组织中。圭即是连通神祇的法器，也成为了宗法制国家的权力象征，连通神祇的权力也随着圭类礼器的下放而扩展到邦君手中，譬如西周前期的《师遽方彝》铭、懿王时器《敔簋》铭、宣王时器《毛公鼎》铭等均载有受王赐"圭"的内容。

天子所执礼器象征着国家政权。国家社稷的象征是礼器的重要社会功用。最初的国家的政权体现为王权，王权的象征想必是自王出现就已经有了。《大雅·公刘》描述了国之先王公刘的威仪："维玉及瑶，鞞琫容刀！"最初的权力象征物很可能是自发的，王权的象征器则是随着国家的建立而逐步形成的。

很明显的是，鼎就曾代表过君权。《史记·封禅书》载汉人传说"黄帝作宝鼎三，象天地人"。"禹收九牧之金，铸九鼎，象九州。""夏德衰，鼎迁于殷；殷德衰，鼎迁于周；周德衰，鼎迁于秦，秦德衰，宋之社亡，鼎仍伦伏而不见。"《左传》宣公三年："桀有昏德，鼎迁于商……商纣暴虐，鼎迁于周。"《左传》桓公二年："武王克商，迁鼎于雒邑。"《墨子·耕柱》："昔者夏后天使蜚廉采金于山川，而陶铸之于昆吾……九鼎既成，迁于三国，夏后失之，殷人受之；殷人失之，周人受之。"《战国策·东周策》："昔周之伐殷得九鼎。"又，"武王克商，迁九鼎于雒邑"，被视为商王朝的覆亡，武王克商大业告成。《左传》宣公三年记：楚庄王伐陆浑之戎，遂至于雒，观兵于周疆。楚王问鼎之大小轻重。此被史家认为楚庆庄王欲侵犯中原，有取代周王之意图。看来鼎是王权的象征而无疑。《战国策·东周策》载秦、齐为争周鼎而反目的故事，也能说明此类礼器的重要性，即在当时政治生活中有着不同寻常的象征意义。然而，"唯命不于常"的王权观念在西周初年已经形成。《诗·大雅·文王》篇说"天命靡常"，把问题概括得更加明了。这一观念似乎也影响到人们对君王大器的看法。鲁宣公三年，楚国曾向周"问鼎之大小轻重焉"。对曰："在德不在鼎。"君主德高则鼎重，重则不可移，失德则鼎轻，轻则易移。他认为鼎有着特殊的显赫的"象"，即"远方图物，贡金九牧，铸鼎象物，百物而为之备，使民知神奸。……用能协于上下，以承天休"。九鼎的来历也被蒙上了一层神秘的色彩。自"昔夏之方有德也"，铸鼎，经"桀有昏德，鼎迁于商"，载祀六百年。到"商纣暴虐，鼎迁于周"。后来"成王定鼎于郏鄏，卜世三十，卜年七百……"①可谓"社稷无常奉，君臣无常位，自古以然"②。迁鼎的种种说法证实了如此重器象征着国家的最高统治权。

春秋之时，诸侯各国也都铸有象征列国政权的大鼎，《春秋经》桓公二年载，"夏四月，取郜大鼎于宋。戊申，纳于大庙"。郜国，姬姓，周文王之子所封，后被宋所灭，故郜鼎亦归宋。夏四月，鲁取用宋之郜大鼎，并在四月九日，将其放入自己的太庙之中。《左传》指责此举为"非礼也"，其并非是谴责别的什么，只是认定郜大鼎已是"赂器"，置于太庙不光彩。从中可知，灭国迁其重器，并将它们置于祖庙，成为另一国家新的重器，成为王权的象征，似是当时的一种政治传统。

《孟子·梁惠王》记载齐国曾征伐燕国，"毁其宗庙，迁其重器"。意

---

① 《左传》宣公三年。

② 《左传》昭公三十二年。

思是,毁坏他们的宗庙祠堂,搬走他们的国家宝器。后来齐国又"反其旄倪,止其重器"。意思是,遣返了老少俘虏,停止搬运燕国的重器。重器,宝器也,似大鼎之属。《战国策·燕策·乐毅报燕惠王书》载"故鼎反乎历室",可认为齐国确实曾迁走过燕国的鼎。重器被人迁也就标志一顶王冠的落地,一个国家的灭亡。《史记·秦本纪》载秦昭襄王五十二年,"周民东亡,其器九鼎入秦",表述的也是同样的意义。

钺亦曾作为王权的象征物,高其昌《金文名象疏正》曰:"以王之本义为斧故,武器,用以征服天下故,引申之,凡征服天下者称王,斧形即王字。"[1]后来林沄特别指出这一斧形之锋刃向下者,非"工"字,甲骨文作〒,亦非壬字,甲骨文作工,它们都和斧形无涉。"独有王字,确实是斧钺之锋刃向下者。"他进一步说明钺与王的关系,指出握有最高行政权力的王,是以军事首长为前身的,因此,象征军事统率权的斧钺构成王字[2]。《尚书·牧誓》说,武王伐商在牧野誓师时"左杖黄钺,右秉白旄以麾"。纣王兵败自焚,武王以黄钺斩其头,以玄钺斩二嬖妾之颅。看来钺确是具有征伐权力的象征物,这种权力也适用于王授予诸侯以征伐之权。宣王时器《虢季子白盘》铭:"赐用钺,用征蛮方。"待到诸侯称王之后,不仅有了征伐权,还有了建邦权,中山王墓出土有中山王建邦之钺。天子的国家政权象征之器往往是王权与神权的结合,或是以代表王权与神权数种礼器的结合来象征国家政权。如《左传》昭公十五年所记王将"鏚钺矩鬯"连并赐予诸侯,王将祭器与"鏚钺"类的兵器一起赏赐给贵族的内容习见于彝铭。

《史记·周本纪》载:"西伯出而献洛西之地,以请除炮格之刑。纣乃许之,赐弓矢斧钺,使得征伐,为西伯。"此事亦见于《殷本纪》,仅文字

---

① 参阅《武大文哲季刊》卷 5,第 3 册。

② 参阅林沄:《说王》,《考古》1965 年第 6 期。

略异,所记为以钺等象征国家的军事,表示赋予征伐的权力。《礼记·王制》曰:"……赐斧钺,然后杀。"也说明了钺作为王权象征物的功用。

另外王还具有其他王权象征物。《左传》文王十二年有曰"镇抚其社稷,重之以大器"。作为周天子镇抚社稷的大器又是什么呢?王是人类社会权利的极致,由人的极致而物的极致,构成为帝王的象征之器。《礼记·明堂位》曰:"崇鼎、贯鼎、大璜、封父龟,天子之器也。越棘、大弓,天子之戎器也。"郑玄注:"崇、贯、封父皆国名。文王伐崇。古者伐国,迁其重器,以分同姓。"孔疏:"贯与崇连文,故知崇、贯皆国名。"因此,"天子之器"是伐灭敌国缴之重要礼器,即象征天子政治权威之器。《周礼·典庸器》曰:"掌藏乐器、庸器。"郑玄注曰:"庸器,伐国所获之器,若崇鼎、贯鼎及以其兵物所铸铭也。"这与《礼记·明堂位》的说法相同。《周礼·地官·大司徒》郑玄注曰:"庸,功也。"用战利品来炫耀征服者的强大力量,这似乎是远古氏族部落的遗俗。相传黄帝战胜了强劲的敌人蚩尤,将蚩尤的形象铸了青铜器上,也就是商周礼器上的饕餮纹。蚩尤没后,天下复扰乱,黄帝遂画蚩尤形象以威天下。天下咸蚩尤不死,八方万皆为珍伏。[①] 拟或饕餮纹也是记录庸功的一种表现形式。

2. 天子礼器体现的最高级别礼仪

天子所执礼器还体现了最高级别的礼仪用器,如朝觐与丧葬器用之属。《尚书·顾命》篇云:"惟四月哉生魄,王不怿。甲子,王乃洮頮水。相被冕服,凭玉几。"据《顾命》的描述,王崩,其明堂的陈设如下:

西序向东	"越七日癸酉,伯相命士须材。狄设黼扆缀衣。"
	"敷重篾席,黼纯,华玉仍几。"
西夹南向	"敷重底席,缀纯,文贝仍几。"

---

① 《太平御览》卷7931《鱼龙河图》。

西夹南向	"敷重筍席,玄纷纯,漆仍几。"
东序	陈设"越玉五重,陈宝、赤刀、大训、弘璧、琬琰"。象征王权与法律。
西序	陈设"大玉、夷玉、天球、河图"。象征王权与天文地理。
西房	陈设"胤之舞衣、大贝、鼖鼓"。象征王权与礼乐文治。
东房	陈设"兑之戈、和之弓、垂之竹矢"。象征王权与武备。

另外,"大辂在宾阶面,缀辂在阼阶面,先辂在左塾之前,次辂在右塾之前"。又"王麻冕黼裳,由宾阶隮。卿士邦君,麻冕蚁裳,人即位。太保、太史、太宗、皆麻冕彤裳。太保承介圭,上宗奉同瑁,由阼阶隮。太史秉书,由宾阶隮,御王册命"。这是一幕以陈设礼器为特征的宏大而肃穆的国丧场面。[1]

"几"为古人坐时凭倚安体之具,西周时是一种特殊的礼用之器。《顾命》载,成王"相被冕服,凭玉几",为时王的凭倚之具;又载武王崩后,"华玉仍几","文贝仍几","雕玉仍几","漆仍几",为神灵之所依。此处的"仍"为因袭之意,表示不改作。《书经集传》注曰:"仍,因也。因生时所设也。"《周礼》:"吉事变几,凶事仍几。"作为礼器的寓意在于强调王对最高级别的礼仪用器的占有,表示时王与已故王之间的承继关系。《周礼·司几筵》贾公彦疏曰:"唯于王冯及鬼神所依皆左右玉几。……其雕几已下,非王所冯,生人则几在左,鬼神则几在右……诸

---

[1]　关于《顾命》的年代,宋代蔡沈在《书经集注》引吕氏曰:"《顾命》,成王所以正其终。《康王之诰》,康王所以正其始。"伪孔安国传:"成王崩年之四月始生魄,月十六日,王有疾,故不悦怿。"孔颖达疏:"成王崩年,经典不载。《汉书·律历志》云:成王即位三十年四月庚戌朔十五日甲子而生魄,即引此《顾命》之文,以为成王即位三十年而崩。此是刘歆说也。孔以甲子为十六日,则不得与歆同矣。郑玄云此成王二十八年。传惟言成王崩年,未知成王即位几年崩也。《志》又云,死魄朔也,生魄望也。明死魄生从望为始,故始生魄为月十六日,即是望之日也。"或可知《顾命》成文于周初。

侯自受酢,亦无几,故不言几也。"文中"玉几"方式体现了唯王享用的最高级别的礼仪。据《周礼·司几筵》曰:"掌五几五席之名物……凡大朝觐、大飨射,凡封国、命诸侯,王位设黼依,依前南乡设莞筵纷纯,加缫席画纯,加次席黼纯,左右玉几。"郑玄注"五几:左右玉、雕、彤、漆、素。"《天官·大宰》曰:"大朝觐会同赞玉币、玉献、玉几、玉爵。"郑玄注曰:"玉几,王所依也。"《尚书》所载"玉几"与《周礼》所说"玉几"相合,均显示了王之用器的"优至尊也"。由于"玉几"是维王维神凭倚之器具,因此产生了《大雅·假乐》所谓"百辟卿士,媚于天子"的王者独尊的效应。

周初之时,统治者为了取得"穆穆在上,明明在下,灼于四方,罔不惟德之勤"①的政治目的,而营造了周王至尊至贵的礼仪场面。于东西序坐序北列五重,及陈先王所宝器物。赤刀、赤削也。大训,三皇五帝之书,训诰亦在焉。文武之训,亦曰大训。弘璧,大璧也。琬琰,圭名。夷,常也。球,雍州所贡也。河图,伏羲时龙马负图,出于河。《易·大传》所谓"河出图"是也。胤,国名。此胤国所制舞衣也。大贝,如车渠。鼖鼓,长八尺。兑、和,皆古之巧工。垂,爵时共工。舞衣、鼖鼓、戈、弓、竹矢,皆制作精巧中法度,故历代传宝之。孔疏曰:"弘璧、琬琰、大玉、夷玉、天球,玉之五重也。"宗器于祭奠先王之礼予陈设,示能保守也;于顾命陈之,示能传承也。《公羊传》昭公二十五年载,鲁昭公"设两观,乘大路,朱干玉戚以舞大夏,八佾以舞大夏,八佾以大武,此皆天子之礼也"。引文说的"两观""大路""朱干玉戚"都是天子所用之器。据礼书王之五路(辂)中玉辂用以祭祀不作封赏,为最贵;金辂以封同姓,为次之,五辂陈列,以象成王之生存也。《周礼·典路》云:"若有大祭祀则出辂,大丧大宾客亦如之。"此是大丧出辂为常礼也。又,按所陈宝玉器物,皆以西为上者,成王殡在西序故也。是以礼器的组合的形式来表现

---

① 《尚书·吕刑》。

一种礼仪的场面。从整个葬礼的场面来看,与天子生前"凭玉几",死后"仍几"的特殊仪轨一致,死后随葬了大批珍宝礼器,用以象征其"天子"的至尊地位。《礼记·礼器》曰:"无节于内者,观物弗之察矣。欲察物而不由礼,弗之得矣。故作事不以礼,弗之敬矣;出言不以礼,弗之信矣。故曰:礼也者,物之致也。"礼是事物的极致,王的礼器是物化社会的极致,因之王用礼器便具有了王权至高无上的象征功能。

另外,周天子于朝觐之礼还执有镇圭,据礼书上讲它长尺二寸,上下刻四镇之山。中间有必。"必",通"绊",即系带,便于持取。《周礼·春官·大宗伯》郑玄注曰:"镇,安也。所以安四方。镇圭者,盖以四镇之山为瑑饰。"《周礼·考工记·玉人》曰:"镇圭尺二寸,天子守之。"《大宗伯》又云:"以玉作六瑞,以等邦国。王执镇圭。"据《礼记·杂礼下》"赞大行曰:圭,公九寸,侯、伯七寸,子、男五寸,搏三寸,厚半寸,剡上左右各寸半。"天子的镇圭在尺寸上是最大的,象征意义也是最尊贵的。应当注意的是,天子与其他诸侯的各级爵位用符信按等份递减,相差不似后来的君臣关系。究其原因,可能是社会物质财富的不丰富,同时还残留着氏族部落联盟的痕迹。后来伪古文尚书《舜典》中出现了"辑五瑞"。又曰:"同律度量衡。修五礼、五玉、三帛、二生、一死,贽。如五器……"五瑞、五玉即五等诸侯所执者,不计王执之镇圭,显然意在将君臣分开,必是掺入了后来人的思想。

综上所述,一方面,周天子拥有名义上的统治天下的最高权力,普天之下都得承认天子的至尊地位;而另一方面,这种最高权力在事实上又被分割了,周天子将全国的土地分授给庶邦的邦君,即所谓"授民授疆土",邦君一旦被赋予这种统治权,在领地之内就有了相当大的独立性,成为这块领地之上的国家主权的体现者。有学者把这种情况称之为"主权的分散性"。[①] 天子与诸侯之间用器差别,有一些

---

① 赵伯雄:《周代国家形态研究》,湖南教育出版社 1990 年版,第 94 页。

显得悬殊,而有一些则相差无几,远不是能用后来的君臣关系所能解释的。

应当特别强调的是,周天子所拥有之礼器,于祀天祭祖有一定的垄断性,譬如:以礼天地四方的"六器"、祀天旅上帝的"四圭有邸"、天子吉服及"玉路"等;于王权象征的礼器中,更重视远祖相传的战利品,如:九鼎、崇鼎、贯鼎、封父龟等;于朝觐与丧葬用器中则从宗法制,在周天子与诸侯之间的君臣关系中,有很多方面体现了大宗与小宗属性,因此缩小了君臣之间的距离,譬如:朝觐所用的瑞符、冕服、饰章、丧车等。

3. 王对贵族的赏赐与礼器分配形式

由王赐给贵族(或方国国王)物品的形式,在商代已经存在。《古本竹书纪年》载:"(武乙)三十四年,周王季历来朝,王赐地三十里,玉十珏,马八匹。"这里说的赐田土、礼器给周王季历,是商王对一个来朝觐的方国国王进行赏赐,这与后来西周时周王的赏赐性质全然不同,周时的赏赐是王对宗法体制下的各个不同等级的贵族进行物质形式的分配,而且西周在赏赐的规模与普遍性上也远远非商代所能与之相比。其重要证据是,在西周彝铭中载有大量王赏赐贵族礼器的内容,其数量之多在已知铭文中占有相当的比重。

(1)王赐礼器之目的

王赐礼器于贵族的本质是政治权力的再分配。王的本意是通过若《左传》谓鲁、卫、晋三国始封之君"有令德,故昭之以分物"的做法,密切与贵族之间的关系。《左传》昭公十六年孔疏曰:"赐之戚钺者,使之专杀戮;赐之秬鬯者,使之祭先祖也。"《礼记·王制》曰:"诸侯赐弓矢然后征,赐铁钺然后杀,赐圭瓒然后鬯。未赐圭瓒,则资鬯于天子。"故王赐之礼器是一种政治权力的象征物,此与考古资料基本上是吻合的。王赐礼器于贵族所体现的目的之一,如宣王时器《毛公鼎》铭:"易(赐)女

(汝)丝(兹)朕,用岁用征。"朕即朕字之省,《尔雅·释诂》曰:"台、朕、赍、畀、卜、阳,予也。"故此"朕"字之义为赐予。"岁"即岁享之义,"用征"之义为代王征伐,"用岁"之义则是为了王的祭祀而征收贡纳(享)。由此可以认为,王对贵族赏赐的目的是将王的一部分祭祀权与征伐权赋予贵族,使贵族最终在自己的辖地或征伐中实现王的统治。《左传》昭公十五年载,周景公论晋初封之君唐叔及晋文公先后受赐礼器的意义时说:"密须之鼓与大路,文所以大搜也;厥巩之甲,武所以克商也。唐叔受之,以处参虚,匡有戎狄。其后襄之二路、镦钺、镦邑、彤弓、虎贲,文公受之,以有南阳之田,抚征东夏。"其主要目的仍然是用诸侯之武力以藩屏周。

　　王赐器于贵族目的之二是用不同级别的礼器标志不同等级的贵族权力,确定贵族的身份等级。至于不同礼器有不同的标志作用,如《左传》桓公二年载臧哀伯之谓,以昭其度、昭其数、昭其文、昭其物、昭其声、昭其明为话题说明礼器所具有的彰明等级的性质。其内容见下表,

　　昭其度者:

器　名	假借字	注　　释
衮		天子及上公祭天用礼服
冕		卿大夫以上用礼帽
黻		用熟皮制成的饰件,用以遮蔽腑膝之间
珽		玉制的笏版,天子所用
带		大带
裳		下裳,指裙类
逼	幅	绑腿
舄		鞋
衡		簪
紞		冠两侧悬玉坠之绳
纮		冠顶平盖所覆之物
綖		系冠之装饰绳

昭其数者：

器　名	假借字	注　释
藻		木板制作荐玉之物，外包熟皮，用粉画以水藻之文
率	帅	佩巾
鞞		刀鞘
鞛（琫）		刀柄之饰物
鞶		革带
厉		革带下悬之盛饰件者
游		通"斿""旒"。旗帜上的飘带，天子、诸侯、大夫旗上的游数不同
缨		以革为之，套于马颈，用以驾车

昭其文者：火、龙、黼、黻：皆为礼服上绘绣的物象。火为火焰，龙为游龙，黼为黑白相间之文，形如斧。黻为黑青相间之文，形如两个弓环。

昭其物者：五色比象：用青、黄、赤、白、黑五色绘出山、龙、华、虫等物象。

昭其声者：

器　名	假借字	注　释
锡		马额上的铜饰件，动时有声响
和		车轼上之音响饰物
鸾		车衡上之音响饰物
铃		旗帜上的小铃

昭其明者：三辰：日、月、星。旌旗，旗物总称。旗上绘日、月、星的图案。[①]

昭，示也。在此即彰明、显示之意。《国语·周语中》载周定王言："服物昭庸，采饰显明。"韦注曰："冕服、旗章所以昭其功，五采之饰所以显明德也。"是说贵族用车旗或命服来表明身份，章别贵贱。所谓"昭其度"就是表示某种等级制度。孔颖达《正义》曰："此上十二物者皆是明其制度。"诸如此类，均"明其尊卑，各有制度"。然而，此上十二种器物

---

① 《左传》桓公二年（原文）："衮、冕、黻、珽、带、裳、幅、舄、衡、紞、纮、綎，昭其度也。藻、率、鞞、鞛、鞶、厉、游、缨，昭其数也。火、龙、黼、黻，昭其文也。五色比象，昭其物也。锡、鸾、和、铃，昭其声也。三辰旂旗，昭其明也。……登降有数，文物以纪之，声明以发之，以临照百官，百官于是乎戒惧，而不敢易纪律。"

如孔《正义》云言者"思及则言，无次第也"，所列之物仅为例证，并无组合关系上的深意。所谓"昭其数"，如：以玉作饰的车乘"玉路"用缨十二就，以青铜作饰的车乘"金路"用缨九就。孔《正义》曰："数之与度大同小异，度谓限制，数谓多少，言其尊卑有节数也。""昭其文"说的是"以文章明贵贱"，是用图案来标明等级的高下；"昭其物"即如注曰"皆以比象天地、四方以示器物不虚设……"实际是用颜色来标明器物与五行的关系，并以此来说明贵贱；昭其声者、昭其明者比较具体，也比较好理解，多少也与标明贵族的身份等级有关。臧哀伯的论述说明礼器制度正是用器物的品质等级、数量关系来示明贵族身份等级的一种物的管理规范。王也将这种示明身份等级的礼器以赏赐的形式分配给贵族，用礼器的标志作用显著贵族身份，已成为王策命贵族、褒奖赏赐中最具意义的一种形式。同时，邦君及一些高级贵族也具有以赏赐的形式向下级贵族分配礼器的权力。上文所举诸多器物，或器物纹饰与颜色均具有标明贵族身份等级的作用，其中一部分与铜器铭文出现的礼器名称相同或相近，基本上是可信的。

（2）文献所见周王对诸侯的礼器赏赐

将文献中所载周王分封诸侯并赐予礼器的诸史料连缀成一个纵的发展过程，便可以看到，王赐贵族礼器的内容与含义，在这样一个过程中是有所变化的。西周初年的分封诸侯之目的在于"以藩屏周"，因此王赐礼器强调政治权力的象征性。如《左传》隐公八年曰："天子建德，因生以赐姓，胙之土而命之氏。诸侯以字为谥，因以为族，官有世功，则有官族，邑亦如之。"《左传》定公四年载，子鱼追慕周初分封时说："昔武王克商，成王定之，选建明德，以藩屏周。故周公相王室，以尹天下，于周为睦。"伴随着分封制的实行，周王对诸侯进行赏赐。下面来对比一下《左传》定公四年载成王之"三叔"即鲁公所受的封赐。

"分鲁公（周公之长子伯禽，鲁国始封之君）以大路、大旂、夏后氏之璜,封父之繁弱……"又:"分土田陪敦、祝、宗、卜、史,备物、典策、官司、彝器。"其中所谓大路即玉路,是以玉作饰之车乘,为"王之五路"之一。大旂为立于"玉车"上的大旗,上绘有交龙。璜为半璧之玉器。"繁弱"为古之良弓。《荀子·性恶》曰:"繁弱、矩黍,古之良弓也。"它们均为具有政治权力象征意义之礼器。

"分康叔(成王之母弟,卫国始封之君)以大路、少帛,绪茷、旃旌、大吕……"

"分唐叔(成王之母弟,晋国始封之君)以大路、密须之鼓、阙巩、沽洗……"

子鱼曰:"三者皆叔也,而有令德,故昭之以分物。"《左传》昭公十二年论及周初这次分物时说:"齐,王舅也;晋及鲁卫,王母弟也。楚是以无分,而彼皆有。"可见受分物者的身份主要限于同姓贵族及异姓姻戚中的受封者。《左传》定公四年载鲁、卫、晋三国封君分得礼器概况见下表:

受封人\受赐礼器	玉器	容器	乐器	旗帜	车马器	兵器	命服
鲁公	璜	彝器		大旂	大路	繁弱(良弓)	
康叔			大吕(钟)	旜旌	大路	阙巩(铠甲)	
唐叔			密须之鼓,姑洗(钟)		大路		

很显然,三人都是姬姓贵族,然而,由于政治地位,宗法地位及"善德"的不同,所分得的物的品质级与数量级而随之不相同。周公"相王室,以尹天下",其长子伯禽"是使之职事于鲁,以昭周公之明德",地位当然显赫。伯禽作为鲁国的始封之君,他的田土是鲁国的全境及所有"陪敦"的小国。随从他的官吏有掌管宗庙社稷与经常性祭祀的大祝与宗人,掌卜筮的太卜,主管记录国史、管理典籍与历象的太史等。同时还包括典籍简策、百官、祭祖之器物和百官日用之物,不可尽数。也就是说,周公授予了他与王朝相近的最高级别的政

治权力。

康叔的受赐之物则是"玉车"、杂色的旗帜、赤色之旗与另一面用羽毛装点的红旗。以及一口为"大吕"的铜钟。唐叔的受赐之物有"玉车"、阙巩的铠甲、密国的大鼓与一口为"姑洗"的铜钟。这些在当时肯定象征着相当高级别的政治权力,但明显不若周公之长子伯禽的规格,说明赋予了伯禽以更大的权力。可知即使是同属诸侯的贵族,亦根据王的旨意而于赐器上有所区别,以表示不同的政治权力。《左传》昭公十五年记籍谈的话,曰:"诸侯之封也,皆受明器于王室,以镇抚其社稷,故能荐彝器于王。"又载晋侯受赐之器有"密须之鼓,与其大路,文所以大蒐也;阙巩之甲,武所以克商也,唐叔受之,以处参虚,匡有戎狄⋯⋯"此与定公四年记对唐叔(晋侯)的分封是一回事。由此可以证明周初的分封促进了赏赐礼器(即高级物品)制度的形成与发展,这一时期的礼器更多地体现了政治权力的确定。

西周末年,宣王因平乱,对诸侯进行权力的再分配,包括再封大量的土地与赏赐礼器。《诗经》中有描述西周末期的宣王赏赐诸侯的文字,从以下诗句可知,其再封土地很可能是在王畿之内,所赐之物多是祭祖之物,不标志增益新权力,只是对旧有权力的再确定。如《大雅·崧高》:"王遣申伯,路车乘马。我图尔居,莫如南土。锡尔介圭,以作尔室⋯⋯"诗的背景是厉王之乱后,宣王重整人心,使天下复得平定。宣王为亲爱诸侯而褒崇赏赐,赏赐申国之伯便是这类赏赐之一。诗中还说申伯"王之元舅,文武是宪"。赏赐的礼器是祭祖用的"介圭"。又如《大雅·韩奕》:"王锡韩侯,淑旂绥章。簟茀错衡,玄衮赤舄,钩膺镂锡。鞹鞃浅幭,鞗革金厄。"也属于这一类的封赐。宣王时的大肆封赏备受历代学者的关注。《毛传》云:"宣王平大乱,命诸侯。"朱公迁《疏义》曰:"则因前人之封建,增今日之土宇,而使修国中之职贡也。"应当说这一期政治形势的变化导致了王朝封赐活动明显增加。

另一种情况是西周末年王对立有战功的诸侯进行赏赐，赏赐中有土地，也有礼器。《大雅·江汉》："王命召虎，来旬来宣……用锡尔祉。厘尔圭瓒，秬鬯一卣。告于文人，锡山土田。锡山土田，于周受命，自召祖命。虎拜稽首：天子万年！"郭沫若《两周金文辞大系考释·召伯虎簋铭》据金文断定《江汉》之诗与《召伯虎簋》铭乃同时事，为召虎平定淮夷，旋回师告成功而作。"诗之锡山土田，于周受命，即此之余以邑讯命司、余典勿敢封；诗之作召公考、天子万寿，即此之对扬朕宗君其休，用作烈祖召公尝簋……今本《竹书纪年》叙召穆公率师伐淮夷，及锡召公命，事在宣王六年，与本铭相符，盖有所本。"此说可从。这是西周末年诸侯受封的情形，召虎在"于周受命"、王"锡山土田"的同时"告于文人"，可见受赐的田土就在王畿，而非原封地。诗中还可见召虎接受天子赏赐的礼器，即圭瓒与用于祭祖的醴酒等，即习见于金文中的"秬鬯一卣"。

《尚书·文侯之命》记述了西周后期的一次封赐，文载："王曰：父义和，其归视尔师，宁尔邦，用赉尔锡秬鬯一卣，彤弓一，彤矢百，马四匹。"父义和即晋文侯仇，此乃周平王策晋文侯之命而赐以弓矢，故孔安国传云："诸侯有大功赐弓矢然后专征伐，彤弓以讲德习射，藏示子孙。"亦属嘉奖性的裳赐。

上引《左传》昭公十五年载籍谈的话之后一部分曰："其后襄之二路铖钺秬鬯雕弓虎贲，文公受之，以有南阳之田，抚征东夏，非分而何。夫有勋而不废有绩而载，奉之以土田，抚之以彝器，旌之以车服，明文以文章，子孙不忘，所谓福也……"结合上文是追述周天子前后两次对晋侯的重要赐器，后一次是春秋前期，时周襄王对晋文公进行封赐，也有一种再确定的意味，其中"抚之以彝器"的"抚"为体恤，抚慰之意。"旌之以车服,明文以文章",同样是有用于名分再确定的意味。

《尚书》《诗经》和《左传》等文献记载西周、春秋天子赏赐诸侯的文字,其内容、程式与礼仪以及赐物与西周彝铭中的一部分赐物内容甚为相近,如出一辙,另外赏赐的时代背景与相应的赏赐的形式也和铭文资料趋于一致。《周礼·春官·大宗伯》曰:"以九仪之命,正邦国之位。壹命受职,再命受服,三命受位,四命受器,五命赐则,六命赐官,七命赐国,八命用牧,九命作伯。"所谓"命",依郑玄注为"见命",可理解为被王任命的等级。关于"四命受器",郑司农认为受祭器当在上大夫级,郑玄则认为受祭器当在孤级。注:"《礼运》曰:大夫具官,祭器不假,声乐皆具,非礼也。"王之下士亦四命。说明王授以器具是有等级规范的。《礼记·王制》曰:"制三公一命卷,若有加则赐也,不过九命。次国之君不过七命,下卿再命,小国之卿与下大夫一命。"又云:"天子赐诸侯乐则以祝将之,赐伯子男乐则以鼗将之。诸侯赐弓矢然后征,赐鈇钺然后杀,赐圭瓒然后为鬯,未赐圭瓒则资鬯于天子。"二书所载虽然是被构拟化的制度,但在一定程度上也反映了周代赏赐制度的等级规范。这是文献与器铭相符的一例。

(3)青铜器铭文所见周王对贵族的礼器赏赐

关于周代铜器铭文赏赐内容的研究,陈梦家文《西周铜器断代·赏赐篇》[①],黄然伟著《殷周青铜器赏赐铜器铭文研究》[②],陈汉平著《西周册命制度研究》第五章册《命赐物及舆服制度》[③]等,论述颇为详备。综合以上诸研究成果,西周铜器铭文中的赏赐形式大体可以分为王册命赏赐与非王册命赏赐两种。册命赏赐的物品有旂旗与命服、车马饰与马四匹,以及鬯一卣;一般赏赐则没有旂旗、命服、金车和车马

---

① 《燕京学报》1995年新第1期。

② 龙门书店1978年版。

③ 学林出版社1986年版。

饰。非王册命赏赐之丰厚者,多为马四匹或乘马、马匹;有的兼赐贝、玉器或吉金,个别有车(《克钟》铭,《兮甲盘》铭等),有弓矢(《应侯钟》铭、《噩侯驭方鼎》铭等)。

关于王赐贵族的物品的分类,早有学者据文献资料做过研究,《韩诗外传·廉稽》所记九锡之典:"传曰:诸侯之有德者,天子锡之。一锡车马,再锡衣服,三锡斧钺,四锡乐器,五锡纳陛,六锡朱户,七锡宫室,八锡虎贲,九锡秬鬯。"又,《礼记·王制》正义引《礼含文嘉》所述次第与前文略有不同:"一曰车马,二曰衣服,三曰乐则,四曰朱户,五曰纳陛,六曰虎贲,七曰弓矢,八曰铁钺,九曰秬鬯。"陈汉平《西周册命制度研究》将王所赐贵族物品分为十类:祭酒、冕服服饰、车及车饰、马及马饰、旌旗、兵器、土地、臣民、取征,以及其他。本书根据铜器铭文内容,结合其他文献资料,也将铜器铭文中所见王赐贵族的物品大致分为十类,有:人仆田土类、贝金类、牺牲类、玉器类、宗彝类、乐器类、礼服类、车马类、銮旗类和兵器类。其中除人仆田土类、贝金类、牺牲类以外,其余都可属礼器范畴[①]。据此本书将铜器铭文所载王赐贵族礼器归纳为如下:

玉器类　圭、瓒、璧、璋[②]等。另外还有佩——玉环、玉珑、璜等;

宗彝类　卣、鼎、俎[③]等;

---

① 金(铜)转化为青铜礼器,如:《舀鼎》铭:"其(邢)叔易(锡)舀赤金梦。舀受休□□王。舀用丝(兹)金,乍(朕)文考奔白鼑牛鼎。"《效父簋》铭:"休王易(锡)效父二(金)三,用乍(作)厥宝障彝。"《小子生尊》铭:"王令生……小子生易(锡)金、用乍(作)簋宝障彝。"

② 璧、璋、璜用贵族赐玉器之例:《县改簋》铭:"易(锡)女妇爵,朏之弋,周玉黄□。"《珊生簋》(一)铭:"余更于君氏大璋。报媂(妇)氏帛束、璜。"《珊生簋》(二)铭:"白(伯)氏蒯(则)报璧。珊生对扬朕宗君其休,用乍朕剌且(烈祖)釐公尝簋。"

③ 宗彝、鼎用贵族赏赐之例:《昷簋》铭:"公易昷宗彝一律,易鼎二,易贝五朋。昷对铒公休。用乍辛公簋。"《卯簋》铭:"(荣伯)易女毂車瑁璋四、截,宗彝一、将(鬯)宝。易女马十匹、牛十。易于乍一田,易于窀一田。易于队一田。易于截一田。"

乐器类 钟、磬、柴(虡)①等；

命服类 冕、衣、韨、鞋、系物等；

车马类 (包括车、车马具、车马饰、马具)

銮旗类 金车、车箱、车轼、车覆、车席、车饰、马具、马具饰件等；各种旗旐等；

兵器类 弓矢、鱼蒲、甲胄、干戈、钺等。

如将铜器铭文所记王赐对象的自铭贵族身份归纳分级，其大致情况如下列彝铭例辞表：

第一级

级别	王世	器 名	金文爵称 职 官	玉器	彝器	车马器	乐器	兵器	旗帜	命服	其他
一	成王	献侯鼎	侯								贝
一	成王	禽簋	侯,大祝								金百瑷
一	成王	大保簋	大保	土地							
一	康王	大盂鼎	侯		*	*			*	* * *	人仆王臣
一	康王	小盂鼎	侯					* * *			
一	康王	匽侯鼎	侯								人仆千余
一	康王	宜侯矢簋	侯	*	*			* * *			田土 人仆
一	康王	雁侯钟	侯					* * *			马4匹
一	穆王	郦伯馭簋	伯		*	* * *					贝10朋
一	穆王	录伯簋	伯	*		* * *					马4匹
一	共王	伯簋	伯							*	
一	孝王	番生簋		* * *		* * *	*	*	* *	*	金20瑷
一	夷王	伯晨鼎	侯								
一	宣王	毛公鼎	公	* * *	*	* * *			*		马4匹

<hr>

① 夷王时器《大克鼎》："易女史小臣霝龠(灵龠)、鼓钟……"懿王时器《匡卣》懿王才射卢，乍象柴(虡)。匡甫象䤾二。赐钟、磬为贵族赏赐之例，厉王时器《师兽簋》铭，伯赏赐贵族师兽"钟一、磬五金"。

第二级

级别	王世	器　名	金文爵称职官	玉器	彝器	车马器	乐器	兵器	旗帜	命服	其他
二	共王	师奎父鼎	司乃父官友	＊				＊	＊	＊	
二	共王	师毛父簋	师							＊	
二	共王	趩簋	司土								楚马4匹
二	共王	豆闭簋	司马,司马弓矢						＊	＊ ＊	
二	共王	吴方彝	司旗物		＊	＊ ＊ ＊				＊ ＊	马4匹
二	共王	师俞簋	司邑人师氏			＊					
二	共王	师俞簋	司□□								
二	共王	师俞尊	师								金
二	共王	师俞鼎	师								金
二	共王	师克盨	司左右虎臣	＊	＊	＊ ＊ ＊		＊	＊	＊	马4匹
二	共王	师西簋	司虎臣	＊		＊				＊	
二	共王	裘卫鼎（二）	裘			＊ ＊ ＊				＊ ＊ ＊	
二	共王	师遽簋	师								贝 10 朋
二	懿王	师晨鼎	司邑人							＊	
二	懿王	师虎簋	司旗物							＊	
二	懿王	大师虘簋	大师							＊	
二	懿王	十三年㿾壶								＊	
二	孝王	四年㿾盨				＊				＊	
二	孝王	郡𤔲簋	司土							＊ ＊	
二	夷王	师旋簋（一）	大左,管治左右师氏	＊	＊					＊	
二	夷王	五年师旋簋	师					＊ ＊ ＊			
二	厉王	辅师嫠簋	司辅	＊					＊	＊ ＊	
二	厉王	善夫山鼎	善夫	＊					＊	＊ ＊ ＊	
二	厉王	南宫柳鼎	牧	＊		＊				＊	
二	厉王	元年师兑簋	司左右马	＊						＊	

级别	王世	器　名	金文爵称 职　官	玉器	彝器	车马器	乐器	兵器	旗帜	命服	其他
二	厉王	四年师兑簋	司左右马		*	* * *					马4匹
二	厉王	师瘨簋	师	*		*				* *	
二	宣王	此鼎	善夫	*					* *	* *	
二	宣王	颂鼎	司造宫 中织物			*			* *	* *	

第三级

级别	王世	器　名	金文爵称 职　官	玉器	彝器	车马器	乐器	兵器	旗帜	命服	其他
三	成王	叟士卿尊	士								贝1朋
三	康王	小臣艅牺尊	小臣								贝1朋
三	昭王	小臣谜簋	小臣								贝

（注：＊表示赐有此项礼器，＊＊表示赐有此项礼器2—3件，＊＊＊表示赐有此项高档礼器多件）

由以上分级初步可知王赐器物的数量确有不同，统计的赐物数量主要表现为赐物种类多少不同，有一些可以说明等级越高所赐器物越多，譬如，《毛公鼎》赐物有20余项（件），而《此鼎》仅有3项（件）赐物，还有一些彝铭中仅有1项（件）赐物，前者爵位明显高于后者。这是一种简单的数量关系的比较，有一些铜器铭文可以得出到上面的推论，而另一些铜器铭文则不能证明这样的结论。

又如：赏赐祭器之外，《毛公鼎》记赐有玉器类的鄹圭瓒宝，《师訇簋》记也赐有圭瓒，又，《宜侯夨簋》赐有瓒（瓒）；而其他所赐或仅有宗彝类的秬鬯一卣而无圭瓒，或宗彝、圭瓒二者具无。参照《礼记·王制》"赐圭瓒，然后为鬯；未赐圭瓒，则资鬯于天子"之记载，可知赐物组合种类多者爵位高于赐物组合种类少者，而少者复高于未赐者。这里涉及礼器的组合关系，是一种比较深入的分析，具有一定的规律性，但因时代不同，其中也有一些变化。

众所周知，以上高级贵族名称有侯、公、伯等，这些所谓爵名是否具有等级意义，仍然是学界争论不休的一个问题。原因很简单，于文献于铜器铭文中的爵称都有混用现象。《礼记·王制》曰:"王者之制禄爵:公、侯、伯、子、男,凡五等。诸侯之上大夫卿,下大夫、上士、中士、下士,凡五等。"过去傅斯年作《论所谓五等爵》[①]、杨树达作《故爵名无定称说》[②]、郭沫若作《周代彝铭中无五服五等之制》[③]、《金文所无考·五等爵禄》[④],其结论多认为两周并未有定称,所谓五等爵制并不存在。尤其是甲骨文中已见"伯"和"子",确为对生者的称号,但多为通用之尊号,而非等级性的爵称,直至周代铜器铭文,"伯"和"子"仍作为通用性尊号,而非等级性的爵称。这方面杨树达已有详细论证[⑤]。近年来,通过对西周春秋诸侯爵称的研究,虽然学者们之间仍然有争议,但也有所趋同,可以认为侯主要行用于同姓诸侯,以及功劳卓著的姜齐、周初褒封的前代帝王之后,是爵称;公在西周时为王卿士,也用于尊称,本身不是爵称;伯为畿内小国之君,从春秋金文看,宋、秦称公,郑称伯;子称的金文资料很少,子用在国名下时表面国君身份,属于爵称;男在西周金文中用为爵称者无确证。鉴于侯、公、伯等自铭贵族在受王赐器时仍存在有数量等级关系,因此,据前两项铜器铭文所载王赐器物所归纳的数量关系,将礼器种类数量级别与自铭贵族身份级分别进行综合,在此基础上再分为三级。第一级为赏赐自铭侯与赏赐自铭公、伯之器物;第二级为赏赐自铭大夫之器物;第三级为赏赐自铭士之器物。在这个基础上进行就低不就高的调整,由此取得了以下三种级别的王赐器物的划分:

---

① 中央研究院历史语言研究所集刊二本,1930 年。

② 《岭南学报》1950 年第 2 期。

③ 郭沫若:《中国古代社会研究》,人民出版社 1954 年版。

④ 郭沫若:《金文丛考》,人民出版社 1954 年版。

⑤ 杨树达:《犀矢令彝三跋》等,《积微居金文说》(增订本),中华书局 1997 年版,第 7—9 页。

礼器分类	种与数	第一级（侯、公、伯）	第二级（大夫）	第三级（士）
玉器类	种类	圭、璜、环、方玉、璧、璋等	圭、环、佩、璜等	无
	数量	1—5件(项)	1—5件(项)	无
宗彝类	种类	卣卣、鼎、俎等	卣卣、盘、俎等	无
	数量	1—3件(项)	1—3件(项)	无
乐器类	种类	钟、磬等	鼓、钟等	无
	数量	1—3件(项)	1—3件(项)	无
命服类	种类	衣、市、鞱（黻纯）、幽夫（亢）、赤舄、衮、钪（亢）	幽亢、赤舄、鞱屯、裘等	无
	数量	1—3件(项)	1—3件(项)	无
车马类	种类	车、马、车饰、车部件、马饰件等	马、车、车饰、车部件、马饰件等	无
	数量	1—15件(项)	1—7件(项)	无
銮旗类	种类	旗、铃銮等	旂、旂五、朱旂、旜（銮）旂、銮旟、金芬二铃等。	无
	数量	1—3件(项)	1件(项)	无
兵器类	种类	弓矢、贝胄、干、戈、葓、胄、钺等	弓矢、葓、戈、素钺、殳、干、盾、胄、虎卢等	无
	数量	1—千件(项)	1—3件(项)	无

第一级赏赐礼器的种类与数量关系，其特点之一是如文献载分封诸侯事，成康时期，王赐侯、公礼器伴随着大规模的赐田土人仆，以时器《宜侯夨簋》为例，其铭："易（赐）土，厥川三百□，厥□百又□，厥□邑卅又五，厥□百又卅。易（赐）才宜王人□又七生，易（赐）奠（郑）七白（伯），厥鬳（千）又五十夫。易（赐）宜庶人六百又□□六夫。"同时器《大盂鼎》也载有大规模的赐田土人仆。此一时期王赏赐礼器与分封土地相结合，这与见于《诗经·大雅》之《崧高》《韩奕》《江汉》分封土地人民，同时把礼器一起赐予诸侯的内容一致。铜器铭文载分封诸侯，恒言：侯于某（地名、国名），是为用名词作动词，意思是封侯于某地，如铭"侯于

宜"。其中重要礼器有玉器中的圭和璋。或有用于祭祖的"秬鬯一卣""卣鬯"。鬯是祭酒的一种，卣是容器名，当为宗彝类礼器。《大盂鼎》除"易（锡）女（汝）鬯一卣、門衣、市、舄、车马"之外，还有赐庶人、王臣与爵位。大小《盂》之鼎，两鼎皆出于陕西郿县，邢是周武王第二子邢叔所封国。疑即康王时，邢当为畿内之国。这一时期的王赐器当与封国最为相关。又，昭王时器《中齋》与《趞鼎》之"锡趞采"事相同，是"建侯卫"时事。另外是兵器与车马器，这在第一级与第二级的比较中是有显著差异的。

其二是西周前期的赏赐器铭内容比较简约，在这一级中有的除《宜侯夨簋》外，西周早期铜器铭文中的赐器数目大多比较少，如《大盂鼎》铭"易（赐）女（汝）鬯一卣、門、衣、市、舄、车马"。其中有宗彝、命服、车马三项礼器，说的都是器物组合的种类。所谓"鬯一卣"，就是《史记·周本纪》说的周初"封诸侯，班赐宗彝，作《分殷之器物》"的宗彝，而其他具体的班赐器物则被简略了，并不似西周中期以后将王赐的具体器名全部列出来。西周早期的《雁侯钟》铭："易（赐）彤（彤弓）一、矢（彤矢）百、马四匹。"也与《周本纪》所记载王赐的历史场景不符，所赐器物内容有的可能被简化了。因此，推论周初彝铭中所记一些高级贵族受王赏赐礼器数目不多的原因之一，很可能是由于是时铜器铭文比较简约。

其三是记录王大规模的赏赐，如康王时器《宜侯夨簋》《大盂鼎》，宣王时器《毛公鼎》等都在其列。因此可以推论，这一级的王赐器的数目应在其他诸级之上，器物的具体数量应与前文所列王赐礼器种类最为丰富。西周前期，大小诸侯与王朝卿士都是王赐的主要对象，西周中后期，王朝卿士则是王赐的主要对象。有的器主具有诸侯与王朝卿士的双重身份，则以王朝卿士的身份接受赐器。宣王时《毛公鼎》的"毛公庿"为王朝卿士，《毛公鼎》出自陕西扶风，成王时《班簋》称其为"毛伯"。毛，文王之子毛叔郑所封国。则毛初当为畿内封国。由宣王时《毛公鼎》王赐器例,拟或可以认为,西周后期卿士贵族在王朝分配中享有最高级别的待遇。

其四是有一些礼器,如玉器中的"骏(方玉)五瑴",宗彝中的"秬鬯一卣",车马类中的"金车",及兵器中的彤弓彤矢、旅弓旅矢等,或在其他级别中出现的比较晚,或为第一级所独有。

第二级赏赐礼器的种类与数量关系,其特点一是出现于穆王以后的西周器铭,所列礼器具体,内容丰富,种类繁多。器铭所载礼器种类与第一级很接近。

其二是王一次赏赐器物一般在礼器种类数量分级的在 1—10 件(项)左右,或有 10—20 件(项)者。

其三是穆王、共王彝铭中,多出现"王若曰""王乎(尹氏、内史、令尹等)"的内容,这是王"册令"(策命)贵族的形式,史官宣命似盛于成康时之后,康王时的《大盂鼎》是唯一可作为例外的。唯《尚书》则成王时已有史官宣命的诰命,共王时,右者和史官代宣王命之制见著于彝铭。其如见著于《左传》僖公二十八年,"王命尹氏及王子虎内史叔兴策命晋侯为侯伯,赐之大辂之服……"赏赐对象多邦国的卿大夫。《尚书·顾命》载有王册命的情形:"王……卿士邦君……入即位。太保、太史、太宗皆麻冕彤裳。太保承介圭,上宗奉同瑁,由阼阶隮。太史秉书,由宾阶隮,御王册命,曰……王若曰……"这一时期的赏赐多与册命相联系。其中如"王若曰"等铜器铭文与文献完全一致。如《趞曹鼎(二)》《师汤父鼎》等。伴随着王册命的赏赐礼器,其中重要的有命服、旗物等,偶有戎装和兵器。懿王、孝王期,王的赏锡彝铭中也出现有"王乎""王令"的形式,重要赐器有礼服、车马器等。厉王、宣王时期,王赐器仍然伴随着"王乎"与"王曰"。可以认为以策命形式为赏赐依据的分配制度,由西周中期盛行并一直延续到西周末期。

其四是赐器伴随有"蔑历"的形式,譬如"免四器",做器人免的时代约在穆王时。从铜器铭文中"蔑历"记事来看,免曾立战功。"蔑历"习见于彝铭,郭沫若释二字为多纪战功,且功成受赏之语。"犹言解甲也"[1]。其实蔑历应释为称赞、表彰功绩,"蔑"可读为"伐";"历"即历程,引申为功绩。因此受赐者应是武将,受赐的主要礼器是命服、旗物及兵器等。如《不娶簋》铭将"弓一、矢束"等兵器赐予"肇诲于戎工",即敏达于军事的将领。因此兵器一般赏赐给立有战功的武将。其赏赐物级别亦在 1—10 件(项)左右。

第三级赏赐礼器的种类与数量关系,其特点之一是王赐这一级的时期多在周初,器铭数量不多,所赐礼器数量甚少。可知周初,王向侯至士各级贵族普遍赐器,周中期以后王则不再直接赐器于士(第三级)。再者,是王赐器的同时伴随着赐贝。

此外,铜器铭文所载赏赐内容还反映了以下一些相关问题:

(1)"王赐"是一种经常性的又带有较大随机性的贵族等级分配制度。其特征之一表现为赏赐礼器是反复进行的,而不是单独的行为。譬如:《追簋》铭"天子多易(赐)追休",《虢叔旅钟》铭"重天子多易(赐)旅休"等。由此可以认为王赏赐贵族是一贯的持续性的过程。见于记录王赏赐同一对象的铜器铭文则有多次,这分明是王对同一贵族进行了复数以上的赏赐(分配)。《十三年癫壶》铭:"册易(锡)罘画、□樊、赤舄。"是懿王时器;《三年癫壶》是孝王时器,该铭记载了王两次对癫的赏赐:一次是在九月丁子,王"乎(呼)虢叔召癫,易(锡)□俎"。另一次是在己丑,王"乎(呼)师寿召癫,易(锡)叀俎"。孝王四年之《癫盨》铭:"册易(锡)□罘、虢舄、攸勒。"另外,《癫钟》(甲组)铭记王赐癫以佩。所以见于铜器铭文的王对贵族癫的赏赐共有 5 次,所赐礼器种类有玉器类(佩)、宗彝类(俎,2 次),命服类(市、罘、樊、舄),车马具类(攸勒)。癫

---

① 郭沫若:《两周金文辞大系》,上海书店出版社 1999 年版,第 25 页。

属微伯,依据所赐物品的规格,其身份为诸侯一级的贵族。如宋人高承曰:"车服以庸,自唐、虞即然。商'功懋懋赏',周有车马器物之等,此赏赐之始也。"①这种说法大致是对的,按等级赏赐车马器物实际上是周代贵族分配制度的具体体现。

此外又譬如:厉王时器元年《师兑簋》铭曰:"易(锡)女乃且(祖)市、五黄、赤舄。"三年《师兑簋》铭曰:"易女秅胣一卣,金车,奉较、朱虢𣂪、𩍓、虎冟熏裏、右厄、画轉、画轎、金甬、马四匹、攸勒。"这里记载了间隔两年的王对同一个贵族的赏赐(分配)。

另外,依据有明确纪年、同时有赏赐内容的铜器铭文②,也可以说明王赏赐贵族礼器是一个不间断的过程。

(2)赐物质地不同,如金车与驹车当有所不同,金车似较驹车制度为高。又如《辅师嫠簋》初命赐物有豢(旂?),再命赐物有旂五日,可见旂较豢旂(旂?)制度为高。赐物形制不同,册命铜器铭文赐物之赤𢆶市、𢆶市即文献中之袷。《说文》:"袷,士无市有袷,制如榼,缺四角,爵弁服,其色韎,贱不得与裳同。"知其形制与市略有不同,而较市卑贱。

平王东迁后王朝对诸侯国的控制日见衰弱,也使以王赐形式的分配制度走到了尽头,因此春秋之后,王赐的内容罕见于彝铭。据李学勤的考证,宋代青铜器著录收有《晋姜鼎》,此鼎铭文与《尚书》中《文侯之

---

①　《事物纪原》卷1。

②　青铜器铭文载有明确纪年、同时又记赏赐内容的例证有:康王时器《小盂鼎》(二十五年八月既望甲申)。共王时器:《元年师询簋》(元年二月既望庚寅)、《望簋》(十三年六月初吉戊戌)、《趩曹鼎》(十五年五月既生霸壬辛)、《休盘》(二十年正月既望申戌)。孝王时器:《十三年瘐壶》(十三年九月初吉戊寅)。夷王时器:《元年师询簋》(元年四月既生霸丁寅)、《四年瘐盨》(四年二月既生霸戊戌)、《五年师旋簋》(五年九月既生霸壬午)、《大师虘簋》(十二年正月既望甲午)、《走簋》(十二年二月既望庚寅)、《无㠱簋》(十三年正月初吉壬寅)。厉王时器:《元年师兑簋》(元年五月初吉甲寅)、《师嫠簋》(十一年九月初吉丁亥)、《此簋(鼎)》(十七年十二月既生霸乙卯)、《寰盘》(二十八年五月既望庚寅)、《善夫山鼎》(三十七年正月初吉庚戌)。宣王时器:《颂鼎》(三年五月既死霸甲戌)、《虢季子白盘》(十二年正月初吉丁亥)。

命书》的内容彼此呼应,讲述了晋文侯于公元前 760 年杀死携王,确立了平王的统治,所谓"晋文侯于是乎定天子"之事。周平王"锡卤贲千辆"或是作器人的夸大之辞,但从中可以得知,东迁的周室对诸侯仍然偶有赏赐形式存在。

1957 年,在洛阳"大城圈"内东北隅,发现四座较大的战国墓,已发掘一座,编号为洛阳西郊 1 号墓。墓中出土的一件石圭,残长 14 厘米,上有墨书古文"天子"二字。李学勤于《洛阳西郊一号战国墓发掘记》[①]中认为"可能是周王的赙赠,说明墓主与王有较密切关系"。[②] 同时这也说明战国时期以周王为授受关系主体的分配仍在所谓的王畿内有实行,只是更为表面化而已。

(二)贵族礼器等级与邦君礼器赏赐

邦君与诸侯还是有区别的,诸侯必须有王册封的"侯"称,邦君则未必是诸侯,即使是广义的邦君,可以包括诸侯,但似不能说邦君即与诸侯是一回事。换言之,诸侯可以称邦君,但反过来邦君未必即皆可称诸侯。这一现象反映了邦国之君层面的复杂性。从先秦文献来看,《左传》《国语》《礼记》更习见诸侯、诸侯国、国等。西周铜器铭文中还有相当数量的内容是记载非王赏赐的,即邦君赏赐下属贵族的。所赏物品仍是王赐铭文中常见的命服、銮旗和车马饰等。

规范贵族等级的"仪""物"或"器"的名目与器用相当复杂,在当时,任何器物几乎都有它的身份意义,都有它们的等差次序。《礼记·礼运》篇归纳出八大原则,因各别礼仪而以多、少、大、小、高、下、文、素称尊贵;庙制、座席、丧葬之期和棺椁之重是以多为贵的,但天子祭天之

---

① 《考古》1959 年第 12 期。
② 李学勤:《东周与秦代文明》,文物出版社 1984 年版,第 19 页。

牲、诸侯相朝之灌、飧食告饱之次、祭车繁缨之数则以少为尊，宫室、器皿、棺椁、丘封虽以大为贵，而宗庙酒器却唯小是尚。其他堂屋台门求其高，祭器放置求其下，冠冕求其文，圭羹、车席、牺尊、楫勺求其素。礼有丰杀，符合制度，乃谓之"称"。称则与身份不乖，故其基本精神在于"别"，荀子所谓"贵贱有等，长幼有差，贫富轻重皆有称者也"[1]。这些原则适用于邦君赏赐下属贵族礼器。

高级贵族对所属贵族的赏赐，不仅是对周王赏赐的附和，而且也是高级贵族自身的行政行为，显然对下属贵族的封赐是邦君固有的政治权力。归纳诸多彝铭所载高级贵族的赏赐内容，大致有如下三方面的特征：

（1）赏赐主体为侯、公、伯的，自铭侯赏赐之例，大部分集中于西周早期，侯赐器的数量相对不太多，似也有简约现象，如成康时器《复尊》铭："匽侯赏复冂（问）衣、臣妾、贝。用乍（作）父乙宝彝。"见于康王时的《麦尊》铭："侯易（赐）玄周（雕）戈……侯易（赐）氒臣二百家，齎用王乘车马、金□、冂衣、市、舄。……易（赐）金于辟侯。"所赐物习见有贝，礼器有命服、车马、兵器等，伴随有人仆。唯西周末或春秋初时的《晋姜鼎》记有比较大量的赏赐。此与《左传》昭公三年"晋侯嘉焉（公孙段），授之以策，曰：……赐女（汝）州田，以胙乃旧勋"的内容相合，类似西周的册命制度。

自铭公赏赐之例，其数量不多，分散于西周早中期，成康时器《叔隋器》铭："赏叔隋郁鬯、白金、□牛，叔对朋（扬）大保休，用乍（作）父丁宝障彝。"白川静曰："公大保之保字，从玉。多数周初之器及齐器中用此字形，公大保，一般以为是召公君奭，召公有关之器中多有铭作'大保'

---

① 《荀子·礼论》。

者也。"①郭沫若也说："大傧即召公君奭。"②此说可从。成王时器《令彝》铭："明公易（锡）亢师鬯、金、牛，曰：用禤；易（锡）令鬯、金、牛，曰：……敢剥（扬）明公尹厥宦。用乍（作）父丁宝隣彝。"③赏赐内容包括祭酒与牺牲，故推知称公者具有一定的宗法地位。穆王时器《伯□父卣》铭："白（伯）□父曰：休父易（锡）余马，对扬公休。"赐伯□父马的父，伯□父对扬公休，似乎体现了一种分配关系。

自铭伯赏赐之例，西周初期即有伯赐器于下属贵族，譬如成王时器《小臣宅簋》铭："白（伯）易（锡）小臣宅画干戈九，易（锡）车马两。"伯赐器之例在西周中后期赐器内容丰富，夷王时器《不娶簋》铭："白（伯）氏曰：不娶，女（汝）小子，女肇诲于戎工。易（锡）女（汝）弓一、矢束、臣五家、田十田。用从乃事。"④伴随着赐田土人仆。厉王元年时器《师兽簋》铭："白（伯）和父若曰，师兽，乃且（祖）考又贲（有勳）于我家，女有（又）隹小子，余令女（汝）死我家，剥（并）嗣我西隔东隔仆驭（驭）百工、牧、臣妾。东哉（董裁）内外，毋敢否善。易（锡）女（汝）戈雕戟、鞍必（柲）彤犀（綏）、干五、锡钟一、磬五、金。敬乃夙夜。用事。"⑤通常认为铭文中的"×伯×"称谓可能是爵称；而"伯×"多是行辈。因此，伯和父之伯不是爵称，是行辈，"和父"是字。郭沫若与杨树达释"伯和父"即共伯和之说似不能成为定论。然而无论是铭文之作器人伯和父，或文献中的共伯和都是有相当政治势力的邦君。杨氏《师兽簋跋》谓："彝铭屡见'王若曰'之文，非王而称若曰者，仅此器之白和父……"意思是说共伯和已有与王相等的身份，然而此铭于厉王元年，这时距共和十四年有

① 《金文通释》第2卷，白鹤美术馆1962年版，第73—74页，五旅鼎。
② 郭沫若：《两周金文辞大系考释》，第27页。
③ 刘体智：《善斋吉金录》，图132。
④ 罗振玉编：《三代吉金文存》9·48，1937年。
⑤ 《啸堂集古录》53·上。

30 年的时间,《周本纪正义》引《鲁连子》云:"十四年,历王死于彘,共伯使诸侯奉王子靖为宣王,而共伯复归,国于卫也。"由时间论,30 年前,共伯和已有与王相等的身份不太可能。因此与其说是时共伯和已与历王平起平坐,毋宁说类共伯和身份之贵族的地位已有了变化,标志着诸侯在王朝中地位的提高。此铜器铭文中不仅有类于"王若曰"之"伯若曰",而且赏赐的物品中又有诸多高级别的礼器。此器铭说明是伯和佼诰命家臣。

由以上器铭可以认为侯、公、伯等有大量赏赐其他贵族礼器的现象存在。

(2)侯、公、伯等高级贵族赏赐或与王的赏赐有关,譬如孝王时器《效尊》[①]曰:"王易(锡)公贝五十朋。公易(锡)厥涉(顺)子效王休贝廿朋。效对公休,用乍(作)宝障彝。"此铭中明确记载,先是公受赐于王贝五十朋,此后公又将其中的二十朋转赐予贵族效。表明王与诸侯及中小贵族之间的依次的赏赐关系。又如《献簋》铭:"……朕辟天子,麟伯命厥臣献金车,对朕辟休,作朕文考光父乙。"[②]献簋属康王时器,伯去朝见王,做器人献(可能是作为麟伯的随从同行)亦得见天子。麟伯赐予其臣献一辆金车(据东周礼书即用青铜车具装饰的马车),献因此对扬其君之休美,并作此器以祭文考父乙。

(3)见于彝铭的侯、公、伯赏赐之例,其赏赐的物品内容绝不比王赏赐的逊色。从种类来看同样包括有人仆田土类、贝金类、牺牲类、玉器类、宗彝类、乐器类、礼服类、车马类、銮旗类和兵器类等。如康王时器《麦尊》铭:"侯易(锡)者(诸)姻臣二百家,齎用王乘车马、金□、冂衣、

---

　　① 罗振玉编:《三代吉金文存》,11・37,1937 年,郭沫若《两周铜器铭文辞大系考释》记,效器有卣有尊,器制字体均有周初风味,盖孝世工艺有复古之倾向也。

　　② 罗振玉编:《三代吉金文存》6・53・2。

市、鸟。……易（锡）金于辟侯。"其赏赐规模与礼器等级都不在王赐贵族的规格以下。

又如厉王时器《师兽簋》铭："锡钟一、磬五、金。"在考古资料中乐器是高级别的随葬礼器。这说明伯一级的贵族拥有礼乐用器的享用权，也拥有礼乐器的赏赐权。见于考古资料的甘肃灵台白草坡西周墓伯称M1、M2[①] 无钟磬类乐器，只能说明自铭伯者于随葬礼器制度中没有钟磬类乐器，并不能说明自铭伯者的贵族在现实生活中不具有乐器的享用权。

据前文所引资料，礼器大致可以分列为玉器、宗彝（青铜容器）、乐器、礼服（命服）、车马与銮旗及兵器七类。天子与诸侯所用礼器都在这七类器物之中，其他贵族依等级次第减少。又譬如见于《礼记·曾子问》载天子、诸侯、大夫祭器，见下表：

主祭人	种类与神主	用　　器
天子	尝、禘、郊、社、五祀之祭（尝、禘为宗庙之祭；郊、社为天地之祭）。	簠簋既陈
诸侯	祭社稷	俎豆既陈
大夫	祭（宗庙）	鼎俎既陈，笾豆既陈

如果以上所举王与贵族于祭礼上所用祭器的等级是可信的，那么，其中的等差几乎是模糊不清。

同时应特别予以注意的是，即使在同等级的同类器物中仍然存在有级差，假设像《尚书·顾命》所说的天子用玉器：玉几、弘璧、琬琰、大玉、夷玉、天球等，可归于天子一级用器；同时，天子也使用其他玉器，如璧、璜、圭等，可归于天子二级用器。这类玉器也见于王赐诸侯等贵族

---

① 自铭墓葬。初仕宾：《甘肃灵台白草坡西周墓》，《考古学报》1977 年第 2 期。

的铭文中,而且部分玉器还见于邦君对所属贵族的赏赐中。这种现象有似一种阶梯形,既有上下等级之分,又有相互之间的叠压与重合。从铜器铭文资料中的王赐礼器与非王赐礼器比较来看,两者十分接近,如结合文献资料,似乎与下图很相合:

周天子与诸侯、大夫礼器级差示意图

天	天子一级用器			1
子		天子二级用器		
诸		诸侯一级用器		2
侯			诸侯二级用器	
大			大夫一级用器	3
夫				
士			士之用器	4

《示意图》的实线表示天子与诸侯、大夫及士之社会身份等级,这显然是无法逾越的森严的政治身份;据文献所载,在一些具体的礼仪过程中,其用器情形更似虚线所划分的级别。所谓"一级用器""二级用器"是指一种政治身份的依不同等级的礼仪而使用的不同级别的礼器,譬如:祭祀用器与朝聘用器等。这种相互重合的现象在文献中屡见不鲜,例如:《礼记·玉藻》:"天子玉藻,十有二旒,前后邃延,龙卷以祭。玄端而朝日于东门之外,听朔于南门之外。……皮弁以日视朝……诸侯玄端以祭,裨冕以朝,皮弁以听朔于大庙,朝服以日视朝于内朝。"等等。

金鹗在其《求古录礼说·冕服考》中说:"案《周官》文经:'王祀昊上帝则服大裘而冕,享先王则衮冕。'又云:'公之服自衮冕而下如王之服。'夫衮冕九章,公之服,公自衮冕而下如王服,则王之服必有加于九章之衮冕而为十二章可知,大裘之冕其必十二章也。"这种推论似带有后世的武断,《周礼·春官·司服》郑玄注曰:"《书》曰:'予欲观古人之象,日、月、星辰、山、龙、华虫,作绘;宗彝、藻、火、粉米、黼、黻,希绣。'此古天子冕服十二章。……王者相变,至周而以日、月、星辰画于旌旗,所谓三辰旒旗,昭其明也。而冕服九章……"信"公之服自衮冕而下如王之服",其同服九章也是有可能的。另有《礼记·玉藻》:"天子佩白玉,而玄组绶。公侯佩山玄玉,而朱组绶。大夫佩水苍玉,而纯组绶。世子佩瑜玉,而綦组绶。士佩瓀玟,而缊组绶。""玄冠朱组缨,天子之冠也。缁布冠缋绫,诸侯之冠也。玄冠丹组缨,诸侯之齐冠也。玄冠綦组缨,士之齐冠也。"(齐冠是齐戒时所服用者)也是相类的记述。这与见于彝铭的非王赏赐礼器与王赏赐礼器相近的现象很相似。

周天子与诸侯、大夫礼器级别的关系与西周宗法制结构有着某些相似之处,无论是天子、贵族的等份递减的礼器制度,还是天子贵族间礼器重合分配形式,都说明天子与贵族的最高级别诸侯之间的差距是相当接近的,拟或说明王与王族、公族之亲缘关系将天子与诸侯间的政治关系拉近。此特征说明西周国家形态的原始性。这一点十分值得研究。

二、礼器与家族宗法

家族当是以血缘关系为纽带的具有自然属性的社会组织,这种社会组织是自人类产生既存在的初民最初进行劳动生产、军事以及宗教等活动的社会单位。"族"字,甲骨文作𝆑,象矢在旗下。《说文》:"族从㫃从矢,所以标众,众,矢之所集。"《说文》误以族为镞之本字;段注:"㫃所以标众者,亦谓旌旗所以属人耳目,旌旗所在而矢咸在焉,众之意也。"与族之本义和。其意大致是在说,初民以弓矢为主要武器,在田猎或出战时,聚集本族成员于旗下,因而有族众之意。所以有众意。由此看来甲文的"族"字基本上表达了家族的原如意义。

所谓宗法制,是周人将宗族结构中的血缘统属关系与政权结构中尊卑上下关系相结合的一种制度,是通过这种血缘亲属关系使天子世袭拥有对天下同姓贵族的至上之权力,同时也使各级贵族的等级关系法定化的制度。《礼记·大传》曰:"亲亲也,尊尊也……此其不可得与民变革者也。"宗法制反映了等级社会中贵族亲缘关系与政治关系密切地纠缠在一起。同时,"亲亲"与"尊尊"是相对而言的。《礼记·表记》曰:"今父之亲子也,亲贤而下无能;母之亲子,贤则亲之,无能则怜之。母,亲而不尊;父,尊而不亲。"由此道引出母道亲亲,父道尊尊,因此,自母统而言,母弟与自己具有同样的血缘关系,故属于亲亲范畴;自父统而言,嫡生儿子(包括贤的选择)是自己的直接继承人,故属于尊尊的范畴。《穀梁传》隐公元年载,郑伯克段于鄢说:"缓追逸贼,亲亲之道也。"《公羊传》庄公三十二年说鲁季友毒杀公子牙而立子般是"行诛乎兄,隐而逃之,使托若以疾死然,亲亲之道也"。大意是季子因同母兄公子牙有"为乱"之嫌而诛之,此举有违至亲之道,但为了君臣之义,不得不忍痛杀兄,同时,季子用酖毒杀兄,从表面上看是病死的样子,使兄逃脱罪名,给公子牙一个善终的结局,这就是所谓的"亲亲之道"。故宗法制的基础特征是以"亲亲"确定"尊尊",即以亲缘作为政治制度的基本原则。

《中庸》哀公问政章记孔子答鲁哀公问政,说:"仁者人也,亲亲为大;义者宜也,尊贤为大;亲亲之杀,尊贤之等,礼所生也。""亲亲为大",是把血缘亲属关系摆在"仁"的头等地位。这是因为孔子认为"立爱自亲始",所谓"赤子之心"及"孩提之童无不知爱其亲也",就是这个道理。从人类历史来看,自原始人群以至氏族、胞族、部落、部落联盟,所有人类最初的共同体,没有不倚靠血缘亲属关系之间的相亲相爱作为联结的纽带的。恩格斯在《家庭、私有制和国家的起源》第一版序言中称原始社会为"以血缘团体为基础的旧社会",似乎也是这样一个意思。其中确定宗族统属关系同时也是确定政权结构中尊卑上下关系的唯一准则,就是嫡长子继承的原则。由于嫡长子只有一个,这就从宗族血缘关系上保障了各级贵族的政治地位不致受到诸下级贵族,即诸孽庶之子的僭越。并且这种政治地位是世袭的,"百世不迁"①。如此,便构成了周天子及其同姓诸侯、卿大夫、士之间法定不移的等级名分制度。后人总结周人制定的这套宗法制的政治目的说:"故先王立法:立天子,不使诸侯疑(即'拟',下同)焉;立诸侯,不使大夫疑焉;立嫡子,不使庶孽疑焉。疑则生争,争生乱。是故诸侯失位则天下乱,大夫无等则朝廷乱,妻妾不分则家室乱,嫡庶无别则宗室乱。"②总之,宗法制就是使周人的宗统与君统很好地结合起来,以确保周天子实现更加有效的"家天下"的统治。

王国维在《殷周制度论》一文中肯定了宗法制度产生于周代,他说:"是故由嫡庶之制而宗法与服术二者生焉。商人无嫡庶之制,故不能有宗法。……周人嫡庶之制本为天子诸侯继统法而设,复以此制通之大夫以下,则不为君统而为宗统,于是宗法生焉。……此制为大夫以下设而不上及天子诸侯。……故由尊之统言,则天子诸侯绝宗,王子公子无宗可也。由亲之统言,则天子诸侯之子身为别子而其后世为大宗者无不奉天子诸侯以为最大之宗,特以尊卑既殊不敢加以宗名而其实仍在也。……是故天子诸侯虽无大宗之名而有大宗之实。……是故大夫以下君统之外复戴宗统,此由嫡庶之制自然而生者也。"王氏的这一论述很正确,基本上理清了宗法制度的统系关系。在明确了宗法制的基本特性之后,下文将分为 4 个小题目阐述两周礼器制度偏重于"亲亲"方面的社会作用。

(一) 宗族内礼器的所有权

"宗族"本义是指有共同祖庙的亲族,亦即是有明确父系祖先的家

---

① 《诗经·小雅·北山》。
② 《吕氏春秋·慎势》。

庭。在东周礼书中将在宗族中形成的家族之族长与分支家族之族长分别称为"大宗""小宗",此成为西周分封制的重要原则之一,因之分封制加强了周王室在全国政治中的至尊统治地位。荀子说过"周公兼利天下,立七十一国,姬姓独居五十三人"[①]。西周政权建立以后虽然仍是周邦与万邦并存,然而性质已有了根本的不同。据此可以说周天子对于"天下"的统治权有两方面,一是君臣关系,二是宗法关系。《礼记·大传》曰:"别子为宗。继别为宗。继祢者为小宗。有百世不迁之宗。有五世则迁之宗。百世不迁者,别子之后。""大宗"一词亦见于《左传》昭公二十八年[②]。大量的青铜铭文记载了为数众多的"宗子",譬如《善鼎》;"宗室",见于《茄伯簋》《豆闭簋》,《珊生豆》铭:"珊生乍(作)尊豆,用享于宗室";"大宗",譬如《虘钟》等。在一个大的宗族组织内,包括有大宗本家与若干小宗家族,由此形成一个金字塔式的"世系群"结构。据先秦文献,大小宗的主要特征大致有如下四个方面:

(1)周天子是掌有全国政权的姬姓贵族集团的大宗,也可以说是地位最高的宗子。

(2)除周天子以外,大、小宗的地位是相对的。一般的宗子对属于他的小宗而言是大宗,作为分支的小宗之族仍可以一个相对独立的宗族形式存在。

(3)就一般情况而言,一宗族内大、小宗皆同氏,如《左传》哀公十四年记陈(田)氏逆杀人,被阚止遇见,于是将之逮入公宫,时"陈氏方睦",遂用计杀死看守,救出陈逆,阚止遂"盟诸陈于陈宗"。杨伯峻《春秋左传注》释"陈宗"为"陈氏宗主之家"。这里既言"诸陈",说明陈氏宗族中的族人,皆以陈为氏。据朱凤瀚的考证,《左传》自陈公子完奔齐始至陈

---

① 《荀子·儒教》。
② 《左传》昭公二十八年原文:"其大宗赂以女乐,魏子将受之。"杜注曰:"讼者之大宗。"大宗即宗主所在之族。

成子之时,已历七世,陈氏小宗分支确亦不见有另立新氏者。此外,像齐国的高氏、国氏,宋国的华氏、皇氏、向氏,卫国的石氏、孙氏等皆属于此种形态①。

(4)另一种情况是,大宗家族可以含有若干组织上相对独立的有自己独特氏名的家族。如鲁季孙氏(季氏),大宗一支世称季氏,从中分出的小宗分支世称公某氏,如在季武子后别立公鉏氏,季悼子后别立公父氏。《左传》定公八年记"季寤、公鉏极,公山不狃皆不得去于季氏",可见公鉏极虽已属于公鉏氏,但仍与季氏有宗族关系,并受季氏大宗的辖制。

在考察了大、小宗的基本属性之后,再来看一下于宗族内部中的礼器所有关系,即做器人与宗族族长之关系。见于金文与文献的相关情况似乎有如下3个特征:

其一是大宗之子是全族礼器的支配者。金文中有"大宗"之称,如《陈逆铺》铭②。大宗即有共同祖庙的亲族的族长,"小子"应该理解为小宗之长,是宗于共同祖庙的支系亲族的族长。宗子对宗族内礼器的支配权,跟一般的私人所有权有本质的区别。小宗做器应有相当的自主权,祭祀自己所从出先人是小宗私人所有权的标志,大宗的支配权主要体现为宗室成员受到其所从属宗主的制约,而且这种制约是有相对高低层次的。见于彝铭中的小宗做器用孝于文考,用享于大宗或宗室的辞文正是这种所有制的一种体现。这是由于宗子是以全宗族代表的身份来支配宗族礼器的。如懿王时器《虘钟》(一)铭曰:"虘乍(作)宝钟,用追孝于己白,用享大宗……用邵大宗。"厉宣时器《瑚生豆》铭曰:"周生乍(作)尊豆,用享于宗室。"一方面,宗子的室家就是"公室",是一种放大的私有财产;另一方面,宗子之室也可以理解是亲族的共同祖

---

① 参阅朱凤瀚:《商周家族形态研究》,天津古籍出版社1990年版,第511页。
② 严一萍:《金文总集》,浙江古籍出版社影印艺文印书馆1983年版,2985。

庙,未必具有所作之器的所有权,只是表示做器人与宗子之间的亲族隶属关系。

陕西永寿县出西周后期《逆钟》①铭:"吊(叔)氏令史盨(?)召(?),吊(叔)氏右曰:'逆(?),乃且(祖)考许(?)政于公室,今余易(锡)女(汝)母(于)五锡、戈彤屖,用摄(?)于公室仆庸臣妾,小子室家……'"

以上铭文也是贵族家族受赏赐礼器的一例。盾甲与戈彤尾在此用作权力象征物而无疑。大贵族叔氏不但命逆管理公室,并赐以器物,而且命他管理"小子室家"。"小子室家"作"诸小宗的家室"的解释,为学者们所认同②。另当属西周中期偏前的一件方尊③,铭云:"其用夙夜享于(厥)大宗。"此都是宗人做器祭飨大宗。可以认为于西周至春秋,大宗之子于宗族之内有支配权能,更是全族礼器的祭飨对象。《礼记·内则》曰:"子妇无私货,无私畜,无私器,不敢私假,不敢私与。"又:"子弟犹归器,衣服裘衾车马,则必献其上而后敢服用其次也。若非所献,则不敢以入于宗子之门。"这就进一步佐证了大宗之子对全族礼器的支配权是建立在拥有所有权的基础之上的。

宗君也是这种隶属关系的一种表述,譬如:《六年琱生簋》铭曰:"琱生对扬朕宗君其休,用乍(作)朕剌(烈)祖召公尝簋,其万年子子孙孙宝用享于宗。"本铭中琱生奉召伯虎为宗君。在这一器铭中很难看出宗君对该器的所有权,而是作为祭祀宗族之器来使用。

其二是大宗以赏赐的形式,将礼器颁发出内室给小宗,即礼器的再分配方式。这方面的铭文例证有很多。

---

① 《考古与文物》1981 年第 1 期。严一萍:《金文总集》,浙江古籍出版社影印艺文印书馆 1983 年版,7135。

② 裘锡圭:《从几件周代铜器铭文看宗法制度下的所有制》,引自吴荣曾主编:《尽心集》,中国社会科学院出版社 1996 年版。以上为甲 019。

③ 严一萍:《金文总集》,浙江古籍出版社影印艺文印书馆 1983 年版,4865。

属康昭时器的《叔趯父卣》铭："叔趯父曰：余考（老）。不克御事。唯女條𣄰敬辥乃身，毋尚为小子。余悦（贶）为女（汝）丝（兹）小郁彝。女（汝）𣄰（其）用乡乃辟𣄰侯逆𪓐（造），出内事（使）人……"①

西周中期穆王时的《繁卣》，铭曰："……公禘🉐辛公祀……公蔑历，易宗彝……车、马两，繁拜手稽首对扬公休……"

显然，公与繁是兄弟行，公是繁之长兄。繁是或族之长，故有资格主持对辛公的祭祀，居于宗子的地位。在这里，繁在受到赏赐后也采用了西周时期臣下对君主的礼仪②。这是西周政治上的君臣关系与亲缘关系完全结合为一体的例证。

西周《不嬰簋》铭曰："白（伯）氏曰：不其，女（汝）小子，女（汝）肇海（敏）于戎工（功），易（锡）女（汝）弓一、矢束、臣五家、田十田，用从乃事。"③

器主当为小宗之长，所以被伯氏称为小子，被赐予各种礼器。

述受赐于君类的铭文众多，在此仅列举一二，如：

宣王时《五年琱生簋》铭："余献嫶（妇）氏曰（以）壶。""余更（惠）于君氏大章，报嫶（妇）氏帛束、璜。""琱生则堇圭。"

《六年琱生簋》铭："今余既一名典，献白（伯）氏，则报璧。"吴闿生《吉金文录》三、二五释："堇圭，以圭觐也。"朱凤瀚释："'觐圭'是言觐见时至以圭。"④又，余，琱生之自称，求助于宗妇，故献以当时盛行的礼器。其"惠于君氏大章"，可认是"大璋"与"璜"相对。

其三是做器人以整个宗族的名义来祭祀先祖。《商周金文录遗》载《尊》铭曰：

"毘（？）。由白（伯）曰㡀御，作尊彝，曰母（毋）入于公。曰由白（伯）

---

① 中国社会科学院考古研究所：《殷周金文集成》，中华书局 1984 年版，5428。

② 参阅朱凤瀚：《商周家族态形研究》，天津古籍出版社 1990 年版，第 327 页。

③ 严一萍：《金文总集》，浙江古籍出版社影印艺文印书馆 1983 年版，2852、2853。

④ 朱凤瀚：《琱生簋铭新探》，《中华文史论丛》1989 年第 1 期。

子㸚曰,为厈(厥)父彝,丙日,隹(唯)母(毋)入于公。"①

尊铭强调指出由伯允许为之父所铸的祭器不"入于公"。这说明宗人所作祭器,如无宗子特许,在原则上是应该交给宗子支配的。

宗庙对祭器的管理,若《礼记·曲礼上》云:"临祭不惰。祭服敝则焚之,祭器敝则埋之。"对敝器进行处理正是这方面管理的一种体现。综上述,宗族是礼器使用与管理的基本单位之一,具体体现为大宗之子是全族礼器的支配者,大宗以赏赐的形式,将礼器颁发给小宗,做器人以整个宗族的名义来祭祀先祖等三方面。同时,具有政治意味的礼器在客观上往往是代表着一个贵族宗族,而不仅仅是代表贵族个人来享有某一等级的政治权力,由此也反映了礼器在"亲亲"方面的社会作用。

(二) 贵族宴飨用器

从文献资料和铜器铭文资料来看,贵族间聚宴的目的,在于借以敦睦宗族之情谊,作为宗子的贵族,宴飨正是合族的重要手段。宴飨用器在其中有着至关重要的作用。

《诗·小雅·常棣》云:"傧尔笾豆,饮酒之饫,兄弟既具,和乐且孺。"《左传》僖公二十四年所记"召穆公思周德之不类,故纠合宗族于成周而作诗",即《小雅·常棣》宴飨间贵族们以诗歌颂兄弟敦睦之道,以诗歌来象征同宗族之情谊。《小雅·頍弁》云:"尔酒既旨,尔殽既嘉,岂伊异人,兄弟匪他。"是宴乐兄弟的诗。《小雅·楚茨》云:"……诸宰君妇,废彻不迟。诸父兄弟,备言燕私。乐具入奏,以绥后禄。"燕私即家族宴饮,开始于祭祖礼毕,参加祭祀的同一家成员共饮祭酒,同食祭肉,分享祖先所授福禄,同时亦达到和睦宗族的目的,如郑玄笺宴飨可"亲

① 于省吾:《商周金文录遗》,科学出版社1957年版,第203页;严一萍:《金文总集》,浙江古籍出版社影印艺文印书馆1983年版,4872。

骨肉也"。聚宴的成员大多是族人,如君妇即宗子之妻,诸父为主祭者的父辈,如伯父、叔父等,然不为主祭,所以属大宗宗子下的诸小宗。见于金文的器主为不同的用飨者做器,如:

(1)为飨宾客者

《箽鼎》铭:"用征以连,以御宾客。"

《郐王糧鼎》铭:"用征以连,以御宾客。"

(2)为飨朋友者

《卫乍文考己中鼎》铭:"乃用乡(飨)……出入使人众朋友。"

《屰兽鼎》铭:"屰兽作朕考宝尊鼎,兽其万年永宝,用朝夕飨厥多朋友。"

《辛鼎》铭:"用**髼**(慧)乓(厥)剐多友,(剐多友,剐多友)赘辛。"

《趞曹鼎》铭(1—2):"趞曹拜頴(稽)首,敢对扬天子休,用作宝鼎,用乡(飨)倗(朋)旾(友)。"

从以上鼎铭可以看出鼎用飨的对象不同的,其中用飨于宾客比较好理解,金文中所谓"朋友"又作何解释呢? 有学者认为,可释为本族中同姓亲属,即本家族中的兄弟(不限于同胞兄弟)[1]。铭文的意思是器主用这件尊鼎宴飨本家族中的兄弟。

西周中期偏晚的《善鼎》铭:"善……用作宗室宝尊……余其用各(格)我宗子雯(与)百生……"(《三代》4·36·2)杨树达曰:"各,来也,……谓用此鼎招来宗子与百生而享宴之也。"[2]朱凤瀚释:"此鼎做器者善并不是宗子,可能是小宗之长,故有此言。"[3]可见宴享宗子百生即宴享族人也。

出土于抚风黄堆云塘的西周晚期器《伯公父盨》,其铭曰:"白大师

---

① 参阅朱凤瀚:《商周家族形态研究》,天津古籍出版社 1990 年版,第 309—316 页。

② 杨树达:《积微居金文说》,科学出版社 1959 年版,第 215 页。

③ 参阅朱凤瀚:《商周家族形态研究》,天津古籍出版社 1990 年版,第 313 页。

小子伯公父作盨……我用召卿事辟王,用召诸考、诸兄……"①又,春秋早期的《殳季良父壶》,其铭曰:"用盛旨酒,用享孝于兄弟、婚媾、诸老(考)。"(《三代》12·28·2)以上两件器铭亦可作为作器人宴享族人之例。

周礼重食,借饮宴来联系族人,姻亲和朋友,以强固人伦秩序。宴会在周代是一种很隆重的社会行为,亲疏关系、阶级身份都在饮食中表露无遗。贵族的身份、宗族的长序制则由使用的礼器体现出来。世传《仪礼》17篇,所载饮食礼器的排场甚多。《周礼·秋官·掌客》云:"以其爵等为之牢礼之陈数。"可见丰杀之数是"从其爵而上下之"(《周礼·秋官·司仪》)的。礼器多寡固系乎身份之尊卑,也因典礼的隆杀而异,甚至在同一礼仪内,不同节目,礼器之数也不一致的。《礼记·礼运》曰:"作其祝号,玄酒以祭。荐其血毛,腥其俎,执其醴。与其越席,疏布以幂。衣其浣帛,醴盏以献,荐其燔炙。君与夫人交献以嘉魂魄,是谓合莫。然后退而合亨,体其犬、豕、牛、羊,实其簠、簋、笾、豆、铏羹,祝以孝告,嘏以慈告,是谓大祥。此礼之大成也。"

属于大夫的乡饮酒礼与乡射礼,和属于诸侯的燕礼与大射礼,以饮酒为主,其主食的排场相当简单。即使如此,其礼器也同样能体现身份的区别。乡饮酒礼,饮酒器有爵和觯,盛酒器是壶;荐脯醢,故用笾豆;设折俎,由于俎鼎并用,当亦有鼎。乡射比乡饮多觚,同样脯和设折俎。大射之礼如燕礼。

诸礼饮食之盛以聘礼为最。今《仪礼》所传,据贾公彦说是侯伯之乡大聘的礼数。聘礼也分成几个节目,从使臣入国,致馆设殡,主君礼宾,夫人馈宾,到大夫馈宾,排场都不同,而最隆盛壮观者则是国君使乡馈饔饩于宾之礼。饔饩共五牢,包括饪一牢、腥二牢、饩二牢。饩是活牲,用不着器皿,与之相配的黍稷稻粱以斛筥计,也与礼器无关。熟食

---

① 《文物》1978年第11期。

饪牢含正鼎九和陪鼎三。九个正鼎是牛、羊、豕、鱼、腊、肠胃、肤、鲜鱼、鲜脂；三个陪鼎是臐、膮、臐，乃加于牛羊豕的庶羞。另外当然也要有烹煮的肩鼎，又称作镬鼎。腥二牢，鼎二七、二列，每牢七鼎，如饪牢之正鼎而少鲜鱼鲜腊两鼎。饪牢设于西阶前，腥牢设于阼阶前，则庭中有26鼎之多。堂上八豆，韭菹醯各二；八簋，黍稷各二，羹器六铏，牛羊豕各二；两簠，粱稻各一，计32器，西夹六豆、六簋、四铏、二簠、六壶，计24器；东夹亦如之。东西序又各设八壶，则庭堂依序陈列的礼器共有122件。此外，庭中还有"夹碑，十以为列"的"酏醴百瓮"。

聘礼，主要使节曰宾，副使曰介，宾享五牢，上介三牢，士介大牢，都有明白的身份意义，与乡、大夫和士的爵等相称。胡培翚《仪礼正义》引盛世佐曰："盖乡行旅从，非是则不足以供之也。"由于地主国供应宾客从属人员和车马的需求，故米禾薪刍亦在其中。否则，楚成王以一国之尊，僭居天子，入乡于邦，也不过"庭实旅百，加笾豆六器"而已[1]，一般礼食，没有这么庞大的排场。公食大夫礼，正馔备七鼎、六豆、六簋、四铏；加馔，三羞鼎、庶羞十六豆。贾公彦疏云："此等皆是下大夫小聘之礼。"上大夫则八豆、八簋、六铏、九俎。九俎即九鼎。

《诗》载一般贵族宴飨用器有：

"于粲洒埽！陈馈八簋。既有肥牡，以速诸舅。""笾豆有践，兄弟无远。"[2]

"我有嘉宾，鼓瑟吹笙。吹笙鼓簧？承筐是将。""我有嘉宾，鼓瑟鼓琴，鼓瑟鼓琴？和乐且湛。我有旨酒，以燕乐嘉宾之心！"[3]

"我有嘉宾，中心贶之。钟鼓既设，一朝飨之。"[4]

---

① 《左传》僖公二十二年。
② 《诗经·小雅·伐木》。
③ 《诗经·小雅·鹿鸣》。
④ 《诗经·小雅·彤弓》。

"宾之初筵,左右秩秩。笾豆有楚,殽核维旅。……钟鼓既设,举酬逸逸。"①

郑玄笺将宴飨的主人说成是王,但缺乏依据,其实不过是级别高的贵族。与下面的高级贵族用器无所区别。

《诗》所见诸侯级贵族之飨宴礼器如下:

"傧尔笾豆,饮酒之饫。兄弟既具,和乐且孺。妻子好合,如鼓瑟琴,兄弟既翕,和乐且湛。"②

"韩侯出祖……显父饯之,清酒百壶。其殽维何?炰鳖鲜鱼。维笋及蒲。……笾豆有且,侯氏燕胥。"③

《诗》中有几处生动地反映了贵族宴飨的场面,譬如:《大雅·韩奕》云:"笾豆有且,侯氏燕胥。"说是杯盘摆满了席面,在京的诸侯都来宴饮。贵族欢宴亲友的乐歌《小雅·伐木》云:"陈馈八簋。""笾豆有践。"《小雅·大东》云:"或以其酒,不以其浆;鞙鞙佩璲,不以其长?"《小雅·伐木》云:"于粲洒埽,陈馈八簋。"《传疏》引《周礼·膳人》郑注:"进物于尊者曰馈。"

《大雅·行苇》诗序云:"故能内睦九族,外尊事黄耇也。"表现的是王与族燕之礼,其中献酢之仪、殽馔之物、音乐之事,皆与《仪礼·燕礼》有合。这里表述的一乡射的场面,内云:"或肆之筵,或授之几。肆筵设席,授几有缉御。或献或酢,洗爵奠斝。酏醢以荐,或燔或炙,嘉殽脾。或歌或咢。"繁缛的宴飨礼仪与复杂的宴飨用器,将当时礼仪并其功用表现得淋漓尽致。

以上诗篇生动地描述了王与贵族飨宴的情景,可见礼器于不同级别的参入。又,祭"从其朔",即从礼之初始的饮食。祭祀与宴饮的关系

---

① 《诗经·小雅·宾之初筵》。

② 《诗经·小雅·常棣》。

③ 《诗经·大雅·韩奕》。

既然如此密切,祭祀的礼器同样可以表现受祭者或主祭者的身份。据《仪礼》之《士丧礼》《既夕礼》《既虞礼》所载,特牲馈食礼,诸侯之士祭其祖祢,陈三鼎:牲、鱼、腊(参阅郑注),敦、豆、笾、铏各二,还有庶羞四豆,酒器则二壶、二爵、二觚、二觯、一角、一敦。士丧礼与既夕礼的节目繁多,大敛奠与朔月及荐新用三鼎、二笾(或敦)二豆与二簋。唯大遣尊最隆重,鼎五、笾豆各四,此乃临别加礼,非表示身份。士虞礼三鼎二敦,笾豆各四。综合来看,祭祀士阶层的人,一般以三鼎为度。至于较高身份的卿大夫,在诸侯国中,他们祭祀祖祢的礼器计有五鼎四敦,羊豕二镬,三豆,二铏,又羞豆四,有笾;酒器则爵觚觯。此即少牢馈食礼。至于〈有司彻〉,郑玄说是〈少牢〉之下篇,用三鼎,则诸侯卿大夫的祭礼,隆可以五鼎,杀可减至三鼎。

乡礼可称"飨""乡",又称立饮、饮、大飨、飨醴、享醴。飨礼陈设铺张,花色浓重,礼节严谨,是西周春秋时期天子与诸侯或诸侯之间聘访朝觐采用的隆重礼仪,一般在宗庙中站着举行,此礼的排几、设宴、杀牲仅具形式,即所谓"设几而不依,爵盈而不饮,肴干而不食"。[1] "公当享,卿当宴"。[2] 但后世礼乐制度渐驰,也可以享礼招待卿大夫。《国语·周语中》中载"定王论不用全烝之故"。说晋侯派遣正卿随会赴周室聘访,定王安排便宴,以肴烝招待。并为此大发了一通议论曰:"女今我王室之一二兄弟,此时相见,将和协典礼,以示民训则,无亦择其柔嘉,选其馨香,洁其酒醴,品其百笾,修其簠簋,奉其牺象,出其樽彝,陈其鼎俎,净其由冪,敬其祓除,体解节折而共饮食之。于是乎有折俎加豆,酬币宴货,以示容合好,胡有孑然其郊戎、狄也?⋯⋯饮食可飨,和同可观。"武子遂不敢对而退,归乃讲聚三代之典礼,于是乎修执秩以为晋法。

---

① 《左传》宣公十六年,杜注。

② 《左传》宣公十六年。

（三）贵族婚姻与"媵器"

　　贵族婚姻的特点之一是贵族间的政治联姻,由联姻而结成联盟是一种古老而有效的政治手段。由于婚姻客观是宗族间血缘的结合,贵族婚姻成为了用"亲亲"来实现其政治目的的独特方式,因此婚姻在社会政治生活中的重要作用,历来受到统治者的重视。《礼记·昏义》曰:"夫礼——始于冠,本于昏,重于丧祭,尊于朝聘,和于射乡,此礼之大体也。""本于昏"何意呢? 曰:"男女有别,而后夫妇有义;夫妇有义,而后父子有亲;父子有亲,而后君臣有正。故曰:昏礼者,礼之本也。"这里婚姻之礼被置于无以复加的高度,足以说明它在社会生活中的重要地位。媵器是两周贵族婚姻礼仪的重要体现,而两周媵器铭文又成为反映当时贵族婚姻礼仪的证据性资料。

　　商末周初,殷周之间似有这样一种婚姻关系,即嫁女国高于娶妇国。《大雅·大明》中表达了文王由殷商娶来一个妃子,"文王嘉止,大邦有子。大邦有子,俔天之妹。文定厥祥,亲迎于渭。造舟为梁,不显其光。有命自天,命此文王。于周于京,缵女维莘"。是文王自莘国娶了姒姓的妻子,生了武王。殷商以王畿内的挚、莘等国异姓的女子(妊、姒)嫁给周文王,在当时来看也许是与双方政治地位相符的联姻。在这一时期似乎没有出现后来意义上的媵器。到了东周时期,诸侯之间的通婚关系更是屡见不鲜,构成所谓"甥舅之国",甥舅之间的政治地位,似乎以甥为高,即娶妇国高于嫁女国[①]。所谓媵器正是这样的政治联姻的一种体现。《韩非子·外储说左上》载:"昔者秦伯嫁其女于晋公子,令晋为之饰装从衣之,媵七十人至晋,晋人爱其妾而贱公女。此可谓善嫁妾,而未可谓善嫁女也。"这里的所谓媵,是指陪嫁的侍女,媵器

---

　　① 参阅张光直:《中国青铜时代》,生活·读书·新知三联书店 1983 年版,第 88—89 页。

则是陪嫁的器物,有炫耀女方本家势力的意义。

《左传》哀公十一年载:"夏,陈辕颇出奔郑。初,辕颇为司徒,赋封田以嫁公女,有余,以为己大器。"其意是说,辕颇收封内田税用作哀公嫁女之资,并将剩余的部分据为己有。所谓大器即钟鼎之器。"器成而具"即钟鼎铸成之时就准备好了。这里所说"器"即哀公嫁女的媵器。又如《仪礼·燕礼》曰:"媵觚于公。"郑玄注曰:"此当言媵觯,……言觚者字之误也。古者觯字或作角旁或作角旁氏,由此误尔。"《仪礼·士昏礼》曰:"媵布席于奥。"郑玄注:"媵,送也,谓女从者也。"在此似指媵器。

孟津县平乐附近的邙山坡发现的一座随葬石编磬的东周墓,出土了一件春秋晚期齐侯嫁女的媵器——铜鉴[①]。据《左传》载,周室曾两次"逆王后于齐",一次是在公元前 603 年周定王时,一次是在公元前 558 年周灵王时,这件媵器应是这一历史现象的证据。

根据目前所见西周及春秋的媵器铭文资料,凡是媵器,其铭辞中镌有"媵"字以及为出嫁女子做器的贵族家长之名。媵器流行的主要年代是西周晚期至春秋时期,这是诸侯国政治异常活跃的时期。据考古发现,可知媵器是有区域性的,其中以中原文化圈、齐鲁文化圈、楚文化圈等区域最为彰著,以上几个诸侯国正是这一时期重要的政治区域。其诸媵器铭文实例如下:

中原文化圈

王朝卿士的媵器,如《番匊生壶》铭:"番匊生铸媵壶,用媵厥元子孟妃乪(乘)。"这一区域的诸侯国的媵器有《宋眉父鬲》铭:"宋眉父作宝子媵(媵)鬲。"郭沫若说:"此宋人媵女之器。宝子其女字,宋乃子姓之国,故女称'某子'。"[②]又,《郑伯匜》铭:"郑伯作宋孟姬媵(媵)匜。"[③]《许子

---

① 《齐侯鉴铭文的新发现》,《文物》1977 年第 3 期。

② 《两周铜器铭金文辞大系考释》。

③ 《永城出土西周宋国铜匜》,《中原文物》1990 年第 1 期。

妆簠》铭："鄦（许）子妆，择其吉金，用铸其匜（簠）。用媵孟姜秦嬴。"《陈
伯元匜》铭："陈伯殹之子伯元作西孟妫婤母媵（媵）匜。"《陈侯簠》铭：
"鄦（陈）侯乍（作）妫媵簠。"①陈妫姓，陈女嫁于王，媵器称为王妫。
与《左传》庄公十八年"虢公、晋侯、郑伯使原庄公逆王后于陈。陈妫归
于京师，实惠后"之记载恰合。中原文化圈的媵器种类主要有壶、鬲、
匜、簠等。

　　齐鲁文化圈

　　上文提到在河南孟津县平乐一座随葬石编磬的东周青铜礼器墓
葬，发现了一件春秋晚期齐侯嫁女作媵器的鉴②。另外，于山东黄县发
现的媵器，共计 8 件，其中 4 件是"鼄白子婤父"自作的用器，盘、匜是
"鼄白婤父"为女"姜无"所作媵器，鼎和鬲无铭③。一般认为铭文中的
"鼄"，就是文献记载的姜姓之国"妃"，公元前 690 年灭于齐，铜器的年
代与之相符。《齐侯盘》铭："齐侯乍（作）媵宲圝孟姜盥般（盘）。"此器作
于春秋晚期，属齐侯四器④。还有，《齐侯鼎》铭："齐侯乍（作）媵宽□孟
姜膳鼎。"《齐侯敦》铭："齐侯乍（作）媵宽□孟姜膳敦鼎。"此器作于春
秋⑤，《齐侯匜》铭："齐侯乍（作）孟姬良女宝匜。"1978 年在固始侯古堆
一号墓出土的一对簠，铭文是："有殷天乙唐孙宋公栾作其妹句吴夫人
季子媵簠。"这对匜是宋景公嫁妹的媵器，自称"有殷天乙唐孙"，据李学
勤考证，"天乙"见《荀子·成相》《世本》《史记·殷本纪》，甲骨文作"大
乙"，是商汤的庙号。"唐"即"汤"，也见于甲骨文。宋国始封君征子
启是殷王帝乙之首子，纣的庶兄，所以宋君都是汤的裔孙。宋景公的小

---

①　《文物》1997 年第 8 期。

②　《齐侯鉴铭文的新发现》，《文物》1977 年第 3 期。

③　王献唐：《黄县器》，山东人民出版社 1960 年版。

④　〔美〕福开森（John. C. Ferguson）撰：《齐侯四器考释》，出版地不详，1926 年版。

⑤　《中国文物精华》，文物出版社 1990 年版，图 203。

妹所嫁的很可能就是赫赫有名的吴王阖闾。

鲁国器有《鲁伯厚父盘》铭：“鲁伯厚父作仲姬（媵）盘。”《鲁大宰原父簠》铭：“鲁大宰邍（原）父，乍（作）季姬牙媵簠。”以下三件媵簠是鲁伯大父分别为孟姬、仲姬、季姬三个女儿制作的媵器。《鲁伯大父簠》（一）铭：“鲁白（伯）大父，乍（作）孟姬媵簠。”《鲁伯大父簠》（二）铭：“鲁白（伯）大父，乍（作）中（仲）姬䐀媵簠。”《鲁伯大父簠》（三）铭：“鲁白（伯）大父，乍（作）季姬娭媵簠。”《鲁小司寇封孙宅盘》铭：“鲁少（小）嗣（司）寇封孙宅，乍（作）其子孟姬簋朕（媵）般（盘）匜。”

还有一些齐鲁周边小诸侯国的媵器，如《薛侯盘》铭：“薛侯作叔妊襄䐀（媵）盘。”《筍侯盘》铭：“筍侯作叔姬媵般（盘），其永宝用飨。”

齐国的媵器有盘、匜、敦、鉴等，鲁国的媵器有盘、匜、敦、簠等，主要器皿为盘、匜。其功用如《齐侯盘》铭作盥洗器，另据《筍侯盘》铭作用飨之用。

楚文化圈

譬如：《楚王钟钟》铭：“楚王媵（媵）邛仲妳南和钟。”《噩侯簠》铭：“噩侯乍（作）王姞媵簠。”《黄大子白克盘》铭：“黄大子白克作仲嬴□媵（媵）盘。”楚文化圈的媵器有钟、簠、盘等。

另外，有媵器不著媵字的，譬如，《散伯簋铭》铭：“散伯作矢姬簋。”[1]王国维《散伯盘考释》谓此簋“盖散伯嫁女于所作之媵器，知矢散二国相为婚姻。”[2]又，《善夫吉父鬲》铭：“善夫吉父乍（作）京姬尊鬲。”《吴王光鉴》铭：“吴王光择其吉金玄铣白铣，台（以）作叔姬寺籲宗荐鉴。”[3]《蔡侯盘》铭：“用作大孟姬彝盘……敬配吴王。”[4]可见吴国与蔡

---

① 于省吾：《双剑誃古器物图录》，台联国风出版社1976年版，上24。
② 《观堂古金文考释五种》。
③ 容庚：《商周彝器通考》，上海人民出版社2008年版，图872。
④ 《寿县蔡侯墓出土遗物》，科学出版社1956年版，图版38。

国通婚也。此为蔡昭侯为其姊所作尊、盘,做器时间为元年正月,昭侯元年是吴王僚九年,公元前 518 年,下距吴王僚之死不过四年,应为春秋时器。

除了媵器之外,还有一类属于已嫁妇女的自做器。此类铭文的做器人本姓前以夫国之国名。譬如:《王伯姜鬲》铭:"王伯姜作齐鬲。"王系指周王,周为姬姓,姜姓女子嫁给周王,称王伯姜。又如《虢姜簋》铭:"虢姜作宝障簋,用禅追孝于皇考更仲。"郭沫若释"虢姜乃姜姓女之嫁于虢者"。虢为姬姓,姜姓女子嫁给虢国,称虢姜。另行,《晋姜鼎》铭:"晋姜曰:余唯嗣先姑君晋邦",晋为姬姓,姜姓女子嫁给晋国,称晋姜。

天马—曲村遗址北赵晋侯墓地发现的 M64、M62、M63 是一组晋侯与两位夫人的三人合葬墓。墓葬年代当在西周晚期。63 号墓晋侯夫人墓之二,《报告》称之为次夫人,随葬鼎 3、簋 2,却拥有超规格的墓穴和 4280 件随葬器,其中玉器一项即近 800 件。这种巨大差异或许有其他社会历史原因。北赵晋侯墓地,除去 M64、M62、M63 一组,另外发掘出土的七组晋侯墓都是夫妻二人合葬墓。这是符合当时的婚姻制度的。其中一件 M63:81,壶盖下口外壁处有铭文五行,颈内壁铭文用方格划框钱,分两行。铭文均为:"杨姞作盖醴壶永宝用。"系姞姓女子嫁给杨国。此壶随葬于晋侯夫人墓,似乎是为晋国灭杨国的战利品(庸器)[1]。又如《楚嬴匜》铭:"楚嬴铸其匜。"楚为芈姓,嬴姓女子嫁给楚国,称楚嬴。又,《曾孟姝谏盆》铭:"曾孟姝谏作媵盆。"曾为姬姓,姝姓女子嫁给曾国,称曾孟姝。内蒙古宁城小黑石沟石椁墓出土的《许季姜簋》铭:"许季姜作尊簋。"[2]季姜当为姜姓女子嫁给许国,称许季姜。据朱凤瀚的研究,女子不论出嫁与否,皆有固定的姓。但女子出嫁前与父

---

① 参阅王人聪:《杨姞壶铭释读与北赵 63 号墓主问题》,《文物》1996 年第 5 期。
② 《文物》1995 年第 5 期。

同氏，出嫁后属夫氏，所以可以夫氏为称，亦可仍以父氏为称。如父为其女制媵器，在铭文中有称其女名为“夫氏”的女姓的，也有出嫁女子在夫家自己制器亦自称其名为“夫氏加己姓”的，还有夫为其妇制器，在器铭中称妇名为“妇之父氏加妇之姓”的[①]。

在归于媵器的一类中，另有一种形式是王为女子做器，其例如《王作丰妊盉》铭：“王作丰妊单宝盘盉。”[②]丰妊盖妊姓女子出自丰国。《番妃鬲》铭：“王作番妃齐鬲。”[③]番国妃姓，出自番国之王妃也。另外，山东济阳刘台子西周六号墓出铜鼎（M6：23）铭：“王姜作龏姒宝隮彝。”王姜当为做器人，为逢国国君夫人，龏姒则应是周王（昭王）之女。似为迎娶周王之女而做器。

在《诗》之中表现是时婚俗婚礼的篇章亦有此使用礼器的内容，譬如：《召南·鹊巢》，是描述国君夫人婚礼的诗。迎亲的场面，“之子于归，百两御之”，“百两将之”，“百两成之”。是用百辆车迎娶新娘。而嫁到卫国的贵妇人庄姜则是“四牡有骄，朱幩镳镳，翟茀以朝”（《诗·卫风·硕人》）。《齐风·著》言一贵族女子想望其婿亲迎，将瑱如充耳，以士大夫家[④]，何等盛饰而之至乎？齐国婚俗中有新婚不到女家行亲迎之礼，但要打扮得很漂亮，要从大门外一直迎接到正堂。“充耳以素乎而，尚之以琼华乎而。”言充耳的绵丸坠着宝石琼英，十分华美。《卫风·淇奥》二章云：“充耳琇莹，会弁如星。”《周礼·夏官·弁师》：“王之皮弁，会五采玉璂。”郑玄注：“璂读如薄借綦之綦，綦，结也。皮弁之缝中，每贯结五采玉十二以为饰，谓之綦。《诗》云：‘会弁如星’，又曰：‘其弁伊綦’是也。邸，下柢也，以象骨为之。”由是考，《齐风·著》的女贵族

① 详见朱凤瀚：《商周家族形态研究》，天津古籍出版社1990年版，第27页。
② 《文物》1977年第8期。
③ 吴式芬：《攈古录金文》二卷一册，第75页。
④ 《郑笺》谓三章其述人臣亲迎之礼。

的地位应比《郑笺》所说的还要高才是。

　　媵器铭文告诉我们,贵族之间的婚姻实际上是两个贵族宗族之间的和亲,有的则是两个诸侯国之间的和亲,女方宗族用媵器的形式加以确定,以强调女方父氏家室的背景。已嫁妇女的自做器说明,一旦女子获得一贵族宗族的妻室地位,也就获取了部分支配夫家宗室财产的权力,同时从夫为其妇制器铭文来看,妇名为"妇之父氏加妇之姓",如《善夫旅伯鼎》铭:"善夫旅伯作毛仲姬尊鼎。"毛氏为姬姓,所以毛仲姬是旅伯之妇,系毛氏姬姓女子嫁予旅伯。从铭文来看出嫁女子在夫家并未完全失去自己的父氏背景,具有父氏宗族代表的意味。另外,从《诗经》之中表现是时婚俗婚礼的篇章可知贵族女子出嫁时使用仪仗礼器的情况。这些文献资料对于了解贵族婚姻都是具体而必要的。

(四) 丧葬礼中的"素器""肆器"与"明器"

　　前文已经提到,"礼""重于丧祭",对于一个贵族氏族来讲,丧礼是最重要的礼仪之一,同时由文献资料可知丧礼用器也是以家族为单位的。

　　《周礼·地官·乡师》曰:"族共丧器。"郑玄注:"丧器者,夷盘、素俎、褐豆、轜轴之属,族师主集为之。此三者,民所以相共也。"丧事所用器物较多,而棺柩及随葬明器皆由丧家自备,非族中所共用。《左传》襄公十二年有曰:"凡诸侯之丧,异姓临于外,同姓于宗庙,同宗于祖庙,同族于祢庙。"也就是说诸侯之丧,异姓的人只能在都城外,向着死者之国的方向哭祭。同姓的人可以临于"始封君之庙"[①]哭祭。同族者指高祖以下,则于父庙(祢庙)哭祭。由此亦可知丧礼与家族宗法之间的密切

---

① 《左传》襄公十二年,杜注。

关系。《周礼》所说的"族共丧器"之族是一个"民所以相共"的单位。而在这样一个组织之中,显然是为姓族以下的有明确的父系先祖与谱系的亲属团体;同时,在其组织结构上又是一个具有多级性,由主体家族与若干分支家族组成的有一定规模的群体。

《春官》之《巾车》《司服》,《天官》之《履人》都提到了丧葬用的以素为色的礼器。抑或可通称为素器。"奠以素器,以生者有哀素之心也。唯祭祀之礼,主人自尽焉尔,岂知神之所飨,亦以主人有齐敬之心也?"①郑玄注曰:"哀素,言哀痛无饰也。凡物无饰曰素。哀则以素,敬则以饰,礼由人心而已。"可知"奠以素器"是古代中国人对死者致以哀悼的一种特征。

另外,作为宗族共用的还有肆器。《周礼·春官·郁人》云:"大丧之渳,共其肆器。"郑玄注:"陈器,陈尸之器。《丧大记》曰:'君设大盘造冰焉,大夫设夷盘造冰焉,士并瓦盘无冰。设床襢第、有枕。'此之谓肆器,天子亦用夷盘。"按肆器与大盘、夷盘等皆为浴尸所用。

明器作为墓中的随葬品,其重要特征是异于生人所用之器,皆不是实用之器。东周礼书中提到明器的文字有多处,归纳起来,其意义有如下诸方面:

(1)明器是专用于亡人之器,属葬器。《礼记·檀弓上》曰:"既殡,旬而布材与明器。"这里所说的材指椁之木也,明器与之并提,可见明器不包括棺椁,棺椁也不包括明器,而同用于殡。故《檀弓上》载,曾子曰:"夫明器,鬼器也。祭器,人器也。"

(2)明器既然是鬼器,便不是实用之器,礼书上说是"虚鬼器。"《檀弓》载:"宋襄公葬其夫人,醯醢百瓮。"曾子不以为然,曰:"既曰明器矣,而又实之?"陈澔注曰:"夏礼专用明器,而实其半,虚其半;殷人全用祭

---

①　《礼记·檀弓下》。

器,亦实其半;周人兼用二器,则实人器而虚鬼器。"即用于亡故人之器。

《檀弓下》载孔子谓"为明器者,知丧道矣,备物而不可用也"。哀哉!死者而用生者之器也,不殆于用殉乎哉!"其曰明器,神明之也。"涂车,刍灵,自古有之,明器之道也。意义在于非实用而模拟死者生前的现实生活。

(3)明器的特征最重要的其类比性,《檀弓下》载孔子谓"为刍灵者善",谓"为俑者不仁",不殆于用人乎哉!陈澔注云:"谓之明器者,是以神明之道待之也。涂车,以泥为车也。束草为人形,以为死者之从卫,谓之'刍灵',略似人形而已,亦明器之类也。中古为木偶人之俑,则有面目机发而太似人矣,故孔子恶其不仁,知末流必有以人殉葬者。"赵氏注曰:"以木人送葬,设机而能踊跳,故名之曰俑。"文中所举的涂车和俑都是具有明器特征的典型器物,涂车是类比车马的,俑是类比人的。陈澔注称"以为死者之从卫",极是。主张仁政的孔子认为俑太似人矣,而恶其不仁,甚至说:"始作俑者,其无后乎!"①

与政治制度中的礼器享用规则相比,宗族制度中的礼器享用规则显得要模糊一些,这首先是由于物质分配方式所至,政治制度下的礼器分配制度具有以社会生产为基础的大的封闭循环体系,而宗族体系内的礼器则不具有这样的条件。其次是宗法制度中的亲缘关系更带有原始氏族的传统。因此宗族内使用礼器的规则更多地遵从伦理性的规范。

---

① 《孟子·梁惠王上》。

附录 1:周彝铭文载王赐贵族礼器内容登录表

时代:成王时器

出处	器名	赏赐内容
	中觯	"王易(锡)中马,自𤇣三牾(轶)南宫兄。"
	中齋	"王令大史兄土。王曰:中,丝(兹)人入史易(锡)于武王仨(作)臣,今兄奠女(汝)土,乍乃采。"

时代:康王时器

出处	器名	赏赐内容
《史征》153	宜侯夨簋	"王令虎侯夨曰:䲣,侯于宜。易(锡)瓒鬯一卣、商(赏)禹(圭)、□、彩彤一、彤矢百、旅弓十、旅矢千。"
《史征》169	大盂鼎	"易(锡)女(汝)鬯一卣、冂衣、巿、舄、车马。易(锡)女(汝)且(祖)南公旂,用兽。"
《史征》179	小盂鼎	"王令赏盂□□□、弓一、矢百、画鞁一、贝胄一、金干一、戈二、矢騫八。用乍(作)□白宝隣彝。"

时代:昭王时器

出处	器名	赏赐内容
《史征》294	折觥	"王才斥,戊子,令乍册折,史(贶)望土于相侯。易(锡)金、易臣。"
《史征》269	小子生尊	王令生……小子生易金、郁鬯。

时代:穆王时器

出处	器名	赏赐内容
《史征》387	庚嬴卣	"王蔑庚嬴历,易(锡)贝十朋,又丹一枅。"
	郦伯驭簋	易(锡)亳白(伯)墓贝十朋。

《史征》369—374	免觯	"王蔑免历,令史懋,易(锡)免载市、同黄,乍(作)工。"
	免簠	"易(锡)敥衣、縊(銮)。"
	免簋	"易(锡)女(汝)赤市。用事。"
	免盘	"令乍命内史,易(锡)免徙百陵。免蔑静。"
《恒轩》第50页,称尊	臣辰盉	"王令士上罢史寅赎于成周,礼百姓豚,罘赏卣鬯、贝。用作父癸宝障彝。"
	趞簋	"王乎(呼)内史,册令趞。更厥且(祖)考服。易(锡)敥衣、市、同黄、旂。"
	瀞卫簋	"王乎(呼)内史,易(锡)、载市、朱黄、縊(銮)。"
《史征》333	吕方鼎	"王易(锡)吕(鬯)三卣、贝卅朋。"
	舀壶	"王乎尹氏,册令舀曰:叀(更)乃且(祖)考,乍塚嗣土于成周八自。易(锡)女秬鬯一卣、玄衮衣、赤舄、幽黄、赤市、攸勒、縊(銮)旂。用事。"
《史征》397	录伯冬簋	"王若曰:录白冬。絲,自乃且(祖)考,又捪于周邦。有闻四方,叀圃天命,女(汝)肇不家。余易(锡)女(汝)秬鬯一卣、金车、萘旬较(贲帱较)、萘圃、朱虢斳、虎宸窦裏、金甬、画鞱、金厄、画轒、马四匹、鋚勒。"
	冬鼎(一)	"王姜,事内史友员,易(锡)冬玄衣朱虢裣。"
	丰尊	"王才(在)成周,令丰赎大矩。大矩易(锡)丰金、贝。"
	大乍大中簋	"王在奠(郑)。镕大历,易(锡)芻羊。曰:用奋于乃考。"
《史征》398	善鼎	"令女左襄侯,监豳师戍。易(锡)女(汝)乃且旂。用事。"
《史征》402	弭叔簋(师簋)	"王乎尹氏,册令师宗。易(锡)女(汝)赤舄、攸勒。用楚弭白。"
	敔簋(二)	"王蔑敔历,易(锡)玄衣赤表。"
	弭伯簋	"王乎(呼)内史尹氏,册命师籍。易(锡)女(汝)玄衣屯(黻纯)、鈇(叔)市、金鈗(宂)、赤舄、戈雕戴彤沙(緌)、攸勒、縊(銮)旂五。日用事。"

	卫簋	"王会令卫,易(锡)赤市、攸勒。"
《史征》357	静簋	"……王易静鞞刜刜。"
《史征》361	静卣	"……王易静弓。"

时代:共王时器

出处	器名	赏赐内容
	元年师询簋	"易(锡)女(汝)秬鬯一卣、圭瓒、尸(夷)允三百人。"
上海博物馆藏品	师遽方彝	"王乎(呼)宰利,易(锡)师遽天天珇圭一、瑮章四。"
《史征》414	师瘨簋	"王乎(呼)内史吴,册命师瘨曰:先王既令女(汝),令余唯䍤(繡)先王令,令女官嗣邑人师氏。易(锡)女(汝)金勒。"
《史征》422	师奎父鼎	"王乎内史䀠,册命师奎父。易(锡)戴市、同黄、玄衣、黹屯,戈雕戠、旂。用嗣乃父官友。"
《史征》419	走簋	"王乎作册尹,[册命]走,䢔(并)定□。易(锡)女(汝)赤[⊙市]、縶]旂。用考。"
	盠方尊	"王乎(呼)令尹,易(锡)盠赤市、幽亢、攸勒。"
《史征》415	趞曹鼎(一)	"易(锡)趞曹縶市、同黄、縶(銮)旂。"
《史征》423	趞曹鼎(二)	"王射于射卢。史趞曹易(锡)弓矢、虎卢、胄、干、殳。"
《史征》421	豆闭簋	"王乎(呼)内史,册令豆闭。王曰:闭,易(锡)女(汝)戠衣、⊙市、縶(銮)旂。"
《史征》448	黼簋	"易(锡)女(汝)戠衣、赤⊙市、縶(銮)旂。楚走马。取遗王寽,用事。"
《史征》417	利鼎	"王乎(呼)乍命内史,册令利王曰:易(锡)女(汝)赤市、(銮)旂。用事。"
	盠驹尊	"王亲旨盠䭐(驹),易(锡)两。"
	吴方彝	"王乎(呼)史戊,册令吴,嗣㫍罙叔金。易(锡)秬鬯一卣、玄袞衣、赤舄、金车、桒𣏟、朱虢圅靳、虎冟熏裹、桒較、画轙、金甬、马四匹,攸勒。"

出处	器名	赏赐内容
	牧簋	"易（锡）女（汝）秬鬯一卣、金马、鞞较（鞶较）、画鞯、朱虢觐、虎冟熏裹、旂。徐（赊）马四匹,取（遗□）乎。苟（敬）夙夕。勿灋朕令。"
	盠驹尊盖（一）	"……易（锡）盠駒（驹）,用厥雷（疊）。"
	裘卫鼎（二）	"王大黹。矩取眚车、較、鞶𩎟、虎冟希僃、画轉、更、匜鞯、帛乘、金鷹鍐、舍矩姜帛三两。" "舍盉冒□衹皮二、□皮二、轉鳥、□皮二、䙜帛金一反（鈑）、厥吴喜皮二。舍㳉虔冟、𩎟幸𩎟𩎟、东臣羔裘颜下皮。"
《善斋》图35	师汤父鼎	"王乎（呼）宰雁,易（锡）□弓象弭,矢臸彤欮。"
《史征》425	望簋	"王乎史年,册令望。死嗣毕王家。易女（汝）赤𦙁市、縊（鑾）。用事。"
《史征》425	询簋	"易（锡）女（汝）玄衣黹屯（黻纯）、裁市、冋黄、戈雕戠、鶿必（柲）彤沙（緌）、縊（鑾）旂、攸勒。用事。"
《史征》426	大簋（二）	"宾象章（璋）、帛束。……大宾豕章（璋）、马两、宾、婴釴章（璋）、帛束。"
	师艅簋	"王乎作册内史,册令师艅,㫃（并）嗣□□。易（锡）赤市、朱黄、旂。"
《史征》435	大鼎	"王召走马雁,令取騂騳卅二匹,易（锡）大。"
《史征》418	爯伯簋	"易（锡）女（汝）犯（貔）裘。"
	休盘	"王乎作册尹,册易（锡）玄衣黹屯（黻）纯（纯）、赤市、朱黄、戈雕戠、彤沙（緌）鶿必（柲）、緌（鑾）旂。"
《史征》421	师毛父簋	内史册命。易赤市。对扬王休。

时代:懿王时器

出处	器名	赏赐内容
上海博物馆藏品	师虎簋	"王乎（呼）内史吴,曰:册令虎。……易（锡）赤舄。用事。"
	敔簋（三）	"王蔑敔历,事尹氏受。釐敔圭瓒、□、贝五十朋。易（锡）田于敔五十田,于早五十田。"
《史征》474	大师虘簋	"王乎宰嗣,易大师虘虎裘。"
	师晨鼎	"易（锡）赤舄。"

时代:孝王时器

出处	器名	赏赐内容
《史征》489	番生簋	"王令粀(并)嗣、卿事、大吏寮,取遗廿乎(镶)。易(锡)朱市、恩黄、鞞鞍、玉(环)睘、玉瑲、车电轸、奉缂軜、朱嗣圅靳、虎冟熏裹、造(错)衡、右厄、画轉、画轛、金童(踵)、金豪、金簟弼、鱼葡(箙)、朱㫃旃、金芬二铃。"
	瘕钟(甲组)	"皇王对瘕身狝(懋)。易(锡)佩。"
	十三年瘕壶(一)	"王乎乍册尹,册易(锡)瘕画罳、□樊,赤舄。"
	瘕壶(二)	"王才(在)奠(郑),乡醴。乎虢叔召瘕,易(锡)□俎。乙丑,王才(在)句陵,乡逆酒,乎(呼)师寿召瘕。易(锡)巍俎。"
	瘕簋	"王对瘕(懋),易(锡)佩。"
	邰㫃簋	"易(锡)戠衣、赤ℓ市。曰:用飤乃且(祖)考事,乍嗣土。"

时代:夷王时器

出处	器名	赏赐内容
	大克鼎	"……易(锡)女(汝)叔市、参䓕鞍鞍……易(锡)女(汝)史小臣、霝龠(灵籥)、鼓钟……"
	伯晨鼎	"王命甀侯白(伯)晨曰:飤(嗣)乃且(祖)考,侯于甀。易(锡)女(汝)秬鬯一卣、玄衮衣、幽夫(市)、赤舄、駽车、畫□、鞸軜、虎韔冟表里(裹)幽、攸勒、旅(櫓)五旅、彤弢(彤弓彤矢)、旅弓旅矢、□戈、罳、胄。用夙夜事,勿灋朕命。"
	四年瘕盨	"王乎史年,册易(锡)□罳、虢市、攸勒。"
	无㠱簋	"王易无㠱马四匹。"

时代:厉王时器

出处	器名	赏赐内容
	师兑簋(一)	"飤左右走马、五邑走马。易(锡)女(汝)乃且(祖)市、五黄、赤舄。"

续表

	师兑簋(二)	"王乎内史尹,册令师兑。余既令女(汝),疋师苏父、嗣左右走马……易(锡)女(汝)秬鬯一卣、金车、桒轸、朱虢圕靳、虎冟熏裹、右厄、画鞞、画鞝、金甬、马四匹、攸勒。"
	善夫山鼎	"王乎史颖,册令山。王曰:山,令女(汝)官遝献人于晃,用乍宪司寅,毋敢不善。易(锡)女(汝)玄衣黹(黻)屯(纯)、赤市、朱黄、銮(銮)旂。"
	寰盘	"王乎史,诫,册易(锡)寰玄衣黹屯(黻纯)、赤市、朱黄、銮(銮)旂、攸勒、戈雕戠、乾必(柲)彤沙(綏)。"
	无更鼎	"王乎史翏,册令无更曰:官嗣□王遝侧虎臣。易(锡)乄(汝)玄衣黹屯(黻纯)、戈雕戠、乾必(柲)彤沙(綏)、攸勒、銮(銮)旂。"
	趩鼎	"王乎(呼)内史颖册易(锡)趩玄衣黹屯(黻纯)、赤市、朱黄、銮(銮)旂、攸勒。"
	辅师嫠簋	"王乎乍册尹,册令嫠曰:更(更)乃且(祖)嗣辅。缄。易女戠市、素黄、銮(銮)旐。今余曾乃命。易(锡)女(汝)玄衣黹(黻)屯(纯)赤舄、朱黄、戈彤沙雕戠、旂五。日用事。"

时代:宣王时器

出处	器名	赏赐内容
上海博物馆藏器(同一人所作同铭器有壶二、鼎三、簋五)	颂鼎	"王乎(呼)史虢生册令颂。王曰:颂,命女(汝)官成周贮廿家,监嗣新籓(造)贮用宫御。易(锡)女(汝)玄衣、黹屯(黻纯)、赤舄、朱黄、銮(銮)旂,攸勒。用事。"
《愙斋》四,二	毛公鼎	"易(锡)女(汝)秬鬯一卣、鄢圭瓒宝、朱市、囘黄、玉环、玉瑹、金车、棻绰(缛)轸、朱虢圕靳、虎冟熏裹、右厄、画鞞、画鞝、金甬、造(错)衡、金橦、金豙、朸襮、金簟弼、鱼葡(箙)、马四匹、攸勒、金橦、金雁、朱旂二铃。易(锡)女(汝)丝(兹)关(縢)。用岁用政。"

	虢季子白盘	"王曰:白父,孔甗(显)又光。王易(锡)乘马、是用左王。易(锡)用弓、彤矢其史。易(锡)用戉(钺),用政緐(蛮)方。"
	此鼎	"王乎(呼)史翏,册令此曰:旅邑人善夫。易(锡)女(汝)玄衣黹屯(黼纯)、赤市朱黄、緐(銮)旅(旂)。"

据唐兰:《西周青铜器铭文分代史征》(中华书局 1986 年版)等制

附录 2：周彝铭文载侯、公、伯赐礼器
内容登录表

出处	器名	赏赐内容
《考古》1974年第5期	成王时器复尊	"侯赏复冂(问)衣、臣妾、贝。用乍(作)父乙宝彝。"
	康王时器麦尊	"……侯易(锡)玄周(雕)戈……侯易(锡)者(诸)臣二百家,用王乘车马、金□、冂(问)衣、市、舄。……易(锡)金于辟候。"

公赐之例

《善斋》图132	成王时器令方彝	"明公易(锡)亢师鬯、金、牛,曰:用祼;易(锡)令鬯、金、牛,曰:用祼。……敢黹(扬)明公尹厥宦。"
	康王时器叔隋器	"……赏叔郁鬯、白金、□牛,叔对大倗休,用乍(作)宝尊彝。"
	盂卣	"兮公宝(休)盂鬯、束、贝十朋,盂对黹(扬)公休。"
	䵼簋	"公易(锡)宗彝一肆(律),易(锡)鼎二,易(锡)贝五朋。䵼对(扬)公休。"
	共王时器次尊	"公姑令次嗣(司)田人,次蔑历,易(锡)马,易(锡)裘。对黹(扬)公姑休。"
《史征》328	穆王时器敄簋	"白氏宝(休)敄。易(锡)敄弓矢、束、马匹、贝五朋。用从。永(扬)公休。"
	叔夷钟	"余易(锡)女(汝)厘都□□。其县三百。" "余易(锡)女(汝)车马(钟:马车)、厘仆三百又五十家。"

续表

	穆王时器繁卣	"公蔑繁历,易(锡)宗彝一肛,车、马两。"

伯赐之例

	献簋	"朕辟天子白(伯),令厥臣献金车。"
	成王时器小臣宅簋	"白(伯)易(锡)小臣宅画干戈九、易(锡)金车马两。公白休。用乍(作)父乙宝障彝。"
	县改簋	"易(锡)女(汝)妇爵、瓟之弋(柲)、周玉黄□。"
	虞彝	"休朕狞君公白易(锡)厥臣第虞共五楬,易(锡)□、胄、干戈。"
	卯簋	"易(锡)女(汝)瓒章(璋)四、毂、宗彝一、将(酱)宝。易(锡)女(汝)马十匹、牛十。易(锡)于乍一田。易(锡)于乍一田。易(锡)于队一田、易(锡)于戴一田。"
	共和时器师兽簋	"易(锡)女(汝)戈雕戬、韔必(柲)彤屌(綏)、干五、锡钟一、磬五、金。敬乃夙夜。用事。"
	夷王时器不娶簋	"白(伯)氏曰:不娶,女(汝)小子,女(汝)肇海于戎工。易(锡)女(汝)弓一、矢束、臣五家、田十田。用从乃事。"
《卢氏》图 10	宣王时器召伯虎簋	"雕生又使召来合事。余献婦氏以壶……余□于君氏大璋,报婦氏帛束、璜。召伯虎曰:余既□尿我考我母令,余弗敢麓。余或至我我母令,雕生则瑾圭。"

其他贵族赐之例

《史征》140	康王时器史兽鼎	"……尹赏史兽釛,易(锡)豕鼎一、爵一。对刿(扬)皇尹不显休。"
	几父壶	"同中(仲)窨西宫,易幾父示幾六、仆四家、金十钧。"

续表

	[illegible]方鼎	“……中(仲)赏厥𣪕(臣)𣪕[illegible]遂毛两马匹,对鍰尹休。用乍(作)己公宝隮彝。”
	小臣逋鼎	“中(仲)易(锡)逋鼎。[illegible]中(仲)皇。”
	芫尊	“中(仲)易(锡)芫[illegible](圭),芫中(仲)休。”
	公臣簋	“虢中(仲)令公臣:𤔲朕百工,易(锡)女(汝)马乘,钟五、钟五、金。用事。”
	柞钟	“中(仲)大师右芫、易(锡)𢦏(市)、朱黄、[illegible](銮)。五邑甸人事。……(对扬中(仲)大师休。)”
《史征》379	穆王时器守宫盘	“周师不[illegible],易(锡)守宫丝束、[illegible](幕)、蕈亘二、马匹、毳布一、[illegible]屖(䌫辟)三、[illegible](玉)朋。”
《攈古录金文》2・2・5	𠭯𩅰卣	“子易(锡)𠭯𩅰[illegible](璧)一。”
	西周中期后段史颂簋	“苏宾章(璋)、马四匹、吉金。”

据唐兰:《西周青铜器铭文分代史征》等制

第三章　东周礼书所见礼器制度

现存东周礼书主要有《周礼》《仪礼》和《礼记》三部文献,合称"三礼"。就礼器而言,《周礼》以王室作为礼器的所有者和支配者,《仪礼》则主要讲贵族之间的礼仪,因而,后者所述礼器组合就不像前者那样具有宏大的规模与齐整的体系。而《礼记》则更多地对礼器的社会效益及相关制度加以阐发。本章将东周礼书中所见礼器分为玉器、青铜容器、漆木竹陶礼器、乐器、车服器、丧葬器及兵器七类。其中大部分礼器名称在古文字中都可以找到相应的证据,并且与两周使用这些礼器的制度相连接,譬如:用玉器、用盛牲牢器、用盛粢器、用酒鬯器、用豆笾器、用旗物与用车马等制度。应当着重指出的是,东周礼书中所见的礼器及其制度是取材于西周以来的逐渐发展成熟的礼器制度的,只是其内容又有一定的构拟成分,但集中反映了春秋以后,特别是战国时代社会上层对礼的认识,特别是集中展现了儒家的礼学思想中对礼器,即物化礼的功用的认识。

一、东周礼书所述礼器制度之概要

如果将通称为东周礼书的"三礼"所载礼器制度的内容加以比较,就不难发现,《周礼》的特征是,王室作为礼器的所有者和支配者,王通过国家形式拥有一个庞大的以《天官》《春官》为主的礼器管理机构,因之礼器的组合颇为齐整。如玉器中的六器、六瑞、六玉等；青铜容器的六尊、六彝等，车马中的王之五路、后之五路，服冠中的王之六冕服、后之六服与命服中的九章等。它们均以王权象征为中心的礼器体系。另外，《地官》则是属地方行政与家族使用的礼器，一般作宴飨用器与丧葬用器。与《周礼》之最大不同，在于《仪礼》主要讲究贵族之间的礼仪，其中没有庞大的礼器管理机构，礼器的组合也不是十分齐整，而是注重于对仪礼过程中的礼器进行细腻描述。《礼记》则出于孔门后学，其系统不一，盖出自儒家各派之手，用以发挥"礼"之蕴藉者，更多地对礼器的社会效益及与礼器相关的制度进行阐发。譬如：玉器中的"圭"，《周礼·春官·大宗伯》曰："以玉作六瑞，以等邦国。王执镇圭、公执桓圭，侯执信圭，伯执躬圭……"《仪礼》于此无涉，《礼记·聘义》则说："以圭璋聘重礼也。""已聘而还圭璋此轻财而重礼之义也。"由此可见，这三部文献对于研究两周礼器制度及存留于当时上层社会的礼器观念，分别具有不同的古史参考价值。

众所周知，《周礼》初名《周官》，《礼记·明堂位》云："武帝崩，成王幼弱，周公践天子之位以治天下。六年朝诸侯于明堂，制礼作乐，颁度量而天下大服。"而《仪礼》传《经》出于周公，但《周礼》的语言不同于《尚书》中西周之文，内容上令人质疑之处也不少，在当今学者的研究中，周公未著《周礼》是没有疑问的。《周礼》中的制度，比如具体的典章文物、礼仪规范、干戚乐舞等皆覆盖在"所建官政之法"的下面，由此构筑了一个庞大的礼器体系。《周礼》主述官职，同时涉及诸种文物典制，十分周密，其中大部分礼器并非是面壁虚构。考《周礼》所述名物、职官、礼制，大部分与其他先秦古籍及部分古文字资料相合，与周彝铭文的有关内容也有相契之处。这一点，不仅已由先秦文献史料证明，而且在青铜器铭文等古文字资料中得到了证实。其中所述礼器的管理与使用极为详尽，于礼器制度研究关系重大。所以，《周礼》总体上是一种理想化了的政治构拟,但其基本素材则取自于先秦旧制,虽不是实录,不可以之为史料专讲某一特定历史时期,但在研究两周礼器之制度时亦不失为重要参考。唯因糅杂了不同时期的典制,故在用其作参考或从中汲取有用史料时,如顾颉刚《周公制礼的传说和〈周官〉一书的出现》一文所说:"需要细细地分析出来部分地归到正确的古代史里去。"①尤其是《周礼》所构筑的庞大的有形的礼器体系,反映了先秦古人无形的政治思想,值得人们去研究。

《仪礼》在"三礼"中应为最早者。朱熹称"《仪礼》最醇"。《仪礼》中之某些礼制,早行于西周,春秋以后,已有征引其文的,则《仪礼》17篇之单篇成文,应不晚于春秋时期,辑合成书,则或较晚。1959年在甘肃武威汉墓出土《仪礼》木简,甲本残存7篇,就其篇次考订者疑为庆氏礼之残本。《仪礼》所记礼制,对后世影响颇为深远,婚、丧、祭各种礼节,均为后世所承袭,只是细节上各有增删而已。

《礼记》亦名《小戴礼记》,以别于《大戴礼记》。其内容亦较庞杂,大致可分为礼、学、政三大类。东汉末郑玄列《仪礼》《周礼》《礼记》为三礼,并为之作注,从此《礼记》为学者所重视。《礼记》对于东周时期礼制的思想内涵、贵族诸种礼仪规定及其所反映的等级制有较具体的说解。《礼记》所讲的礼制多属战国以前制度,例如《王制》中讲天子、诸侯之间礼制等级关系、天子出征前后祭事种类、天子、诸侯、大夫、士庙制等可以早到西周,祭祀之制可以早到商。

东周礼书通过对礼器所有权与功用的描述,折射出作者的政治主张。

首先,《周礼》的作者试图表明礼器取法于自然、然后复归于天的精神。《周礼》构拟的天、地与四季六大官属即是这方面的体现,尤其是与礼器管

---

① 《文史》第6辑。

理关系密切之《天官》与《春官》,更突出地体现了人伦与自然的结合。

　　贾公彦疏释《天官·冢宰》,引郑玄《三礼目录》称之为"象天所立之官"。又云"天者统理万物,天子立冢宰使掌邦治",象天而复归其精神于人类社会,是这一思想的基本表现形式。在天官之属的职官体系中,特别突出了执掌玉器的所有权,与用盛牲牢之器于祭天与"王举食用"。譬如《大宰》曰:"大朝觐会同赞玉币、玉献、玉几、玉爵。"《玉府》:"掌王之金玉。"此垄断了王国内玉器的所有权。同时,《周礼》中出现的盛牲牢之器皆集中于《天官》,表示用鼎于宗庙以外祭祀天地山川的有《外饔》;表示用鼎于"王举食用"之礼仪的有《膳夫》《亨人》与《内饔》等,只有一例用鼎见于《天官》之外,从而体现了象天与王为天之子的蕴藉。与《周礼》不同,《仪礼》载诸侯用鼎之制诸条,似更近于西周春秋之史实。

　　关于《春官·宗伯》的立义,贾公彦疏引郑玄《三礼目录》云:"象春所立之官也。"其缘何在? 似与农业文化相关。又云:"春者生万物,天子立宗伯,使掌邦礼,典礼以事神为上,亦所以使天下报本反始。"《春官》之属与礼器的关系主要表现为以国家形式管理玉器的使用,与管理盛黍稷之器及盛酒之器的使用,其特征是盛物的原料皆为农作物。《小宗伯》"辨六齍之名物与其用",六齍即六粢,亦即六谷,供奉祭祀用。《小宗伯》之属官《肆师》亦掌"辨六彝""辨六尊"之名物,均为酒器。另外,《地官》《夏官》《秋官》也掌有一部分礼用容器,皆可归纳为与农业文化蕴义有关的一类。

　　其次,《周礼》的作者在礼器的使用上表现了尊君抑臣的思想。一再明确天子对重要通神器——玉器、盛牲牢器的独占,并以之来体现天子"受天有大命"的观念。《春官·典瑞》云:"掌玉瑞、玉器之藏。"郑玄注:"人执以见曰瑞,礼神曰器。"王以《天官·玉府》执掌玉器的所有权,又通过《春官·天府》"掌祖庙之守藏,与其禁令。凡国之玉镇大宝器藏焉","凡玉之献,金玉兵器文织良货贿之物,受而藏之"。又"大朝觐会同,赞玉币、玉献、玉几、玉爵。赞赠玉含玉"。进而通过《大宰》"以九贡致邦国之用",实际上是垄断了全国礼器的制材。

再者,礼书载礼器所蕴人文寓意包括:用玉器祭天礼地通神,此与新石器时代考古出土玉器的通神的功用相合,同时,通过王融通天人之际,使之成为标志政治权力的重要象征物。盛牲牢之器用于祭天地与宗庙之神,由此也转化为体现政治权力的重要标志物。盛黍稷之器与酒器作为盛粢专门器皿而礼神,旨在"报本反始",成为标志政治权力的付辅器物。车马器与乐器、命服、旗帜等用以直接昭明贵族的威仪,成为贵族身份的重要标志物。兵器则象征兵权,如《夏官·司官》之"祭祀,授舞兵";又如《司戈盾》之"祭祀,授诱贲殳",在祭祀礼仪中又成为祭神的道具。

总之,"三礼"虽不是实录,却是以两周为陈述背景的比较系统、完备的关于礼器制度的重要参考文献,同时,它们都存在着不同程度的局限性。其中《周礼》对于整个礼器体系的记述最为宏观且详备,而其中多见构拟的成分;《仪礼》对礼器的具体使用过程有详尽而原始的描述,而缺少对礼器发展过程的整体把握;《礼记》对礼器使用的等级、功用大发议论,而仅出自孔门一家,且有虚拟成分,未可代表西周社会的不同思想。因此有必要在勾勒了两周礼器体系的总轮廓的基础上,对具体礼器的使用过程加以确认,并结合相关文献与考古资料对其等级、功用进行阐述。

二、东周礼书中所见诸类礼器

东周礼书中所见礼器可大致分为玉器、青铜容器、漆竹陶礼器、乐器、车服与丧葬器、兵器七大类。这是一个庞大而复杂交错的由众多礼器组成的体系(参阅本章附录1《东周礼书载主要礼器体系示意图》)。

在这七类礼器的大多数器名都可以找到相关的古文字资料,将文献资料与古文字资料进行对照研究成为可能,这对于认识两周礼器制度无疑具有十分重要的意义。其分析模型如下:

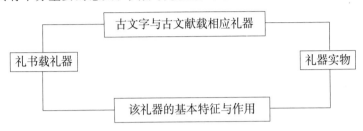

礼书所载礼器是本章节的研究对象,在这里,古文字与古文献载相应礼器及考古资料作为研究对象的一种印证,通过这样一个分析不仅应说明礼书载礼器的基本框架与可信程度,指出其虚拟成分,而且应说明诸礼器的内涵与功用,进而揭示礼书载礼器的人文寓意及其与现实礼器制度的关系。

(一) 玉器类

将玉器列在礼器之首,是出于《周礼》的构拟,玉器作为最高级别的重要礼器,确也符合当时礼仪的规范。这在《尚书》《左传》《诗经》等文献中都可以找到佐证资料。《天官·冢宰》曰:"……及纳享,赞玉牲事,及祀之日,赞玉币爵之事。祀大神示,亦如之,赞玉几玉爵。大朝觐会同,赞玉币、玉献、玉几、玉爵。大丧,赞赠玉、含玉。"可见《周礼》的国之大典均有用玉器奉行。在管理上,职掌王用玉器的是天官冢宰,为诸官职的极致,由此足以说明玉器在王朝礼仪中的重要地位。

在《周礼》的玉器中可分为祭祀用玉、朝聘用玉与敛尸用玉及服玉四种形式。

1. 祭祀用玉

其中,首先是被作为"礼天地四方"的"六器"。据《周礼》,有苍璧、黄琮、青圭、赤璋、白琥与玄璜①。很显然,"六器"具有法天礼地的用意。"六器"中的璧与琮等最早出现于新石器时代遗存,即已具有了这种功用。然而,所谓礼四方的"四器"不见于古文献资料,难以得到证实。另一方面,从考古学资料来看,西周以后出土的琮已经不似新石器时代那样高大,变得扁而矮。譬如北赵晋侯墓地的 M91 晋侯墓和M102 晋侯夫人墓中出有这样的玉琮。功用不详。同时北赵晋侯墓地出土的玉圭、璜等也演变成佩饰的部件,而不见《春官·大宗伯》"六器"与《春官·典瑞》"六瑞"的圭、璜等②的功用。因此"礼天地四方"的"六器"之说很可能晚出。将分散的不同功用的玉器汇合为一的做法,显然寄予了作者对祭祀分散神祇的一种超越,体现了建立统一的专制王权国家的意愿。另外璋,东周礼书中所载有作为祭器用的,称之为"赤璋"。璋字见于古文字,《说文》曰:"璋,剡上为圭,半圭为璋。从玉章声。六币,圭以马;璋以皮……"西周金文中的璋作章,是玉质礼器。

用于祭祀的玉器另有行祼礼的玉瓒,是一种以圭为柄的勺形器。《春官·大宗伯》云:"以肆、献、祼享先王。"③《考工记·玉人》曰:"祼圭尺有二寸,有瓒,以祀庙。"④《春官·典瑞》郑玄注:"郑司农云:'于圭头为器,可以挹鬯祼祭,谓之瓒。'……玄谓爵行曰祼。"《国语·周语上》记载春秋时代周惠王十五年(前 662),有神降临草原,"王使太宰忌父帅傅氏及祝、史奉牺牲、玉鬯往献焉"。从这段文字来看,周惠王"往献"是

---

① 《周礼·春官·大宗伯》曰:"以玉作六器,以礼天地四方。以苍璧礼天,以黄琮礼地,以青圭礼东方,以赤璋礼南方,以白琥礼西方,以玄璜礼北方。"郑玄注:"礼神必象其类:璧圜象天;琮八方象地;圭锐象春物初生;半圭曰璋,象夏物半死;琥猛,象秋严;半璧曰璜,象冬闭藏,地上无物,唯天半见。"

② 《说文》曰:"圭,瑞玉也,上圆下方。公执桓圭,九寸。侯执信圭,伯执躬圭,皆七寸。子执榖璧,男执蒲璧,皆五寸。以封诸侯,从重土。楚爵有执圭。古畦切。珪,古文。圭从玉。"

③ 郑玄注:"祼之言灌,灌以郁鬯,谓始献尸求神时也。"

④ 郑玄注:"祼谓始献酌奠也。瓒如盘,其柄用圭,有流前注。"

以圭瓒的郁鬯灌地以降神，谓之裸。《国语·鲁语上》载："文仲以鬯圭与玉磬如齐告籴。"①《诗·大雅·旱麓》云："瑟彼玉瓒，黄流在中。"郑玄笺："黄流，秬鬯也。圭瓒之状，以圭为柄，黄金为勺，青金为外，朱中央矣。"又，《尚书·顾命》云："太保受同，降，盥以异同，秉璋以酢。"《伪孔传》曰：太保"秉璋以酢祭。半圭曰璋，臣所奉。王已祭，太保又祭，报祭曰酬"。则《顾命》所谓秉璋之璋，亦指璋瓒，与《诗·棫朴》同。《尚书·顾命》谓之同。异名同器。瓒之形制，与圭瓒之瓒同，以青铜为之。《说文》曰："瑒，圭尺二寸，有瓒，以祠宗庙者也。"看来玉鬯者与鬯圭、瑒圭及圭裸、璋瓒器同名异，实为一物也，而圭瓒与璋瓒有等级的区别。

此外，《周礼》用于祭祀的玉器还有：四圭有邸、两圭有邸、圭璧及璋邸射四物。《周礼》载其中四圭有邸，以璧为本体，四边各连一圭②。相传宋代有出土，皇帝曾用重金收购③，而四圭有邸与两圭有邸迄今皆没

---

① 韦昭注："鬯圭，裸鬯之圭尺二寸，有瓒，以礼庙。"

② 《周礼·考工记·玉人》曰："四圭尺有二寸，以祀天。"郑玄注："郊天所以礼神也。"《周礼·春官·典瑞》曰："四圭有邸，以祀天，旅上帝。"郑玄注引郑司农云："于中骨为璧，邸，圭末四出故也。"两寺有邸则以琮为本体，上下各连一圭。《周礼·考工记玉人》曰："两圭有邸，以祀地，以旅四望。"郑玄注："邸谓之柢，有邸共本也。"柢，本。僻，两足相向。言上下两圭之底部相对。《周礼·春官·典瑞》曰："两圭有邸，以祀地，旅四望。"郑玄注云："两圭者以象地数二也。僻而同邸。祀地谓所祀于北郊神州之神。"然《典瑞》《考工记》文及注均未明言两圭有邸以何者为柢。聂崇义的《三礼图》以为两圭有邸与四圭有邸同，亦璧为柢。戴震《考工记图》则认为："两圭盖琮为之邸，故文在此。《大宗伯》职注引：'礼神者必象其类。璧圆象天，琮八方象地。'"戴说为胜，黄以周、孙诒让诸家均取戴说。圭璧者，则以璧为本体，上连一圭。《周礼·考工记·玉人》曰："圭璧、五寸，以礼明星辰。"此五寸指圭之长度。《周礼·春官·典瑞》曰："圭璧以祀明星辰。"郑玄注："圭其邸为璧。"又，璋邸射者，以琮为本体，其上连一璋。《周礼·考工记·玉人》曰："璋邸射素功，以祀山川，以致稍饩。"郑玄注："邸射剡而出也。致稍饩，造宾客纳槀食也。"《周礼·春官·典瑞》曰："璋邸射以祀山川，以造赠宾客。"郑玄注："璋有邸而射，取杀于四望。"似指两圭有邸祀地及四望，四望指大山大川；此璋邸射祀一般山川，故礼杀，合肥市有一璋。如上述，四圭有邸祀天，两圭有邸祀、旅四望，圭璧祀日月星辰，璋邸射祀山川。四圭有邸与圭璧、以璧为本体，祀在上；两圭有邸与璋邸射为琮为本体，祀在下，而四圭有邸与两圭有邸为大为主器；圭璧与璋邸射为小为辅器。

③ 《古今图书集成·经济录编·礼仪典》第11卷。

有考古学资料的印证,很可能属《周礼》的构拟。

2. 朝聘用玉

首先是《周礼》载"以等邦国"之用的"六瑞","六瑞"实与"以礼天地四方"的"六器"相对应。《春官·典瑞》:"掌玉瑞、玉器之藏。"郑玄注曰:"人执以见曰瑞。""瑞,符信也。"六瑞即六种圭璧类玉器。《春官·大宗伯》曰:"以玉作瑞,以等邦国。"以表示不同的身份。如果将六瑞中的镇圭、桓圭、信圭、躬圭与另外的谷圭、琬圭、琰圭及裸圭相合,也能充分地体现玉圭的符信作用。

《国语·周语上》载:周襄王时,周天子派遣卿士邵公过和内史过赴晋,向晋惠公补赐为君的册命和命圭。晋大夫吕甥、郤芮主持册命礼,行止容仪傲慢不敬。晋惠公行觐礼时,信圭执得很低,神态骄纵,"尊挚而不缓"。为此内史过发了好大一通议论,曰:"诸侯春秋受职于王以临其民,大夫、士日恪位著以儆官,……锋恐其有坠失也,故为车服、旗章以旌之,为贽币、瑞节以镇之,为班爵、贵贱以列之,为令闻嘉誉以声之。"

诸侯见天子称觐,亦称朝;诸侯使卿大夫问于诸侯曰聘,天子派使臣至诸侯国,亦可称聘;诸侯派使臣问天子,亦可称聘。朝聘时臣属要执圭等信物,张光裕在《金文中册命之典》中说:"可见圭是最贵重的符信,……其所执用之信物亦因之而异觐见天子时,执玉为贽的制度,却是含有'委质贡为臣'的意义,并表明其受的信物作为一种证物。"《香港中文大学中国文化研究所学报》第 10 卷下册,1979 年。因此觐见天子时或因受册命而觐见,是"执圭"还是"执璋"或其他玉瑞及符信之物,无非是表示身份之高下,以及礼仪级别的异同。

在这复杂的尊卑礼节过程中,除去符信,觐礼中有享、即进献。最为重要的玉币,这是诸侯献予天子的礼品。玉与币有一定的配制。《天官·大宰》曰:"大朝觐、会同,赞玉币。"郑玄注:"玉币,诸侯享币也,其合如《小行人》所合六币云。"《小行人》所云合六币,指"圭以马,璋以皮,璧以帛，琮以锦，琥以绣，璜以黼”。“此六物以和诸侯之好故。”郑玄注：
“合，同也。六币所以享也。五等诸侯享天子用璧，享后用琮。其大各
如其瑞。”《仪礼·觐礼》曰：“四享皆束帛加璧。”

在朝聘仪礼中，为天子所有的玉器另有玉几、珠盘、玉爵，驵琮
等①。在贵族方面所持有的玉器。另有玉璋、琥璜、云节、缘圭等②。属
这一类的玉器还有玉节，玉节为诸侯于其国内遣使传令所用之凭信物。
《地官·掌节》曰：“守邦国者用玉节。”节在《子禾子釜》中作“🔾”，铭“在
关釜节于棨稟釜”，“关镁节于棨剌”。其中有规则之意。

3. 敛尸用玉

与吉礼之“六器”、宾礼之“六瑞”相对，属凶礼的敛尸用玉谓之“六
玉”。《春官·典瑞》曰：“驵圭、璋、璧、琮、琥、璜之渠眉，疏璧、琮，以敛

---

① 《春官·司几筵》曰：“凡大朝觐、大乡射，凡封国、命诸侯，王位设黼依，依前南乡设莞
筵纷纯，加缫席画纯，加次席黼纯，左右玉几。”又《仪礼·觐礼》曰：“天子设斧依于户牖之间，
左右几。”郑玄注：“几，玉几也。左右者，优至尊也。”《周礼·天官·玉府》曰：“若合诸侯，则共
珠盘、玉敦。”郑玄注：“敦，盘类，珠玉以为饰。古者以盘盛血，以敦盛食。合诸侯者必割牛耳，
取其血，歃之以盟。”《周礼·夏官·戎右》曰：“盟，则以玉敦辟盟，遂役之。”《礼记·明堂位》
曰：“爵用玉盏。”此处所言玉盏拟或即《周礼·天官·大宰》所说的“玉爵”。此外，驵琮，《周
礼·考工记·玉人》：“驵琮七寸，鼻寸有半寸。天子以为权。”权，称锤。云有鼻，则其形制与
一般之琮不同。又“驵琮五寸，宗后以为权。”郑玄注：“驵读为组，以组系之，因名焉。郑司农
云：以为称锤，以起重。以为权，故有鼻也。”宗后，指王后。驵琮与一般琮不同，有鼻钮，可以
系带，悬之称捍。其形制不详。王后用者，琮边长五寸，天子七寸。
② 《周礼·考工记·玉人》曰：“大璋、中璋九廿，边璋七寸，射四寸，厚寸。”郑玄注：“射，
琰出者也。圭之端，两边削角，璋为画之半，则一边削角。《周礼·考工记·玉人》：“大璋亦
如之，诸侯以聘女。”郑玄注云：“纳征加于束帛。天子用谷圭聘女，诸侯用在太平间聘女。”
《诗·小雅·斯干》云：“载衣之裳，载弄之璋。”毛传：“半圭曰璋。”琥璜为玉之较次于圭璋
者。《礼记·礼器》曰：“圭璋特，琥璜爵……此以少贵也。”郑玄注曰：“圭璋特，朝聘以为瑞，无
币帛也。琥璜爵者，天子酬诸侯，诸侯相酬，以此玉将币也。”孔颖达疏：“琥璜，是玉劣于圭璋
也。……琥璜既贱，不能特达，故附璧乃通也。”《周礼·春官·典瑞》曰：“璬圭、璋、璧、琮、缫
皆二采一就，以覜聘。”郑玄注：“璋以聘后夫人，以琮享之也。大夫众来曰覜，寡来曰聘。郑司
农云：‘璬，有沂鄂璬起。’”沂鄂，为雕琢实出之线条。《周礼·考工记·玉人》：“圭璋八寸，
璧琮八寸，以覜聘。”郑玄注云：“璬，文饰也。覜视也。聘，问也。……《聘礼》曰：凡四器者，唯
其所宝，以聘可也。”这里所说的四器，即璬圭、璬璋、璬璧、璬琮。

尸。"说的是天子大敛,以圭、璋、璧、琮、琥、璜六种玉器,用带子穿连、置于尸之首、足、左、右、腹背。《左传》定公二十五年载:"阳虎将以璵璠敛,仲梁怀弗与。"《庄子·列御寇》载:"庄子将死,弟子欲厚葬之。庄子曰:'吾以天地为棺椁,以日月为边璧,星辰为珠玑。'"亦指以玉敛尸事。六玉敛尸,至迟于西汉已发展成"金缕玉衣"。《汉书·霍光传》曰:"赐璧珠玑玉衣。""玉面幕"为西周中后期出现的玉器种类,"幎目"一词两见于《礼仪·士丧礼》:"幎目用缁。""商祝掩,瑱,设幎目。"注曰:"幎目,覆面者。"这在田野考古中已有多项发掘。尤其是北赵晋侯墓地所出玉覆面是其中典型的例据。

含玉也是一种用丧礼的用玉。《周礼·春官·典瑞》曰:"大丧共饭玉、含玉、赠玉。"郑玄注:"饭玉、碎玉以杂米也。含玉,柱左右及在口中者。《杂记》曰:'含者执璧将命'则是璧形而小耳。"《仪礼·既夕礼》云:"实贝,柱右颤左颤。"亦作颠,谓两旁齿床。《左传》哀公十一年载:"陈子行命其徒具含玉。"可知,春秋时大夫含亦用玉,士则用贝。

4. 服玉

东周礼书载服玉主要有:佩玉、珠玉与首服玉笄、玉瑱、珈弄等。佩玉,即系于革带之玉,是一种佩于胸部的组合玉饰[①]。西周铜器铭中亦见王赐佩者,如孝王时器《驹簋》《驹钟》(甲组)等。珠玉,小如圆珠之

---

① 《礼记·玉藻》曰:"古之君子必佩玉,右征角,左宫羽,趋以《采齐》,行以《肆夏》,周还中规,折还中矩,进揖之,退则扬之,然后玉锵鸣也。是以非辟之心无自入也。"郑玄注:"(衡牙)居中央以前后触也。"《大戴礼记·保傅》曰:"上车以和鸾为节,下车以佩玉为度,上有双衡,下有双璜、衡牙,牝珠以纳其间,琚瑀以杂之。"庐辩注曰:"衡,平也。半璧曰璜。衡在中,牙在傍。纳其间,纳于衡璜之间。总曰牝珠,而赤者曰琚。白者曰瑀。或曰:瑀,美玉。琚,石,次玉。"《诗·郑风·女曰鸡鸣》云:"知子之来之,杂佩以赠之。"毛传云:"杂佩者,珩璜琚瑀衡牙之类。"陈奂《毛诗传疏》卷七曰:"集诸玉石以为佩,谓之杂佩。杂之为言集也,合也。诸玉石,《传》所谓珩、璜、琚、瑀、衡牙之类是也。"关于诗中人的社会阶层,陈子展《诗经直解》云:"但视其家蓄琴瑟,并有玉石杂佩以赠人,则知其下决不侪子庶人矣。"

美玉①。北赵晋侯墓地出土有多种形式的玉佩与珠玉。玉笄为首服②，玉瑱为天子冕弁两侧垂以当耳者③。从礼书与考古资料看，春秋以前服玉为周王室与高级贵族垄断，是尊贵权势的象征。春秋以后在贵族墓葬中随葬服玉趋于普遍。

　　玉器是东周礼书中所载礼器中最为重要的部分之一，以玉器来表示尊卑身份，当然不仅限于器型，还有玉质的问题。《考工记·玉人》曰："天子用全，上公用龙，侯用瓒，伯用将。"④说的是不同的玉质。玉器作为礼器中最重要的器具之一，来表示尊卑身份，这在现代考古学资

---

　　①　《周礼·天官·玉府》曰："共王之服玉、佩玉、珠玉。"孙诒让《周礼正义》卷12谓，"此珠玉当是小玉圆女子如珠者，或亦琢玉为之。非蛛珠也。"《尔雅·释地》云："西方之美者，有霍山之多珠玉焉。"郭璞注："珠如今杂珠而精好。"《淮南子·坠形训》引《尔雅》无"多"字。高诱注："出夜光之珠，五色之玉也。"邵晋涵《尔雅正义》云："今山西有玉，色黑美者可以鉴。里人谓之玫玉。"皆谓如珠之玉。

　　②　《周礼·天官·追师》曰："掌王后之首服，为副、编、次，追衡、笄。"郑玄注："王后之衡笄，皆以玉为之。唯祭服有衡。垂于副之两旁当耳，其下纮县瑱。"《周礼·夏官·弁师》亦曰："五采缫十有二就，皆五采玉十有二。玉笄，朱纮。"可知玉笄有别于安发结之笄，为固弁冕之物，以纮悬瑱，垂两旁，亦称衡笄。妇人盛饰用副，则亦用衡笄以安副，亦称副笄。

　　③　《周礼·夏官·弁师》曰："玉瑱、玉笄。"郑玄注："玉瑱，塞耳者。"《诗·鄘风·君子偕老》云："玉之瑱也。"毛传云："瑱，塞耳也。"《诗卫风·淇奥》云："充耳琇莹。"毛传曰："充耳谓之瑱。琇莹，美石也。天子玉瑱，诸侯为石。"《左传》昭公二十六年载："以弊绵二两，缚一如瑱"之语。杜预注："瑱，充耳。缚，卷也。急卷使如瑱耳。易怀藏。"可知瑱形为圆而略长，可以塞入耳中。金鹗的《求古录礼说·笄瑱考》说："瑱之制：县之以纮，上系于笄，纮与瑱通之充耳。《旄邱》篇言，'褎如充耳'，此兼纮与瑱而言也。'从金说瑱亦称充耳、塞耳。瑱以纮上系于笄，纮与瑱通谓之充耳。《诗·淇奥》篇言充耳琇莹，《彼都人士》篇言'充耳琇实'，此指瑱而言也。《著》篇言'充耳以素乎而'，此指瑱而言也。珈，上引《周礼·天官·追师》，有王后首服之副笄之珈。《诗·鄘风·君子偕老》云："副笄六珈"毛传："副者，后夫人之首饰，编发为之。笄，衡笄也。珈，笄饰之最盛者，所以别尊卑。"郑玄笺曰："珈之言加也。副既笄而加饰，如今步摇上饰。古之制所有未闻。"

　　④　郑玄注引郑司农云："全，纯色也。龙当为龙，龙谓杂色。"接着郑玄说："全，纯玉也。瓒，读为餐屑之餐。龙、瓒，将皆杂名也。卑者下尊，以轻重为差。玉多则重，石多则轻。公侯四玉一石，伯子男三玉二石。"《说文·入部》："全，完也。全，篆文仝，从玉，纯玉曰全。"又《玉部》："瓒，三玉二石也。《礼》天子用全，纯玉也；上公用虢，四玉一石；侯用瓒，伯用埒，玉石半相埒也。"《说文》与《考工记》相同。引《礼》作"埒"。埒，等。今《考工记》之将字应为埒字之误。又《九章算术·盈不足术》曰："玉方廿重七两，石方寸重三两。"其说不一。

料中多有实证,尤可信也。然而东周礼书的"六器""六瑞"是否确为西周的制度,还有待于进一步的研讨。

(二)青铜容器类

礼书载有大量的礼用容器,而并未特别强调青铜质容器,将青铜容器单独设类是出于古器物学提供的认识。礼书中属青铜容器的种类颇多,大致可分祭祀用器、飨燕用器与盥器三个方面,这些容器以同时具备两种或两种以上的功用者为共用品性。

1. 祭祀用器

礼书中的祭祀用青铜容器又可划分作盛牲牢器、盛黍稷器、洒器三项。其中盛牲牢器有鼎、俎、铏等,鼎是其中最为重要的祭祀用器。《易经·鼎》曰:"鼎,象也。"即古人铸鼎观象。这个象的作用又是什么呢?曰:"圣人亨以享上帝。"即用鼎祭祀上帝。文献中的鼎即考古资料的鼎,这在学者看来已不成问题,然而,先秦诸文献所载有出入的贵族用鼎之数,一向为人所困惑。其实不同礼仪场合有着不同用鼎之数,如按五礼分见下表:

礼书等文献载用鼎与用鼎之数分类表

礼书篇名	吉 礼	凶礼	宾 礼	军礼	嘉 礼
周礼·天官·亨人					掌共鼎、镬,以给水火之齐
周礼·天官·内雍					王举,则东其鼎俎,以牲体实之
周礼·秋官·掌客			公腥鼎三六,侯、伯鼎二七,子、男腥鼎十八		
周礼·天官·外雍	陈其鼎俎实之牲体鱼腊				

续表

			五日一举,鼎十有二物,皆有俎。郑注:牢鼎九,陪鼎三
周礼·天官·膳夫			
仪礼·聘礼		使者(卿):鼎九,羞鼎三	致饔众介,皆少牢五鼎
仪礼·少牢馈食礼	(诸侯之卿大夫祭祖祢之礼)雍人陈鼎五,三鼎在羊镬之西,二鼎在豕镬之西		
仪礼·士昏礼			陈三鼎于寝门外东方
仪礼·士冠礼			若杀,则特豚,载合升,离肺,实于鼎(一鼎)
公羊传·桓公二年·何休注			礼祭:天子九鼎,诸侯七,卿大夫五,元士三也
仪礼·公食大夫礼			(诸侯用食礼款待来小聘的大夫)甸人陈鼎七

由上表可知,用鼎与用鼎之数的研究,不可在一个平面上作文献的比较。至少有三个方面的条件应予考虑,一是应予行礼的类型进行分析,起码从五礼的角度看,类型不一样用鼎之数就有变化。礼书记贵族用鼎多在吉礼与嘉礼,考古资料中的随葬鼎数在礼书中则属凶礼,而礼

书中未见用鼎行凶礼的具体数量;二是时间上的演变的因素,这一点将在第四章做进一步分析;三是鼎本身的类型很多。礼书所载有崇鼎、贯鼎、羞鼎、牢鼎、正鼎、陪鼎等。《说文》中有:"鼏,鼎之圜掩上者,从鼎,才声。《诗》曰:鼏鼎及鼒。""鼒,鼎之绝大者,从鼎乃声。《鲁诗》说:鼒,小鼎。"唐兰曰:"在鼎类里有饮䱃和鼎(䰞)䱃,前者是一个大鼎,后者有七个,依次略小,侈口浅腹,鼎内都有一个匕,是用于升牲的鼎。郑玄注《士冠礼》说:煮于镬曰烹,在鼎曰升,在俎曰载。所以有了从鼎升声的专名。"[1]䱃,见于淅川下寺楚墓。鼎有大小、轻重,这在考古学资料中也得到了证实,在一个层面上可进行数量比较的只有考古学的所谓"列鼎"(或谓"升鼎")。

在礼书中与鼎相配的是俎,为载牲体之器。亦称大房、房俎。《左传》隐公五年:"不登于俎。"杜预注曰:"俎,祭宗庙器。"《礼记·明堂位》郑玄注:"房,谓下跗也。上下两间,有似于堂、房。《鲁颂》曰:'笾豆大房。'"又,《方言》五曰:"俎,几也。"《左传》昭公一年载:"围布几筵,告于庄、共之庙而来。"其中几或为俎,用于祭祖庙。抚风庄白一号窖藏出土之《十三年瘭壶》(二)铭记王赐予贵族瘭"彝俎"[2],学者或以䀉即俎字。《说文·且部》:"俎,礼俎也。从半肉在且上。"又:"且,荐也。从几,足有二横。一其下地也。"按且、俎本一字,象俎形。

铏,为盛羹之器。礼书载它是岁时祭其祖祢时使用的礼器,《仪礼·特牲馈食礼》曰:"祭铏,尝之告旨。"《诗·召南·采苹》云:"于以湘之,维锜及釜。"毛传:"湘,享也。铏,釜属。有足曰铏,无足曰釜。"郑玄笺:"亨苹藻者于鱼湆之中,是苹羹之芼。"《春官·大宗伯》曰:"以肆献祼,享先王,以馈食,享先王。"郑玄注:"肆者,进所解牲体,谓荐孰时也。

---

① 《五省出土重要文物展览图录·序》,文物出版社 1958 年版,第 6 页。

② 铭文见《文物》1998 年第 3 期。

献,献礼,谓荐血腥(时)也。祼之言灌,灌以郁鬯,谓始献尸求神时也……馈食者,著有黍稷,互相备也。"祭铏有可能是这时进入馈食礼的。据后世学者的考释,因身份不同的形制亦不同①。

礼书载与盛牲牢器相对应的是盛黍稷之器有簋、簠、敦、豆等。所盛之实为祭神的农作物。

簋,字亦作"簋""𣪘"。《地官·舍人》曰:"凡祭祀,共簠簋,实之,陈之。"郑玄注:"方曰簠,圆曰簋。盛黍稷稻粱器。"《说文·竹部》曰:"簋,黍稷方器也。"并曰:"簠,黍稷圆𣝔器也。"与郑玄簋圆、簠方之说相反。按考古资料所见,簋当为圆形;簠当为方形,以郑玄说为是。《鄦侯少子簋》铭:"嬭乍(作)皇妣叴君中(仲)妃祭器八簋。"(《三代》8·44)铭文说,鄦侯少子"合取吉金"为皇妣叴君中(仲)妃做了八件簋。明确地将簋作祭器,并说有八件的组合,这是一件实证。

簠,与簋以方形圆形相区别,在礼书中为并联的一对礼器。亦即盛黍稷之器。《秋官·掌客》郑玄注云:"簠,稻粱器也。"郑玄的用意是:圆曰簋,实以黍稷;方曰簠,实以稻粱。《诗·秦风·权兴》云:"于我乎,每食四簋。"毛传曰:"四簋,黍稷稻粱。"学者认为此类字均宜读为匡,即筐②。又,《曾伯霊簠》铭:"余择其吉金黄炉,余用自作旅匡(簠)。台

---

①　孙诒让《周礼正义》卷73曰:"聂氏《三礼图》引旧图云:'铏受一斗,两耳三足,高二寸,有盖。士以铁为之;大夫已上,以铜为之;诸侯饰以白金;天子饰以黄金'。案聂引旧图说,《毛诗·召南》《释文》引郑说同。聂又别释云:'受一升,口径六寸,足高一寸。'与旧图异。黄以周云:'《御览》引旧图,铏有足,高一寸。聂氏误以铏为鼎,改云三足,高二寸以合之,非也。'案黄说是也。铏之形制,客实当与互相近。聂图别说近是。旧图说两耳三足,所究又太多,皆倍鼎制,非铏制。"同时,铏也作宾礼之用。

②　《说文》:"匡,饭器。"《诗·召南·采苹》:"维筐及筥。"毛传曰:"方曰筐。"《诗·周颂·良耜》:"载升及筥。"毛传曰:"筐筥所以盛黍也。"可见匡(筐)亦可作盛粢粮之器,当簠的异称,此说有一定道理,唯上引《采苹》与《良耜》中之筐均是竹偏旁,故从竹为形符。铜匡与竹筐形近同,用途有相同处,只是使用不同贡料制成,或者铜匡本即是仿竹筐形制,故同称,犹如亦𣪘可以从竹之簠为称。

（以）征台（以）行，用盛稻粱。用孝用享，于我皇且（祖）文考。"（《三代》10·26）所谓用征用行，是用来作燕飨之器；所谓用孝用享，是用来作为祭祖之器，说明簠在贵族生活中有着祭祀与燕飨的双重功用。

考古资料的敦较簋簠晚出；敦于礼书中载于《仪礼》《礼记》，无此三器时间差别的阐述，敦亦为盛黍稷之器。《仪礼·少牢馈食礼》曰："主妇自东房，执一金敦黍，有盖，坐设于羊俎之南。妇赞者执敦稷，以授主妇。……敦皆南者。"郑玄注："敦有首者，尊者器饰也。饰盖象龟，周之礼饰器，各以其类。龟有上下甲。"《礼记·内则》曰："敦牟卮匜。"郑玄注：敦，牟黍稷器也。《尔雅·释丘》邢昺疏引《孝经纬》云："敦与簋、簠容受虽同，上下内外皆圆为异。"与考古学资料相一致。然而，从考古发掘资料来，《礼记·明堂位》所谓"有虞氏之两敦"大可不必信。敦的考古年代最早也不过春秋中期。

礼书载豆为盛菹醢等濡物之器，祭祀燕享皆用之。《天官·醢人》曰："掌四豆之实。"《仪礼·乡射礼·记》曰："醢以豆。"郑玄注："醢以豆，豆宜濡物也。"豆实四升。《诗·大雅·生民》有云："于豆于登。"毛传："木曰豆，瓦曰登。豆，荐菹醢，登，大羹也。"又《醢人》载所谓"四豆之实"指宗庙祭祀时分四次进献之朝事之豆、馈食之豆、加豆、羞豆，可知豆于礼仪之中的繁褥程式，无怪孔子说："俎豆之事，则尝闻之矣。"考古资料证明，豆亦为盛黍稷之器。太原金胜村 251 号春秋大墓所出铜豆内陈有谷稷，尚可辨认[①]。铜器《珥生豆》铭："珥生乍（作）尊豆，用享于宗室。"（《三代》10·47）证明用豆行礼于祭祀宗祖。

载于东周礼书的祭祀用器中的盛酒之器有：角、觯、六尊、散、瑶爵、六彝等。

东周礼书载"角"未必是青铜器中称者，觯亦相同。礼书之角者，亦

---

① 《太原金胜村 251 号春秋大墓及车马坑发掘简报》，《文物》1989 年第 9 期。

称觥。饮酒器。《礼记·礼器》曰："有以小为贵者,宗庙之祭,贵者献以爵,贱者献以散;尊者举觯,卑者举角。"宋人《博古图录》已称类形制的铜器为'角',可能是固其口缘两端左右对称呈爵尾形颇似两角,故以典籍所"角"为之名。此种三足的铜角多属殷代,较晚者亦不晚于西周早期,以后未见。据《礼记·少仪》:"胜则……不角,不擢马。"乃是流行于东周乡大夫中间的乡射或投壶败者所饮之罚爵。疑礼书与考古各称之"角"非一物也。

觯,如《仪礼·特牲馈食礼·记》与《礼记·礼器》谓,为用于宗庙之祭器。《周礼·考工记·梓人》曰:"梓人为饮器,勺一升,觚三升,献以爵,而酬以觚,一献而三酬,则一豆矣。"郑玄注曰:"'觚'当为'觯'。"但青铜器中无自名为觯者,今日称为觯的青铜器,其名似来源于宋人《博古图录》卷16。宋人所名之觯出现于殷代中期,通行至西周早期,西周早期以后即罕见,所以东周礼书中经常出现作为饮酒礼器的觯似不大可能即是宋人名其为觯的铜器。[①] 依《考工记》觯属梓人为,应为木制。

礼书中所谓"六尊"指盛酒之六种尊,即献尊、象尊、壶尊、著尊、大尊、山尊。《春官·小宗伯》曰:"辨六尊之名物,以待祭祀、宾客。"《春官·司尊彝》亦言"六尊",所谓"六尊",起码有两个显著特点,其一是其形制为式样各异从形体到纹饰都有各自的特征;其二是所言太古、有虞氏、夏后氏之尊,应为仿远古之作,原器为陶瓦器,非实际之古器。尊为宗庙祭祀用器,故在用器上也突出了宗祖的旨意。另外,其自名尊的青铜器种类包括鼎、簋、尊、鬲、壶、卣、甗、盉、觥、爵、罍及盘等,几乎概括了所有青铜器容器,可以说尊是泛指性最广的容器名称之一。

散,《特牲馈礼》曰:"篚在洗西、一角、一散。"《礼记·礼器》曰:"贱者献以散。"又《春官·鬯人》曰:"凡疈事用散。"郑玄注:"无饰曰散。"疈即䠶辜之祭。罗振玉在《殷虚书契考释》及王国维在《说斝》一文中,均以为诸经中散尊之散皆"斝"字形近之误。王国维曰:"然疑经文爵字,本作斝。转讹为散,后人因散字不得其韵,故改为爵,实则散乃斝之误字。"此说在考古学上基本得到了证实。但是,东周时已无斝。

爵,礼书载祭宗庙时,后以瑶爵献酒于尸之器。《天官·内宰》曰:"大祭祀,后裸献则赞,瑶爵亦如之。"郑玄注:"瑶爵,谓尸卒食,王既尸,后亚献之。其爵以瑶为饰。"可知爵本体为青铜,而用瑶石饰之,故名之。西周前期器《鲁侯爵》铭:"鲁侯作□旤□用尊□盟。"(《通考》图442)从铭文上看,用爵盛旤,必是用来祭祖,似作盟事之类的仪式。考古资料证明,商、西周时之青铜爵,东周时已不使用。

六彝为六种酒具,即鸡彝、鸟彝、斝彝、黄彝、虎彝、蜼彝。《春官·司尊彝》曰:"掌六尊、六彝之位。"关于彝,王国维的《古礼器略说·说彝》曰:"尊彝皆礼器之总名也。……襄疑诸有所谓彝之形与尊壶卣等绝不类当为盛黍稷之器,而非盛酒之器。"在彝究竟为何物问题上,王国维认为"彝之为敦"。很显然礼书之"六彝"有构拟成分,其本源已不清楚。在将《春官·司尊彝》的资料与考古学资料加以对照之后,可以得出彝之为尊的结论。礼书上的所谓"六彝",以鸟、兽为名者见于考古资料的鸟、兽尊。如其中有陕西宝鸡茹家庄 M1 乙:24 禽尊,辽宁喀左马厂沟海岛营子村窖藏出土鸭形尊,鸟彝亦即妇好墓(小屯 M5)鸮尊,以及虎彝很可能是陕西宝鸡出土虎尊。由此可以认为礼书中的彝与考古学的尊没有什么区别。

2. 飨燕用器

可分食器与酒器两项。食器中有甗、豆、鼎、俎、簋、簠、敦等。

甗原为炊饭及蒸物之器。西周青铜器甗,由鬲、甑、甗三部分相连,铸成一器,春秋战国时,则三者分铸三件,可以分合。《考工记·陶人》曰:"陶人为甗,实二鬴,厚半寸,唇寸。"郑玄注:"量六斗四升曰鬴。郑司农云：'甗，无底甑。'"《仪礼·特性馈食礼》有曰："主妇视馔爨于西堂下。"郑玄注："炊黍稷曰馔，宗妇为之。爨，灶也。"是虞爨即馔爨，亦即煮饭食之灶。《陈公子甗》[①]铭："……乍（作）旅献（甗）。用征用行，用鬻稻粱。用斳（祈）眉寿，万年无疆。"其功用亦有祭祀与燕飨。《左传》成公二年："晋师从齐师，入自丘舆，击马陉，齐侯使宾媚人赂以纪甗、玉磬与地。"可见甗为是时珍重之礼器。纪甗为纪国之宝。

鼎在前文已说此为礼祭盛牲牢之器。同时，鼎亦作为宾礼与嘉礼之用。《秋官·掌客》所载待诸侯之礼，"鼎簋十有二"。因之鼎又为飨燕用器。《鲁大司徒元鼎》铭："（鲁）大左嗣徒元，乍（作）善（膳）鼎。"此铭是鼎作宴飨用器的佐证。太原金胜村 251 号春秋大墓所出鼎内所陈牺牲遗骨……尚可辨认[②]。可证实鼎确为盛牲牢之器。与鼎相同俎也是兼用于祭祀与飨燕的礼器。《天官·内饔》曰："王举，则陈其鼎俎，以牲体实之。"郑玄注："取于镬以实鼎，取于鼎以实俎。实鼎曰脊，实俎曰载。"

另外，簋也是既用于祭祀又用于飨燕的礼器。《秋官·掌客》郑玄注曰："簋，稻粱器也。"又"簋，黍稷器也。"《礼记·玉藻》曰："朔月，少牢五俎，四簋。"郑玄注曰："朔月四簋，则日食粱稻各一豆而已。"《仪礼·公食大夫礼》载诸侯用食礼款待小聘之大夫，曰："上大夫八豆，八簋……"《考工记·旅人》载："旅人为簋，实一觳。崇尺，厚半寸，唇寸。"考古出土之簋、敦均以青铜制之。始用于西周后期，盛行于东周全期。《楚王酓肯簋》（战国器《二十家·尊》)[③]铭："楚王酓肯作铸金簋，以共歲裳。"敦，用于飨食。例证有：《齐侯敦》（二）（春秋时器）铭："齐侯乍（作）飤（食）甬（敦）。"又一敦铭："齐侯作媵寰□孟姜膳敦。"[④]可见敦作盛食膳之用。

---

①　罗振玉编：《三代吉金文存》，5·12。
②　《太原金胜村 251 号春秋大墓及车马坑发掘简报》，《文物》1989 年第 9 期。
③　商承祚：《十二家吉金图录》，1935 年影印本，尊，17。
④　《中国文物精华》，文物出版社 1990 年版，图 203。

又，飨燕用器中的酒器有爵、尊、斝壶、觥、罍、觯、丰、禁、卣等。

爵，为酒器中的温酒器用。《仪礼·士冠礼》郑玄注曰："爵三升曰觯。献以爵，一升，酬以觯，三升。合计为四升，四升为豆，故云一豆。"《礼记·少仪》曰："介爵，酢爵，僎爵，皆居右。"献，进也。进酒以宾。《诗·大雅·行苇》有云："或献或酢，洗爵奠斝。"郑玄笺："进酒于客曰献，客答之曰酢。"《左传》桓公二年曰："凡公行，告于宗庙，反行，饮至，舍爵，策勋焉，礼也。"杜预注："爵，饮酒器也。"孔颖达疏认为爵是饮酒之器的总称。

斝，与多种酒器同，其功能为酒器，其用则兼祭祀、朝聘与飨燕。《周礼》《仪礼》《礼记》均见有'斝'之名，并讲以斝为实用礼器，然宋代以来通称为斝的铜器既不见于西周早期后，即使宋人定名为斝本于东周礼书，说其即礼书所言之斝也是缺乏根据的。"[1]理由是斝始于二里头文化期。流行于商至西周早期，尔后即不见。王国维曰："斝为爵之大者，故名曰斝。斝者，假也，大也。"[2]可备一说。

壶，亦为盛酒之器。属尊之一类。《秋官·掌客》曰："夫人致礼，八壶、八豆、八笾。"郑玄注曰："壶，酒器也。"《诗·大雅·韩奕》云："显又饯之，清酒百壶。"说的也是饯行之宴用壶盛酒。青铜器中自名为壶者有记其功用的，如西周中期的《孟父壶》[3]，自名"郁壶"，知其专用盛放郁鬯或郁的煮汁；西周晚期的《伯庶父壶》。春秋早期的《曾伯陭壶》[4]等，则自名"醴壶"，《说文解字》：醴，酒一宿孰也。段玉裁注引《周礼·酒正》注说明醴即多糟之甜酒，一宿即熟，表明此种酒易成，醴壶当是专门用以盛放醴酒之器；春秋早期之《夌季良父壶》铭其用途曰："用盛旨

---

① 朱凤瀚：《古代中国青铜器》，南开大学出版社 1995 年版，第 93 页。
② 王国维：《古礼器略说·说斝》。
③ 容庚：《商周彝器通考》图版 718；罗振玉：《三代吉金文存》12·8·1。
④ 郭沫若：《两周金文大系》录取，08；容庚：《殷周青铜器通考》186。

酒。"以上器铭所记皆与文献相合。[①]

觥，为以角饰之爵。常兕觥连称。《说文·角部》云："觥，兕牛角可以饮者也。觥，俗觵从光。"《毛诗·卷耳》：我姑酌彼兕觥。传云：角爵也。毛说盖以兕觥为似角之爵。其制无双柱，无流，同于角，有三足，同于爵。诂训甚明，非谓以兕角为之也，云云。[②] 以为盛水之匜无盖；盛酒之匜有盖，盖皆作牛首形，即兕觥。此与现在青铜器定名为觥的容器（盖作兽首形，器近匜）肯定不是一物。东周礼书中的觥，可从汉人注释的说法，当为牛角形器。

罍，为酒器。《诗·周南·卷耳》云："我姑酌彼金罍，维以不永怀。"孔颖达疏曰："《异义》罍制，韩诗说：金罍，大夫器也，天子以玉、诸侯大夫皆以金，士以梓。"可知罍用以盛酒，且容量较大。至《仪礼·少牢馈食礼》曰："司官设罍水于洗东，有枓。"这里的罍则是盛水器。《仪礼》成书晚于上引诗篇章，盛水器称罍或是春秋以后的事。

觯，为饮酒器用。《考古记·梓人》曰："梓人为饮器，勺一升，爵二升，觚三升，献以爵，而酬以觚，一献而三酬，则一豆矣。"郑玄注："'觚'当为'觯'，'豆'当为'斗'。"《仪礼·乡饮酒·记》曰："献用爵，其他用觯。"又："主人实觯酬宾。"郑玄注："酬，劝酒也。酬之言周。"觯，古为木制，故《考工记》属梓人。而考古文物出者有青铜制者。或许另有一种可能，即青铜觯至西周中期遂消失，而礼书中的以木为之的漆器觯仍行于世。器型的容积也比较青铜觯倾于小，遂成为以"爵二升，觯三升"容积之比的专门饮酒器。

卣，为盛酒器。《诗·大雅·江汉》与《尚书·文侯之命》等皆云"秬鬯一卣"。《说文》无卣字，甲骨文、金文则有此字，与上引文献资料完全

① 容庚：《商周彝器通考》图版 722；罗振玉编：《三代吉金文存》12·11·3。

② 王国维：《古礼器略说·说兕觥》。

吻合。可知卣为一种专以盛郁鬯酒的酒器。《尔雅》:"卣中尊也。"然则卣是尊之属,其字形当与酉之作者相近。卜辞诸形与尊形略同。1973 年 3 月河北元氏县西张村西周墓出土铜器中有《叔趯父卣》一对,其铭文言:"余兄为女(汝)兹小郁彝。"①此卣自称"郁彝",唯自名仅此一例,商、西周之卣于东周已不见。故宋人所定名为卣者是否即上述卜辞,西周金文及先秦典籍中所见之卣,并未有确证。

《仪礼·特牲馈食礼》曰:"壶棜禁。"《仪礼·乡饮酒礼》曰:"尊两壶于房户间,斯禁。"郑玄注:"斯禁,禁发地无足者。"《礼记·礼器》曰:"天子诸侯之尊废禁,大夫、士棜禁,此以下为尊也。"禁无见于宋人金石图录。光绪二十六年(1901)陕西宝鸡斗鸡台乡发掘古墓,发现铜器十余件,旋归端方收藏。其一长方体器其平面上犹存有置放尊、卣三器的痕迹,知此器当是专用以承放此三件盛酒器的,端方的《陶斋》定其名为"杠禁",这是目前所知铜禁的首次出土。从后来的考古文物可知,其与东周礼书与郑注所记禁的形制有相同处,但不尽合。两周铜禁实物之出土,多可补典籍之阙。

丰,亦为承尊、爵之器。《仪礼·燕礼》曰:"公尊瓦大,两,有丰。"郑玄注:"丰,形豆,卑而大。"可知形如豆而低而大。《仪礼·大射仪》曰:"膳尊两甒在南,有丰。"郑玄注:"丰以承尊也……近似豆,大而卑矣。"《仪礼·乡射礼》郑玄注:"丰形盖似豆而卑。"目前考古发掘还未能证实丰器的存在。或为一种圈足盘。

3. 盥器

青铜礼器中的盥器有盘、盂、匜、洗与壶等。

盘在礼书中为盛盥洗水器。《礼记·内则上》曰:"进盥,少者奉盘,长者奉水,清沃盥。"郑玄注:"盘,承盥水者。"《国语·吴语》云:"一介嫡

---

① 《河北元氏县西张村的西周遗址和墓葬》,《考古》1979 年第 1 期。

男奉盘匜以随诸御。"韦昭注："盘，承盥器。"现代考古发掘出土的匜往往置于盘中，与《仪礼·既夕礼》所言"盘匜，匜实于盘中，南流"之说甚为吻合。

盂，在礼书中作杅，《仪礼·既夕礼》曰："用器：弓矢、耒耜、两敦、两杅、盘匜。"郑玄注："杅，盛汤浆。"西周及商代盂是否有此种用途仍难确知。见于《齐侯盂》铭曰："齐庆氏乍媵寡口盂姜盥盂。"其盥字作𥂖。上半曰水之曰，乃沃盥之人之两手也。盂之为称，据青铜器之自名，最早的是安阳西北冈 M1400 出土之殷墟时期的寝小室盂，西周至春秋晚期，自名为盂的青铜器更是不乏其例。其基本器型与有双附耳的簋相同，但远较此类器型体大。

匜在文献中作盛盥水之器。《左传》僖公二十三年有云："奉匜沃盥，既而挥之。"杜预注曰："匜，沃盥器也。"《庆叔匜》铭："庆叔𰯀(作)朕子孟姜盥鉈(匜)。"自铭为盥器。《夆吊匜》铭曰："夆叔作委妃盥盘。"明确了该器的功用，匜在洗手时为舀水器从上向下浇手，而盘为盛净水的用器，故它与盘组成一套沃盥之器，所以在墓葬中常与盘相伴出土。

洗，依礼书或为承盥洗弃水之器，成为盥手洗爵用器。《仪礼·士冠礼》曰："夙兴，设洗，直于东荣。"郑玄注："洗，承盥洗者弃水器也。士用铁。"接上述盘匜之用，匜从盘中挹水，从上浇之，故曰沃盥。其下注之水，谓之弃水，以洗承之。

壶，前之说过其主要用为盛酒器，但亦有用作水器者。《夏官·挈壶氏》曰："掌挈壶以令军井。"郑玄注："盛水器也。"此是言挈壶氏职掌悬挂水壶以指示军队有井水之处，这里的壶未必是铜器。然铜壶亦有用为盛水器者，如春秋晚期之《匜君壶》自称"盥壶"[1]，说明其专用作盥洗时盛水之器。又 1974 年山东莱阳前河前村出土青铜壶，铭文曰："已

---

① 容庚:《商周彝器通考》，上海人民出版社 2008 年版，图版 749。

侯作铸壶,使小臣以汲。"①证明壶亦用以汲水。

综上所述,青铜容器类是东周礼书载礼器的重要组成部分,青铜容器包括有祭祀用器、飨燕用器与盥器三个方面。因为按功用分类,所以其中有的器皿在祭祀与飨燕两个方面重复出现,这体现了古人"天人合一"的观念。用青铜容器祭神、祭祖实际是以不同盛物,包括牲牢、黍稷及酒来享神、享祖,是将神拟人的作法。同时王与贵族又用相同的青铜容器于飨燕,王与贵族用这样的方式试图将的既得利益神圣化。再者,青铜盥器反映了是时贵族生活的高品质与贵族礼仪的细腻化。

(三)漆木竹陶容器类

分为祭祀用器与飨燕用器两种。

1. 祭祀用器

有四笾、四豆与方明等。

四笾,即宗庙祭祀时,分四次进献之笾。笾为竹器。其容四升。笾以竹为质料,故所盛皆为干物。如《说文》:"笾,竹豆也。从竹边声。"《天官·笾人》有四笾之实的详细论述。

四豆,即宗庙祭祀时分四次进献之朝事之豆、馈食之豆、加豆怀羞豆。豆,木制容器,刻镂而髹之以漆,贵重者或饰以玉,用以盛濡物,其容皿升。《天官·醢人》有四豆之实的详细论述。甲文与金文中的豆仅为其器之象形,并未表示其质料。

方明,为天子行会同之礼时所诏上下四方之神主。《仪礼·觐礼》曰:"诸侯觐于天子,为宫方三百步,四门,坛十有二寻,深四尺,加方明于其上。"郑玄注:"方明者,上下四方神明之象也。上下四方之神者,所谓明神也。会同而盟,明神鉴之,则谓之天之司盟。有象者,犹宗庙之

---

① 《文物》1983 年第 12 期。

有主乎?"又《觐礼》云方明用六玉,上用圭,东方亦作圭,则仅五玉而非六玉。可认定有误。该器无考古资料证明。

2. 飨燕(朝聘)用器

飨燕(朝聘)器中有竹簋方,筵与豆及籩。

竹簋方,为盛枣栗之器。《仪礼·聘礼》曰:"夫人使下大夫以二竹簋方,玄被纁裏,有盖。其实枣蒸栗择,兼执以进。"郑玄注:"竹簋方者,器名也。以竹为之,状如簋而方,如今寒具筥,筥者圆,此方耳。"

筵,用以飨燕以盛干物,如竹首以竹制之。《仪礼·乡射礼》曰:"荐脯用筵。"郑玄注:"脯用筵,筵宜干物也。"《仪礼·既夕礼》东方之馔为"四筵:枣、糗、栗、脯"。均干物。《天官·筵人》郑玄注曰:"筵,竹器。如豆者,其客实皆四升。"《周语》云"品其百筵"是也。

豆,《仪礼·乡射礼·记》曰:"醢以豆。"郑玄注:"醢以豆,豆宜濡物也。"《说文·豆部》:"桓,木豆谓之桓。"《尔雅·释器》曰:"木豆谓之豆,瓦豆谓之登,竹豆谓之筵。"则豆亦为豆、镫、筵之通名。

籩,筵属。《礼记·明堂位》曰:"荐用玉、豆、雕籩。"郑玄注:"籩,筵属也。以竹为之,雕刻饰其直者也。"孔颖达疏:"形以筥,亦荐时用也。雕镂其柄,故曰雕籩也。"《说文》中无字。

漆木竹陶类容器的用材显然比青铜类容器用材易于获取,也易于组织生产,属于比较容易世俗化的一类。因此这类容器在东周礼书载礼器中不是主体,但作为辅助性礼用容器又是不可缺的。在战国时期的考古资料中,这类容器的工艺在向精致细腻的方向发展,其高档用品为社会上层使用。

(四) 乐器类

礼书中的乐器可分打击乐与管弦乐两种。

1. 打击乐器

打击乐器中又分钟、磬、鼓三种。在钟项中有钟、编钟、铎、钲、镈、錞于及铙等。

钟为祭祀，宴飨时所用的乐器。据《考古记》所记有长甬干，为甬钟。另一种，无甬，在钟顶仅有钮者，为钮钟。《诗·小雅·楚茨》曰："礼仪既备，钟鼓既戒。""皇尸载起，鼓钟送尸。"这是贵族祭祀礼仪中击钟鼓奏乐的写照。西周晚期厉王自制《㝬钟》铭："王对作宗周宝钟……用邵格丕显祖考先王。"又如春秋早期《王孙钟》铭："用享以孝，于我皇祖文考……用乐嘉宾父史服我朋友。"这些都说明钟乐不仅用作宗庙礼器，也用于宴享演乐助兴。

编钟为大小数钟同悬于一虡者。《春官·磬师》曰："掌教击磬，击编钟。"《春官·小胥》曰："凡县钟磬，半为堵，全为肆。"《左传》襄公十一年"郑人赂亚侯以……歌钟二肆及其镈磬，女乐二八。晋侯以乐之半赐魏绛。""乐之半"当指歌钟一肆与女乐八，则歌钟是专以为女乐歌舞伴奏所用。"行钟"之名不见于先秦文献，但青铜容器有自名为行器的，是外出征行时的所用器。又如《徹儿钟》铭曰："台（以）追孝先且（祖），乐我父兄，饮飤（食）歌舞。"可证明钟用于贵族宴乐。

铎，《地官·鼓人》曰："以金铎通鼓。"郑玄注："铎，大铃也。振之以通鼓。"《国语·吴语》："王乃秉枹，亲就鸣钟、鼓、丁宁、錞于、振铎、勇怯尽应。"由此可知，青铜铎，即所谓金铎，是在军阵中用以起众的军用乐器，典籍中既言"奋金铎""振铎"是也。

钲，亦称铙，又名丁宁。似铃。《诗·小雅·采芑》云："钲人伐鼓。"毛传：钲以静之，鼓以动之。孔颖达疏曰："凡军进退皆鼓动，钲止，非临陈独然。"《说文》曰："钲，铙也。似铃柄中，上下通。"《左传》宣公四年有云："箸于丁宁。"杜预注："丁宁，钲也。"《国语·晋语五》有云："战以錞于、丁宁，儆其民也。"韦昭注："丁宁，钲也。"盖丁宁为钲之合音。由此可知钲亦为军中乐器。《冉钲》，旧称南疆钲，春秋时器。腹两面有铭18 行 92 字。《贞松》中 36① 著录。有关铭曰："自作钲铛"，"余冉铸此钲铛。"其字作鐳。与典籍吻合。

镈，《春官·镈师》曰："掌金奏之鼓。凡祭祀，鼓其金奏之乐，飨食宾射亦如之。军大献则鼓其东。凡军之夜三鼜皆鼓之，守鼜亦如之。"郑玄注曰："谓之击晋鼓，以奏其钟镈也。"《国语·晋语四》载"戚施直镈"韦昭注："直击镈。"《仪礼·大射仪》曰："乐人宿县，于阼阶东笙磬，西面，其南笙钟，其南镈，皆南陈。"郑玄注曰："镈，如钟而大。奏乐以鼓鏄为节。"

錞于，《地官·鼓人》曰："以金錞和鼓。"郑玄注曰："錞，錞于也，圜如碓头，大上小下，乐作鸣之，与鼓相合。"《国语·晋语》载赵宣子曰："是故伐备钟鼓，声其罪也；战以錞于、丁宁，儆其民也。"可见錞于亦为一种军中乐器，与鼓及丁宁（钲）等相配合，至晚在春秋晚期已应用于晋、吴诸国，则在战国时东方中原诸国可能已较广泛地被使用。文献与之基本符合。

铙，《地官·鼓人》曰："金铙止鼓。"郑玄注："铙如铃，无舌有秉，执而鸣之，以止击鼓。"《说文》曰："铙，小钲也，军法，卒长执铙。"又："镇，铙也。似铃，柄中，上下通。"与郑说似同，考古文物中的铙则有小型与大型两种。小型铙一般出土于河南及陕西等地，时代为商晚期至西周早期；大型铙则皆出土于南方，尤其是湖南宁乡一带出土了大部分的此类铙，时代也在商晚期至西周早期。迄今未发现有自名铙，考古物所称铙者与文献有一定差距。

磬包括磬、编磬、颂磬与笙磬。

磬，据《考工记·磬氏》云磬的矩，即今之 90 度直角。云"一矩有

---

① 容庚：《商周彝器通论》，上海人民出版社 2008 年版，图版 288。

半"，则股与鼓之折角为 135 度之钝角。磬有大有小不等，但均依此比率。《说文》曰："磬，乐石也。从石磬象县虡之形。殳击之丂也。古者母句氏作磬。"《尔雅·释乐》云："大磬谓之乔"，郭璞注云："乔，形似犁，以玉石为之。"磬的雏形发生于史前时代。山西襄汾陶寺遗址中就出土了打制的石灰石磬，略呈长方形，上端两面对穿一孔，常与木鼓，陶鼓共出①。

单个的磬称作特磬，成组的接一定音阶编制的磬称编磬。编磬，与编钟同，见于《春官·磬师》与《春官·小胥》。所云："凡县钟磬，半为堵，全为肆。"出于洛阳金村，现藏于故宫博物院的三件编磬，分别刻有"古先右六""古先齐屋左七""介钟右八"等字，都是十二律名，从"左七""右八"知道至少这套偏磬有两组 16 件②。湖北随县曾侯乙墓出土的编磬，共有 32 件。《诗·小雅·鼓钟》云："鼓瑟鼓琴，笙磬同音"。祀成汤之《诗·商颂·那》云："既和且平，依我磬声。"《毛传》："磬，声之清者也。"《郑笺》云："磬，玉磬也。堂下诸悬与诸管声皆和平，不相夺伦，又与玉磬之声相依，亦谓和平也。"《礼记·乐记》曰："石声磬（硁），磬以立辩，辩以致死，君子听磬声则思死封疆之臣。"《论语·微子》云："击磬襄入于海。"从中均可感受到编磬古朴清雅的艺术表现力。

颂磬与笙磬，《春官·眡瞭》曰："掌凡乐事，播鼗，击颂磬、笙磬。"郑玄注曰："磬在东方曰笙，笙，生也。在西方曰颂，颂或作庸，庸功也。"《仪礼·大射礼》曰："于阼阶东笙磬。西面，其南笙钟。"又云："西阶之西颂磬。"郑玄注："笙，犹生也。……是以东方钟磬谓之笙。"注又曰："言成功曰颂。西为阴中，万物之所成。……是以西方钟磬谓之颂。"文中所谓"阼阶"，即东阶，主人所升之阶。《仪礼·士冠礼》曰："阼，犹酢

---

① 《1978—1981 年山西襄汾陶寺墓地发掘简报》，《考古》1983 年第 1 期。

② 常任侠：《殷周古磬小件》，《东方艺术丛谈》，新文艺出版社 1956 年版。

也。东阶,所以答酬宾客也。"故可知颂磬与笙磬非用于祭奠与宴享,而是用于宾礼之乐器。

鼓中有六鼓、朔鼙、应鼓、楹鼓、鼖、鞞、提、鼛、县鼓、鼛拊、足鼓、土鼓等。种类繁多。甲骨文中已有"鼓"字,唐兰对与鼓有关的其他诸字如"鼓""喜""僖""郭""嬉"等都作了精辟的论述①。见于礼书的"鼓"之古字节乐器有敔、柷、雅、捂击、应及牍等。诸器无以考。而相关考古学资料受到了学者们的高度重视②。这与学者释"壴"云"其中盖像鼓,上像设业崇牙之形,下像建鼓之虡"相契合。

东周礼书所载各式乐鼓约有近20种,名目之复杂翔实令人惊叹。其中拊、足鼓、土鼓为太古之器,似言之历史;而路鼓、蕡鼓、晋鼓、提、鼙与鼛又用于军事,似言有别民用;又,雷鼓为八面鼓,灵鼓为六面鼓,路鼓等为两面鼓,似言蒙鼓的方式;又有县鼓用以悬,楹鼓用以柱,似言架鼓的方式;还有鼓大者,鼛鼓长寻(文)有四尺,蕡鼓长八尺,鞞为鼓之小者,其中鼗为持其柄摇之小鼓,又再分麻与料③……可谓细致入微。礼书所载鼓乐之制诚可信也。

2. 管弦乐器

管弦乐器可分笙箫与琴瑟两项。笙箫中有竽、笙、埙、龠、箫、篪、箹、篴、管和籥等。

竽,《春官·笙师》曰:"掌教吹竽、笙、埙、龠、箫、篪、箹、篴、管。"郑玄注引郑司农云:"竽,三十六簧。"《诗·小雅·鹿鸣》云:"我有嘉宾,鼓瑟吹笙。"《集疏》曰:"《鲁》说曰:笙长四寸,十三簧,象凤身也。正月之

---

① 唐兰:《殷墟文字记》,中华书局1981年版。

② 《湖北崇阳出土一件铜鼓》,《文物》1978年第4期。1977年6月,在湖北崇阳县大市河岸边出土了一件商代兽面纹两面铜鼓,鼓身之下正中有生边内凹的矩形座相托,座足向外撇,使鼓身更加平衡。其形状与甲文中的"壴"字完全一致。

③ 《尔雅·释乐》:"大鼗谓之麻,小者谓之料。"

音,物生,故谓之笙。"

埙,《春官·小师》曰:"掌教鼓、鼗、柷、埙、箫、管、弦、歌。"郑玄注:"埙、烧土为之,大如雁。郑玄司农云:埙,六孔。"《笙师》亦有云之。《礼记·乐记》曰:"然后圣人作为鞉、鼓、椌、楬、埙、篪。""埙"同"埙"。《说文》:"埙,壎乐器也。以土为之,六孔。从土熏声。"

籥,《春官·笙师》郑玄注曰:"籥,如篴,三空。"《尔雅·释乐》云:"大籥谓之产。"郭璞注:"籥如笛,三孔而短。"《小广雅》云:"七孔。"《春官·龠师》曰:"掌教国子舞羽吹籥。祭祀则鼓羽籥之舞。宾客飨食则亦如之。"郑玄注:"文舞有持羽吹籥才谓籥舞也。《文王世子》曰:'秋冬学羽籥。'《诗》云:'左手执籥,右手秉翟。'"①

箫,《春官·小师》郑玄注曰:"箫,编小竹管。如今卖饧饧所吹者。"《诗·周颂·有瞽》云:"既备乃奏,箫管备举。"《尔雅·释乐》云:"大箫谓之言,小者谓之筊。"郭璞注曰:"(大箫)编二十三管,长尺四寸。(小者)十六管,长尺二寸。箫,亦名籁。"《庄子·齐物论》曰:"人籁则比竹是已。"《广雅·释乐》云:"籁谓之箫,大者二十四管,小者十六管,有底。"

篪,《春官·笙师》郑玄注引郑司农云:"篪,七空。"《尔雅·释乐》曰:"大篪谓之沂。"郭璞注:"篪以竹为之,长尺四寸,围三寸,一孔上出一寸三分,名翘,横吹之,小者尺二寸。《广雅》之八孔。"

篴,《春官·笙师》郑玄注:"杜子春读篴为荡涤之涤。今时所吹五空竹篴。"

管,《春官·小师》郑玄注曰:"郑司农云:'管,如篪,六孔,'玄谓管如篴而小,并两而吹之。"《尔雅·释乐》曰:"大管谓之簥,其中谓之篞,小者谓之篎。"郭璞注(大管)"管长尺,围寸,并漆之,有底。贾氏以为如

---

① 《诗经·邶风·简兮》。

箎,六孔"。《说文》《大戴礼记》言之白琯,用玉为之,称"笙玉琯",亦应属笙。考古无证。

簜,《仪礼·大射仪》曰:"簜在建鼓之间。"郑玄注:"簜,竹也,谓笙箫之属,倚于堂。"《春官·笙师》郑玄注曰:"杜子春读篴为荡涤之涤。"故称篴(笛)。疑簜亦与之有关,其声较篴深而宽远,故曰簜。待详考。

琴瑟之属有琴和瑟。

琴,有大中小之分。《春官·大司乐》曰:"云和之琴瑟……空桑之琴瑟……龙门之琴瑟。"郑玄注:"云和,空桑、龙门、皆山名。"《礼记·乐记》:"舜作五弦琴,以歌南风。"《说文》:"琴,禁也。神农所作,洞越练朱,五弦,周加二弦。象形。"《广雅·释乐》谓:"神农氏琴长三尺六寸六分,上有弦曰宫、商、角、征、羽。文王增二弦,曰少宫、少商。"《尔雅·释乐》曰:"大琴、大瑟、中琴、小瑟,四代之乐器也。"三尺六寸六分之七弦琴,或即中琴。湖北随县曾侯乙墓考古发现有琴二具,一为十弦,一为五弦之琴。

瑟,如前录,《礼记·明堂位》有述。《尔雅·释乐》曰:"大瑟谓之洒。"郭璞注:"长八尺一寸,广一尺八寸,二十七弦。"此即大瑟之制;又《乐雅·释乐》曰:"伏羲氏瑟长七尺二寸,有二十七弦。"此或即小瑟之制。湖北随县曾侯乙墓考古发现有瑟十二具,为二十五弦之瑟。

综上所述,两周的乐器似以打击乐为主,级别较高,吹奏的笙箫次之,而丝弦为少。不仅礼书上记载少,《诗》中除《小雅·鹿鸣》有云:"我有嘉宾,鼓瑟鼓琴",此外人们还很少提及。

(五)车服器类

分车马、服冠屦、旗物三种。

车马有王室贵族服车与戎车两项。王室贵族服车中有:王之五路,后之五路与服车。

殷代的车,不但存在于卜辞文字中,并有实物出土。卜辞的"车"字,写法很多,但都描出两轴(有辐)一轴之形。有的在轮、轴之外,更描出辕与衡[1],描出方形的与[2],描出辕端衡下的两轭[3]。由此可见一车的结构,以两轮、一轴、一兴、一辕、一衡、两轭为其主要的部分。殷和西周金文的"车"字也象轮、轴、辕、衡、轭之形,而两轭尤多描出,与则描作圜形的[4]。

所谓"五路"有王、后及贵族用车及其他各种用车,可依《春官·巾车》等礼书。

服冠屦,即命服类。据《周礼》王有所谓"六冕服",后也有相应的六服。命服以不同规格的命服确定不同等级的贵族,《春官·大宗伯》曰:"壹命受职,再命受服。"郑玄注引郑司农云:"受服,受祭衣服,为上士。"又曰:"此受玄冕之服。"大意是"上士"以上的贵族才有资格受赐玄冕一类的祭服。《春官·小宗伯》曰:"辩吉凶之五服,车旗宫室之禁。"郑玄注曰:"五服,王及公、卿、大夫、士之服。"《尚书·皋陶谟》曰:"王命有德,五服五章哉。"孔传亦云:"五服,天子、诸侯、卿、大夫、士之服也。"另外,命服以不同图案区别等级,礼书称之为"五章""九章"。

旗物,在《周礼》以为徽号,据旗帜的不同的形制、数量以示尊卑。《春官·司常》曰:"司常掌九旗之物名,各有属以待国事。"所谓九旗属天子之旗。其中常、旂、旟、旗、旐是五路正旗,而旞、物、旜、旌是旗帜之通制,用以区别五种正旗等级及用途。《春官·巾车》曰:"大常十有二旒。"是以旗子上的飘带数量来表示贵族的不同身份等级。

综上所述,车马、服冠屦、旗物均以不同规格与不同数量来表示贵

---

[1] 罗振玉:《殷虚书契前编》,7.5.3;罗振玉:《殷虚书契菁华》,1。
[2] 罗振玉:《殷虚书契菁华》,1。
[3] 刘鹗:《铁云藏龟》,114.1。
[4] 参阅陈梦家:《殷虚卜辞综述》,第558页。

族的等级身份。在此问题上,礼书内容与金文内容相合。

（六）丧葬器类

《礼记·曲礼下》曰:"居丧未葬,读丧礼;即葬,读祭礼;丧复常,读乐章。"这是在说丧礼的篇章,或即今《仪礼》之《丧服》《士丧礼》等,即当时常人在丧服中之读物。《檀弓上》载子路曰:"吾闻诸夫子:丧礼,与其哀不足而礼有余也,不若礼不足而哀有余也。祭礼,与其敬不足而礼有余也,不若礼不足而敬有余也。"由此也说明丧礼与葬礼是两回事。东周礼书载丧葬器可分为丧器、葬器与明器三部分。

1. 丧器

丧事所用之器物,见《地官·乡师》曰:"族共丧器。"郑玄曰:"丧器者,夷盘、素俎、楬豆、辁轴之属,族师立集为之。此三者,民所以相共也。"所谓夷盘为盛冰之木盘,置于尸床之下,所以寒尸。素俎,即无漆之木俎。楬豆为无漆之素豆。辁轴为迁柩之具,其状如床,下有可转动的木轴。丧器以宗族为单位,族内共同使用,族长集中保管,非由丧家自备。

肆器,为浴尸之器之总称。《春官·郁人》曰:"大丧之渳,共其肆器。"郑玄注:"肆器,陈尸之器。《丧大记》曰:'君设大盘造冰焉,大夫设夷盘造冰焉,士? 瓦盘无冰,设床第,有枕。'此之谓肆器,天子亦用夷盘。"《天官·凌人》曰:"大丧共夷盘冰。"郑玄注曰:"夷之言尸也,实冰于夷盘中,置之尸庆之下,所以寒尸,尸之盘曰夷盘……"可知另有一种盘用于丧礼。

最高级别的浴尸曰大肆。《春官·小宗伯》曰:"王崩,大肆以秬鬯渳。"《肆师》曰:"大丧,大渳,以鬯则筑鬻。"这里所说的大渳,即大肆。指用煮郁金香草,取汁和以秬鬯而浴尸,使尸香。《郁人》曰:"大丧之渳,共其肆器。"郑玄注:"肆器,陈尸之器。"

据郑玄注曰:"天子亦用夷盘。"《天官·凌人》郑玄注云:"汉礼器制度:大盘广八尺,长丈二尺,深三尺,漆赤中。"礼书"尸",常作"夷"。尸、夷古同属脂部,声母亦近,故得通用。虢季子白盘,横截面作长方形,腹壁圆曲内收成底,四矩形定,高 41.3,口纵 130.2,横 82.7 厘米。此器自名为盘,约西周晚期宣王时器。《通考》(图版 841)著录。似为上面提到的"大盘"。

蜃车为载棺柩至墓地之车。《地官·遂师》曰:"大丧,……共丘笼及蜃车之役。"郑玄注曰:"蜃车,柩路也。柩路载柳,四轮,迫地而行,有似于蜃,因取名焉。"《仪礼·既夕礼·记》郑玄注曰:"其车之舆,状如床。中央有辕,前后出。设前后络。舆上有四周,下则前后有轴,以輇为轮。"舆即车厢底板。络是车前后之横木。輇为无辐之轮。蜃车系引,由人挽而行。

2. 葬器

即入墓之器。别于丧器,其一以入墓之前为丧,入墓之后为葬;其二是丧器为族中共用,葬品应包括棺椁、随葬器具与宪器。

棺椁,所以藏尸。棺外为椁。礼书载有非常森严的棺椁制度。《礼记·檀弓上》曰:"天子之棺四重,水、兕革棺被之,其厚三等;杝棺一;梓棺二;四者皆周。"郑玄注曰:"尚深邃也。诸公三重,诸侯再重,大夫一重,士不重。以水牛、兕牛之革以为棺被,革各厚三寸,合六寸也,比为一重。(杝棺)所谓椑棺也。《尔雅》曰椴杝。(梓棺)所谓属与大棺。"孔颖达疏曰:"水牛、兕牛皮二物为一重也;又杝为第二重也;又属为第三重也;又大棺为第四重也;四重凡五物也。以次而差之,上公三重,则去水牛,余兕、杝、属、大棺也。侯、伯、子、男再重,又去杝,余属、属、大棺。大夫一重,又去杝,余属,大棺也。士不重,又去属唯单用大檀也。"这是天子、诸侯、大夫、士所用棺数。除了用棺数不同以外,各种不同的人所用的棺木的厚度也有明确的规定。《礼记·丧大记》曰:"君,大棺八等,

属六寸,椑四寸。上大夫,大棺六寸,属四寸。士,棺六寸。"椁在棺之
外,以松柏杂木为之。天之、诸侯有用松柏之端,叠累而成,所谓黄肠题
凑。椁与棺之间,藏礼器、明器等。《礼记·丧大记》曰:"君松椁,大夫
柏椁,士杂木椁。"郑玄注曰:"椁,谓周棺者也。天子制于中都,使庶人
之椁五等,五等谓端方也。此谓尊者用大材,卑者用小材耳。自天子、
诸侯、卿、大夫、士、庶人之等,其椁长自六尺而下,其方自五等而上,未
闻其差所定也。"《丧大礼》又曰:"棺椁之间,君容枳,大夫容壶,士容
枳。"所谓枳,是一种木制乐器。《礼记·王制》有曰:"天子赐诸侯乐,则
以枳将之。"郑玄注:"将,谓执以致命。枳鼗皆所以节乐。"意为尊贵之
藏器。所谓壶,即盛酒之器。《仪礼·燕礼》曰:"司宫尊于东楹之西,西
方壶,左玄酒南上,公尊,两,有丰。幂用绤若锡,在尊南,南上。尊士旅
食者用圜壶,变于卿大夫也。"此言未必可信,但可知棺椁之间所容之器
是有着严格的等级区别的。所谓甒为盛醴瓦器。《仪礼·士冠礼》曰:
"侧尊,一甒醴,在服北。"瓦大为瓦甒,可知甒为等级不高的礼器。而
《礼记·礼器》又说:"门外缶,门内壶,君尊瓦甒。"郑玄注:"壶,一大石。
瓦甒五斗。缶大小未闻。"未解其意。

3. 明器

明器应是随葬器的重要组成部分,见于礼书,应包括食具、用具、乐
器、兵器、燕器等。如前一章第二节第四部分所述,以上诸种器物都是
模型,皆非实用之器。《仪礼·既夕礼》曰:"陈明器于乘车之西……苞
二,筲三。筲三:黍、稷、麦。甕三:醯、醢、屑,幂用疏布。甒二:醴、酒,
幂用功布……用器:弓矢、耒耜、两敦、两杅、盘匜,匜实于盘中,南流。
无祭器。有燕乐器可也。役器,甲、胄、干、笮。燕器:杖、笠、翣等。"郑
玄注曰:"明器,藏器也。"

以上所列器物很多都是有机物品质,故很难得到考古学资料的证
实。但据礼书上所载"备物而不可用"的性质,在考古学资料中还是可

以找到线索的。《檀弓上》载仲宪言于曾子曰:"夏后氏用明器,示民无知也;殷人用祭器,示民有知也;周人兼用之,亦民疑也。"似乎明器兴于夏代,商代则重于用祭器。这似乎有些不可能。目前发现的最早的明器类随葬器是在殷墟文化一期晚段。"如59武官M1中的一件磬折式曲戈(MI:14),质地轻薄、纹饰模糊,可能是明器。在殷墟文化第二期的墓中,已出现随葬明器化的铜礼器,如西区M161、M354、M413几座二期墓随葬的Ⅳ式铜觚、爵、质地粗糙、铸造简陋,报告的执笔者认为是明器。"①

另外于北赵晋侯墓地也发现有明器化的铜礼器,譬如M192出铜礼用容器24件。其中实用器组16件,分别有鼎5,簋6,壶2,盘、匜、甗各1件。明器组8件,分别有鼎、簋、尊、卣、爵、觯、盘、方彝各1件。又M102出铜礼用容器17件。其中实用器组有鼎3,簋4,盘、匜各1件,明器组有鼎、簋、盉、爵、觯、方彝各1件。随葬铜明器的最显著特征是,明器比较实用礼器要粗陋得多,其类比性、模拟性十分显著②。

从以考古学资料可以看出,由殷墟文化第一期至西周中晚期的明器特征是将礼器,尤以青铜容器的一部分虚拟化,而专用于随葬,即作鬼器之用。这与《仪礼》中所讲的明器并非一回事。将食具、用具、乐器、兵器、燕器等全部模拟化,看来应是春秋后期的事,即孔子斥责"始作俑者,其无后乎"的时代。

同时应当指出的是《仪礼·既夕礼》将"两敦、两杅(盂)、盘匜,匜实于盘中",归于用器,又明确指出"无祭器",也就是说不用礼器随葬,这显然与先秦时代的考古学资料不符。其一是在这一历史过程中恒见礼器与明器同墓随葬的,再者即便是自春秋后期明器随葬明显增多,亦不

---

① 刘一曼:《安阳殷墓青铜礼器组合的几个问题》,《考古学报》1995年第4期。
② 《天马一曲相遗址北赵晋侯墓地第五次发掘》,《文物》1995年第7期。

排除随葬礼器,尤其是在贵族的墓葬中。因此《仪礼·既夕礼》的这条有关明器的记述,抑或是战国时代庶人的葬制。

（七）兵器类

将兵器归属于礼器的范畴,其理由主要有三点,其一,军礼作为"五礼"之四。《周礼·春官·大宗伯》曰:"以军礼同邦国。"凡征伐、田猎、筑邑等均属军礼。兵器是军礼的用器,因此理应从军礼而作为礼器。所谓"国之大事在祀与戎"[①],"作大事则戎于百官赞王命"[②],都说明戎是最高级别的国家政权,兵器则体现了这种政治的一种物化形式。

其二,兵器确有一种礼仪性的功用,或称礼仪性兵器。如《诗·大雅·公刘》记公刘"鞞琫容刀",《尚书·牧誓》记武王伐商,誓师牧野,"左杖黄钺,右秉白旄"。克商后,又至纣王死所,"以黄钺斩纣头",又以玄钺斩纣之嬖妾二女。至明日祭社[③]。显然这已不是一般意义上的兵器。前举西周晚期的《虢季子白盘》铭文,及平山中山王𨜌墓出土铜钺,铭曰:"天子建邦,中山侯钺,作丝军钎,以敬毕众。"[④]再者,1994 年河北省邢台市葛家庄西周墓出土的一件青铜戚,器身满饰夔龙纹、虎纹及变形云纹,两侧饰镂空兽形。銎顶部有卷鼻象首形龠。内部饰饕餮纹,纹饰华丽,应是一件礼仪性兵器。这类兵器的特征是装饰华丽,具有王权的象征意义。

其三,有一些兵器参与了多种高级别的礼仪,譬如兵器中的战利品作为庸器,《春官·典庸器》曰:"掌藏乐器,庸器。"郑玄注:"庸器,我国所获之器,若崇鼎。贯鼎及以其兵器所铸铭也。"考古学资料中铸铭兵

---

① 《左传》成公十三年。

② 《周礼·天官·大宰》。

③ 《史记·周本纪四》。

④ 张守中:《中山王𨜌器文字编》,中华书局 1981 年版,第 99 页拓本。

器不乏其例。战国兵器铭文更是当时刻铭中的大宗,列国兵器刻辞的内容与形式各有特色,不一而足①。与"兵器所铸铭"并称的庸器在礼器中的等级是很高的。如《礼记·明堂位》郑玄注所说崇、贯、封父皆为国名,都是周王伐灭的邦国。在刻铭兵器的原作者与随葬这些兵器的墓主非同属一国的情况下,该兵器很有可能是作为庸器用的。

另外,文献中兵器也有作乐舞用的。《礼记·乐记》曰:"及入舞,君执干戚就舞位。"这里所说的戚与前文所举邢台出土的青铜戚同属一类。

再者,如《周礼·地官司·乡师》曰:'党共射器'。《仪礼·乡射礼》曰:"命弟子纳射器。"郑玄注:"射器,弓、矢、决、拾、旌、中、筹、楅、丰也。"可见一些兵器还保留在古老传统仪礼中。

据礼书载,兵器可分为四类:(1)五兵;(2)军法器;(3)刀剑;(4)甲胄干。

1. 五兵

兹可分为车之五兵及步卒之五兵。《夏官·司兵》曰:"军事建车之五兵,会同亦如之。"又"司兵掌五兵、王胥"。郑玄注引郑司农云:"五兵者:戈、殳、戟、酋矛、夷矛。"又"车之五兵,郑司农所云者也。步卒之五兵,则无夷矛而有弓矢"。因之车之五兵为:戈、殳、戟、酋矛、夷矛。步卒之五兵为:戈、殳、戟、酋矛、弓矢。这应是两周最主要的兵器。

戈,青铜兵器,从二里头文化时期即已出现,且一直延续至战国、秦,其间形制虽有所变化,但几个基本部位仍大致相同,无所变更。在商晚期金文中习见"戈"字,写作🜚,从形体看,戈头与秘上端向后弯的部位当即是冒,秘下部作叉状的是樽形。这说明商代的戈确已是四个部位皆具备了。另外,戈与戟有混称现象。

---

① 详见朱凤瀚:《古代中国青铜器》第 6 章,南开大学出版社 1995 年版,第 461—462 页。

殳，据《夏官·司戈盾》可知，殳为击兵。无刃，形如杖，长丈二尺。《考工记·庐人》曰："殳长寻有四尺。"见于文献，殳之功用有两个方面，首先是用于作战，《诗·卫风·伯兮》云："伯也执殳，为王前驱。"说的是随王东征的丈夫，手执殳，而为王冲锋陷阵。其次是用于祭祀礼仪。1977 年战国早期的随县曾侯乙墓出土有七件殳，可分为二型：其一，殳头为三棱矛形，有刃。铸铭有"曾侯郎之用殳"。这是迄今所见仅有的自铭殳，但与文献中所载之殳形制不同。其二，殳头形同前型，惟箭与镦作刺球状。为杖形而无刃，与文献所载相似。

戟，《考工记·冶瓦》曰："戟广寸有半寸，内三之，胡四之，援五之，倨句中钜，与刺，重三锊。"可见是一种合戈与矛两种兵器功能为一体的兵器。如上述"车之五兵"与"步卒之五兵"都有戟。作为"车之五兵"之一，《诗·秦风·无衣》云："修我矛戟。"郑玄注曰："戟，在戟也，长丈六尺。"两处文字说法相同。随县曾侯乙墓出土的多戈戟中，除三戈一矛型外，还有三戈无矛，双戈无矛型，而戈头上铭文曾自铭为戟。在发掘报告中，作者提出"戟的主要特点不在于有'刺'"，认为《说文·戈部》："戟，有枝兵也"，是说戟之特征主要在于"有枝兵"，意谓凡锋刃多枝生即为戟[①]。此种新见解本于曾侯乙墓的发现，尚无更多的例证。至于曾侯乙墓所出装有 2 或 3 个戈头的那种戟，只是东周时期流行于江汉流域楚、随、蔡诸国的一种特殊形式的戟，至今，在其他地区未曾有新发现，战国晚期以后，也就消亡不见了，显然不是戟的通例。曾侯乙墓所出竹简，对于这种戟，都加上"二果（戈）""三果（戈）"限制词，裘锡圭概称之为"多戈戟"，以与戟的通常形式相区别，是很恰当的。因此，多戈并非戟的本义，也不是戟的基本特征。

酋矛与夷矛的区别见于礼书，《考工记·庐人》曰："酋矛常有四尺；

---

①　湖北省博物馆：《曾侯乙墓》，文物出版社 1989 年版。

夷矛三异。"也就是说夷矛为二丈四尺,酋矛为二丈。若以矛柲的长度来分,《说文》言纵为矛,而短矛曰铩,长矛曰镞。若就其而论,有一点结论在礼书中反映出来,车之五兵,是拥长短两式矛,而步卒之五兵仅用短柲矛。《诗·鲁颂·閟宫》五章云:"朱英绿縢,二矛重弓。"郑玄注:"二矛重弓,备折坏也。兵车之法,左人拼弓,右人拼矛,中人御。"其二矛或许亦可以解示为酋矛与夷矛。

弓矢,见于礼书的形制十分复杂,《考工记·弓人》记述十分详备。曰:"为天子之弓,合九而成规;为诸侯之弓,合七而成规;大夫之弓,合五而成规;士之弓,合三而成规。"《夏官·司弓矢》中亦有相近的记述。曰:"及其颁之,王弓,弧弓以授射甲革椹质者;夹弓、庾弓以授射豻侯鸟兽者。唐弓、大弓,以授学射者,使者,劳者。"郑玄注:"王、弧、夹、庾、唐、大六者,弓异体之名也。"矢的种类也很多,见于《夏官·司弓矢》:"凡矢、枉矢、絜矢利火射,用诸守城车战;杀矢、鍭矢用诸近射,田猎;矰矢、茀矢,用诸弋射;恒矢、庳矢,用诸散射。"在《考工记·矢人》的记述中,鍭的重量、矢的长短、羽插入矢干的深度等,以及其不同的功用均有明确的记载。

《仪礼·既夕礼·记》曰:"设依挞焉。"贾公彦疏:"所以挞矢令出。谓生时以骨为之弣侧,今死者用韦……异于生者也。"此明器所用之矢。无鍭,短羽。另外,同篇曰:"鏃矢一乘,骨鏃短卫。"郑玄注:"四矢四乘,骨鏃短卫,亦亦不用也。生时鏃矢金鏃。凡为矢,五分笴长而羽其一。"是明器所用之矢。

2. 军法器

《礼记·王制》曰:"诸侯赐弓矢,然后征;赐铁钺,然后杀;赐圭瓒,然后与。"赐铁钺,即天子赐给诸侯铁钺,表示授予杀戮之权。《礼记·乐记》曰:"军旅铁钺者,先王之所以饰怒也。"因而铁钺具有王权之兵与军法之兵的功能与象征作用。《中庸》曰:"是故君子不赏而民劝,不怒而民威于铁钺。"铁钺这里象征王的刑戮权力。到罗振玉时，已提出戊字象形，非形声。如释可信。《虢季子白盘》铭："锡用戉,用政蛮方。"与《礼记》《王制》《乐记》的说法如出一辙。

3. 刀剑

刀,《大雅·公刘》二章《传疏》曰："容刀,佩刀也。佩刀以为容饰,故曰容刀。"《小雅·信南山》五章中还记有柄上有铃的刀,曰"鸾刀"。《左传》襄公二十九年载："阍以刀弑之。"与《诗》之刀大致相同。然而金文中少见刀字。《刀☒父癸卣》[①]的刀字当为姓氏,与兵器之刀无直接关系。

剑,《考工记·桃氏》曰："桃氏为剑",郑玄注引"郑司农云:'谓剑脊两面,杀趋锷。茎谓剑夹,人所握,镡以上也。'玄谓茎在夹中者。茎长五寸"。程瑶田《考工创物小记·桃氏为剑考》曰:"'设其后'者,何？后之首维也。以绳缠之谓之缑。缑之言喉也。当茎之中设之,以容指,而因以名其所缠之绳。《史记》冯驩有一剑又剟缑。说者谓剑把以剟绳缠之。剑把者,茎也。茎必缠以缑,故知中其茎而设之者在是也。"

4. 甲胄干

甲,又谓之铠甲。《考工记》曰："函人为甲:犀甲七属,兕甲之属,合甲五属。犀甲寿百年,兕甲寿二百年,合甲寿三百年。"又曰:"凡为甲必先为容,然后制革。权其上旅与其下旅,而重若一。以其长为之围。"此言依据服者身材来决定甲之长短大小。可知从治革,钻孔,缝缀等工序的各项规格之严密。

铠甲有不同的种类,如《左传》成公十六年载："蹲甲而射之,彻七札焉。"此为甲之最坚者,内外复叠七层。《吕氏春秋·爱士》曰:"晋惠公之右路石奋投而击缪公之甲,中之者六札矣。"此言未穿透者仅一札。

---

① 罗振玉编:《三代吉金文存》,13·5。

《考工记》谓:"燕之无函也,非无函也,夫人而能为函也。"郑玄注云:"燕近强胡,人人皆习作甲胄。"《战国策·燕策一》载燕王哙"身自削甲札","妻自组甲札",此与《考工记》之说可作印证。《荀子·议兵》谓"楚人鲛革、犀兕以为甲,革合如金石。"此与湖南长沙、湖北江陵之皮甲残片的考古资料相印证。此外,《夏官·旅贲氏》曰:"军旅则介而趋。"郑玄注:"介,被甲。"《诗·郑风·清人》云:"驷介旁旁。"毛传曰:"介,甲也。"此乃戎车之马甲。金文中唯战国时期秦国之《杜虎符》中有:"兵甲之符,""凡兴士被甲,用兵五十人以上,必会君符,乃敢行之。"其中"甲"字之义与文献相符,所余均不见用义于铠甲者。

胄,《礼记·少仪》曰:"祖囊奉胄。"郑玄注:"胄,兜鍪也。"《礼记·曲礼上》曰:"献甲者,执胄。"金文中有"㞢"字,《𤔲簋》铭"锡衷衣干戈。"[1]阮元曾释之为冕。刘心源不以为然,认为冕干戈字句不合。尤"冕制上施木板,前后邃延,其顶平覆,不得锐出三枝,惟胄为首铠,今之盔头,正是锐木支上出"。始释为"胄"。此后孙诒让于《拾遗》(17)《虏彝》中亦有相似的见解。此后学界无异议。从文献与金文的字义来看,胄为首铠的意义相同。

干(盾),《夏官·司兵》曰:"司兵掌五兵,五盾。"《说文·戈部》谓:"戮,盾也。"又有曰橹者,《说文·木部》谓:"橹,大盾也。"字亦作樐。曰吴魁,《释名·释兵》谓:"盾,遁也。……大而平者曰吴魁。"《国语·吴语》载:"奉文犀之渠。"韦昭注曰:"渠,楯也。"作"伐"。《诗·秦风·小戎》云:"蒙伐有苑。"毛传曰:"伐,中干也。"郭沫若先生谓金文干字,从圆点者后均演化而从一,丫丫为一字,并为盾形[2]。可见与文献字义相通。

---

① 罗振玉编:《三代吉金文存》,6·5·2。

② 郭沫若:《释干卤》,《金文丛考》,人民出版社 1954 年版,188 页。

兵器归属于礼器,反映了戎是最高级别的国家政权,兵器则是这种政治的一种物化形式体现。东周礼书载各种兵器与考古资料中的兵器基本相合。

三、先秦典籍中的礼器组合形式

典籍中的礼器组合形式繁多。大致可分为同器类组合与异器类组组合形式。这里所说的组合或谓联称组合,应是一种小组合制。

同器类组合形式依器数目可分为两器、四器、五器、六器、八器、九器及多器诸种。

其中两器中有:

两敦,《礼记·明堂位》曰:"有虞氏之两敦,夏后氏之四连,殷之六瑚,周之八簋。"郑玄注曰:"皆黍稷器,制之异同未闻。"从表面上看有以偶数递增之势。《大戴礼记·明堂》有所谓"明堂九数"之说,曰:"明堂月令:赤缀户也,白缀牖也。二九四七五三六一八。"卢辩注:"记用九室谓注龟文,故取此数以明其制也。"两敦括于其数之内。

四器的组合器有:

四豆,《天官·醢人》:"掌四豆之实。"

四笾,《天官·笾人》:"掌四笾之实。"

四豆、四笾之事,为宗庙祭祀与飨燕宾客诸盛礼时的献食。是时分四次进献,依先后言,豆有朝事之豆、馈食之豆、羞豆、加豆。笾亦然。严格地说应归在时间存在形式范畴。

五器的组合器有:

王之五路,《春官·巾车》:王之五路:玉路、金路、象路、革路、木路。又,王之丧车五乘:木车、素车、藻车、駹车、漆车。

后之五路,《春官·巾车》:后之五路:重翟、厌翟、安车、翟车、辇车。

王之兵车五戎,《春官·车仆》:戎路、广车、阙车、苹车、轻车。

五兵,五盾,《夏官·司兵》:司兵掌玉兵,五盾。五兵者:戈,殳、戟、酋矛、夷矛。

五几,《春官·司几筵》曰:"掌五几、五席之名物。"郑玄注:"五几:左右玉、雕、彤、漆、素。"

五服,《春官·小宗伯》:"辨吉凶之五服,车旗官室之禁。"吉服之五服,于礼书中名缺。凶服之五服,即丧服,依亲疏差异分为五服、斩衰、齐衰、大功、小功、缌麻。《仪礼·丧服》所载依六种不同情况,分为十一章。

另外,有五豆(六豆)说,《礼记·乡饮酒义》:"八十者五豆,九十者六豆,所以明养老也。"

于周流行的以五为数的观念与事物重要的有:五行,即水、火、木、金、土五种物质。春秋战国时盛行五行相生相克之说。古籍中常见将味、色、声都分为"五"。这同中国古代阴阳五行说密切相关。《国语·周语下》有曰:"天六地五,数之常也。"自然规律被认为是和人事的规律相通的,人事的规律不应违背自然的规律,因此"礼"是"天地之经",人事的一切规律都源于天地的"六气""五行"①。

《礼记·礼运》曰:"故人者,其天地之德,阴阳之交,鬼神之会,五行之秀气也。故天秉阳,垂日星;地秉阴,窍于山川;播五行于四时,和而后月生也。是以三五而盈,三五而阙。"与之相近的"五材"之说,《考工记》有攻木、攻金、攻皮之工,又有刮摩即玉工,搏埴即土工。此与王之五路(除象路与土工)相合。另外,《周礼·考工记》中的"五色"说,《春官·大宗伯》的"五祀、五岳"说,《春官·典命》的"五等之命"说,《礼记·月令》的"五谷"(五方之谷)说,《左传》昭公十一年的"五牲"说,伪

---

① 《左传》昭公二十五年。

古文《尚书·益稷》的"五声"说与《春官·大宗伯》的"五礼"说均有着数位上的简单联系。

六器组合的有：

六瑞，《春官·大宗伯》："（天子）以玉作六瑞，以等邦国，王执镇圭，公执桓圭，侯执信圭，佰执躬圭，子执谷璧，男执蒲璧。"

六器，《春官·大宗伯》："以玉作六器，以礼天地四方。以苍璧礼天，以黄琮礼地，以青圭礼东方，以赤璋礼南方，以白琥礼西方，以玄璜礼北方。"

六玉，《春官·典瑞》："驵圭、璋、璧、琮、琥、璜之渠眉，疏璧琮，以敛尸。"

六尊、六彝，《春官·司尊彝》："掌六尊、六彝之位。"①

六簋，《仪礼·公食大夫礼》："宰夫设黍稷六簋于俎西。"

六铡，《仪礼·聘礼》："六铡继之：牛以西，羊、豕、豕南，牛以东，羊、豕。"

六冕服，《春官·司服》："王之吉服。"一大裘而冕，二衮冕，三鷩冕，四毳冕，五希冕，六玄冕。

六鼓，《地官·鼓人》："掌校六鼓四金之音声……以雷鼓鼓神祀，以灵鼓鼓社祭，以路鼓鼓鬼享，以鼖鼓鼓军事，以鼛鼓鼓役事，以晋鼓鼓金奏。"

六弓，《夏官·司弓矢》载六弓：王弓、弧弓、夹弓、庚弓、唐弓、大弓。

礼书中的祭祀有六祝，似乎与"天有六气"（即阴、阳、风、雨、晦、明）。② 六之数有关。天之六气与天子的祭祀之数相合。《春官·大祝》："掌六祝之辞，以事鬼神示，祈福祥，求永贞。一曰顺祝，二曰年祝，

---

① 六尊：牺尊、象尊、著尊、壶尊、大尊、山尊；六彝：鸡彝、斝彝、黄彝、虎彝、蜼彝。
② 《国语·周语下》。

三曰吉祝,四曰化祝,五曰瑞祝,六曰筴祝。"《春官·大祝》有六祈:"掌六祈以同鬼神示,一曰类,二曰造,三曰祪,四曰禜,五曰攻,六曰说。"又与六号之称,《春官·大祝》:"辨六号,一曰神号,二曰鬼号,三曰示号,四曰牲号,五曰齍号,六曰币号。"在王朝官属方面,殷为五官制,周则司士属司马。设大宰、司徒、宗伯、司马、司寇、司空,为六官,亦合称六卿。又曰天官、地官、春官、夏官、冬官六大官属。殷商之制有六大,主管治人及事神之职。周制袭之。《礼记·曲礼下》曰:"天子建天官,先六大,曰大宰、大宗、大史、大祝、大士、大卜。典司六典。"在教化方面有六艺、六礼、六德、六典之说。饮食方面有六牲、六禽、六食、六粢、六清、六饮见著于《周礼》。因之可以认为以六为计的器组与周之时尚有关。

八器组合的有:

八簋,前文已录《礼记·明堂位》:"周之八簋。"《诗·小雅·伐木》:"陈馈八簋。"

八壶、八豆、八笾,《秋官·掌客》:"夫人致礼,八壶、八豆、八笾。"《仪礼·聘礼》:"八壶设于西序。"

九器组合的有:

九鼎,《仪礼·聘礼》:"宰夫朝服设飧:饪一牢在西,鼎九,羞鼎三;腥一牢在东,鼎七。"又《公羊传》桓公二年何休注:"礼祭:天子九鼎,诸侯七,卿大夫五,元士三也。"

九旗,《春官·司常》:"司常掌九旗之物名。"九种旗帜之名物有:常、旂、旗、旜、旐、旜、物、旟、旌。

"九"在周人的观念中也是有着重要联想功能的文化符号。首先是地理上的"九州"的概念。《尔雅·释地》邢昺疏,以为《禹贡》为夏制;《尔雅·释地》为殷制;《周礼·职方氏》为周制,均分全国为九州。《考工记·匠人》中的"国中九经九纬",为天子国都中的布局等。这对于九数组合器应有某些影响。

多器组合形式的有：

鼎十有二，《天官·膳夫》："五曰一举，鼎十有二。"郑玄注："杀牲盛馔曰举。鼎十有二，牢鼎九，陪鼎三。"①

豆二十有六，《礼记·礼器》："天子之豆，二十有六。"用豆器是以数量多为尊贵的，但也应当有定数。与二十六相近的有两数，其一是《秋官·菩蔟氏》有："二十有八星之号。"即二十八宿。《考工记·辀人》曰："盖弓二十有八，以象星也。"豆二十有六是否象，未可知也。其二是郑玄于《周礼·天官·冢宰》注曰："嫔，妇也。《昏义》曰：'古者，天子后立六宫，三夫人，九嫔，二十七世妇，八十一御妻……'"二十七数是否相关也不能确认。不过天子在物的占有上的绝对优势，在这里有了表现。另外，《秋官·掌客》有"铏四十有二"说，其制不明。

异器类组合形式，同样十分丰富。其中主要有：

鼎簋组合，《秋官·掌客》："鼎簋十有二。"

鼎俎组合，《天官·冢宰》："王举，则陈其鼎俎，以牲体实之。"《天官·膳夫》："五百一举，鼎十有二，物皆有俎。"《国语·周语中》："（飨礼）陈其鼎俎。"《韩非子·难言》："身执鼎俎为庖宰。"

另有鼎俎笾豆的组合，《礼记·郊特牲》："鼎俎奇而笾豆偶，阴阳之义也。笾豆之实，水土之品也。"《礼记·曾子问》："大夫之祭，鼎俎既陈，笾豆既设。"

鼎镬组合，《天官·亨人》："掌共鼎、镬，以给水火之齐。"

鼎玉组合，《礼记·明堂位》："崇鼎、贯鼎、大璜、封父、天子之器也。"

簠簋组合，《礼记·曾子问》："天子尝、禘、郊、社、五祀之祭，簠簋。"《周礼·地官·舍人》："凡祭祀，共簠簋。"《国语·周语中》："修其簠

---

① 多数注本为"五曰一举，鼎十有二物，皆有俎"，令人费解，疑应断为"五曰一举，鼎十有二，物皆有俎"。物指牲，《诗·小雅·何人斯》七章："出此三物，以诅尔斯。"《毛传》："三物，豕、犬、鸡也。"因而"物皆有俎"较说得通。

簋。"另有簠簋俎豆组合,《礼记·乐记》:"簠簋俎豆,制度文章,礼之器也。"

尊彝组合,《国语·周语中》:"奉其牺象,出其樽彝。"

笾豆组合,《周书·武成篇》:"丁未,祀于周庙,邦甸、侯、卫、骏奔走,执豆笾。"

俎豆组合,《礼记·曾子问》:"诸侯之祭社稷,俎豆既陈。"《礼记·乡饮酒义》:"仁义接宾,主要事俎豆,有数曰圣。"《礼记·燕义》:"俎豆牲体荐羞,皆有等差,所以明贵贱也。"《论语·卫灵公》:"俎豆之事。"《诗·鲁颂·閟宫》云:"笾豆大房,万舞洋洋。"大房即俎。

敦牟卮匜组合,《礼记·内则》:"敦、牟、卮、匜,非餕莫敢用。"郑玄注曰:"餕乃用之。卮、匜,酒浆器;敦、牟,黍稷器也。"

盘匜组合,《仪礼·少牢馈食礼》:"少机设盘匜。"

另外还有乐器的各种组合,如钟磬、管弦等。详见前文。

在以上异器类组合举例中,有如下组合特点:一是纵向组合,即在一个程式上组合,如鼎镬即是如此,《周礼·天官·亨人》郑玄注:"镬,所以煮肉及鱼腊之器,即鼐,乃于鼎。"还有盘匜,《仪礼·特牲馈食礼》曰:"匜水实于盘中。"两器在一个程式中的相互关系很明白。二是横向的数量关系,即相同器皿的数量组合,这一现象背后的意识无论是自觉的,还是被动的,当一定数量被认作是一种文化性符号确定下来,它本身就具有了很高的文化特征与情感联想功能,亦即转化为启示某种观念的精神力量。其中积淀有一个巨大的社会群体的感受,这一"有机的实体"代表的是一种文化之中不同个体的总体意愿。对于个体而言,除非认定这一数量组合所代表的即总体意愿,否则它所体现的意愿,就可能是其他的事物现象。最终,数量关系并为人们的思维模式注入概念性认识,进而形成一种惯性,遂成为礼器制度固定下来。东周礼书所见礼器数量组合就是这样一种贵族分配结构的体现。

附录1:东周礼书载主要礼器体系示意图

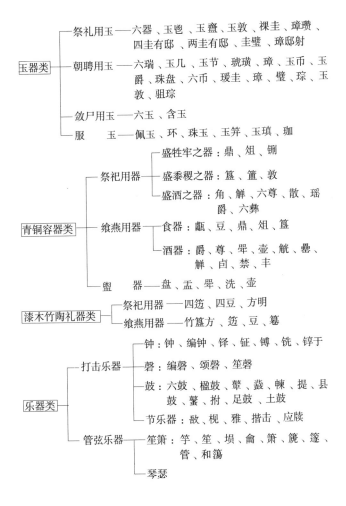

玉器类
- 祭礼用玉——六器、玉瓒、玉盨、玉敦、裸圭、璋瓒、四圭有邸、两圭有邸、圭璧、璋邸射
- 朝聘用玉——六瑞、玉几、玉节、琥璜、璋、玉币、玉爵、珠盘、六币、瑗圭、璋、璧、琮、玉敦、驵琮
- 敛尸用玉——六玉、含玉
- 服玉——佩玉、环、珠玉、玉笄、玉瑱、珈

青铜容器类
- 祭祀用器
  - 盛牲牢之器:鼎、俎、铏
  - 盛黍稷之器:簋、簠、敦
  - 盛酒之器:角、觯、六尊、散、瑶爵、六彝
- 飨燕用器
  - 食器:甒、豆、鼎、俎、簋
  - 酒器:爵、尊、罍、壶、觥、罋、觯、卣、禁、丰
- 盥器——盘、盂、罨、洗、壶

漆木竹陶礼器类
- 祭祀用器——四笾、四豆、方明
- 飨燕用器——竹篚方、笾、豆、簋

乐器类
- 打击乐器
  - 钟:钟、编钟、铎、钲、镈、铣、镎于
  - 磬:编磬、颂磬、笙磬
  - 鼓:六鼓、楹鼓、鼖、鼛、棘、提、县鼓、鼗、拊、足鼓、土鼓
  - 节乐器:敔、柷、雅、搏击、应鼙
- 管弦乐器
  - 笙箫:竽、笙、埙、龠、箫、篪、篴、管、和籥
  - 琴瑟

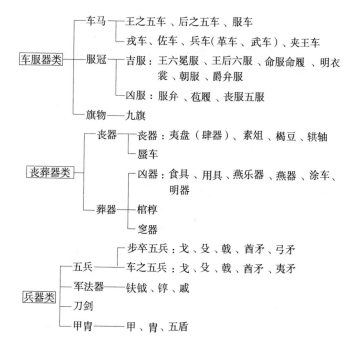

第四章　随葬礼器制度

　　于墓葬中随葬器物，本身是一种宗教观念的体现。《仪礼·士丧礼》曰："事死之初事，丧礼凡二大端，一以奉体魄，一以事精神。"古代谓精神能离形体而存在者为魂，依形体而存在者为魄。如《礼记·郊特牲》曰："魂气归于天，形魄归于地。"所谓体魄、精神均为古人构拟的阴神和精灵。古人通过丧葬仪式、随葬器物等行为与死者（祖先）的体魄、精神沟通。这样的以对祖先、神明的崇拜、祭奠及其仪式，构成所谓宗教过程，其中作为奉事先人的随葬行为正是这一宗教形式的重要体现，这一方式的内涵基本上属"奉体魄"一类，其特征是与"体魄"相依存的社会生活紧密相关，因此墓主随葬器物的种类组合与数量多少，在中国古代等级社会中又与其身份等级相关，受贵族等级制度的约束。它曲折地反映了古代现实社会中森严的等级制度。

　　现代考古发掘资料证明，两周贵族墓葬随葬器具是一个综合的礼器组合体，这个组合体的最高形式包括有以下类别的组成部分：

　　（1）玉、石器（包括骨牙器、石器、玛瑙、绿松石器与其他）；

　　（2）青铜容器（主要是盛牲牢器、盛黍稷器、酒器、盥器等）；

　　（3）乐器；

　　（4）车马器；

　　（5）兵器（包括少量工具）；

　　(6)棺椁具。

　　就单个的贵族墓而言,这一综合的礼器的组合体是一种政治权力的象征与标志,反映了墓主人所享有的那一部分贵族特权,包括祭天礼地之神权、祭祖权、朝王权、兵权、礼乐享用权、车服享用权,以及葬具享用权等。每一贵族墓葬均由若干类别的礼器组成,每一类别的礼器由若干器种组成,每一个器种又由若干数目的器件组成。一般说来,随葬礼器的类别表示墓主所享有的某一种贵族特权;器种的组成与器件的组成则表示墓主于某一种贵族特权享有的"级别待遇"。所谓特权是贵族分配制度赋予的,即根据不同的贵族等级享有随葬不同的礼器类别、不同的器种的组成与器件的组成。因此,这里所说的"组合关系"包括三个层面,第一个层面是指不同类别(不同质料与不同功用)的诸礼器的组合,本文将其分为玉器、青铜容器、乐、车马、兵器与棺椁六类;另一个层面是指同类别内礼器的不同器别的组合,如玉器中璧、璜与其他玉器的组合,青铜容器中的以鼎为中心的与其他青铜容器的组合;第三个层面是某一单个礼器的件数组合,如被学者称之为"用鼎制度"的成数件鼎的组合应属这一层面。大致情形见以下示意图:

<h3 style="text-align:center">随葬礼器与贵族等级制度示意图</h3>

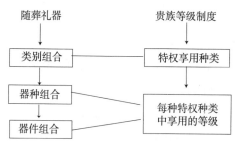

　　随葬器物的组合除根据墓主身份而变化其形式外,还依时代、文化区域的不同,或有不同程度的变化。本书将从不同角度研究随葬礼器的组合形式与变化。由于在以往的考古学研究中存在着偏重青铜器

(包括青铜用容礼器、青铜乐器、青铜兵器、青铜车马具及零散的青铜工具)的倾向,因此青铜质料的礼器之研究,以及以铜器铭文与用鼎制度为代表的专项研究显得特别辉煌,而作为随葬的各类礼器组合的综合研究成果则鲜见。这一现象就窥视墓主生前政治权力而言似有不完整之弊,因此,对墓葬礼器组合做综合研究的必要性是显而易见的。

一、随葬礼器的组合与相关仪制

(一) 周以前的随葬"礼器"组合及其意义

在进行两周墓葬的随葬礼器研究之前,先探讨一下人类早期随葬行为的起源,即渊源于原始社会晚期——新石器时代的随葬方式,这对于理解后来的随葬仪制与墓葬礼器组合关系的形成发展无疑具有历史学上的意义。

考古工作者于 1960 年、1961 年两次在陕西省南部西乡县的李家村遗址进行了发掘,发现了墓葬 1 座,瓮棺葬 3 个,其意义在于发现了一类作为随葬品的,以圈足钵及三足器为代表的早于仰韶文化的遗存遗物。但是,由于受到资料的限制,它与仰韶文化的关系不明确。直至 1977 年,宝鸡北首岭遗址的再次发掘,使这一问题的研究取得了进展。北首岭下层发现 7 座墓葬,随葬品的基本组合也是三足器和陶钵。随后,又在陕西华县、渭南发掘了老官台、元君庙等遗址,在甘肃秦安的大地湾也发掘了同时期的墓葬等遗址……关于这些遗存的绝对年代,已经取得多个资料,表明它们的年代早的可上溯至公元前 5800 年,晚的也在公元前 5000 年前后。所出土的器物有三足钵、筒状深腹三足或圈足罐、圈足碗等陶器组合。1977—1979 年在河南新郑发掘了另一处新石器早期遗址——裴李岗。在这一文化遗址的氏族墓地一次发掘了

114 座墓葬，其随葬品一般很少，个别墓穴较大者随葬品稍多。如 M15，随葬品 20 余件，分组置于死者周围。随葬品均为生产、生活实用器，有磨盘、磨棒、斧、铲、镰及陶器。[①] 裴李岗的发现与北首岭下层墓葬的时代基本一致，或许这些器物就是最早的随葬品组合——多种陶器与多种石器的组合。早期随葬品组合形式的出现同时，也就出现了随葬品数量差别，它标志着人类社会成员差别化时代已经到来。

1. 随葬"礼器"的孕育期——新石器时代的随葬品组合

仰韶文化的早期墓葬，其随葬品并不很丰富。以半坡遗址为例，有随葬品的墓不及二分之一，随葬品数量也不多，各墓间差别不大。随葬品组合为罐、钵、尖底瓶或壶。这也许是对持有财产的一种确定，也包含着古人对亡灵的一种慰藉，有着原始宗教的意义。另外，在众多墓葬中，只是有一座埋葬了一个三、四岁女孩的墓，不仅较一般墓随葬品丰富精致，而且是半坡遗址中唯一发现有葬具的。因此，猜测墓主是氏族落部女首领的继承人。也就是说即便是在早期的氏族社会，氏族财产共有的条件下，权力仍然可以聚集大大超出平均水平的财富。

从新石器时代的考古资料看，随葬品的组合大约经历了，氏族权力与财富向少数人集中，氏族成员出现贫富分化；出现了以埋葬形式与不同数量关系的随葬品组合为特征的礼俗；以及由新石器的陶容器向商周青铜容器的演变等几个阶段，在横的关系上，这样几个方面对后来的两周礼器制度产生了深远的影响。

（1）氏族权力与财富向少数人集中，氏族成员出现贫富分化，墓葬的随葬品出现了普遍性的优劣、多寡不均的现象，从中已经可以看出墓主生前拥有财产的状况。如大汶口中晚期墓葬地，墓葬间的规模、葬

---

① 《河南新郑裴李岗新石器时代遗址》，《考古》1978 年第 2 期；《裴李岗遗址一九七八年发掘简报》，《考古》1979 年第 3 期；《裴李岗、磁山与仰韶》，《考古》1979 年第 4 期。

具、随葬品已存在着明显的不同。其中大汶口 10 号墓,墓穴很大,根据遗迹推测有用原木卧叠构成"井"字形的木椁,葬具内壁可能涂朱。估计另有棺类葬具。死者为一老年女性,头部、颈部佩戴着由 77 个单件组成的三串石质装饰品,还戴有玉臂环、玉指环,这些装饰品在死者生前是如何与权力相结合还无从得知,然而看一看置于腹部的一精致的玉铲,以及两件象牙雕筒,一件骨雕筒,一件象牙梳,就会推测装饰品也是权力象征物的一个组成部分。另外,随葬的陶器有 90 多件,包括洁净的白陶、漆亮的黑陶、精美的彩陶和红陶,器类繁多,陶瓶一项多达 38 件。此外还有猪头、兽骨、鳄鱼鳞板等随葬品①。据墓中置精致玉铲推测,墓主当为氏族部落的首领,这些丰富的随葬品即使作为财富随葬也是与墓主支配他人的权力俱来的,可以认为,氏族部落的权力与氏族部落的财富是密切结合的。而那些简陋墓穴中随葬品屈指可数,甚至空无一物,这些死者生前必是上述"女酋长"的被统治者,在经济生活中是缺失了生产资料与生活资料所有权的氏族成员。

又如 1978 年 4 月在青海民和县马家窑文化遗址发掘的一座比较完整的墓葬。墓葬的竖穴土坑作圆角方形,葬式为二次葬。随葬品亦很丰富,大小器物共 261 件,其中陶器 36 件、骨珠 215 颗、绿松石饰 10 枚,另外还有羊和鼠类等动物骨骼。② 这是马家窑类型墓葬中最大的一座。又如南京市内北阴阳营 M74,以 32 件玉器随葬,另有 8 件陶器③。以上玉饰与骨珠、绿松石饰随葬品亦可视为是死者生前拥有权力与财富的标志。

(2)出现了带有原始宗教色彩的埋葬形式与特殊形制的随葬品所

---

① 山东省文物管理处、济南博物馆:《大汶口——新石器时代墓葬发掘报告》,文物出版社 1974 年版。

② 引自《中国早期铜器的初步研究》,《考古学报》1981 年第 3 期。

③ 《南京市北阴阳营第一、二次的发掘》,《考古学报》1958 年第 1 期。

组成的礼俗。值得注意的是,在河南西南部丹江流域浙川的下王岗遗址 2 期墓葬的随葬品多为专做的明器。有考古学者认为,这与已经出现的灵魂观念有关。理由是,当时流行二次葬。借用国外民族学资料的解释,当时的人们相信血肉是属于人世间的,必须等血肉腐朽后,才能作正式的最后埋葬,这时候死者才能进入鬼魂世界。似可以推定这一时期的墓葬随葬品与此观念有关。另外是专门的通神器的出现。在良渚文化与红山文化等遗址的墓葬中,考古工作者发现了今天所能识别的通神器有玉琮、玉璧等。《礼记·祭统》曰"礼有五经,莫重于祭",随葬玉器应是人类灵魂观念的复制,祭奠死人也就集中地体现了当时的宗教意识。新石器时代墓葬中所出现的通神器正是后世祀天礼地之祭器的前身。通神器中的玉琮、玉璧等被礼器直接承继;而像余姚河姆渡遗址所出现的璜、玦等玉饰则很可能是礼制中祀天礼器的雏形,也被后世礼器制度所承袭。

(3)在由新石器的陶容器演变为商周青铜容器的过程中,除去青铜工艺等社会历史的因素外,铜礼容器的器型全面承继了以鼎为代表陶容器的器型,说明了其造型本身的广泛性与延续性。与其说这一演变是商周人以怀古慎远的情感将上古的实用之器作为礼器,毋宁说是有些陶容器本身早就已经偏离了一般生活实用器的功用,而表现出通神的性质。譬如:仰韶文化后期就已出现的鼎或罐型或盆型,均有架起的三足,似为实用炊具,然而,当时已经出现有略呈瓢形的半穴屋内烧灶与加砂陶炊器,因此有理由相信陶鼎已不是作为日常炊事的器皿。再者,在前文已经提及,其造型与上古以升烟为祭的"禋祀"之向上祭神的意识相合。

可以认为,于新石器时代的墓葬随葬品中已经出现了礼器的雏形,其特征不仅在于陶质形制向铜质形制的转化,而且包含着具有礼俗倾向随葬组合产生了具有礼仪倾向的随葬品组合。具有礼俗倾向的随葬品组合形式,譬如:南京市内北阴阳营墓葬随葬陶容器有鼎、罐、钵、碗、豆;曲江石峡第二期墓葬出土陶器组合以盘式鼎、三足盘、釜为主,普遍还有豆、釜形鼎和夹砂盖豆,新出现了盆形鼎,圈足盘等[①]随葬陶容器器型广泛分布在我国新石器时代,包括了黄河中游的仰韶文化、龙山文化、长河流域的新石器时代文化,东南沿海地区的新石器文化。这些在礼书上明显为礼器的器型,或作为实用炊具、盛器,或作为祭器出现于新石器时代。其中与东周礼书所载礼器相符的有鼎、斝、豆、簋、簠、壶、尊,而从现代考古学资料来看,盉、盘、釜、钵、罍、鬲等也都演变为青铜礼器,随葬于商周贵族墓葬中。

在从礼俗倾向的随葬品组合中分化出礼仪倾向的随葬品组合的过程中,内蒙古赤峰敖汉的大甸子墓葬具有特别的意义。大甸子遗址属"以燕山南北长城地带为重心的北方地区"的夏家店下层文化遗址。苏秉琦称之为这一支系中的一个特定阶段(早期青铜文化,相当中原的夏商时代)中一个保存相当完好的典型聚落遗址[②]。

在此处墓地中,圹长超过 2.2 米的墓共有 143 座,《大甸子》报告称之为大型墓。在全墓地中约占 18%。凡随葬物丰富的墓大都在这一类之中。其中随葬 4 件陶器的墓有 52 座,只有一座墓没有用鬲,同一墓中另有一组鬶、爵。随葬 5 件和 5 件以上陶器的墓共 26 座,无一墓无鬲,而且都是鬲罐配伍。可知鬲、罐组合在随葬习俗中达到了相当普遍的程度,而且这一现象在早晚期的墓葬中是一致的。

在 600 多座有陶器的墓中,有 13 座墓里出现了制作精细的陶爵和陶鬶(或盉),共发现爵 11 件,鬶 12 件,盉 1 件。多数鬶(盉)爵组合出现在壁龛中。这三种陶器都是可以实用的。鬶(盉)空足裆下都有一厚

---

① 《广东曲江石峡墓葬发掘简报》,《文物》1978 年第 7 期。
② 参阅《大甸子》,科学出版社 1996 年版,苏秉琦序。

层烟垢,俱是曾经长久烧炙而成,以后又用作随葬品随葬的。报告(《大甸子》)指出这一随葬现象宜视作源于中原地区二里头文化因素。这类器皿在豫西二里头文化中并非是普遍大量的生活用器,即使这些酒器是当地制造的,也不是本地常规的礼俗用器。在这 13 座墓中,鬶(盉)爵以外的陶器多为鬲、罐三或四一组,少者也有 4 件,都超过普遍用一组鬲罐随葬的礼俗。其中有 12 座出现在墓地北区。在北区里又以 AI 型区中最多,共有 7 座。这是从鬶爵墓的随葬品数量来比较北区在墓地中的特殊地位,从这一点比较北区的 AI 型区与其他 5 个亚型区的地位,隐约地显现出茔域之间有级差现象。大甸子墓地出现的鬶爵随葬组合,似乎超越了一般礼俗的意义,而成为出现于后来墓葬之礼器制度的发轫。

2. 二里头文化随葬礼器组合

夏作为中国历史上的一个朝代,于后世文献中有着明确的记载,通过考古发掘,在河南偃师县二里头村找到了探索夏文化的极有价值的地下文物现象,这是一个中心性的考古遗址,在此发现了与贵族阶级关联的铸造的多件"礼器",和作为兵器的铜戈。所谓礼器是作酒器的青铜爵与陶盉的组合[①]。在同属于二里头文化的另外两个夯土城墙遗址——河南登封的王城岗和山西夏县的东下冯,在那里获得的碳十四测定的资料证明,其年代是公元前 2000 年前后,当为文献记载的夏王朝时代。属于这一文化类型的遗址在豫西地区就发现有数处。

尤其是若干近似二里头形式,同时又具有细线及宽带纹所组成的兽形带纹装饰的青铜容器,与骨贝器、玉石器、陶器的组合。其中玉质器有琮、钺、圭、璋等。琮无疑是从新石器时代那里承继来的,似有通神的功用,钺很可能是前世所谓石斧或石铲的转型,仍然是统治权力的象

---

① 《河南偃师二里头遗址三、八区发掘简报》,《考古》1957 年第 5 期;《偃师二里头遗址新发现的铜器和玉器》,《考古》1978 年第 4 期。

征，而圭与璋则是新出现的，似乎反映了国家形态中的贵族等级结构的出现，体现了一种等级上的差别。

铜容器中以铜爵为主，就此还不足以反映贵族享用权力的等级，铜爵的器壁较薄，表面粗糙、无铭文、无纹饰，表现了早期青铜器的特点，而它的制作规整，器壁厚薄匀称，已是用复合范铸造。曾用电子探针方法对一件青铜爵作过定量分析，测知铜锡的含金成分为铜 92%、锡 7%，与郑州二里冈期铜尊的成分一致。一个重要现象是在二里头四期的墓葬中（如 1984 年发掘的二里头 6 区 M9）已出现了爵斝[①]的组合形式。应当说河南偃师二里头文化遗址的铜器墓葬以随葬单件平底爵为主，偶有爵斝组合与爵配陶盉的组合。

另外，在一件直径 17 厘米、厚 0.5 厘米的铜片上，四边用 61 块长方形绿松石镶嵌，中间则用绿松石块嵌出两圈十字形的图案，每圈都是 13 个。同出的还有青铜兵器——戈、戚等[②]，五区的属二里头三、四期的遗址中还发现有多枚铜镞[③]，这些青铜兵器是军队的标志。很显然它们是在我国发现的时间最早的青铜器之一，是夏文化已进入青铜时代的重要标志。

后来的重要青铜礼器器型，这时仍然是陶质的，并作为"实用器"随葬，如鼎、大口尊、深腹盆、平底盆、瓮和觚、爵、斝等。

3. 商代随葬礼器组合

关于商代年代的分期，史书上记载商代一共有 30 王；最后的 12 个王定都于殷。从现存的文献资料和从考古学资料来看，商的情况远比夏的要清晰得多。商代的考古遗存已发现了好几十处，在时代上可以

---

① 五区 M1 出鼎，《考古》，1991 年第 12 期。是否属二里头四期仍存疑义。

② 如二里头六区 1 号宫殿基址北面约 500 米土坑 K3，出土有爵 1、戈 1、戚 1，《偃师二里头遗址新发现的铜器和玉器》，《考古》1976 年第 4 期。

③ 《考古》1965 年第 5 期，《考古》1974 年第 4 期。

分成早晚两期。由郑州商城所代表的商代早期遗址——郑州二里冈遗址和墓葬中出土的青铜容器较偃师二里头遗存大为改观,尤其是二里冈上层期墓葬出土计有鼎、鬲、盘、斝、罍、爵和觚,以及非容器类的青铜镢刀、钻、戈及镞等。1974 年在西城墙处 300 米的杜岭发现了两件形制相同,体积很大的青铜鼎,一件高 1 米,另一件高 0.87 米,均为双耳、斗形方腹,四个圆柱形,这种足是半空的,下段为实心,上部一段是空的。器表饰以饕餮纹和乳丁纹①。这两件鼎与其他青铜器一样,纹饰质朴,无凸出的雕刻,也无网底,鼎足无扉牙,表现出早期青铜器的特点。由于铜鼎的器型很大,形制庄重,推测可能属商代王室使用的贵重祭器。青铜在当时是一种贵重金属,青铜的开采与青铜器的铸造被奴隶制国家所掌管,这样,由取材容易的陶鼎演变成青铜鼎,才转而成为王室与贵族权力的标志物。

另外,在二里头三、四期墓葬中的铜爵配陶盉的组合形式,在二里冈上层期墓葬中则以更加丰富的形式多次出现,譬如:1984 年,在焦作南朱村 M1、M2 出土有青铜爵,配以陶豆 2、陶簋 1、陶盉②;1976 年,在项城双店乡石营村毛塚墓出土斝、爵、戈各 1;山东长清归德乡前平村出土了斝、爵各 1,并有陶豆③;1972 年,在陕西岐山京当乡京当村出土铜鬲、斝、爵、觚、戈各 1;1978 年,在武陟宁郭大乡大驾村墓出土了鼎、斝、爵、觚各 1,刀 2,不知名器 2、镞 30 余件④;进而,1986 年,在许昌长村乡大路陈村发现的青铜器墓(被破坏),征集到的铜器有鼎 3、斝 2、爵 2,此外有刀 1、钺 1、戈 2 及镞 17 件⑤。项城双店乡石营村毛塚,1976

---

① 《郑州新出土的商代前期大铜鼎》,《文物》1975 年第 6 期。
② 属二里冈上层期 I 阶段。
③ 属二里冈上层期 II 阶段。
④ 属二里冈上层期 II 阶段。
⑤ 属二里冈上层期 II 阶段。

年墓,出土斝、爵、戈各 1。山东长清归德前平村出土斝、爵各 1,并陶豆 1①。陕西岐山京当村 1972 年出土铜鬲、斝、爵、觚、戈各 1②。以上二里冈遗址墓葬出土物形成了青铜容器与兵器与工具、陶器、牙器及葬具的组合。其随葬礼器的构成是:

(1)青铜容器:鼎、鬲、爵、斝、觚、盉、盘(窖藏)、卣、尊、盂;

(2)兵器与工具:戈、刀、钺、镞、矛、镰形器;

(3)陶器:鬲、豆、盉、爵、觚、尊、盆;

(4)玉、骨、牙器:觚;

(5)葬具。

以上墓葬以木质的棺椁为葬具。随葬品比较丰富,有铜器、玉器、骨器和象牙觚、象牙梳、玛瑙珠、货贝等物品。又,郑州市白家庄 3 号墓的二层台上还发现有殉葬的骨架一具。说明墓主人生前是一些权贵人物,应是奴隶主贵族的墓葬③。

商代大型墓葬(商王室墓葬)的考古资料在安阳殷墟商代遗址的发掘中获取。在约 3000 座墓葬中,以武官大墓④的规模最大,但由于该墓早年曾被盗掘、焚烧,所以木棺和墓主的尸骨却已不存,椁室中的陪葬物品也多被盗走。发掘时仅获得货贝、玉、松石、骨镞和青铜的戈、刀、斧、镞等小件器物和鼎、爵、斝的残片。椁室四周二层上的殉葬品的数量比较少。因之不能全面地反映整个墓葬礼器组合的全貌。

1976 年小屯村西北发掘的妇好墓,是商代殷墟考古的一项重要收获。这座墓的规模虽然不大,但陪葬的物品非常丰富,比较全面地反映了商代王室墓葬的礼器组合。如果按照我们在前文开列的六项组合器

---

① 属二里冈上层期Ⅱ阶段。
② 参阅朱凤瀚:《古代中国青铜器》,南开大学出版社 1995 年版第十章。
③ 《郑州市白家庄商代墓葬发掘简报》,《文物》1956 年第 10 期。
④ 属殷墟第一期。

物来分类的话如下：

　　(1)玉石器：590余件玉器和似玉器，包括玉琮、玉圭、青玉簋、白玉簋，另外有：100多件玉珠、玉环和其他玉饰，20多件玛瑙珠，两件水晶物品，70多件石雕及其他石器，5件骨器，490多件骨笄，3件象牙雕刻，还有近7000个子安贝；

　　(2)青铜容器：两百余件青铜礼用容器，包括方鼎("司母辛"大方鼎2件，长方扁足鼎2件)、圆鼎(两套，每套6件)、偶方彝、三联甗、簋、尊、方罍、壶、瓿、缶、觥、盉、斝、爵、觚、盘等(种类器型齐全，几乎包括了殷墟出土的所有器种)；

　　(3)兵器(包括工具)：130多件青铜兵器，包括四件铜钺、90余件青铜戈，以及4个青铜虎或虎头与20余件其他青铜器；

　　(4)乐器：5件大青铜铙，16件小青铜铃，石磬、陶埙；

　　(5)棺椁具：木椁和涂漆的木棺。

　　依郭宝钧所说，随葬品中的"戈矛剑戟斧镞，象征武备；刀锯错凿锥削，象征文事(简册)；辖衔勒，象征出行；铲币海贝，象征财富；镜鉴带钩珠，象征衣饰的华美；积石积炭、棺钉漆皮，象征宫室的坚固"[①]。妇好墓的发掘证实，一个有着多种象征意义的随葬品组合形式的存在。

　　从随葬品的形式与位置来看，有一部分随葬品是回填封土时，以数十厘米至二米的不同厚度，分六层埋入填土的，计有陶爵、玉臼、玉圭、铜戈、骨镞等。越接近椁室，则每层中放置的器物也越多。如距离口深5.6米处在一个木匣中放有大量骨笄和象牙器皿；木匣之南有石豆、玉盘、玉壶、石蝉、石熊、铜镜、骨刻刀、到瑙珠、海螺、货贝等。及至椁顶上部(距离口5.7米处)，则有铜尊、铜斝、硬陶罐、小石盘、石牛、玉琮、陶埙、铜镞和青玉簋、白玉簋(从描述来看，与礼书中的玉瓒相似)等。

<hr />

　　①　郭宝钧：《山彪镇与琉璃阁》，科学出版社1959年版。

468 件青铜器和其他物品,大多放在棺椁之间。这些器物大多成层地、有规则地置于木棺的四周。玉器和货贝则大部分放在墓主人贴身的部位①。这一理葬形式基本上可以说明某种礼器对于墓主人的重要性和作用。

妇好之名在武丁时期的卜辞中常见。据卜辞记载,她曾主持过一些重要的祭祀活动,并多次率领士卒出征,卜辞载她一次统帅 13000 人的庞大军队,在武丁时代是个显赫一时的重要人物。这次妇好墓的发现,把金文和卜辞中两个同名的妇好联系在一起了。有理由认为妇好是其生称,武丁的法定配偶中的"姒辛"为庙号,与墓中所出"司母辛"的铭文相合。时代属殷墟二期,墓主妇好为商王武丁之妇。这一重要墓葬与其严密的礼器组合,为认知商代后期前段的商王室"礼制"提供了可资分析的珍贵的历史文物证据。

据殷墟王室贵族墓葬的考古资料,可以证明:以玉石器,青铜容器、兵器(含少量工具)、乐器、车马、棺椁具为内容的组合形式基本形成。这一分类的方法基本是以礼器功用来分的,同时兼顾了大宗礼器质地问题。

玉石器作为礼器的主要功用,一为通神祭神,如玉琮、玉璧、玉圭、玉避邪、玉葬具等;二为佩饰,佩饰当是生前身份的重要标志之一,如玉珠、骨笄等;三为符信,如玉圭、玉璋等,是与王权关系的标志,或曰从王权那里分配来的权力的证明物。尤以用礼器来表示从王那里分得一份权力的同时,通神的玉器、祭神祭祖的鼎、豆之属就自然而然地充当了礼器的功用。

青铜容器的主要功用:其一为祭器,如妇好墓出土的"司母辛"大方鼎与其他"司母辛"铭文,所谓"母辛"应为其子祖庚、祖甲对姒辛的称

---

①　中国社会科学院考古研究所:《殷墟妇好墓》,文物出版社 1981 年版。

谓。既作为祭祀用器也作为飨燕用器,如此来体现尊卑。后世礼书习见祭器与飨燕用器的通用,用于享神的青铜礼器在王室贵族的飨燕中享人,反映了祭神权与王权、贵族权是一致的。这在青铜礼器出现之时已经反映出来,同时,殷墟出土的商代青铜器中还有体现殷王朝与方国间贡纳关系的,如妇好墓出土青铜器中有亚、亚其、亚启铭文的组器,有可能是方国名,或在卜辞中出现的近于方的国族①。从妇好墓中青铜器随葬位置仅次于玉器和货贝而接近墓主人,拟或可以认为青铜容器也能充分表现墓主的政治权力。

墓葬中的兵器的主要功用象征着墓主生前拥有兵权。如安阳西区1713 号墓,有殉人 3、殉犬 3,出土各类随葬品 193 件,其中青铜礼器 17件,铜钺和戈、予、大刀等兵器 60 余件,发掘者推测墓主是一位武职官员。从青铜礼器铭文看,墓主生前曾不止一次得到殷王的赐贝②,有可能是因战功得到赏赐。又如:妇好墓中的 130 余件青铜兵器呈现出多种类型的组合,其中铜钺 4 件,二大二小;大者通长 39.5、宽 37.3 厘米,上面铸有"妇好"二字。青铜戈 90 余件,包括直内式、磬折曲内式、曲内歧冠式和銎内式等。好像是象征着妇好的显赫战功,也许是她统帅军旅的一种标志。另外,兵器在贵族墓中随葬的普遍现象的另一种可能性是避邪,在殷墟文化一期晚段就发现了明器化的兵器③。如前文所述明器是专用于随葬的器制。

墓葬中的乐器当用于祀神和象征宴乐,武官大墓的一件虎纹石磬,

---

① 参阅李学勤、彭裕商:《殷墟甲骨分期研究》,上海古籍出版社 1996 年版,第 336 页。

② 中国社会科学院考古研究所:《安阳西区一七一三号墓的发掘》,《考古》1986 年第8 期。

③ 刘一曼:《安阳殷墓青铜器组合的几个问题》,《考古学报》1995 年第 4 期。刘文曰:"最流行的说法是铜武器(铜戈)明器化始于殷墟文化第 2 期……笔者仔细查阅了有关发掘资料,发现在殷墟文化一期晚段已有明器化的武器。如 59 武官 M1 的一件磬折式曲内戈(M1:14),质地轻薄,纹饰模糊,可能是明器。"

制作精致,音色优美,置于椁顶偏西部,妇好墓的椁顶上部(距墓口 5.7 米处)也置有小石磬和陶埙,这似乎不是巧合,妇好墓还随葬了铜铙,这是一组编铙,其数量比 1953 年大司空村出土的三件一套又多了两件。还有 16 件青铜铃,其功用虽然不尽在礼乐,但也未必尽不在礼乐。[①] 如果加之卜辞上所载:"惟五鼓……上帝,若,王……有佑?"(《合集》30388,第 3 期,历组卜辞)可知"殷"人尚声,臭味未成,涤荡其声,乐三阕,然后出迎牲,声音之号,所以诏告于天地之间也[②]。商殷之时用乐于神祀鬼祭,无论是考古资料或文献资料皆备,诚可信也。

随葬车马的功用是反映墓主人生前出行时的场面。妇好墓中没有发现车马器,大概与墓主的女性身份不无关系,在天马——曲村遗址北赵晋侯墓地的晋侯夫人墓中也一概不见车马器,由此可以认定,王与贵族夫人墓不葬车马器是商周时的一种定制。但在其他殷墟大墓或贵族墓地随葬车马已多次出现,如武官大墓北墓道的三个长条状浅坑中杀埋有 16 匹全躯的马架,还有当卢、络头、铜泡、铜铃等饰件。此外,在南墓道另随葬有 12 匹马。马头上也有大小铜泡、铜铃等辔饰。在大司空村、殷墟西区等地还发现了车马坑多座。由于它们掩埋的位置与甲字形墓比较近,因此这些车马坑可能是甲字形墓的陪葬坑。车马坑中一般埋 1 车 2 马。车为两轮独辕,驷置于车辕的两侧。车辐都是 18 根。车箱作长方形。埋葬时,车轮纳入预先挖好的槽内。在有的车箱底部曾出过矢箙,内装铜镞 10 枚,车的后部往往殉埋成人骨架一具和铜戈等兵器,车和马头上都有青铜铸造的饰件。从车马坑与甲字形墓位置与车箱处残存的兵器以及车的后部持戈殉人的组合看,似墓主人的护卫车,因此在殷人眼里,于墓葬区内殉葬车马亦有护卫墓主之功用。

---

① 殷墟卜辞亦载有"铃"。

② 《礼记·郊特牲》。

棺椁的功用是装殓尸体，以木制造的葬具，然而，棺椁的规格却显现着墓主生前支配政治权力与财富的状态。如妇好墓的椁木上粘有红黑相隔的色彩，说明原来覆盖有幔帐一类东西。木棺已朽，但从漆片知道，木棺表面原来涂有红、黑色的漆皮。可知妇好生前的富贵。在殷墟周围的墓葬群中另有一些作长方形竖穴的墓葬，其葬具通常都用棺，也有些墓葬除了木棺外还有椁，在棺椁上面再铺席子或双彩绘的画幔一类织物覆盖①。

综上所述，商殷墓葬的随葬品绝不限于青铜器的组合，而是玉器、青铜礼器、兵器(含少量工具)、乐器、车马器、棺椁具的立体组合。从考古资料来看，其丰富的程度也已大大超出礼书中所载的礼器情形。尤其是妇好墓出土的随葬玉器种类之繁多大大超出后世对礼玉的知识，其中不乏从兵器、工具中刚刚脱出的礼器的雏形，其品种、形制繁杂使人联想到妇好对夷方、土方、羌方、𢀛方、巴方等方国的征伐，犹如各种动物形象的玉雕，又如玉戈(483)矛形器(481)、叶形矛头(829)等更似取之方国的战利品，同刻有"卢方皆入戈五"铭文玉戈，即为卢方向商王朝贡纳之物。贡纳实际上已经显现了征伐之结果。

玉料在中原的产地仅限于河南南阳，从考古学资料看，商代玉器之质料有青玉、白玉、青白玉、墨玉、黄玉等多种，有的来自新疆，有的来自辽宁。妇好墓出土各式玉璧达 57 件，另外还有一种叫作玦的，即缺口的璧，有 18 件，各式各样的圭 8 件，似琮的玉器 14 件，另有 73 件玉璜，玉戈 47 件，所谓"柄形器"达 33 件之多，以及数目众多的小件玉佩和其他装饰玉件等等。由于玉料的产地并不普遍，雕琢玉器的工艺又比较

---

① 《1953 年安阳大司空村发掘报告》，《考古学报》1955 年第 9 期；《1958 年安阳市大司空村殷代墓葬发掘简报》，《考古》1958 年第 10 期；《1962 年安阳大司空村发掘简报》，《考古》1964 年第 8 期；《河南安阳薛家庄殷代遗址、墓葬和唐墓发掘简报》，《考古》1958 年第 8 期；《1957 年秋安阳高楼庄殷代遗址发掘》，《考古》1963 年第 4 期。

复杂,因此玉雕制品在当时是很珍贵的物品。在殷墟发掘的上千座平民墓中极少见到玉器,而在妇好墓中有大量出土,而且从玉料、形制和装饰纹样来看,又有各种各样的特色,这正好说明妇好为商王之妇的特殊身份。

造成商周葬制迥异的社会制度的原因,我们在第二章已有了分析,其主要原因是商作为万邦并存中的一个大邦,是王权相对集中的王朝;而西周的周天子的统治权虽然达到四方,而全国却是一个诸侯国分权的状态。周天子通过对礼器的垄断和再分配对诸侯国进行制约,这也构成了两周墓葬随葬礼器方面的某些组合上的特征。

(二) 两周随葬礼器组合的变迁与分析

西周前期的礼器无论从单个器型来看,还是从其制度来看,都不免受到商代的影响,更何况武王克商,既"命南宫括散鹿台之财,"又"命南宫史佚展九鼎宝玉……封诸侯,班赐宗彝,作分殷之器物"①"凡武王俘商,(得)旧玉亿有百万"②。周初分封制并未成熟,因而以等级而分的礼器制度还未见成熟。郭宝钧的《商周铜器群综合研究》根据周穆王以前的 25 分群,186 件西周青铜器,认为:尚有爵、觚、觯、角等饮器 37 器,尊、卣、罍、瓿等盛器 35 器,共合酒器 72 器。比之同时的鼎、鬲、甗等炊器 64,或食器簋、豆、盂(盂在西周作饭用)等 28 器,酒器的比重皆大,近于殷代酒器比例;而在穆王以后的 6 分群,118 器中,爵、斝、觯、角皆绝迹,只有两个变相的觚,盛酒器亦只有 13 器,比之同时的炊器 20、食器 37,比重皆小,即酒器 15 器的绝对数,比之前期的 72 器亦所差甚远③。从郭氏的分析可见自穆王后,由殷商重酒器组合向周代

① 《史记·周本纪》。
② 《逸周书·世俘解》。
③ 郭宝钧:《商周铜器群综合研究》,文物出版社 1981 年版,第 62 页。

的重食器组合转移。与之同时,鼎簋相配制似也产生于这一时期,所谓鼎簋相配制亦见于先秦文献,这在前文已经讨论过,即鼎奇簋偶,并按照等级地位来确定用鼎用簋的数目。

作为执掌政权的象征——礼器,它的随葬组合可分为玉器、青铜礼器、兵器、乐器、车马、棺椁具 6 类,自沿革自殷商始几乎一直贯彻到战国时期。自西周后期,周王室衰微,由于自西周末年社会政治生活的动荡,贵族等级制度不断遭到破坏,尤其是宗法制度的解体,礼器制度的约束力越来越松弛,而礼器的权力象征作用却越来越被滥用,以至上层社会的僭越现象与下层社会的世俗化,最终将礼器制度彻底破坏。

1. 北赵晋侯墓地与上村岭虢国墓地的随葬礼器组合

为了窥测两周礼器组合的全貌,本书有必要选择高级别的早期墓葬,即西周诸侯墓的考古资料作为分析的基点,以找出两周礼器的基本组合形式。就目前已知两周考古学资料而言,以山西曲沃县东、翼城县西两县交界之天马——曲村遗址北赵晋侯墓地,与河南三门峡上村岭虢国墓地为比较完整的诸侯国邦君墓地。此两处墓地出土的成套礼器组合比较完整,又成系列,对于考察周礼的形成与发展,有着特别重大的意义。李学勤在朱凤瀚《古代中国青铜器》一书所作序言中说:"最近曲沃一带天马——曲村遗址晋国墓地的发掘,才使我们看到这一时期青铜器比较完整的面貌,不禁目瞪口呆。"李学勤所说的"目瞪口呆"的含义,绝不在青铜器发掘本身,而是在于其考古学资料与过去人们所怀疑的礼书上的契合。

先来看一下迄至北赵晋侯墓地五次发掘的情况。整个晋侯墓地大致分为南北 3 排,北排 8 座墓,南排 7 座墓。在两排的西侧夹有另外 2 座墓。北排的 8 座墓由东而西分别是 M1、M9、M6、M7、M33、M32、M93、M102,南排的 7 座墓由东而西分别是 M、1M2、M8、M31、M64、M62、M63,中间的 2 座由东而西分别是 M91、M92。根据历次发掘的结果,《天马——曲村遗址北赵晋侯墓地第 5 次发掘》①的考古报告又将各墓分做 8 组,按年代早晚排定为:M9、M13→M6、M7→M32、M33→M91、M92→M1、M2→M8、M31→M62、M63、M64→M93、M102。它们之间的年代衔接紧密,其间似无空缺,因此,它们应该是世次相接的 8 代晋侯及其夫人的墓葬。因为最早的晋侯墓(M9)已当穆王之世,所以可将唐叔虞和晋侯爕父两代晋侯排除在该墓地之外。殇叔即位已属非常,后来又被文侯所杀,因此,也不可能入此"兆域"。所剩 8 代晋侯恰好可与组墓相对应。M8 所出"晋侯苏"铭与《世本》所记晋侯名相一致。因此,很可能就是晋献侯之墓。那么早于晋献侯墓并于之与衔接的 M1(晋侯"对"墓)的墓主人就应该是晋釐侯了。继 M8之后并与之紧邻的是 M64,墓主晋侯邦父或以为即晋穆侯。M33、M91和 M93 的墓主分别是厉侯、靖侯和文侯。厉侯之前的两代晋侯是武侯和成侯,若可依次类推,它们应该是 M9 和 M7 的墓主人。

这一推测尽管还存在着不少问题,如 M8 所出晋侯苏器的归属尚无法给予合理的解释,而且,起止年代从西周中期偏早(穆王前后)至春秋初年排定 8 世晋侯亦有不可解之处②,然而其考古年代上的顺序还是令人信服的。这样,这 8 组墓的入葬时间,约乎百数十年的历史沿革,就为我们提供了一个不可多得的周代礼器制度的模式。

---

① 《文物》1995 年第 7 期。

② 依《史记·晋世家》,靖侯十七年,即厉王奔于彘,以公元纪年应在前 841 年,靖侯十八年卒,子献侯立;献侯十一年卒,子穆侯费王立;二十七年穆侯卒,弟殇叔自立,殇叔四年,穆侯太子仇率其徒袭殇叔而立,是为文侯。文侯十年周东徙,为公元年前 770 年。此间除去殇叔不计,应为四世。而在此四世之前,《晋世家》曰:"唐叔子爕,是为厉侯。晋侯子宁族,是为武侯。武侯之子服人,是为成侯。成侯子福,是为厉侯。厉侯之子宜臼,是为靖侯。靖侯已来,年纪可推。自唐叔至靖侯五世,无其年数。"而唐叔受封于周成王,即便是五世加靖侯十七年,要对周成王至周厉王九世,其中穆王的历谱据《史记》等古籍记载就有 55 年,这如何能排下晋侯的五世呢?这样算来,自武侯(M9)而成侯(M7),而厉侯(M33),至靖侯(M91)的排定也有年代上的问题。

在至今探明的 17 座晋侯及其夫人的墓葬中,其中 7 座已遭盗掘破坏,其余 10 座保护完好,现依考古年代的先后,玉器、青铜容器、兵器、乐器、车马和棺椁具的情况可见本章附录 1:北赵晋侯墓地随葬礼器组合登录表。

这组墓之随葬品的放置大致有四种情形,其一是在棺椁之间,主要放置青铜礼器、车马器、乐器、兵器,也有放置玉器的。考虑到由于地震等而出现器物移动的因素,参照 M64 放置情形推测,青铜礼用容器一般分布于外棺的北面,或有车马器,诸如轭、辖和銮铃等,或有兵器戈、剑、镞等,乐器,包括编钟、钲、石磬置于外棺的东南两侧,M63 有盛满各类玉质小件器物的铜方盒(已锈蚀成末)置于椁室西北角,M102 有由玉鱼、玉鸟分别和玛瑙珠组成的串饰 4 组,出于椁室西侧,伴出有刀形器和玉璜。另外也有将玉圭、玉人、石牌、石戈等置于棺椁之间者。还有就是在椁两侧散落有以铜鱼、蚌贝或铜铃之类的棺饰。北方一般为墓主首向,因之也是列放礼器的主要方位。

其二是,在棺内主要放置佩带的各种饰物。在保护完好的 10 座墓中,除去 M102,无论是晋侯还是晋侯夫人都有缀玉覆面,在晋侯夫人墓中,尤以玉珠串饰出土最丰,其他玉器与玉佩的放置亦有一定位置。如 M102,墓主头部陈玉琮 1 件,头部左右两侧分别出土有颈佩项饰 1 组,玉玦 6 件,胸、腹部放置有玉环、玉璧各 1 件,双手各握柄形玉器,左侧身上还佩戴一组由镂空梯形玉牌和玛瑙管及料珠组成的串饰。胸部和右侧腰际分别出土有 2 件猴形玉饰,左股旁侧有 2 组玉鱼、玛瑙珠和松绿石珠组成的串饰;另外口含玉蚕 13 枚。

其三是在外椁顶部,或置殉车,或置车马器,包括轭、軎、络扣、骨扣等,还有兵器、陶器等。

其四是墓室上部的填土中,如晋侯墓 M63、M93 均在填土中置有玉石器,包括戈、圭、璧、柄形器饰等。

　　下面来做同组墓的比较。在同组墓的墓圹形制方面,也就是说晋侯墓与晋侯夫人墓的墓圹规模,除去文侯一组差距很大以外,其余大多相同或相近。至于穆侯的一组,M64 与 M62 均为甲字形墓,M64 全长24.3,M62 全长 23.5 米,实际上为相同的形制,而定为次夫人的 M63却是中字形墓,全长竟有 35 米长。这种情形颇似《孟子·梁惠王下》所曰:"前以士,后以大夫;前以三鼎,而后以五鼎……"推测定是"非所谓逾也。贫富不同也。"M64 与 M62 葬在前,而 M63 葬在后,葬在后者的境遇可能与前者比发生了某种变化,或许是时君与 M63 墓主有着更密切的关系,故墓圹超过了 M62,葬仪更为隆盛。因此,这组墓中唯有作为晋侯夫人的 M62 无积石积炭,随葬品总计只有 750 余件,主要器物颇显简单轻薄。而 M63 墓看似级别低,却拥有超规格的墓穴和 4280件随葬品。

　　由此,本文认为,注重于以鼎簋之数来判定墓主名位的说法已值得商榷,在同组墓中,晋侯与晋侯夫人墓随葬鼎簋数目远不似礼书上说得那样确定。如在晋侯墓中 M91 为七鼎五簋,M64 为五鼎四簋,M93 为五鼎六簋,其中没有一致的,晋侯夫人墓中,除 M62 与 M102 相同,都是三鼎四簋,M31 与 M63 都是三鼎七簋之外,还有 M13 为五鼎四簋,M92 为二鼎二簠。以这样的情形来说明一个固定的鼎簋制,并由鼎簋的数目来确定墓主人的身份显然是不充分的。这起码说明在西周时期鼎簋相配的数目并不确定,而且,鼎簋相配制在整个礼器制度中的分量,有可能是被后世人为地抬高了。

　　在同组的比较中,晋侯与晋侯夫人于葬礼上的最重要的区别,可以说并不独在鼎簋相配制上,其显明的区别是,晋侯墓的墓道及附近多有祭祀坑和殉牲,而晋侯夫人却没有或很少。另外,值得关注的是,在随葬礼器中,在所分六类——玉器、青铜礼器、兵器、乐器、车马器与棺椁中,唯有晋侯为全有,而晋侯夫人不是全有,尤其晋侯夫人墓不随葬兵器、车马(有的晋侯夫人墓随葬有车马器)与礼乐器,在玉器类中晋侯夫人也不随葬有仪仗用的玉戈。这是一种显著的等级差,此礼器组合结构从武侯墓组(M9、M13)到文侯墓组(M93、M102),凡八世晋侯与晋侯夫人,其随葬礼器组合结构没有太大的变化。

这样一个礼器组合结构,亦可上与殷墟妇好墓联系。商作"天下共主"的大邦君王,当然要比诸侯的晋侯高上一等,妇好作为商王妇,见于妇好墓的各项礼器规模都要大大超过晋侯与晋侯夫人。但是作为商王夫人,在 6 类礼器中应减少兵器与车马两项,可妇好握有过兵权,因此在她的墓里随葬了百余件兵器,唯独没有车马随葬。

另外,晋侯墓地 M8、M13 中出土的人龙混合纹玉佩饰,与殷墟妇好墓的高冠侧玉人的形制接近,一些小件玉饰件也与妇好墓所出十分相似。M64、M93 与墓室上部填土中置以戈、圭、璧、柄形器饰件等玉石器的墓葬形制,以及随葬品的摆放位置也与妇好墓相同或相似。只是规格上有所减低。如果综合地来看王室与邦君礼器组合,《礼记·记器》所云"三代之礼一也,民共由之,或素或青,夏造殷因"的说法还是可以成立的。而与之相比,倒是春秋之后的王侯墓的随葬礼器组合发生了较大的变化。这个问题放在下文予以讨论。

再来看一下河南三门峡上村岭虢国墓地,其中 M2001、M2009 很可能是国君墓,在 M2001 出土了玉器:缀玉面覆,青铜容器有鼎 9、簋 8、鬲 8、壶、盘、匜、甗等,兵器多件,乐器有甬钟一套 8 件,还有车马器以及多层的棺椁[①],这也是一完整的诸侯级墓随葬礼器的组合体。

在 M2001 虢季墓东南 20 余米处发现了 M2006,其墓葬形制与随葬品组合,像是虢国邦君夫人。玉器有盘龙形璧 1、圭 16、璋 1、璜 8、玦 4、玉戈 1、石戈 1 与小件装饰玉件若干,以及缀玉面覆。青铜容器为鼎

---

① 《三门峡上村岭虢国墓地 M2001 发掘简报》,《华夏考古》1992 年第 3 期。

3、盨 2、圆壶 2、鬲 4、方甗、簋、盘、盉、尊、方彝、爵、觯各 1,兵器、乐器
无,车马器有軎、辖、衔、镳、铃、饕餮首、细腰、节约、络饰等 9 种 47 件。
棺椁为一椁一棺,棺饰有铜鱼 381 枚之多。铭文中记兽叔为孟姞作媵
器,可见墓主为女性,入葬时间约在西周晚期。

　　或许 M2006 与 M2001 是一组夫妻并穴合葬墓,或是 M2006 作为
M2001 妻妾陪葬之一,同样提供了一套国君(诸侯)夫人拥有由玉器、
青铜容器、车马器与棺椁 4 类礼器组合的随葬模式。

　　这两处诸侯墓地所出礼器组合情形的相合,基本上可以证实关中、
中原王畿地区以外地区(含诸侯国及其他地区)诸侯墓地这一时期的墓
葬礼制的大致规格。加之陕西宝鸡茹家庄墓地之 M1 乙、M1 甲①,北
京琉璃河 M1193② 的例证,似乎可以证实邦君以 6 类礼器组合随葬,而
以下,如夫人、如卿大夫或士则依次递减的模式。

2. 周代随葬礼器的组合模式

　　多年来,由于金石学的传统,也由于青铜礼器铭文极高的历史价
值,因之偏重于以墓葬所出青铜礼器组合来评估墓主等级的倾向相延
至今。虽然青铜礼器中的鼎簋常以同一形制的成套形式出现(尤其是
中小型墓),但以用鼎簋数目来确定墓主不同身份等级,甚至定爵位的
做法,越来越受到考古学资料的挑战。其实礼书所列礼器也是一个多
类组合的体系,不单以用鼎代表身份等级。确实存在,而又因时因地因
人不同而用鼎簋相配数量不同的用鼎制度,应包含在多类组合的礼器
制度之内③。礼器作为礼制的物化形式,作为等级制度的一种确定值,
当然是十分重要的,其意义之大自不待言,然而,可以肯定地说,在有周

---

　　①　卢连成、胡智生:《宝鸡强国墓地》,文物出版社 1988 年版。
　　②　《北京琉璃河 1193 号大墓发掘简报》,《考古》1990 年第 1 期。
　　③　依礼书,依常理,墓葬礼器组合中还应包括漆竹类与纤维类的服冠屦与旗物,无奈时
至今日多已不复存在。

的几百年间,这种物化的确定值是因时、因地、因人而变化的,尤其是如此具体的定数,诸如所谓《公羊传》桓公二年注:"礼祭天子九鼎,诸侯七鼎,卿大夫五,元士三也"的说法,只能是某一时期的某一政治区域内所实行的一种礼器制度,同时仍具有很大的拟构成分。

　　在结合了礼书所描述的周天子与贵族的政治生活与礼器制度,并与实际考古资料相印证,似乎以墓葬所出六类礼器组合的情形来作为西周贵族等级指标较为可靠,尤其是据天马——曲村遗址北赵晋侯墓的考古学资料,建立以六类礼器组合为等级确定值体系的条件已趋成熟。《左传》庄公十八年所曰:"名位不同,礼数亦异。"便可由此找到胜之倍蓰的"礼数"确定值。然而,由于可资利用的考古学资料并不是很多,因此本文仅根据现在所能了解的情况,假定如下一等级用礼器数值模式,下文将以考古学资料为依据,确定其各项礼器于诸等级中最大值与最小值。

　　西周墓葬随葬礼器组合结构如下:

　　 大型墓 　（墓圹形制:四条墓道、中字型、甲字型、长方竖穴型）

　　(1)玉器:通神玉(琮、璧、玉敦);瑞玉(圭、璋、璜);佩玉(组佩、串珠,有圭、璜);敛尸玉(缀玉、覆面、含玉);小件装饰玉(玉兽等)。

　　(2)青铜容器:食器,a.盛牲牢(鼎、俎);b.盛黍稷(簋、簠、豆);c.炊具(甗、鬲);d.酒器(尊、爵、斝、卣、罍、壶、盉、觯、彝);盥器(匜、盂、盘)。

　　(3)兵器:短兵(剑、刀);长兵(戈、钺、矛);甲胄(甲、胄)弓矢(镞);盾(盾、铜泡)。

　　(4)乐器:钟(编钟、甬钟、钲);磬(石磬、玉磬)。

　　(5)车马:车马坑(车、马),车具(軎、辖、轭、毂、銮铃);马具(当卢、络执、衔、镳)。

　　(6)棺椁:积石积炭,棺椁(椁、棺);棺椁饰件(铜鱼、铺首、铃、蚌贝)。

中型墓　（墓圹形制：长方竖穴型）

（1）玉器：通神玉（璧）；瑞玉（圭、璜）。

（2）青铜容器：食器 a. 盛牲牢（鼎）；b. 盛黍稷（簋、簠、豆）；c. 炊具（甗、鬲）；d. 酒器（尊、爵、斝、卣、罍、壶、盉、觯、彝）；e. 盥器（匜、盂、盘）。

（3）兵器：短兵（剑、刀）；长兵（戈、矛）；甲胄；（甲、胄、盔）；弓矢（镞）。

（4）棺椁：棺椁（椁、棺）。

小型墓　（墓圹形制：长方竖穴型）

（1）青铜容器：食器 a. 盛牲牢（鼎、俎）；b. 盛黍稷（簋、簠、豆）；c. 炊具（甗、鬲）；d. 酒器（尊、爵、斝、卣、罍、壶、盉、觯、彝）；e. 盥器（匜、盂、盘）。

（2）兵器：短兵（剑、刀）；弓矢（镞）。

（3）棺椁：棺椁（椁、棺）。

另外，还有殉人与积石积炭的问题，由于这是一个专项研究课题，在此不做论述。

两周考古至目前为止，还没有发现周王室的墓葬，但据殷墟妇好墓与武官大墓的情形推测，一旦周天子的墓葬被发现，其随葬礼器的组合也必不会出于这六类之外，而且应是六类礼器俱全，只是在各类中的某项器物与某项器物的数量值上要高于诸侯一个级别。如依此标准，自天子至士的墓葬礼器组合如下表：

身份＼礼器	玉　器	青铜容器	兵　器	乐　器	车马（器）	棺　椁
周天子	✓	✓	✓	✓	✓	✓
王后	✓	✓		✓	✓	✓
诸侯	✓	✓	✓	✓	✓	✓
诸侯夫人	✓	✓				✓
卿大夫		✓			✓	✓

续表

卿大夫之妻		√				√
大夫		√	√		√	√
大夫之妻		√				√
士		√				√
士之妻						√

"√"表示存在

由于六类礼器组合形式,体现了一种持有礼器的人对祭天祭祖的权,对"万邦"或一邦政治权、兵权、教化权、宗主权与财富权的拥有,因此,其方式相对比较稳定。再者由于周的国家形态上的统治权力的分散,接受"授民授疆土"的诸侯及邦君,作为周天子的小宗同样拥有六类礼器所体现的权力,因此具有的礼器种类是相同的,只是某项礼器与某项礼器的数量值不同而已。而权力与权力等级是相结合的,等级愈高拥有的权力也就愈多愈大,因此,伴随授予权力的大小,等级的高低,礼器的种类也将次第增减,而其中的某项礼器的数量则有一定的或然性,有必要用最大值与最小值来加以修订,以求得礼器数量值的资料化。

同时,必须强调指出的是,由于王室衰弱,尤其是宗法制度的瓦解,六类礼器组合的形式并非是一成不变的。也就是说随着政治统治权的变化,随着某种权力的消亡,代表这种权力的礼器也必定消失或转变形式。以太原金胜村 251 号春秋晚期大墓为例:

共出土遗物 3134 件:

(1)玉石器:计 545 件,有璋、瑗、环、珠、玉尺、玦、玉刀、玉圭、玉片、玛瑙杯、水晶环、料珠、水晶珠、璜、璧等十几种;

(2)青铜容器:鼎 25、豆 14、壶 8(方壶 4 高柄小方壶 2 扁壶 1 匏壶 1)、鬲 6、鉴 6、簠 4、瓿 2、舟 2、盘 2、罍 2,另外还有鸟尊、盉、甗、瓶、灶、匕勺、瓿、钫、钵、耳杯等 20 余种;

(3)乐器:编钟 2 套,19,石磬 13 件;

（4）兵器：刀 11、剑 8、戈 28、矛 24、标枪 6、戢 4、钺 4、斧 6、柲 100、镞 465；

（5）车马器：计 185 件，有车軎、马衔、马镳、当卢、带扣、铜泡等数十种（另有车马坑：车 16，马 44）；

（6）棺椁具：大型木椁，3 层套棺，另外使用了积石积炭。

这座春秋晚期礼器组合之完备，其规格超过了春秋早期的虢国太子墓，春秋中期的莒侯墓，在随葬车马、兵器等方面也超过了战国时代的中山王墓。然而就是这样一座大墓，原报告据出土的 25 件鼎中的"大牢七鼎"推测墓主的身份为卿或上大夫①，这显然是低估了墓主的身份。据历史背景的分析，251 号大墓的墓主应是已掌握了晋国大权的"六卿"之一赵卿中的一员，这样不仅可以判定，不当以卿或上大夫这样的身份来理解墓主身份，而且可以证明只是用鼎的数量来判断墓主的身份是不足取的。随葬礼器的具体变化将在本章以下各节中加以论述之。

二、随葬玉器制度

玉器作为一种特殊的非功利性器皿，出现在新石器时代的中晚期，其主要功用大致是用来通神，是一种巫术用具，到了周代依然能够看到那些古老通神器的影子。但是，很显然，作为玉器的整体来讲，玉器于新石器时代的功用，到了周代已经有了巨大的变化。这在周墓随葬玉中有着具体的体现。

周人用玉的目的何在呢？《礼记·聘义》载：孔子回答弟子子贡关于"君子贵玉而贱碈"的问题时说，君子所以"贵玉"是由于玉具有 11 种

---

① 《太原金胜村 251 号春秋大墓及车马坑发掘报告》，《文物》1989 年第 9 期。

"德"，即"温润而泽，仁也；缜密以栗，知也；廉而不刿，义也；垂之如队，礼也；叩之其声越以长，其终诎然，乐也；瑕不掩瑜，瑜不掩瑕，忠也；孚尹旁达，信也；气如白虹，天也；精神见于山川，地也；圭璋持达，德也；天下莫不贵者，道也"。如是说还有《管子·水地》《荀子·法行》之说等。这些赞美之辞显然是礼玉世俗化的条件下，由后世儒生发出的感慨，而并不是由于玉具有所谓"七德""九德""十一德"才为周人所贵之。从考古学资料来看，在商殷与西周墓中，用玉器随葬多见于诸如王室与诸侯夫妇等高级贵族墓中，可见玉器在当时的礼器中实属最高级别。

（一）二里头、二里冈文化与殷墓随葬的玉器

偃师二里头出土2件璋形玉器[1]，也发现过称为"琮"的玉器[2]，但据夏鼐的考证，其一是残器，转角处两侧刻有花纹，另一件作圆筒状，内外都是圆的，当是筒形的玉镯[3]。另外还出土过一见完整的七孔玉刀[4]。郑州二里冈曾出土一件璋形玉器[5]。

殷墟西区900余座小墓中有41座出土石璋183件，出土石制圭14件，最多的2座墓分别出13件和14件[6]。

妇好墓出土各种玉器达755件，其中璧16件，连同环与瑗共有57件，大孔的环、瑗与小孔的璧的功用显然不同，商代墓葬中的大孔的环、瑗出于墓主的胸前或腰间，似作手镯之用；小孔的璧则出于墓主人贴身的部位，有18件，圭形器8件，琮14件。璜有73件，其中绝大多数为璧类的三分之一，只有少数接近二分之一，与"半璧曰璜"的说法不一样。

① 《文物》1966年第1期。
② 《考古》1975年第5期。
③ 《商代玉器的分类、定名和用途》，《考古》1983年第5期。
④ 《考古》1978年第4期。
⑤ 《考古》1983年第3期。
⑥ 《考古学报》1979年第1期。

（二）西周墓葬随葬玉器与组合形式

从北赵晋侯 17 座墓葬所出玉器来看，周人用玉大致上可分为：(1) 通神玉器；(2)敛尸用玉；(3)佩玉(含其他质料的佩饰)；(4)玉瑞；(5)小件装饰玉五种形式。以下作分别论述：

1. 通神玉器

通神玉器，在周墓中主要有璧、琮和玉敦等，璧和琮的作用在于祀天礼地，这不仅反映在周礼书中，而且也可上溯到新石器时代的祭坛遗址考古学资料，这在第二章、第三章与第四章都做了不同角度的交代。

据北赵晋侯墓的考古学资料，玉璧①在墓中的位置有两种情况比较重要。一是置于棺内墓主的腹部，譬如：M102 腹部放置玉环玉璧各一件；另外 M31，其中玉环(M31:108)出于墓主的背部，一面刻有"玟王卜曰我帮人弘代壹人。"另一件玉环(M31:66)出于墓主胸部左侧。M93，墓主胸腹部自上而下为玉璧、带牙玉环、玉璧(下压一石璧)、玉环，其上压一大型玉戈。这与良渚文化、红山文化的玉敛墓的随葬形式十分相似，如辽宁中牛河梁遗址墓葬中将玉葬成组对分置墓主身体上的情形很接近，极可能是具有神灵崇拜与通神避邪的作用②，而周人的玉璧已有较多的服饰作用。

另一种情况是在填土中置有玉璧等其他玉石器。如北赵晋侯墓 M64、M93。这与妇好墓的情形一致，是墓主与墓外神灵联系的一种形式。

---

① 夏鼐：《商代玉器的分类、定名和用途》，《考古》1982 年第 5 期。夏文曰：环和瑗，实际上也便是璧。《尔雅》中说"肉倍好谓之璧，好倍肉谓之瑗，肉好若一谓之环"，这是汉初经学家故弄玄虚，强加区分。"好"是指当中的孔，"肉"是指周围的边。本书认定夏说甚善。

② 参阅《辽宁牛河梁第 5 地点一号塚中心大墓(M1)发掘简报》与《第 2 地点一号塚 21 号墓发掘简报》，《文物》1997 年第 8 期。

于北赵晋侯墓,玉琮位置在棺内,M102,玉琮一件置于墓主头部的左侧,M91,玉琮一件置于墓主的股骨间,都是十分重要的位置。礼书中的玉琮属"六器","以黄琮礼地",其形制与考古学资料一致。江苏南部的良渚文化发现有高大型的玉琮。广东曲江石峡墓地也出土了6件,包括高大型的和扁矮型的,时代相当于良渚文化或龙山文化晚期。山西襄汾陶寺的龙山文化晚期的墓葬中,也出土过扁矮型的玉琮①。殷墟妇好墓中出土的玉琮有14件,一般都是比较扁矮的。其中5件的高宽比大致相等,表面平素无刻纹。7件更为扁矮,但都刻有花纹,有的是琮类中最常见的四个角的凸棱上刻平行阴纹和圆点纹,有的是蝉纹,或突起半圆形。另3件"琮形器"是退化的琮,也都是扁矮型的。北赵晋侯墓出土的玉琮形制不详,推测其形制应当是扁矮型的。

另一种通神玉是玉敦与玉罍。其中(M63:121)深绿色,小口,圆腹,无底。肩饰阴线凤鸟纹,上腹饰浮雕涡纹间叶纹,下腹饰三角垂叶纹。口径3.3、腹径6.9,通高6.2厘米。显然不是实用之物,似是一种象征性器皿。《春官·大宗伯》载有玉齍;《天官·玉府》载有玉敦。《春官·大宗伯》曰:"凡祀大神,享大鬼,祭大示,帅执事而卜日……奉玉齍。"《天官·九嫔》曰:"凡祭祀,赞玉齍。"郑玄注曰:"玉齍、玉敦,受黍稷之器。"疑北赵晋侯墓的玉敦与玉罍就是玉齍。如果晋侯墓所出玉敦与玉罍果与玉齍为同器,那么M63:121亦有祭祀、通神之功用。只是报告中该器在墓的位置关系不明,还不能就此进行深入分析。

2. 敛尸用玉

《仪礼·士丧礼》曰:"商祝布绞、纷、衾、衣,美者在外,君襚不倒。……主人奉尸敛于棺,踊如初,乃盖。"此言大敛时用衣衾于棺。《春官·典瑞》曰:"驵圭、璋、璧、琮、琥、璜之渠眉,疏璧、琮,以敛尸。"郑

玄注:"以敛尸者,于大敛焉加之也。驵,续为组,与组马同,声之误也。渠眉,玉饰之沟瑑也。以组穿联六玉沟瑑之中,以敛尸。"昔日加衣衾及敛于棺的情形边已不见于两周墓,值得庆幸的是,北赵晋侯墓出土的缀玉覆面再现了礼书中提到的"六玉敛尸"。在考古报告中出现的多套缀玉覆面,既有晋侯用,亦有晋侯夫人用。如:M91:2,由 24 件玉石饰拼缀而成。四周围以 16 件梯形带牙小玉缀,眉及颊部分别用玉觿为之。与礼书上所谓"渠眉"正合。中间用 24 件玉片组成五官。同组墓 M9(夫人墓)随葬的缀玉覆面有两套。M92:57,由 23 块形状不同的玉片缀在布帛类织物上组成。九块带扉牙的玉器围成一周,中间由眉、眼、额、鼻、嘴、颐、髭共 14 件玉器拼成一完整的人面形。M31:73 由 79 件不同形状的玉石片组成。每件上均有钻孔,眉形饰为两件石璜,目形饰为两件抹角长方形石片,间各以 1 鱼形饰和 3 钩形饰填补,面颊饰为两件扶角方形,耳形饰两件,置于目形饰两侧,菱形额心饰为一件。鼻形饰两件。一方形石片在上,一方形石片在下。半月形口形饰 1 件,两侧腮形饰各 1 件,下方颔,横饰各 1 件,另外,在眉目间,鼻翼部位、口、颔饰两侧,耳饰外侧,有钩状饰玉缀 22 件。M62 也是一座夫人墓,其覆面用 48 件玉片缝缀在布帛类织物上组成人面形。四周围以 24 片玉缀。除玉缀外,其他玉片上均有纹饰。M93:1 则由 31 件玉石片拼成一完整的人面形。四周为 15 件三角形玉片为缀。等等。

北赵晋侯墓地发掘的 8 世晋侯及夫人墓葬,沿革有序,关系清楚。在具有如此重要考古价值的诸侯墓地,出土这样多的成套的敛尸玉器,足以证明此种玉器在西周邦君中已有成制。河南三门峡上村岭虢国墓 M2001 也是一座诸侯墓,其中也出土了一套缀玉面覆,便是非同一诸侯国出土同一类玉器的例证。《左传》定公五年载:季孙意如死,"阳虎将以璵璠敛,仲梁怀弗与,曰:'改步改玉。'"玙璠为季孙意如敛尸,为此与季孙的另一位家臣仲梁怀发生了争执。仲梁怀认定君臣尊卑不同,从前昭公出走,季孙代行君事,今定公已立,季孙已复臣位,因而不能以玙璠敛尸。这段文献记载虽属春秋晚期事,但仍与上述考古学资料相合。敛尸用玉拟或是邦君家室专用的礼器。

除去缀玉覆面,还有含玉……M91 居然口含 60 余颗玉石粒。此外还有手握柄形玉器的,这些应同属于敛尸用玉的。

3. 佩玉

北赵晋侯墓与上村岭虢国墓出土的结构完整的成组玉佩,在两周考古学资料中有着非同寻常的重要意义。有学者在核对了几十年来刊布的出土材料后认定,保存完整的两周佩玉实属不多,主要见于一些高等级墓葬。如将这些出土实物和文献记载相比较,便会发现文献中记载的珩璜之属均再现于考古资料中。《天官·玉府》曰:"共王之服玉,佩玉,珠玉。"郑玄注引《诗传》曰:"佩玉,上有蔥衡,下有双璜衡牙,批珠以纳其间。"在《天马——曲村遗址北赵晋侯墓地第 5 次发掘》发表之前,仍有学者认为珩、璜这两种器物流行时间是不同的。璜的出现,早在新石器时代,商周继续流行,但以西周为最盛。而珩的出现,最早约在两周之际,春秋以后增多,而以战国时期最为流行。因此决定了珩璜不可能同时出现在同一套完整的佩玉上[①]。在北赵晋侯墓地发现的结构最为复杂而精美的玉佩均在晋侯夫人墓中。(M91,假定为靖侯墓亦有玉佩出土)晋侯夫人的玉佩主要有 3 种:一是将玉璜悬挂于胸前的佩饰,如 M31 所出"六联璜串饰",M63 所出一组佩玉与上村岭虢国墓地 M2001 一组佩玉。二是挂缀于服装上的佩饰,或称"服玉",有胸前饰,有后背饰,拟或还有一种下裳的缀饰,共三种。如 M31 所出"玉牌联璜串饰",M31:61 小玉牌串饰也似胸佩。这种玉石胸佩应是周代高级女性贵族最常见的装饰,均挂于右胸前,这大概与当时衣襟右向有关。这

---

① 孙庆伟:《两周"佩玉"考》,《文物》1996 年第 9 期。

种胸佩使用范围较广，在山西洪洞县永凝堡 80M10、曲沃县曲村 M6214 等中小型墓中也有发现，其出现年代至迟在西周早期晚阶段。同出的还有玉牌联珠串饰（M92∶88）等。三是似作为项佩的玉饰组合，如 M62 所出玉串饰，M62∶21 位于覆面下方，墓主颈部，似为两组项佩。M102∶36 亦出自墓主颈部，为项佩。

　　春秋以后佩玉继续流行，《诗·郑风·女曰鸡鸣》云："知子之来之，杂佩以赠之。"关于诗中主人翁的社会身份，陈子展的《诗经直解》是这样分析的，"比一弋人正如《叔于田》之猎人明为当时社会之武士，属于士之一阶层。但视其家蓄琴瑟，并有玉石杂佩以赠人，则知其下决不侪于庶人矣。又视其鸡鸣而起，弋凫与雁，则知其上决不跻于大夫矣。"这种解释似乎与两周的佩玉制度不符。《毛诗正义》《女曰鸡鸣》传曰："杂佩者，珩璜琚瑀衡牙之类。"《周礼·天官·玉府》曰："共王之服玉，佩玉，珠玉。"郑玄注引《诗传》："佩玉，上有葱衡，下有双璜衡牙，蚌珠以纳其间。"可见佩玉的规格是很高的。佩玉作贵族男女之间的婚约之物的可能性是很大的。在北赵晋侯墓地与上村岭虢国墓地中，尤其是在诸侯夫人墓都发现了这种成组的佩玉，因此反过来可以说明《诗·郑风·女曰鸡鸣》之"猎人"的社会地位绝不可以小觑。但从考古学资料看，即使在一些随葬品十分丰富的墓葬中，也罕见西周时期那种形制复杂的成组佩玉。可能是葬玉作为一种制度，到了春秋以后已逐渐走向衰落。1983 年发掘的黄君孟及夫人墓是出土玉器较多的春秋早期墓，其中属黄君孟者 131 件，属其夫人的有 54 件。其中尤以玉璜（含原报告中部分定名为"玉虎"者）最为引人注目。器呈半环状且仅有两孔者为璜，器作小磬状且有三孔者为珩，则珩璜均见于该墓之中，可见是如上第 1 种玉佩。春秋晚期的淅川下寺楚墓 M2 和 M3 所出玉虎，器身上均有三穿孔，分别位于器的两端及中部，也是玉佩之属。洛阳中州路 M2717 在棺椁间出土的 1

组佩玉,其最上者即为一珩,下面分别与两件兽面形玉器及一玉管相连。该组佩玉结构简单,与信阳楚墓 M2 和江陵武昌义地楚墓出土的彩绘木俑表现的佩玉位置相同,应属上文所述第 2 种玉佩,为缀挂于服饰者。

前文引《左传》定公五年载:"六月,季平子行东野,还,未至,丙申,卒于房。阳虎将以璵璠敛,仲梁怀弗与,曰:'改步改王。'"此事的意思仅表达了一半,另一半意思是仲梁怀所云"改步改玉"则指佩玉。是时君臣尊卑不同,所佩之玉亦不同,佩玉以节制行步,故步履之疾徐大小亦不同。据说愈是尊贵者,佩玉愈繁复,愈珍贵,步履也就愈缓愈小。这与晋侯墓所出成套成组的晋侯夫人佩玉的事实是相合的。

除了成组的玉佩以外,还有为数不少的单个玉佩饰,如 M31 的玉圭形饰(M31:105),鸟形玉佩饰(M31:47),还有龙形与人龙连体形 2 式共 16 件镂空佩饰。M62 出土有镂空玉龙佩饰。还有 M92 出的镂空玉鸟(M92:54、50、59、49、55)、玉龙(M92:76、75)、玉鹿(M92:94、95)、M102 出凤纹玉牌(M102:36—50.7)猴形玉饰(M102:27)等等。除了镂空的工艺特点之外,或有钻孔,器型又十分小巧精致,疑是一种服饰。另外还有玉龙凤纹束发器(M93:4)等玉佩饰。

这些单个的玉佩饰,并非像成组的玉佩以其自身的繁复典丽即可表现出墓主的尊贵,而是于装殓的衣衾一起表现其高贵的身份。1982年,江陵马砖一号战国墓发掘,尸外裹衣衾 11 件。1972 年,长沙马王堆西汉车大侯墓地发掘,一号墓主女尸,全身裹敛各式衣着,衾被 18层,连同贴身衣 2 件,共 20 层。《仪礼·士丧礼》曰:"厥明,灭燎,陈衣于房,南领,西上,绩。绞,纷,衾二,君襚,祭服,散衣,庶襚,凡三十称,纷不在算,不必尽用。"可见周制奉尸的衣衾比西汉时还要多。

4. 玉瑞

作为符信的玉器主要是圭。《春官·典瑞》郑玄注云:"人执以见曰瑞,礼神曰器。瑞,符信也。"《国语·周语上》载:"襄王使召公及内史过赐晋惠公命。"韦昭注:"命,瑞命。诸侯即位,天子赐之命圭以为瑞节。"有一种凭信作用。《春官·典瑞》曰:"掌玉瑞、玉器之藏。"《春官·大宗伯》曰:"以玉作六瑞,以等邦国。王执镇圭,公执桓圭,侯执信圭,伯执躬圭,子执谷璧,男执蒲璧。"《墨子·非攻下》曰:"赤鸟衔珪降周之岐社,曰:'天命周文王伐殷有国。'"同样的传说在《吕氏春秋·有始贤》中道:"及文王之时,天先见火,赤鸟衔丹书集于周社。"传世的珪(戈)有丹书者如太保玉戈,可知所谓受命丹书,即以朱砂写于玉圭上的文字,文王受命的"珪"即写有丹书的玉圭。正因为如此,诸侯受封疆土也要用圭作为受命的标志,所以诸侯入觐周王要"以其介圭"[①]而周王则是"锡尔介圭,以作尔宝。"[②]《集传》曰:"介圭,封圭,执之为赘,以合瑞于王也。"这大概也是晋侯于棺内持圭的原因吧。北赵晋侯苏墓(M8)及其夫人墓(M31)的墓主双手均秉戈形大圭(原报告作玉戈、石戈),这种现象亦见于北赵其他西周晚期以后的晋侯墓和部分晋侯夫人墓,以及上村岭虢国墓地的虢君级大墓中。对照文献,此大型圭的随葬与周代高级贵族受命秉圭和入觐秉圭的制度有关。晋侯苏所持之圭,长58.5厘米,其夫人所持之圭长度也在33厘米以上,其长度折合晚周尺都在一尺二寸以上,这虽与文献记载不太相符,但它们是表示墓主的身份和地位的重要礼器却是可以肯定的。

5. 小件装饰玉

北赵晋侯墓地 M31 出土有多件玉蝉,出土时散置于墓主腹部、胸部等处,其背部向下。属半圆雕。这是随葬小件装饰玉的一例。

另外一例尽出在 M63,该墓所出玉、石、玛瑙器或置棺内,或置棺

---

① 《诗经·大雅·韩奕》。
② 《诗经·大雅·崧高》。

外,尤在椁室西北角的一铜方盒(已锈蚀成末)内盛满各类玉质小件器物,有玉人、熊、牛、鹰、鸮、罍、龟等。属小件装饰玉的有玉人 7 件、玉鹰 1 件、玉鸮 1 件、玉龟 1 件、玉熊 2 件、玉牛 3 件、玉马 1 件、玉羊 1 件。其特征是圆雕或半圆雕,大多有钻孔,体积不大,长宽高单项之最一般在 10 厘米以下,因此作为坠饰的可能性最大。

这批玉器质料品种丰富,其中以黄褐色比例最大,约占七八成。从造型和纹饰看,不仅西周一代玉作尽在其中,甚至还有诸多商末遗风。如玉鹰、鸮、牛、熊等动物形象,即与殷墟妇好墓所出同类器如出一辙,而此类器,尚不见于他地同时期同墓。其《第 4 次发掘》简报称:结合文献"凡武王俘商,(得)旧玉亿有百万"推测此次出土玉器中很可能包括周人早年战利品。只是 M63 时在西周晚期,其殷商之玉如何传承也是个不可解的问题。另外,西周时期晋地狭小,其本国是否产玉尚未可知。而各色玉质集于此地,也反映了晋与其他地区经济文化交往之一侧面。

综上所述,西周之用玉制度,上承新石器时代后期之通神玉与商殷随葬象征身份的玉圭、玉佩饰与小件玉雕饰件的传统,则更重代表君权的玉佩。其延续的时间也最长久。总之,西周用玉的制式功用与东周礼书的记述多有相近之处,考古学资料或有出入,却并不显著。

(三)春秋战国随葬玉器与组合形式

1. 春秋早期墓葬玉器

河南三门峡上村岭虢国墓地共发现 58 组串饰,其中绝大多数配制比较简单,为以石、鸡血石单独串饰。尤 M1820:34 与 M1619:3—4 串珠配制比较复杂,前者由 577 颗鸡血石石珠和 21 件管形石饰组合并分为 12 节组成,总长 52 厘米。反映了两墓主的特殊身份。此外,各墓也出有大量的玉器,包括通神玉器璧、佩玉;串饰、玦、璜、簪、腰带饰,以及小件装饰玉等①。上村岭虢国墓地的玉器组合具有较多的原始性。

1983 年发掘的光山宝相寺黄君孟夫妇墓,出土玉石器 200 余件,是春秋早期中原地区玉器的典型代表。在夫人墓中,以佩玉为主,散玉有 102 件,包括环、璜、琥、牙等,可以连缀成多组佩饰。一件璧存于死者胸前,拟或有通神作用②。

陕西宝鸡福临堡秦墓 M1 与户县宋村秦墓 M3 均属春秋早期,两墓出土的玉器风格与西周相似③。

2. 春秋中期墓葬玉器

洛阳中州路西工段一、2 期,东周墓地,发掘整理东周墓 260 座,出土玉器的墓有 139 座,占一半以上。《西工段》报告将其分为 7 种组合,并总结出玉器演变的四个阶段④。第 1 期的 M2415 是该期出玉器最多者,骨架腹部有玉圭,胸部有兽形玉片,腰腹部有长形玉片、玉珠。该墓为铜鼎墓,规格稍低,所出玉器不成组。2 期的 M1、M4、M6 所出玉器的状态是:耳部有两件石玦,颈部有数件齿边有穿的长方形石片。M1 左右手各置一件长方形石片,可能为敛尸之用。M105、M103 等墓中只出石玦,或石圭。

山西侯马上马村晋国墓地的早晚期(春秋早期,春秋晚期,战国时期)墓均有玉器出土。其中 M13 规模较大,是 1 座七鼎四簋墓,骨架脸部有 7 件有穿长方形玉片,身上还出有两组由玛瑙珠、玉珠、骨珠、玉环、玉兽连缀而成的串饰,以及其他玉石器⑤。

同时代的山西长子县东周墓 M7 也是晋国大墓,出土的列鼎有 5

---

① 中国科学院考古研究所:《上村岭虢国墓地》,科学出版社 1957 年版。
② 《春秋早期黄君孟夫妇墓发掘报告》,《考古》1985 年第 1 期。
③ 《陕西宝鸡福临堡东周墓葬发掘记》,《考古》1963 年第 10 期;《陕西户县宋村秦墓发掘简报》,《文物》1975 年第 10 期。
④ 中国科学院考古研究所:《洛阳中州路(西工段)》,科学出版社 1959 年版。
⑤ 《山西侯马上马村东周墓葬》,《考古》1963 年第 5 期。

件,玉器的位置多集中在人骨架的上半部,计蝌蚪纹玉瑗 1,青玉环 29,玛瑙环 14,玉环 11,璜 13,有穿的长方形玉片 2,以及玉佩件若干[①]。

3. 春秋晚期墓葬玉器

洛阳中州路西工段 3 期东周墓地,M2729 脸部有六件平边方形有穿长方形石片,显然是用于敛尸的。腹部有一组有两件珹璜和三件绿松石及石珠组成的佩饰。M467 脸部有 11 件有穿长圆形石片,头顶上方有 1 件圆角长方形石璧。这两例都可能是小贵族墓。

安徽寿县蔡(昭)侯墓,出土有排列清晰的一组玉饰,时代应在公元前 497 至前 447 年前后,属春秋晚期[②]。在漆棺痕迹处满铺一层朱砂,朱砂下面有一组排列整齐的玉器,由璧 2、璜 2、管形饰 2、环形饰 2、龙形饰 2、扁形饰 1 组成。与黄君孟夫妇墓出土者相同,为缀于织物玉饰。

河南淅川下寺楚墓地出土有大量玉器,因地处楚国北部,故与两湖地区墓葬有别。据所出青铜器断定这一墓地的年代属春秋晚期[③]。M1 出土玉器 51 件,出于墓室的西北部,有璧、瑗、环、龙形璜、牌等,亦当为成组的佩饰。

综合春秋时期各墓随葬玉器的情况,可归纳如下几点特征:

(1)比较西周墓,春秋墓随葬玉石器的现象趋于普遍,一些小墓也都出玉器,或以石代玉,做成玉器的形制。这一现象说明服玉的世俗化已经出现。然而另一方面,随葬玉器的多寡、优劣仍然代表着贵族的身份等级,高级贵族大墓中出有大量的成组的玉器,代表着墓主显赫的贵族身份。

(2)随葬玉石器的种类也发生了变化,比较西周墓随葬通神玉的现

---

① 《山西长子县东周墓》,《考古学报》1984 年第 4 期。

② 安徽省文物保管委员会、安徽省博物馆:《安徽寿县蔡侯墓出土遗物》,科学出版社 1956 年版。

③ 《河南淅川下寺春秋墓》,《文物》1980 年第 10 期。

象有所减少,占主道的是成组的佩玉,佩玉的组合则采用了多种玉器的造型,其中包括以往作为通神的玉器,或瑞玉。继西周佩玉制,一般有串珠和悬挂式组合佩玉两种。在大墓中串珠的形式于后期消失,而出现了缀在织物上的玉佩饰。

（3）敛尸用玉出现于大墓,也出现于小墓,大墓则用玉,小墓多用石料。

（4）小件装饰玉已少见。

（5）在区域上,东周与晋国在玉器造型与组合方面起着主导作用,而秦国相对滞后,东部诸国也不甚发达,靠近北方的楚墓则比较多地受到中原随葬佩玉的影响。

4.战国早期墓葬玉器

洛阳中州路西工段 4 期东周墓地玉器,M1316 于骨架面部出一组象人五官形的有穿石片。耳部置圆形石片,两颊以下至脚部排列数十件兽形有穿石片、长方形石片,头骨上枕一件圆角长形方璧。是敛尸用玉石。

山西长治分水岭 M269、M270,长治分水岭战国墓群先后发掘了30 余座古墓,多属战国时韩墓,早中晚期均有,出土的成组的玉器相当丰富[1]。

河南辉县战国墓地,包括琉璃阁、固围村、赵固、褚邱四地。辉县春秋时属卫国,战国时属魏国。固围村 M1、M2、M3 是已知魏墓中规格最高的,应是魏王室的异穴合葬墓。由于这 3 座墓多次被盗掘,只有M1、M2 出有两个埋玉坑,有两组完整的玉器,2 号坑内藏圭、册、璧、璜、料珠 200 余件[2]。M2 随葬如此多的玉器很可能与魏王室的仪礼相关。

---

①　《山西长治分水岭第 2 次发掘》,《考古》1964 年第 3 期;《长治分水岭 269、270 号东周墓》,《考古学报》1974 年第 2 期;《长治分水岭 126 号墓发掘简报》,《文物》1972 年第 4 期。

②　中国科学院考古研究所:《辉县发掘报告》,科学出版社 1956 年版。

辉县琉璃阁早期战国墓玉器,该墓地经过多次发掘,在早中晚期墓均发现有成组的玉器。M105 出玉饰件 37 件,其中玉片 29 件,应为敛尸用玉。

山东临淄郎家庄 1 号战国墓玉器,该墓多次被盗掘,椁室四周环绕着 17 个陪葬坑,尚有 7 个完整,出土了完整的精美成组玉(间有水晶)佩饰 20 组,这些佩饰均以环为挈领。其中坑 1、10、12 各出一串由枣核形方解石珠夹以方形、璜形青石片串成的串饰,出土的位置在墓主颈部或腕部。坑 8 出一组由枣核形方解石和两枚扁圆相间串成,中间杂以方形蚌片,最下用条形片相连。另外坑 2 还出来一串内有棱玉髓管连成的串饰①。

山西潞城潞河战国韩墓 M7 出土珑 6、璜 13、空心玉柱 1、琮 2、璧 2、矮圆柱 2,另有滑石龙 2,因制作粗糙故可能是明器。该墓还出有玉片 110 件,用于敛尸。

浙江绍兴 306 号墓出土玉器较为丰富,年代属春秋晚期至战国初期②。

湖北随县曾侯乙墓出土有精美玉器,所出玉佩挂饰由数件镂空玉件扣接而成③。另有璧、环、瑗、璜、玦、佩、梳、带钩等。

湖北江陵雨台山楚墓 3 期 M403 出土玉环 9,玉管 20,M471 出土玉环 2,玉璧 6,玉璜 1④。

5. 战国中期墓葬玉器

洛阳中州路西工段五、六、七期东周墓地玉器,M1123 面部有镂空象五官形石片,胸腹手脚部位放置长方形齿边圆形、圆形、镂空兽形石

---

① 《山东临淄郎家庄一号东周殉人墓》,《考古学报》1977 年第 1 期。
② 《绍兴战国 306 号墓发掘简报》,《文物》1984 年第 1 期。
③ 《湖北随县曾侯乙墓发掘简报》,《文物》1979 年第 2 期。
④ 湖北省荆州地区博物馆:《江陵雨台山楚墓》,文物出版社 1986 年版。

片若干,部分石片有穿。这类敛尸用玉亦见于战国晚期的洛阳烧沟M637、M651[①],已有最初玉衣的形象。

河北邯郸百家村战国墓 41 座(战国中期),在未被盗掘墓中出土了较为丰富的玉器。M57 是一座大墓,出土石片饰件 14,一组出于面部,两件大玉石片放在两肋,两手各持一件石璜,脚部出有石圭[②]。

河北平山中山王墓出土了数量较多的玉器,尤为珍贵的是出土了一批书有名称的玉器。其入葬时间应为公元前 310 年前后[③]。

湖北江陵天星观 1 号楚墓玉器,据所出竹简记"秦客公孙秧"断定其年代在公元前 361 至前 340 年前后。

6. 战国晚期墓葬玉器

安徽长丰扬公楚墓地,1977 至 1979 年清理发掘了 9 座楚国大墓,这些墓多次被盗掘,但在 M2、M8、M9 仍出有 79 件精美玉器,其年代应为战国晚期[④]。

河南淮阳平粮台 16 号楚墓出土有大量精美玉器,其年代应在楚国都于陈时期,为战国晚期[⑤]。

综合战国时期各墓随葬玉器的情况,可归纳如下几点特征:

(1)成组的玉器更加盛行,各地区墓葬中出土成组玉器的数量大大超过春秋时期;

(2)战国玉器的种类与春秋时期基本相同,形制上则有许多新的发展与变化。譬如杂有各种质料、各种形状的串饰、组佩大量出土;

(3)大量的带穿的玉片广泛出现在北方的战国墓葬中,多作为敛尸

①　《洛阳烧沟附近的战国墓葬》,《考古学报》第 8 册,1955 年。

②　《洛阳烧沟附近的战国墓葬》,《考古学报》第 8 册,1955 年。《北邯郸百家村战国墓》,《考古》1963 年第 10 期。

③　《河北平山中山国墓葬发掘简报》,《文物》1979 年第 1 期。

④　《安徽长丰扬公发掘了九座战国墓》,《考古学集刊》1986 年。

⑤　《淮阳平粮台十六号楚墓发掘简报》,《文物》1984 年第 10 期。

之用,已出现玉衣的雏形,也有少量在串联关系上表现为服玉之用。敛尸用玉显得特别发达;

(4)呈现出鲜明的地域特定,各地玉器的形制与组合风格各异,譬如三晋地区的佩饰以环为挚领,齐鲁的组佩则以玉髓、水晶为主,楚地的两湖地区墓葬仍然保持着春秋的做法,以环、璧、管、珠为主,作为组佩以挚领;

(5)大墓所出玉器雕刻更加精巧,同时并出土有专门的明器制品,工艺比较粗糙。

三、随葬青铜容器制度

两周随葬青铜容器组合,如《左传》桓公六年载"奉牲以告曰'博硕肥循'"之盛牲牢之器;"奉盛以告曰'洁粢丰盛'"之盛黍稷之器;及"奉酒醴以告曰'嘉粟旨酒'"之酒器,再加上盥器,构成了一个将祭礼与飨燕合而为一的用器结构,其内容大致如下:

盛牲牢之器:鼎、俎;

盛黍稷之器:簋、簠、鬲、簠、豆、敦;

酒器:尊、卣、瓠、觯、角、罍、爵、方彝、杯、钫;

盥器:匜、盘、壶、盂、鉴。

郭宝钧的《商周铜器群综合研究》[①]将墓葬中的青铜礼器作为一个整体现象来研究,当属从事这一项研究的较早者。郭著列举了170个出土铜器分群,对先秦历代各期墓葬(包括窖藏)的青铜礼器组合作了比较系统的整理,对商周青铜礼器的组合,明确提出了殷代"重酒组合",周代"重食组合"的看法。自20世纪70年代末,还有一批学者对

---

① 文物出版社1981年版。

青铜礼器的组合问题，提出过看法，张长寿的《殷商时代的青铜容器》[①]，郑振香、陈志达的《殷墟青铜器的分期与年代》，杨锡璋、杨宝成的《殷墟青铜礼器的分期与组合》[②]，与刘一曼的《安阳殷墓青铜礼器组合的几个问题》，等等。这些论文都是研究青铜礼器组合问题的，即商周青铜礼器制度的研究。很显然这是一批偏重殷商青铜礼器组合的研究成果。如郭宝钧《商周铜器群综合研究》中 170 例，西周以前的有 99 例，而西周之后，包括春秋、战国三个时期仅有 71 例。

上述研究成果公布以后，以研究两周用鼎制度的大讨论随之展开。这在第一章中已经提到。综合已完成的研究成果，大致可以认为，殷商青铜礼用容器的分期与组合为"鼎、斝、觚、爵"与"鼎、簋、觚、爵"两个阶段，其交替在殷墟铜器第 2 期早段与中段（即殷墟文化 1 期晚段与 2 期，也就是武丁前、后期）。自 80 年代以来，殷墟又发掘出许多墓葬，为殷墓青铜容器组合的研究提供了有利的条件。因此，有学者根据殷墟文化第三、四期的一些墓中，斝尊数量减少，鼎、簋数目增多的情况，认为在殷商社会后期，铜器组合的形式是以"觚、爵、鼎、簋为核心的'重酒重食组合'"[③]。这些研究都有助于青铜礼用容器研究的深入。在探讨两周墓葬所出青铜容器组合关系之前，有必要对周以前的情况作简要的追溯。

（一）二里头、二里冈与殷墓之青铜容器

二里头文化以及属于二里头类型的文化遗址出土有以铜爵为代表的青铜容器，这些铜爵不一定是墓葬中的随葬品。依不同的出土情况与考古地层关系，大致可以分为三个方面作如下的阐释：

---

① 《考古学报》1979 年第 3 期。

② 以上两篇载于《殷墟青铜器》，文物出版社 1985 年版。

③ 安阳市文物工作队：《殷墟戚家庄东 269 号墓》，《考古学报》1991 年第 3 期。

其一,属二里头第3期非墓葬出土的单件平底爵。如:二里头一号宫殿遗址西北约150米处出土1件平底爵,爵体无纹,无铭,底部有烟熏痕迹[①]。在宫殿遗址南面的第4工作区的灰土层中也发现了1件平底爵[②]。此外,1975年在二里头遗址附近发现另1件平底爵,这件爵的注口与尖尾特别长,从注口端到尖尾端长度为31.5厘米,其高度为22.5厘米[③]。在宫殿遗址等遗址发现的铜爵很可能是用于某种宗教仪式,具体说,它应作为祭奠用器。

其二,属二里头第3期墓葬出土的平底爵,在此期墓葬中出现了一例两件爵的组合。1975年在二里头遗址的宫殿北侧约550米处的K3土圹中出土平底爵1件,属墓葬随葬品。1975年还在二里头遗址的VIM6出土有1件平底爵[④]。另外,于二里头遗址IIIM2的西北角出土了两件平底爵,其中1件爵的底部有圈足,圈足上有四个小孔,它与天津市文化局收藏的另1件青铜爵十分近似,属二里头3期的遗物。该墓同出两件爵,似为一种组合关系。鉴于二里头第3期墓葬中有铜器墓所占比例较小,由此可以推定随葬铜爵墓为贵族墓葬,铜爵应为贵族的专用品,遂成为权力的象征物。

其三,属二里头第4期或第4期过渡到二里冈期的单件平底爵,如:1974年于河南新郑县的望京楼遗址出土的1件平底青铜爵,属二里头第4期。天津市文化局收藏的平底爵的年代,应当作二里头第4期过渡到二里冈期的遗物来考虑。二里头4期相比3期,在青铜爵在制作上显得比较精良,或有简单的弦纹、乳钉纹。另外,于具体形制,4

---

① 社科院考古所二里头工作队:《河南偃师二里头遗址三八区发掘简报》,《考古》1975年第5期。

② 社科院考古所二里头工作队:《偃师二里头遗址新发现的铜器和玉器》,《考古》1976年第4期。

③ 偃师县文化馆:《二里头遗址出土的铜器和玉器》,《考古》1978年第4期。

④ 《河南出土商周青铜器》编辑组:《河南出土商周青铜器·一》,文物出版社1981年版。

期青铜爵的下腹多鼓出,4 期爵足较 3 期爵为长,再者,4 期爵的柱高于 3 期爵,此外,4 期爵的流多细长而平缓。从二里头文化遗址铜爵出土的情况来看,无论是非墓葬,还是墓葬随葬的,除 IIIM2 属同墓的两件爵,其他皆为单件出土,由此可以认为二里头遗址的墓葬铜礼容器组合与诸如宫殿遗址所出青铜礼容器一样,以 1 件爵为通常单位。两件爵的组合也同样说明铜爵作为青铜礼用容器的独一无二的地位。这些铜爵的一个共同特征为其底都是平的,二里头 1 号宫殿遗址西北约 150 米处出土的平底爵底部有烟熏痕迹,证实铜爵的功用为温酒与盛酒。

在考古的地层关系上,二里冈下层遗迹是继二里头而后的早商文化遗址。郑州及邻近地区二里冈下层时期出土的青铜容器仍然以铜爵为主,如:荥阳西史村 M2 出土有铜爵 1 件。郑州东里路黄河医院 C8M32 出土有铜爵 1、斝 1 件。郑州东里路省中医院家属院墓出土有铜爵 1、盉 1 件。郑州白家庄 C8M7 出土有铜爵 2、斝 1 件。郑州王城岗 T245M49 出土有铜爵 1、斝 1 件。登封袁桥(墓?)出土有铜爵 1、斝 1 件。中牟黄店(墓?)出土有铜爵 1、盉 1 件等。由此可见二里冈下层遗迹的礼器组合,与河南偃师二里头遗址发现的铜器有明显的继承性,尤其是属二里冈下层期偏早的荥阳西史村 M2,仍然保留着二里头文化铜器墓葬以单个爵随葬的器制。其余 6 座墓的随葬铜器均为复数组合,或为爵斝,或为爵盉组合,继承了二里头文化 3、4 期以陶盉配铜爵的组合,同时又以铜代替了陶质配器,在原有的基础上发展了随葬礼用容器的组合形式。值得注意的是,二里冈下层时期出土的青铜爵与其礼用容器组合皆是作为随葬品,而罕见于非墓葬出土。似乎可以认为,青铜爵已经成了确定贵族身份的重要标志。

郑州二里冈上层的青铜容器及组合特征有如下三种类型:

第 1 类:有鼎与无鼎墓中的以爵、斝或爵、觚的组合。如:北二七路

M4，铜爵 1，所出陶器组合鬲 1、豆 1、瓿 2、爵 2①。二里冈商业局仓库商墓出土有铜斝、爵各 1，共 2 件。铭功路 C11M148，出土有铜爵 1、陶鬲 1、斝 1、爵 1、瓿 1、盆 1。北二七路 M2 出土有斝 2、爵 1、瓿 1 等共 5 件②。铭功路 M4 出土有铜爵、瓿各 1，共 2 件③，另外是有鼎墓中的以爵、斝或爵、瓿的组合。爵在墓葬中的突出地位，反映了郑州二里冈上层时期青铜容器组合与偃师二里头文化遗址，及郑州二里冈下层青铜容器组合的承继关系。

第 2 类：郑州二里冈上层出现有鼎墓，及以鼎、斝、爵、瓿为主体的青铜容器组合。如：东里路 C8M39 出土有铜斝、鼎各 1，共 2 件。铭功路 M2 出土有铜鼎 1、斝 2、爵 2、瓿 1，共 6 件。北二七路 M1 出土有鼎 1、斝 3、爵 1、瓿 2 等。铭功路 C11M146，出土有铜鼎 1、陶鬲 1、斝 1、爵 1、瓿 1。白家庄 M2 出土有铜鼎、斝、爵、罍、盘各 1，共 5 件，另有象牙瓿 1 件。白家庄 M3 出土有铜鼎 1、鬲 2、爵 2、瓿 2、尊 1，共 9 件。以鼎为中心的青铜容器组合反映了郑州二里冈上层时期青铜容器组合的新特征。

第 3 类：无鼎墓。仅出有爵，这样的墓有 2 座。有鼎墓与无鼎墓的区别有可能是贵族级别所至。

由以上二里冈上层墓葬的青铜容器组合关系可以认为，在商代早期遗址，鼎作为中心的青铜容器组合形式已经形成。这一组合包括出现了以鼎为主的青铜容器与其他随葬品的组合，铜器的种类已有：鼎、鬲、斝、爵、罍、盘 6 种容器，另外还有非容器的铜质刀、戈、铜片等。有鼎墓与无鼎墓的区别及随葬青铜容器数量的显著差异，起码说明了贵族之间的等级已比较二里冈文化下层期分明。

---

① 属二里冈上层期偏早。
② 属二里冈上层期偏晚。
③ 属二里冈上层期偏晚。

　　随葬青铜容器最多是白家庄 M3，共 9 件。白家庄 M2、M3 这一组合形式已与殷墟相近，是殷墟 1 期的前身。在不同的组合中以斝爵的匹配率最高，在 11 座墓中有 8 座，鼎、斝、爵有 4 座，鼎、斝、爵、觚组合 3 次。在单个器中，以爵的出现率最高，有 9 次，斝为 7 次，鼎为 6 次。鼎多次的出现是二里冈文化下层期随葬器物组合的一个明显标志，对后来的铜器组合有着十分深远的影响。另外，在同期遗址中还出现了窖藏青铜器，窖藏铜器的组合关系比较墓葬铜器的组合关系倾于接近，很可能为高级贵族所有。

　　郑州以外的二里冈上层时期青铜容器组合，在发现商代青铜器的河南、河北藁城台西、山东长清及陕西泾渭流域等地区，其墓葬铜器组合基本上合乎郑州二里冈上层期墓葬中的组合形式，有鼎墓多为鼎、爵、斝、觚的组合。如：武陟宁郭大乡大驾村 1978 年墓，鼎、斝、爵、觚各 1[①]。1974 年于新郑望京楼发现青铜墓葬，出土有鼎、鬲、斝、爵、觚各 1 件，共 5 件[②]。1986 年于许昌长村张乡大路陈村发现的青铜墓（被破坏），征集到的铜器有鼎 3、斝 2、爵 2 等[③]。

　　无鼎铜器墓多为单爵、爵与斝的组合，如 1984 年于河南焦作南朱村 M1、M2 出土有青铜爵[④]。1950 年于辉县琉璃阁 M110 出土有青铜鬲、斝、爵、觚各 1 件，共 4 件[⑤]。1978 年于临汝杨杨楼乡李楼村出土的两座墓均为斝、爵、觚、鬲组合[⑥]。1976 年于项城双店乡石营村毛塚墓出土有斝、爵等。河北藁城台西 M14 出土铜斝、爵、觚[⑦]。山东长清归

---

① 属二里冈上层期 II 阶段。
② 属二里冈上层期 II 阶段。
③ 属二里冈上层期 II 阶段。
④ 属二里冈上层期 I 阶段。
⑤ 属二里冈上层期 II 阶段。
⑥ 属二里冈上层期 II 阶段。
⑦ 属二里冈上层期 II 阶段。

德乡前平村出土有觚、爵各 1 等①。在陕西岐山京当乡京当村出土共有 11 座(二里冈上层时期青铜墓)。1972 年于陕西岐山京当乡京当村出土了铜鬲、斝、爵、觚等各 1,唯此地点并不能确认为墓葬。此与二里冈上层期的随葬铜器组合很接近。

另外,1963 年在湖北黄陂盘龙城西楼子湾清理了五座墓(楼 M1～M5),出土青铜器共 38 件。1974 年在盘龙城李家嘴清理了四座墓(李 M1～M4),出土青铜器共 89 件,李 M1 与李 M2 的墓室规格较大,表明墓主的身份属较高级的贵族,李 M2 随葬的青铜器共 63 件,其中容器 22 件,李 M2 随葬容器 24 件,其中有鼎、爵、觚等近于白家庄 M2 同类器,而觚、簋等不见中原二里冈器类②。由于李 M1 与李 M2 墓室的规模超出了现已发现的中原二里冈期的墓葬,因此有可能李 M1 与李 M2 的礼器组合等级高于中原二里冈。

出土的这一期的墓葬随葬青铜容器组合与二里冈上层期有鼎墓比较接近,在配制上有多次出现罍、鼎、斝、爵、罍成为出现频率最高的组合。如:殷墟三家庄出土有鼎 1、斝 2、爵 1、觚 1,殷墟小屯 M22 出土有鼎 1、斝 2、爵 2、觚 2、罍 2、瓿 1,殷墟小屯 M386 出土有鼎 1、斝 2、爵 2、觚 2、罍 1、瓿 1、卣 1 等。这些都说明了殷墟商代后期第一期遗址墓葬与二里冈上层期有鼎墓之间的承继关系。另外这一期墓葬中出现了青铜鼎本身的复数组合,如殷墟小屯 M333 出土有鼎 2、斝 2、爵 2、觚 2、罍 2。这为后来的商代后期第二期墓葬的青铜容器组合形式奠定了基础。

商代后期遗址墓葬(第二期)又分为两个阶段。第二期第 I 阶段墓葬随葬青铜容器组合,以鼎、觚、斝、爵、觚为最常见。如:殷墟小屯

---

① 属二里冈上层期 II 阶段。
② 属二里冈上层期 II 阶段。

M331 出土有鼎 1、斝 1、罍 3、爵 3、觚 3、瓿 1、尊 1、斗 1。殷墟小屯
M188 出土有鼎 1、甗 2、爵 1、觚 1、瓿 2。59 武官 M1 出土有鼎 2、甗 1、
斝 1、爵 2、觚 2、瓿 1。

第 II 阶段，这一期的随葬青铜容器总数在 10 件以上者，以鼎、甗、
簋、斝、觚、罍、卣为出现频率最高的组合，如：殷墟小屯 M18 出土有鼎
3、甗 3、簋 3、斝 2、爵 5、觚 5、罍 1、尊 2、卣 2、盘 1、箕形器 1。殷墟大司
空村 M539 出土有鼎 1、甗 2、簋 1、斝 2、爵 5、觚 5、罍 1、卣 1、觯 1、斗 1。
盘 1、箕形器 1。殷墟大司空村东南 M663 出土有鼎 2、爵 2、觚 2、瓿 1、
方彝 1。随葬青铜容器总数在 10 件以下者，其组合为鼎、簋、觚；无鼎
墓的青铜容器组合为爵与觚；如：殷墟西区 M613 出土有鼎 1、爵 1、觚
1、瓿 1。殷墟小屯 M17 出土有鼎 1、爵 1、觚 1。殷墟薛家庄东南 M3 出
土有鼎 1、爵 1、觚 1。殷墟苗圃北区 M105 出土有爵 1、觚 1。殷墟西区
M161 出土有爵 1、觚 1。另一个重要现象是出现了复数以上鼎的同器
组合，如殷墟小屯 M18（鼎 3）、殷墟大司空村东南 M663（鼎 2）等。尤
其是殷墟小屯 M5（妇好墓）出土有 31 件鼎，包括有方鼎 5 圆鼎 26。另
外还有甗 10、汽柱甑 1、簋 5、斝 12（方 4 圆 8）、爵 40、觚 53、斚 2、瓿 3、
尊 10（方 3 圆 5 觚 2）、卣 2、觯 2、偶方彝 1、方彝 4、壶 4、罍 8、斗 8、盂 6、
缶 1、盉 1、盘 2、罐 1、箕形器 1、方形高圈足器 1。由于墓主人为王室重
要成员的身份，殷墟小屯 M5 的青铜容器组合规格特别高，因而墓主不
当以一般意义上的贵族来看待。

从商代后期殷墟遗址墓葬（第三期第 I 阶段）出土青铜容器情况来
看，此期鼎、甗、簋、斝组合已出现在四鼎或四鼎以上墓，如：戚家庄
M269 出土有鼎 4、甗 1、簋 1、斝 1、爵 2、觚 3、卣 1、觯 1、尊 2、方彝 1、斗
1。郭家庄 M160 出土有鼎（未注明数量，但注有大、圆、方三式）、甗、簋
（未注明数量）、斝、角 10、觚 10，另有觯、尊、罍、盘、方形器。鼎、簋、斝
与爵的组合出现于三鼎墓，如：高楼庄 57M8 出土有鼎 3、簋 1、斝 1、爵

2、觚 2、卣 1、觯 1、壶 1。而鼎、簋、爵、觚、卣的组合则出现在二和一鼎墓之中，如：大司空村 58M51 出土有鼎 2、簋 1、爵 2、觚 2、卣 2、尊 1、方罍 1，苗圃北地 M172 出土有鼎 1、簋 1、爵 1、觚 1、卣 1，及西区 M875 出土有鼎 1、簋 1、爵 2、觚 1、卣 1、斗 1。

商代后期殷墟遗址墓葬第三期第 II 阶段，发现了 3 座有鼎墓，有郭家庄北 M6，出土鼎 4（明）、方鼎 2（明）、甗 1（明）、簋 1（明）、斝 1（明）、爵 3、觚 3（明 2）、尊 1（明）、卣 1、觯 1。西区 M1713 出土有鼎 4（明 3）、甗 1（明）、簋 2（明 1）、斝 1（明）、爵 3、觚 2、尊 1（明）、卣 1（明）、盘 1（明）、盂 1（明）。西区 M2579 出土有鼎 1（明）、甗 1（明）、簋 1（明）、斝 1（明）、爵 2、觚 2（明）、尊 1（明）、卣 1（明）、觯 1，其组合形式仍然是鼎、甗、簋、斝，是上一阶段的四鼎或四鼎以上墓的规格，以明器作铜礼容器随葬还是首次出现。值得注意的是其中有两座随葬了在前一阶段用于四鼎或四鼎以上墓的斝，而爵、觚、尊、卣、觯的组合比较规整。

另外，这一期的一鼎墓与无鼎墓有：大司空村 62M53 出土有鼎 1、簋 1、斝 1、爵 2、觚 2、尊 1、卣 2、觯 1、壶 1。西区 M269 出土有簋 1、斝 1、爵 1、觚 1、尊 1、卣 1。83 郭家庄 M1 出土有爵 1、觚 1、卣 1、觯 1 等。根据考古学资料的分析，墓葬中铜鼎的出现与以鼎为中心的青铜容器组合的形成，是这一时期墓葬随葬礼器制度发展变化中最显著的标志。有学者提出：殷墟文化一期出鼎的墓有 7 座，占的比例却很大，这是由于此期发现的墓较少，且多属二套觚爵以上的墓。二、三期出鼎的墓占该期总墓数 30％多。4 期出鼎的墓数量有较多的增加，占该期墓数的 48.7％，不少小墓也用铜鼎。此外，一些出二套觚爵以上的较大的墓，从早期到晚期，用鼎的数目也在增加。如 1 期墓，鼎之数目小于或等于觚爵之套数。像戚乐 M269 出三套觚爵的墓，第二期，用了四鼎，而第三期，82 小屯 M1、西区 M1713、郭庄北 M6 三墓出 3 套觚爵，用鼎数为

5、4、4，均大于觚爵之套数[①]。很显然，越是进入殷商文化的后期，鼎在青铜礼器组合的重要性也就越明显。西周以后的用鼎制度问题便成了现代考古学讨论的中心课题。

通过几代学者的研究，礼书中以鼎为主的青铜礼用容器来"明贵贱，辨等列"，划分贵族等级，也在考古学资料中得到了证实。只是用鼎的质量与数量的构成，和考古学资料的某一期与礼书等先秦文献提出的用鼎标准相合，以及这一标准在历史上所能起到的约束力等问题，仍有必要做更深入的讨论。下面将就此类问题进行讨论。

（二）两周随葬青铜容器组合定量分析

本文将两周墓葬青铜容器随葬组合作为研究对象。纳入本文数理分析的墓葬单位的总数为 386 例。初步数量化分类为 3 段：西周 128 例，春秋 144 例，战国 114 例。另依不同地区分为 20 组（墓葬的分期采用朱凤瀚《古代中国青铜器》的标准）。

西周：(1)陕西关中及甘肃、宁夏邻近地区与河南洛阳地区西周墓葬铜器（第一至五期）53 例；(2)河南——浚县辛村卫国、平顶山应国、南阳申国西周墓葬铜器（第一至五期）12 例；(3)山东——曲阜鲁国、济阳刘子台、莱阳纪国、黄县、滕县滕国西周墓葬铜器（第二、三、五期）9 例；(4)京津、辽宁——房山燕国、蓟县张家园、辽宁喀左西周墓葬铜器（第一至三期）14 例；(5)山西——洪洞永凝与坊堆、翼城凤家坡、北赵晋侯西周墓葬铜器（第一至五期）19 例；(6)江苏、安徽——江苏镇江、安徽屯溪西周墓葬铜器（第二、三期）7 例；(7)陕西——宝鸡竹园沟西

---

① 参阅刘一曼：《安阳殷墟青铜礼器组合的几个问题》，《考古学报》1995 年第 4 期。刘文采用的是殷墟青铜礼器四期说，为了行文方便，本文将刘文中的四期按三期说的标准调整为三期。其他说法从刘文。

周墓葬铜器(第一至三期)14 例。

春秋:(8)中原地区春秋墓葬铜器(第一至三期)43 例;(9)山东地区——鲁国、薛国、齐国、莒国、纪国、春秋墓葬铜器(第一至三期)32 例;(10)汉水以北、淮水流域及邻近地区春秋墓葬铜器(第一至三期)17 例;(11)汉水流域及长江中游地区楚国春秋墓葬铜器(第一至三期)24 例;(12)长江下游地区春秋墓葬铜器(第一至三期)13 例;(13)关西地区秦国春秋墓葬铜器(第一至三期)14 例;(14)桂江、漓江以东地区(第二期)1 例。

战国:(15)周与三晋及中山——洛阳、豫北、豫西、晋南、晋东南与晋中、冀南战国墓葬铜器(第一、二期)36 例;(16)燕国战国墓葬铜器(第一、二期)9 例;(17)齐国战国墓葬铜器(第一期)2 例;(18)楚国及曾国战国墓(第一、二期)44 例;(19)秦国战国墓(第一、二期)18 例;(20)广东岭南地区战国墓葬铜器(第一、二期)7 例(参阅本章附录 2)。

研究方法的简要陈述:

1. 两周随葬青铜容器变数运动分析模型

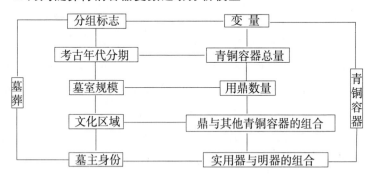

分组标志,指被划分为考古年代分期、墓室规模(墓室面积,单位:平方米)、墓葬所属文化区域、墓主身份等四个分组的墓葬与据诸标志划分的不同层次的数量。变量,指各个墓葬中随葬的不同的青铜容器种类数量,包括青铜容器总量、用鼎数量、鼎与其他青铜容器的组合、实

用器与明器的组合四个层面的数量。变量运动的分析是根据分组标志的各组数量的变化运动,来求得相应的变量项的数量变化,由此分析变量项与分组标志的相关性与相关程度。某分组标志与变量项的相关性与相关程度说明,某分组标志可否作为随葬青铜容器的客观依据,并通过方差分析的数理统计的方法取得统计结果的可信程度的数据。

2. 方差分析的简要陈述与符号的简单说明

本文采用的分析方法是方差分析的方法。方差分析是当前数理统计中普遍采用的一种行之有效的分析方法。它的好处是将统计、研究对象视为相对数值,用数学的方法检验各分组样本数据之间是否有显著差异,以此来确定统计中各项数量关系的意义,并找出各项数据间的关联,由此来评价事物与事物间是否相关与相关的程度。方差分析是一种能够尽量排除主观臆断的现代数学统计方法。在以往的历史与考古学的研究中会有一些数据统计,传统的统计方法归根结底属一种"归纳"的方法,它排比现象而忽视其相互关系,又不能提供统计结果的可信程度的数据,因而是一种容易引起争异的方法。由于每个人思维的着重点不一样,因此结论当然也就不同。譬如,自 20 世纪 70 年代末 80 年代初以来,各家提出的多种结论的用鼎制度,正是这类研究中的一例。现代数学统计方法将归纳与推演二者相结合,同时具有一定的公认的规则,因而方差分析是一种比较不容置疑的方法。

另外,方差分析是一种研究分组样本之间差异关系的分析方法,它的结论建立在大量样本数据的分析基础之上,而与个别样本数据的差异无关。即将统计对象(考古资料)视为随机样本,因此,在一定程度上并不以增加或减少某些具体数据而影响总的分析结果。本文采用方差分析来处理两周墓葬青铜容器的数据,是一次尝试性研究,意在探索两周墓葬青铜容器与不同的时代分期、文化区域以及贵族身份之间的联系。本文分析的重点放在墓葬(墓主)等级差异与青铜容器数量及组合形式(特别是用鼎制度)之间的关系上。

　　本章首先将研究对象(两周墓葬中考古发掘的青铜容器)的全体,即总体按照不同分组标志(如考古年代、墓室规模、文化区域、墓主自铭身份等)分别分成若干组,以研究不同组的研究对象(青铜容器)在不同分组标志中是否有显著差异,若有显著差异则说明某一分组青铜容器的数量与其分组标志相关。本章还确定了这种差异的不同程度,差异的显著程度越强,说明与青铜容器的组合相关程度越强。以上青铜容器与考古年代、墓室规模、文化区域及墓主自铭身份相互关的关系资料构成一个总样本,即全部数据。样本间(两周墓葬出土青铜容器的全部数据)的总偏差称为总样本的总偏差 T,而总偏差 T 是由两部分构成的,一部分是组与组间的偏差,它反映了不同分组青铜容器差异程度的量,称组间方差,记为 SA;一部分是随机误差,它是反映不同墓葬由于偶然不确定因素产生的偏差,称为组内偏差,即 Q,所以 T＝SA＋Q。

　　方差分析主要是比较 SA 与 Q 是否有显著差异,如果 SA 比 Q 差异显著,则说明总偏差主要是组间偏差 SA 构成的,即各组间有显著差异;如果 Q 比 SA 无差异显著,则说明总偏差 T 主要是由误差 Q 构成的,即各组间无显著差异。两周墓葬随葬青铜容器定量分析资料式方差分析主要统计量是用 F 统计量描述的,即

$$F = \frac{S_A^2 / \gamma}{Q / (n - k)}$$

用以描述它们是否有显著差异。

　　相关分析是研究两个不确定变数之间的相依程度,通常是用相关系数 γ 描述,γ 越大,说明两个变数越相关,特别当 γ＝1 时,(即最大值),说明两个变量之间有线性关系,如 y＝a＋bx。譬如当某组的墓葬规模与随葬青铜容器的两个变量 γ＝1,或接近 1 时,就说明这一组的墓葬规模变量是随葬青铜容器的变量的重要相关因素。

符号的简单说明：

$$S_A^2 = \sum n_i (\overline{X}_i - \overline{X}^2)。$$

$\overline{X}_i$ 是第 i 组资料的平均值。

$\overline{X}$ 是全体资料总平均值。

$$Q_i = \sum n \cdot S_i^2。$$

ni 是第 i 组资料的个数。

Si 是第 i 组资料的方差，即第 i 组组内偏差。

γ 即分组的组数。

n 是所有资料的个数。

c 相关度：1—γ

0.60～0.80（相关），相关度表示为（※）

0.80～0.90（强相关），相关度表示为（※※）

0.90 以上（高度相关），相关度表示为（※※※※）

分析步骤

（1）登录尽可能多的可靠的两周墓葬考古学资料。进入登录的资料所必要的条件是：有准确的出土地点、随葬礼用容器的具体资料，尽量搞清楚墓葬的面积，墓葬的分期以及墓主的身份。

（2）在对两周墓葬青铜容器进行初步量化的基础上，进行分组统计。也就是用社会历史现象类型、结构来揭示研究对象的数量特征，如以考古年代分期、墓室规模（主要是墓室面积的资料）、墓葬所属文化区域、墓主身份（主要依据是所出铜器自铭身份）等类型将墓葬区别为各个不同的组，然后将墓葬分成各组比例放回到分组标志的各个比例中去，进而取得各种变项分类统计的资料，以说明分组标志与变量间的关系。

（3）综合分析，在把统计总体分割成一个个部分分析的基础上进行综合性分析。概括出有关这一社会历史现象的内部联系及其发展变化的规律性的东西。

3. 墓葬考古年代分期与随葬青铜容器的关系

(1)墓葬考古分期的简要说明:

两周墓葬大致分为三段十期。这 3 段分别是西周五期、春秋三期及战国二期,共 10 个组。共用 386 例。

第 I 组　　　　(西周墓葬第一期——西周初至成康),例 40

第 II 组　　　　(西周墓葬第二期——康王至昭王),例 32

第 III 组　　　　(西周墓葬第三期——穆、共时期),例 20

第 IV 组　　　　(西周墓葬第四期——懿、孝、夷王时期),例 11

第 V 组　　　　(西周墓葬第五期——厉王至幽王),例 25

第 VI 组　　　　(春秋墓葬第一期——春秋早期),例 49

第 VII 组　　　　(春秋墓葬第二期——春秋中期至春秋晚期中段)例 56

第 VIII 组　　　　(春秋墓葬第三期——春秋末期),例 39

第 IX 组　　　　(战国墓葬第一期——战国早期),例 60

第 X 组　　　　(战国墓葬第二期——战国中期),例 54

(2)考古年代不同,随葬青铜容器有着显著不同,其方差分析的 $F=1.97>F0.05(10,36)=1.86$,显著水平 $\alpha=0.05$。

(3)以随葬礼用青铜容器的多少可为三段,第一段:第 I 组、第 II 组、第 IV 组、第 V 组,平均值 1.98;第二段:第 III 组、第 VI 组、第 X 组,平均值 2.74;第三段:第 VII 组、第 VIII 组、第 IX 组组,平均值 4.09。

三段的平均值所提供的资料说明,随葬青铜容器的数量随着考古年代的变化而不同,总的趋势是越是向后期发展随葬青铜容器的平均值就越高,而略有交错。第一段的平均值最低,其考古年代包括西周墓葬第一期、第二期、第四期及第五期,表示这一段的随葬青铜容器的数值不高；第二段的平均值高于第一段，其考古年代包括西周墓葬第三期、春秋墓葬第一期及战国墓葬第二期，表示这一段的随葬青铜容器的数值较高；第三段的平均值又高于第二段，其考古年代包括春秋墓葬第二期、第三期及战国墓葬第一期，表示这一段的随葬青铜容器的数值最高。这组资料分析说明了两周墓葬随葬青铜容器数量变化的总趋势。

(4)随葬品鼎与其他青铜容器有比较高正相关性，即鼎越多，其他青铜容器亦越多。

随葬鼎与随葬其他青铜器的相关系数分析：

组	相关系数 γ	
第 I 组	0.41	
第 II 组	0.64	（※）
第 III 组	0.71	（※）
第 IV 组	0.86	（※※）
第 V 组	0.81	（※※）
第 VI 组	0.71	（※）
第 VII 组	0.85	（※※）
第 VIII 组	0.86	（※※）
第 IX 组	0.92	（※※※）
第 X 组	0.84	（※※）

4. 墓葬规模与随葬青铜容器的关系

共用 239 例。

(1)墓葬规模（墓室面积）考古资料分组例证一览：

第 I 组	（西周小型墓——5 平方米以下），例 8
第 II 组	（西周中型墓——5～10 平方米），例 35
第 III 组	（西周大型墓——10 平方米以上），例 22
第 IV 组	（春秋小型墓——15 平方米以下），例 51

第 V 组　　　　（春秋中型墓——15～30 平方米），例 22

第 VI 组　　　　（春秋大型墓——30 平方米以上），例 16

第 VII 组　　　（战国小型墓——20 平方米以下），例 55

第 VIII 组　　　（战国中型墓——20～30 平方米），例 8

第 IX 组　　　　（战国大型墓——30 平方米以上），例 22

（2）以上分组反映了不同组的墓葬规模（墓室面积）有显著的不同，方差分析的 $F=7.13 > F0.01(9.224) = 2.5(\alpha = 0.01)$。

西周墓葬平均面积 10.32 平方米；春秋墓葬平均面积 22.26 平方米；战国墓葬平均面积 59.77 平方米。三个时期的墓室面积随着考古年代的变化而不同。总的趋势是越向后期发展，墓室面积的平均值就越高，因而，以不同的单位数量确定不同期的大、中、小墓是可行的。

（3）以墓葬规模（墓室面积）作分组标志而确定的分组，其随葬青铜容器数量有显著不同，其 $F=18.58 > F0.01(9.24) = 2.5$

西周墓葬平均随葬青铜容器数量为 7.59 件；春秋墓葬平均随葬青铜容器数量为 17.55 件；战国墓葬平均随葬青铜容器数量为 11.24 件。

（4）墓葬面积、规模与随葬鼎以外的青铜容器数量之关系没有强的相关性。

①各组内面积与随葬青铜容器数量之间的相关系数如下：

组	墓葬面积与随葬青铜容器相关系数
第 I 组	0.49
第 II 组	0.30
第 III 组	0.10
第 IV 组	0.38
第 V 组	0.59
第 VI 组	0.31
第 VII 组	0.21

第 VIII 组　　　　　　－0.20

第 IX 组　　　　　　0.16

②以墓葬规模分组,组内鼎与其他青铜容器的相关系数 γ 分析如下:

组　　　　　　γ

第 I 组　　　　　0.17

第 II 组　　　　　0.69　　　（※）

第 III 组　　　　0.58

第 IV 组　　　　0.63　　　（※）

第 V 组　　　　　0.76　　　（※）

第 VI 组　　　　0.75　　　（※）

第 VII 组　　　　0.64　　　（※）

第 VIII 组　　　0.83　　　（※※）

第 IX 组　　　　0.69　　　（※）

各组的平均面积与各组平均随葬青铜容器的相关系数为:γ＝0.55

（5）以规模分组,组内鼎与其他随葬青铜容器的相关系数 γ,以规模分组,组内鼎与其他随葬青铜容器之间相关系数一般都不太高。

5. 文化区域与随葬青铜容器的关系

（1）关于文化区域分组的简要说明:两周随葬礼用青铜容器的墓葬,以三个时期分为 19 个区域,即西周 8,春秋 6,战国 5,共用 386 例。

第 I 组　（陕西关中及甘肃、宁夏邻近地区与河南洛阳西周墓）,例 53

第 II 组　（河南——浚县辛村卫国、平顶山应国、南阳申国西周墓）,例 12

第 III 组　（山东——曲阜鲁国、济阳刘子台、莱阳纪国、黄县、滕县滕国西周墓）,例 9

第 IV 组　（京津、辽宁——房山燕国、蓟县张家园、辽宁喀左西周墓）,例 14

第 V 组 （山西——洪洞永凝与坊堆、翼城凤家坡、北赵晋侯西周墓），例 19

第 VI 组 （江苏、安徽——江苏镇江、安徽屯溪西周墓），例 7

第 VII 组 （陕西——宝鸡竹园沟西周墓），例 14

第 VIII 组 （中原地区春秋墓），例 43

第 IX 组 （山东地区——鲁国、薛国、齐国、莒国、纪国、春秋墓），例 32

第 X 组 （汉水以北、淮水流域及邻近地区春秋墓），例 17

第 XI 组 （汉水流域及长江中游地区楚国春秋墓），例 24

第 XII 组 （长江下游地区春秋墓），例 13

第 XIII 组 （关西地区秦国春秋墓），例 14

第 XIV 组 （周与三晋及中山——洛阳、豫北、豫西、晋南、晋东南与晋中、冀南战国墓），例 36

第 XV 组 （燕国战国墓），例 9

第 XVI 组 （齐国战国墓），例 2

第 XVII 组 （楚国及曾国战国墓），例 44

第 XVIII 组 （秦国战国墓），例 16

第 XIX 组 （两广地区春秋、战国墓），例 8

（2）据上述分析，以上不同文化区域的随葬青铜容器数量之间无显著差异。

方差分析的 $F = 1.3 < F_{0.1}(19.348) = 1.45$。

（3）各文化区域内鼎与其他随葬品之间除个别区域外，均有较高的正相关性，即鼎越多，其他随葬品也越多。

6. 墓主自铭身份等级与随葬鼎的数量的关系

将身份归为若干类，用方差分析的方法得出的结果是：不同等级的自铭身份墓主所随葬的青铜容器的数量之间无显著差异。$F =$

$0.3219 < 1$。

7. 鼎与其他随葬青铜容器组合变数运动的分析

分 20 组，共用 386 例（含无鼎墓）。

第 I 组　（西周第一期 1～3 鼎），例 28

第 II 组　（西周第一期 4 鼎以上），例 5

第 III 组　（西周第二期 1～3 鼎），例 24

第 IV 组　（西周第二期 4 鼎以上），例 6

第 V 组　（西周第三期 1～3 鼎），例 11

第 VI 组　（西周第三期 4 鼎以上），例 6

第 VII 组　（西周第四期 1～3 鼎），例 7

第 VIII 组　（西周第四期 4 鼎以上），例 1

第 IX 组　（西周第五期 1～3 鼎），例 20

第 X 组　（西周第五期 4 鼎以上），例 3

第 XI 组　（春秋第一期 1～5 鼎），例 44

第 XII 组　（春秋第一期 6 鼎以上），例 3

第 XIII 组　（春秋第二期 1～5 鼎），例 37

第 XIV 组　（春秋第二期 6 鼎以上），例 15

第 XV 组　（春秋第三期 1～5 鼎），例 32

第 XVI　（春秋第三期 6 鼎以上），例 6

第 XVII 组　（战国第一期 1～5 鼎），例 47

第 XVIII 组　（战国第一期 6 鼎以上），例 9

第 XIX 组　（战国第二期 1～5 鼎），例 48

第 XX 组　（战国第二期 6 鼎以上），例 6

鼎与其他随葬品之间的相关度如下：

组　　　　　　　鼎与其他随葬品之间的相关系数 γ 分析：

第 I 组　　　　　0.70　　（※）

第 II 组   0.92   （※※※）

第 III 组   0.96   （※※※）

第 IV 组   −0.03

第 V 组   0.85   （※※）

第 VI 组   0.73   （※）

第 VII 组   −0.28

第 VIII 组   −0.23

第 IX 组   0.81   （※※）

第 X 组   0.89   （※※）

第 XI 组   0.97   （※※※）

第 XII 组   0.85   （※※）

第 XIII 组   0.23

第 XIV 组   0.62   （※）

第 XV 组   0.77   （※）

第 XVI 组   −0.10

第 XVII 组   0.94   （※※※）

第 XVIII 组   0.16

第 XIX 组   0.27

第 XX 组

鼎与其他青铜容器之间一般都有较高的正相关性。

(1)以年代分组，组内一般都高度相关，见 3·(3)。

(2)以文化区域分组，组内一般有高度正相关性，见 5·(2)。（个别组的分法尚待研究）。

(3)与规模无显著差异，见 4·(2)。

8. 实用器与明器随葬组合变数运动的分析

(1)明器与其他青铜容器没有相关性，其相关系数＝0.0916＝9.16%

(2)不同区(地)域的明器数量无显著差异

方差分析 F＝0.50524

(3)不同时代明器的数量无显著差异

方差分析的 F＝0.4683

9.结论

(1)通过这一统计分析,鼎作为两周墓葬随葬青铜容器的中心的地位,应继续予以肯定。在 3·(4)的分析中表明,从总的趋势看,随葬的鼎越多,其他青铜容器也就越多。然而,在 7 的分析中,所谓用鼎在与其他随葬青铜容器组合变数运动中则表现为,有时是相关的(例如:西周一期1—3 鼎墓,西周三期 4 鼎以上墓,春秋二期 6 鼎以上墓,春秋三期 1—5 鼎墓,共 4 组),有时是强相关的(例如:西周三期1—3 鼎墓,西周第五期1—3 鼎墓,西周第五期 4 鼎以上墓,春秋一期 6 鼎以上墓,春秋三期 1—5 鼎墓,共 5 组),有时是高度相关(例如:西周第一期 4 鼎以上墓,西周第二期 1—3 鼎墓,春秋一期 1—5 鼎墓,战国一期 1—5 鼎墓,共 4 组),而有时则是不相关的(例如:西周第二期 4 鼎以上墓,西周第四期 1—3 鼎墓,西周第四期 4 鼎以上墓,春秋二期 1—5 鼎墓,春秋三期 6 鼎以上墓,战国第 1 期 6 鼎以上墓,战国第二期 1—5 鼎墓,战国第二期 6 鼎以上墓,共 8 组)。

见下表:

鼎数\时期	西周一期	西周二期	西周三期	西周四期	西周五期	春秋一期	春秋二期	春秋三期	战国一期	战国二期
西周 1～3 鼎	※	※※※	※※		※※					
西周 4 鼎以上	※※※		※		※※					
春秋 1～5 鼎						※※※		※		
春秋 6 鼎以上						※※	※			
战国 1～5 鼎									※※※	
战国 6 鼎										

这就是说在前三项中,鼎的数量比例与其他青铜容器的数量比例是一致的,或接近一致的;后者则相反,鼎的数量比例与其他青铜容器

的数量比例是不一致的。这一分析结果说明鼎与其他青铜容器的配制关系并不是一贯的,确定的。随着时代的不同而出现有不同以鼎为主的青铜容器配制关系,或非以鼎为主的青铜容器配制关系。同时,是否相关与同一时段随葬鼎的数量级也有着密切关系,也就是说即使是在同一考古时期,而随葬鼎的数量级不同,那么,鼎的数量比例与其他青铜容器的数量比例将不是确定的,即在某一考古时期,随葬青铜礼用容器的总量不是确定的。

(2)在分析墓葬考古年代分期与青铜容器的关系时,已呈现出显著相关,即考古年代不同,所随葬青铜容器有着显著不同。然而如果把青铜容器放入考古年代与墓葬规模两项分组标志中同时进行分析就会得到更好的相关系数。因此在考察青铜容器的相关性时,将考古年代与墓葬规模同时考虑进去,将是最佳的方案。目前,在统计的 86 例墓葬样本中,有考古年代资料的占 100%(这是通过学者研究得出的),而有墓葬规模资料的只有 239 例,占 61.9%,因而有必要加强考古过程中的墓室面积的登录工作。

(3)两周时期不同文化区域的随葬青铜容器数量之间无显著差异,即,所分文化区域一般不影响随葬青铜容器的数量。

(4)墓主自铭等级的数量较少,只有 50 多例(参阅本章附录 3:两周墓主自铭身份与随葬鼎的数量组合登录表,在墓葬单位总数中所占比例并不大,故分析结果有一定局限性),但分组比较复杂,大致分为 6 类。通过方差分析,得出结果是,墓主自铭身份与随葬鼎的数量之间没有什么差异。这一数理分析的结果证明,如上文所述,鼎固然是贵族身份等级的重要标志,但是其相关性与相关程度必须具体分析。本文通过两周墓葬青铜容器随葬组合的定量分析,认为实际随葬鼎的数量并非像东周礼书上说的那样严格,单以鼎的数量来判断墓主身份等级的说法仍然有商榷的余地。

　　这在北赵晋侯墓地的数例随葬礼器组合中,可以看得比较清楚了。在同组墓中,晋侯多于晋侯夫人的器物并不是独有鼎簋,而且鼎簋数目也远不似礼书上说得那样确定。如在晋侯墓中 M91 为七鼎五簋,M64 为五鼎四簋,M93 为五鼎六簋,其中没有一致的,晋侯夫人墓中,除 M62 与 M102 相同,都是三鼎四簋,M31 与 M63 都是三鼎七簋之外,还有 M13 为五鼎四簋,M92 为二鼎二盨。以这样的情形来说明鼎簋制,并由鼎簋的数目来确定墓主人的身份显然是不充分的。这起码说明在西周时期鼎簋的数目并非确定,而且,鼎簋制在整个礼器制度中的分量,有可能是被后世人为地抬高了。人们经常提到的《孟子·梁惠王下》中乐正子与鲁平公的一段对话,鲁平公听信了宠臣臧仓的谗言,说孟子办母亲的丧事超过了以前办父亲的丧事,不合礼义。乐正子则问:您所说的"踰",是不是孟子办父亲的丧事用了三鼎,而办母亲的丧事用了五鼎吗? 鲁平公回答说:"否;谓棺椁衣衾之美也。"似乎在鲁平公的眼中视棺椁衣衾比较用鼎于礼制更为偏重。这在孟子生活的战国时期是如此,在整个两周时期也未必不是如此。

　　再举一个例子,甘肃灵台白草坡西周墓 M1、M2[①],通过出土青铜器铭文得知,M1 的墓主自铭𢕱伯,M2 的墓主自铭为潶伯,两墓相距很近,考古年代也为同期(均为康王时期,M2 比 M1 略晚),又均为完整墓葬,但是,潶伯随葬有 7 鼎,𢕱伯却只随葬有 2 鼎。再来看一下两座墓的随葬礼器组合的总体情况:

> 玉器

M1:璧 2,璜、琮、柄形器、戚各 1,戈 4,玉人 1。

M2:瑗 1,戚 1,柄形器 5,笄 2,鱼 5。

[①]　甘肃省博物馆文物队:《甘肃灵台白草坡西周墓》,《考古学报》1977 年第 2 期。

青铜容器

M1：鼎 7，甗 1，簋 3，尊 2，爵 1，角 1，觯 1，斝 1，卣 3。

M2：鼎 2，甗 1，簋 2，尊 1，爵 1，觯 1，卣 2。

乐器

无。

兵器

M1：戈 32，钺 1，剑 2，镞 130，胄 4，盾泡 4，啄锤 1，弓柲 1。

M2：戈 21，戟 2，剑 2，镞 97，胄 4，盾泡 4，弓柲 1。

车马器

M1：軏 1，轭足 1，当卢 9，泡饰 109。

M2：銮 4，当卢 8，泡饰 460。

（另在两墓之间有一座车马坑）

棺椁

一棺一椁。

从随葬组合的种类来看，M1 与 M2 随葬种类完全一致，除乐器之外均随葬有玉器、青铜容器、兵器、车马器及棺椁。从每类中的器物来看，M1 略多于 M2，有小的区别，从器具的数量来看，除鼎以外，其他数量均颇为接近，因此可以说，两座墓的墓主的身份等级是相近的，与自铭身份一致。假设以所谓用鼎制度作为衡量两个贵族身份的标志，二墓主一定会有几个等差。因此，以随葬礼器的不同类型的器物组合关系来判定墓主的身份等级要比以同类型器物的数量关系为依据更为恰当。（本文数学运算由南开大学数学系教授樊宏康协助完成）

四、随葬乐器制度

（一）周以前随葬乐器概要

1983 年在山西襄汾陶寺遗址龙山晚期墓葬 M329 出土 1 件红铜制的铃形器，同一遗址中还曾发现 2 件与此器型制相似的陶制品。这目前所见墓葬中最早的乐器。

二里头文化时期已有铜铃，皆出于墓中，如偃师二里头遗址五区发掘 M4 出铜铃 1，六区 M11 亦出土有铜铃，出土时都附有纺织品残片，有可能佩带于人身上。安阳郭家庄西南 M52 车马坑出土铜铃是出于马颈下，大司空村与殷墟西区商晚期墓出在殉狗的颈下。

殷墟商晚期墓出土乐器组合规模并不大，一组中的个数不多，譬如，编铙以 3 件一组为最常见。

1953 年安阳大司空村殷墓 M312，铙 2。

1963 年温县城关小南张商墓，铙 3。

1977 年殷墟西区 M699，铙 3。

1983 年安阳大司空村东南 M663，铙 3。

1984 年安阳戚家庄东 M269，铙 3。

1986 年苏埠屯 M8，铙 3 件。

殷墟五号墓（妇好墓），铙 5 件。

大型铙，其时代约在商晚期至西周早期。

铜鼓的出现约殷代中期，例证也不多。如湖北崇阳出土铜鼓，两侧为鼓西，蒙皮革，椭圆形[①]。

---

①　崇文：《湖北崇阳出土一件铜鼓》，《文物》1978 年第 4 期。

（二）西周墓葬随乐器与组合形式

郭宝钧在《商周铜器群综合研究》做过这样的统计，截止 1965 年止，不包括商代小屯四郊出土的枚铙，西周时期共出土 19 件钟，东周春秋初出土 10 件，春秋时代出土 62 件，战国时期达 149 件，两周共达 240 件。在今天看来，这个数目已被大大地超出了。此后的最重要的相关考古发现是成组的编钟，迄今所发现的年代最早的编钟约在西周康王时期，是宝鸡竹园沟 M7（即弜伯各墓）中出土的 3 件 1 套的编钟。编钟铸作年代当与之略早。

另外，长安普渡村长甶墓出一套 3 件的编钟，属西周中期。

扶风齐家村窖藏出土的柞钟（甲一庚）与中义钟（甲一辛）两套，按铭文分布与形制分为两组，各 4 件。（唯柞钟第 2 组），第 3 件（庚）铭文缺，全套钟原应有 8 件。

此外，铜铃自铭者仅见于约西周早期时的"王成周公令（铃）[1]"。

（三）春秋战国墓葬随葬乐器与组合形式

春秋战国是出土编钟编镈考古学上的黄金时期。在春秋战国墓葬随葬乐器的组合形式有 5 件套，有 9 件套。湖北均川刘家崖春秋墓出土有一组 5 件编铃，时属春秋中晚期，辉县琉璃阁 M1 出土有 3 件 1 组纽钟形偏铃与《周礼·春官·内车》所曰"大祭祀，鸣铃以应鸡人"之文相合。

山东沂水刘家店春秋早期墓出土陈大丧史铃钟（纽钟）1 套 9 件。

侯马上马村 M13、淅川下寺 M1、寿县蔡侯墓皆为 9 件 1 套，属春秋晚期。

---

① 容庚：《商周彝器通考》，哈佛燕京学社 1941 年版，图版 941。

淅川下寺 M2,王孙诰编钟 26 件,春秋晚期,是目前出土的春秋编钟中数量最多,音域最宽的。

辉县琉璃阁甲墓出土的 1 套镈(4 件),同出一套甬钟(8 件),两套纽钟(各 9 件)。

宝鸡太公庙秦公镈 3 件,约秦武公(前 697—678)时器。

河南固始侯古堆 M1,编钟 8 件 1 组。

山彪镇 M1,编镈两组,共 14 件。

山西太原金胜村 M251,镈 5 件,春秋晚期。

1977 年山东沂水刘家店子春秋墓 M1 出土錞于 2 件[①]。

1985 年江苏镇江谏壁王家山春秋墓出土錞于 3 件,大小成系列[②]。

战国编钟有,洛阳金村古墓出土的羌钟(战国早期),汲县山彪镇 M1(战国早期)出土钮钟,长治分水岭 M25 一套甬钟 5、钮钟 9,四川涪陵小田溪 M1 出土纽钟(战国晚期),均为 14 件。另外出土有钲[③]。

随县曾侯乙墓的编钟是在目前所出战国编钟中规模最大的 1 套编钟,共 64 件分 3 层悬挂的编钟(另有一楚王酓章镈未计在内)。包括全套大小鬲钟 46 件,分列 5 组;纽钟 19 件,分列 3 组。

山西潞城潞河战国早期墓 M7,甬钟(两组各 8 件),1 组纽钟 8 件,1 组镈 4 件,

1958 年江苏武进淹城内城河出土句鑃 1 组 7 件,大小相次。

长沙楚墓 322,出土句鑃 1 件,楚墓 315 出土句鑃 1,均为战国时期。

贵州、广东、湖南等地流行另一种类型的铜鼓,其形制与中原地区最常见的中间鼓腹,两端收敛的筒形鼓不同,其形通体为平面曲腰,中空无底。为南方铜鼓系列。

---

① 《山东沂水刘家店子春秋墓发掘简报》,《文物》1984 年第 9 期。

② 《江苏镇江谏壁王家山东周墓》,《文物》1987 年第 12 期。

③ 《四川涪陵地区小田溪战国土坑墓清理简报》,《文物》1974 年第 5 期。

（四）小结

出现编钟编磬一类乐器的墓葬多是诸侯等级的贵族大墓，到了战后中期以后，一些中型贵族墓葬才有零星出土，这说明成组乐器是大型贵族墓的标志。

五、随葬车马器制度

（一）殷墓车马坑与随葬车马器概要

殷墟发现的车马坑，大致有两种用途，即祭祀和陪葬。小屯北地宫殿乙七基址前的 5 座车马坑是作祭祀用的，其周围还有大量的埋葬殉人的祭祀坑[①]。作陪葬用的车马坑都发现在墓地内，有的与一个或几个大墓有联系。根据殷墟系区的埋葬情况推测，大墓一般在车马坑的东或北方。

殷墟发现的车马坑有单独之车马坑与墓道内之车马坑两种形式。如：

大司空村 M175(1953)[②]，M175 发现于北区墓葬群的中部。1953年安阳大司空村墓葬的发掘共出土殷代墓葬 166 座，出土同期车马坑 1 座。内有殉人 1，殉马 2。坑内的沟槽规定了车、马、人排列的位置，其意义是以车马为主，而人是附属于车马的。在车马上似有纤维织物，从出土的现象看，是在车、马、人及随葬器物等放好后覆盖上的。其用途可能是为保护车及车上的随葬物，也许起着后来的"车盖"的作用。

---

① 石璋如:《小屯·遗址的发现与发掘·北组墓葬》,1970 年。
② 《953 年安阳大司空村发掘报告》,《考古学报》第 9 册,1955 年。

附属器物有车饰、马饰、兵器、工具与小饰件及贝等。原报告推断为兵车。

孝民屯 1、2 号车马坑(1959)[①]其车子的结构与上述的有所区别,一号车马坑内出车 1、马 2、殉人 1。二号车马坑内出车 1、马 2,未见人骨,此车有磨损痕迹,似使用过,两车上除伴出一件弓形器以外,没有发现兵器,也许都是"乘车"。这两座车马坑与 1972 年发掘的一座车马坑相距不远,在附近探出了殷代大型长方形竖穴墓一座。很可能与这三座车马坑有关系。

殷墟西区 M7(1972)[②],坑内出车 1、马 2、殉人 1。车子的形制与过去的发现基本相同,没有什么显著的差别。车坑内没有发现"弓形器"与兵器。

郭家庄西南 M52,M58(1987)[③]。M52 埋葬车 1、马 2 与殉人 2,M58 被 M56 破坏,M52 与 M58 两坑并列。

殷墟西区 M698 是一例墓道内之车马坑,埋葬车 1、马 2 与殉人 1。因车宽于墓道故两侧壁向外扩成两耳室,耳室底部各挖出一凹槽,以置车轮。

从殷墟墓地的发掘来看其埋葬特征是,其一,殷代的墓葬与车马坑的比例是 0.6%~2%,如 1969—1979 年殷墟西区发现 939 座殷代墓葬,殷代车马坑 5 座[④]。是大墓的陪葬坑。殷代车马坑的形制与一般殷代竖穴墓大体相同,只是较大较方一些。一般在长 3.30~3.60 米,宽 3.00~3.20 米左右。其二,马埋葬的方式有相对(87AGNM52)、相背及相顺三种,与车、人形成一组驾车的场面,车的形制大体相同,车

---

① 《安阳殷墟孝民屯的两座车马坑》,《考古》1977 年第 1 期。

② 《安阳新发现的殷代车马坑》,《考古》1972 年第 4 期。

③ 《安阳郭家庄西南的殷代车马坑》,《考古》1988 年第 10 期。

④ 《1969—1979 年殷墟西区墓葬发掘报告》,《考古学报》1979 年第 1 期。

上有兵器的被认为是戎车;车上没有兵器的被认为是乘车。其三,殷代车马坑虽然作为大墓的陪葬,但一般与某一墓主的关系不确定,仅有M698为墓道内之车马坑,与墓主有明确关系。

(二) 西周墓葬车马坑与随葬车马器

西周墓葬车马坑的特点之一是,墓葬坑与大墓之间有着较明确的从属关系。譬如:1976年在山东胶县清理了一座西周时期的车马坑和两座墓葬,出土了一批铜车马器和兵器,时代为春秋早期。坑南北长4.85米,东西宽4.10米,坑内有车1、马2、殉人1,车前有四马,即两服两骖。坑内出土兵器戈2,钩戟1,镞20,铜甲一套,发现的两座墓与车马坑相关,据当地人讲,这里曾出土过大型石磬、车马器和容器,可见这一遗址是一处高级贵族墓地[①]。

第二个特点是,一些车马坑出现在中小型墓的墓地中,随葬车马坑的意义有可能是族人的集体祭奠。譬如:张家坡北区中部35号车马坑位于北区中部,是这次发掘的5座车马坑中唯一保存完整者,坑东西长3.35米,南北宽1.8—2.6米,似为梯形,车轴两端及两轮后部的坑壁上都向外扩出,内埋马2、车1。车辕两侧各有一个浅坑,两马相背。车头、马头有铜泡组成的辔饰。车舆上有一铜戈,可能是战车。车马坑与四周墓葬之间最近的距离,也有10—20米远。所以车马坑的墓主难以确定,可能是族人墓地共有的车马坑。

第三个特点是,比较殷商墓葬,西周车马坑占墓葬的比例有所提高。譬如:1967年,在长安张家坡发掘清理西周墓葬124座,大都为中

---

① 《胶县西庵遗址调查试掘简报》,《文物》1977年第4期。

小型墓,其中车马坑 5 座,在这个墓地的比例是 25:1[①]。1984 年发掘西周墓葬 39 座,有西周车马坑 2 座,比例是 20:1[②]。

特点之四是,不同地区的车马坑呈现出不同的葬俗,譬如:甘肃灵台白草坡 G1 号车马坑(1972)东西长 8 米,东半部略呈圆形,圆坑底部用火烧过,无遗物,距此坑较近的是 M2,墓内也有火烧的痕迹,似为当地的一种葬俗。西半部是长方形坑,与其他车马坑类型相同。埋葬时,当东部圆坑填土至与西半部长方形坑底齐平时,然后埋入马 4、车 1。由于车马坑出土的铜饰件与 M2 者很相似,四马镳勒也是两套。因此推测它是 M2 的陪葬车马。时代为西周早期墓葬[③]。

特点之五是,车马坑的形制趋于规范化,譬如:张家坡 M28 长 3.33 米,宽 3.00—3.12 米,内埋车 1,马 4,殉人 1。左右骖马有铜饰、马冠、当卢和銮饰,左右服马被盗扰,马饰无存。M29 长 4.95 米,宽 3.05—3.45 米,内埋车 2(南北并列),车辕均向东,每车驾 2 马,另有殉人 1。它与长安普渡村 M27 车马坑的形制十分接近,后者南北长 3.4,东西宽 3.4 米,葬入马 4、车 1,M33 也是一座车马坑,葬入马 4、车 1,已被严重盗扰(1984)[④]。又如,北京琉璃河 52 号墓的南面发现了 3 座车马坑,1 号车马坑南北长 3.7 米,东西宽 3.3 米,车置于坑的中部,舆北辕南,坑底挖有两道沟槽,以容纳车轮。辕的两侧各有两个置马的长方坑,马背相对。从 M52、M53 出土的铜器铭文来看,可断定为成王时期的车马坑,此车马坑与前两者虽相距甚远,而形制亦十分接近。

---

① 《1967 年长安张家坡西周墓的发掘》,《考古学报》1980 年第 4 期。
② 《1984—1985 年沣西西周遗址墓葬发掘报告》,《考古》1987 年第 1 期。
③ 《甘肃灵台白草坡西周墓》,《考古学报》1977 年第 2 期。
④ 《1984 年长安普渡村西周墓葬发掘简报》,《考古》1988 年第 4 期。

（三）春秋战国墓葬车马坑与随葬车马器

春秋战国车马坑的特点之一是出现了一批随葬有大量车马的大型车马坑。这些车马坑一般与某一大墓有明确的配属关系，譬如：

河南三门峡上村岭 M1052，春秋早期，虢国太子，马 20、车 10。

山东沂水县刘家店子 M1，春秋中期，莒候，马(?)、车 14(?)。

山西太原市金胜村 M251，春秋晚期，晋卿，马 44、车 16。

河北平山县三汲镇中山王墓，战国，列国国王，马 24、车 8。

其中，山西太原市金胜村 M252 车马坑位于大墓 M251 的东北侧，东西总长 14.8，南北总长 12.6 米。葬马 44 匹，马的骸骨大致排列有序，多为侧卧状，马首全部西向，面对 16 辆车，(1988)①，这些车的形制多样，是实用的战车。

特点之二是车马坑与某一具体的墓葬无显著的确定关系，譬如：洛阳中州路 M19 车马坑②作长方形竖穴坑，长 7.70，宽 6 米。坑内埋入车 1，马 4，犬 1。四马排列整齐，马头向南。次于坑中部拦腰挖掘一条东西向窄长槽，槽底放置木板。挖槽铺板之意可能是分坑为车坑和马坑两部分。其车豪华精美，另外随葬有弩机、铜镞 50。由此推测可能是当时的田猎之车。车马坑北面约三四百米处为洛阳西郊一号至四号战国墓③。其中一号战国墓墓口南北长 10，东西宽 9.1 米，墓道全长近 40 米，为积石积炭墓，早期已被盗掘，出土有墨书"天子"字迹的石圭。而这样的大墓排列有四座。M19 车马坑有可能与这四座墓有关。年代为战国中期。

特点之三是出现了有鲜明地方文化性的车马坑形式。譬如：金胜

① 《太原金胜村 251 号春秋大墓及车马坑发掘简报》，《文物》1989 年第 9 期。
② 《洛阳中州路战国车马坑》，《考古》1974 年第 3 期。
③ 《考古》，1959 年第 12 期。

村 M252 车马坑位的曲尺形,这类车马坑也曾见于辉县琉璃阁和邯郸百家村等地,这似乎是晋文化的一种独特的制度。另一种形式是马与车分隔,譬如:1986 年,在山西侯马上马墓地发掘了 3 座车马坑,3 号车马坑位于主墓东北侧,由车坑和马坑两部分组成,东西长 5.9 米,南北宽 2.72 米,东部为马坑,共埋马 6 匹,分作上下两层。西部为车坑,放置木车 3 辆,在车马坑内发现 2 件铜矛,年代为春秋早期偏晚①。

除车马坑外,在墓葬中亦可见以部分铜质车马器作为随葬品的情形,但迄今在殷代墓葬中虽亦可见用车马器随葬,然不普遍。表明当时尚未形成以车马器随葬的制度,此种制度约始于西周早期,一直流行到战国②。

(四) 小结

两周车马坑一般都随葬于大型高级贵族墓或中小型群体贵族墓地。大型墓葬一般都随葬有车马坑,车马坑为一车四马,有的车马坑还拥有复数以上的车舆;车马坑又随葬于复数以上的中小型墓组成的贵族墓地。车马坑的形制具有一定的规格,一般象征贵族生前乘车舆的等级,因此一般低等级贵族墓不单独随葬车马坑。另外,两周墓葬还随葬有车马器,车马器的有无与多寡也标志着贵族的身份,一般来说,随葬的车马器越多,其贵族身份等级就越高。

六、随葬兵器制度

(一) 周以前随葬兵器概要

在墓葬中随葬兵器的历史应追溯至上古,只是那时以石料为之的

①　《山西侯马上马墓地 3 号车马坑发掘科报》,《文物》1988 年第 3 期。
②　参阅朱凤瀚:《古代中国青铜器》,南开大学出版社 1995 年版,第 280 页。

器具还很难与狩猎工具加以区别。二里头文化时期即已出现有青铜镞,属二里冈上层文化晚期的湖北盘龙城楼 M3 出土有青铜戈。这个现象至殷墟遗址的时代变得更加明晰。殷墟西北冈 1004 号大墓道中,曾发现銎内型戈 69 件和成捆的矛约 700 件,层层叠放在一起;另外还有 4 至 6 种不同形式的铜盔(胄)数十具,也堆放了一层。一个王陵中随葬这样多的武器,无非象征着死去的商王能够直接掌握大量的军队。另外,在安阳殷墟、山东益都和湖北盘龙城等地的商墓中都出土过大钺,如湖北黄陂盘龙城商代前期中型墓所出大钺长达 41 厘米,妇好墓所出大钺刃宽 38.5 厘米,这种大型武器,未必用于战场。益都大墓的墓室后壁并列两把大钺①,象征后门的警卫;犹如《尚书·顾命》云“一人冕执钺,立于西堂”,以耀其威武。因此这些大钺上面往往铸以狰狞的饕餮纹,以显示统治者的威严。

(二) 西周墓葬随葬兵器与组合形式

两周墓葬随葬兵器,尤其是随葬多件兵器以上的,仍然象征着握有兵权。河南浚县辛村大型墓都已被多次盗掘,大件铜礼器已无一幸存。其残存者不少精品仍是其他中小型墓中所不易见到的。尤其是 M42 还保留一大批车马器和兵器,仅戈和钩戟两类即达 34 件之多。钩戟分大、中、小三型,皆为钩刺兵器。戈的形制也很复杂,有无胡无穿、短胡一穿、长胡一穿、长胡二穿诸式。种类之繁复,其缘由可能是战利品。

在北赵晋侯墓地,凡属未盗掘的晋侯墓都随葬有兵器。M64 出有戈、剑各 1 件及镞若干,出土时与礼器同置棺外北端,在性质上兵器与其他青铜礼器似具有相同的象征功用。M33 出有戈 2 件,剑 1 件,斧 2 件,M91 出土的兵器最多,有戈 12,剑、矛、殳各 1 件,镞 70 枚。剑出于

---

① 山东省博物馆:《山东益都苏埠屯第一号奴隶殉葬墓》,《文物》1972 年第 8 期。

椁室东南角,矛出土于椁室西北部,戈除 1 件出于外棺盖上外,余分见于椁室各处。还有骨镞数枚和铜器杂陈。还有 M93 也随葬有兵器,戈2 件,镞若干。从发掘报告上看,在北赵晋侯墓地,凡晋侯则有兵器随葬;凡晋侯夫人则无兵器随葬,无一例外,其兵器多件随葬代表握兵权的倾向十分明显。

于周墓中所见随葬还有一种被称为古戟的兵器。对戟的命名,应从当时当地人们的习惯和通例。自 1932 年辛村卫墓发掘之后,在各地的西周墓葬中,又陆续出土不少相同或相似的十字形铜兵器,形制依然可大分为二型,只是每型中都有一些变化。现在我们知道,这种兵器最早出现于先周文化的墓葬,在西周早、中期,广泛流行于关中和中原的周文化区域;但不见于殷商墓葬和遗址,春秋时期即已消亡。因此可以肯定,这是周人创制的一种独特兵器。那么,在西周时期,周人是怎样称呼这种兵器的呢?

在北京琉璃河西周初期的燕国墓地出土了多件十字形青铜兵器,在已经公布的资料中,有 5 件刺锋后卷呈钩刀之状,属十字型铜兵的二型[①]。可见西周时称十字形铜兵为"戈",并非偶一为之。

(三) 春秋战国墓葬随葬兵器与组合形式

自东周以迄秦汉,在整个列国地区,戟的普遍特征都是戈、矛结合,锋刺前伸,援内横出,兼有刺杀和勾啄双重功能。这一点既体现于《考工记》等文献记载,也已被这一时期大量的出土物所证实。

(四) 小结

兵器一般不属礼器,然而随葬的形式将其中一部分兵器转化为礼

---

① 琉璃河考古队:《1981—1983 年琉璃河西周燕国墓地发掘简报》,《考古》1984 年第 5期;《北京琉璃河 1193 号大墓发掘简报》,《考古》1990 年第 1 期。

器之用,以象征贵族所拥有的兵权,或象征着贵族身份的权势。随葬兵器的数量一般反映墓主所拥有兵权的大小、多少,随葬兵器越多代表墓主所拥有的兵权越大;随葬兵器的种类与组合也是区别墓主与实际兵权关联程度的标志,随葬兵器的种类与组合越复杂,说明墓主与实际兵权联系的越密切。其中大钺一般象征为高级贵族身份,具有王国或邦国的军事指挥权;复数以上的戈、矛、戟等长兵器与剑等短兵器及镞的组合一般也象征为高级贵族身份,具有一支军队指挥权;戈、矛、戟等长兵器与镞的组合一般象征中级贵族身份,具有一支较小部队指挥权;单件的剑等短兵器一般象征低级贵族身份,具有军事参与权。

七、棺椁制度

俞伟超曾对周自天子、诸侯、卿、大夫、士和庶人的棺椁制度依次进行了描述。商代和西周之制,由于棺椁保存完好之例不足,至今尚不能言其详。战国的椁制,如据楚墓,除王制不明外,其余大略可分为四等。这四等的情形如下:

第一等,有头箱,左右边箱,足箱和棺箱,如信阳长台关 M1、M2,江陵天星观 M1 等;

第二等,在棺箱外有头箱和边箱各一,如长沙浏城桥 M1,江陵望山 M1、M2,江陵沙 M1,江陵藤店 M1 等;

第三等,棺箱外只有一个头箱,如江陵太晖观 M21 等;或是虽无头箱隔板,但棺前留出头箱位置;有的甚至无椁而将随葬品置于棺前或两侧,可是墓圹规模和随葬的规格却同于有头箱的,如江陵拍马山 M23、M1、M26 等;

第四等,有棺无椁甚至无棺无椁的小墓,其随葬品往往只有极少量的日用陶器或根本没有,如江陵太晖观 M12、江陵雨台山 M235 等。

《礼记·檀弓》《丧大记》及郑注都说：天子五层棺，上公四层棺，诸侯三层棺，大夫二层棺，士与庶人皆单棺。已知的战国楚墓的遗存是：第一等皆四或三层棺；第二等皆二层棺，仅望山 M2 为三层棺；第三、四等皆单棺，情况同上述椁制所属等级的推测正基本符合。在我们看来，战国楚墓椁制与其说承自"周制"传统，还不如说在墓制上更接近西汉墓。譬如上面提到的信阳长台关战国墓（M1）与阜阳双古堆 M2（汝阳侯夫人墓）的形制更为相似。《汉书·霍光传》载：光薨"赐……梓宫、便房、黄肠题凑各一具。"颜注引服虔说云"外藏椁"是"在正藏外，婢妾之藏也；或曰厨、厩之属也"。汉代实行二十等爵制。诸侯王、列侯二级为食邑的最高爵级，可使用一些类似皇帝的、其他等级贵族所不能享用的随葬制度。在墓形制度上，使用着包括了"明堂"、后寝（室）、"便房""梓宫""黄肠题凑"的"正藏"和"外藏"椁。西周、春秋本无"外藏椁"之制，到了春秋晚期的莒南大店 M1、M2 之中，已经在放置墓主木棺的主椁即"正藏"之外，另辟木椁即"外藏椁"，以置铜、陶礼乐器等随葬品。湖北随州擂鼓墩战国初年曾侯乙墓，在"正藏"（东椁）外有三个"外藏椁"（中、北、西椁），一个主要置礼乐器，一个主要置车马器和兵器，一个殉人。据平山战国中山王墓所出木牌上的文字，当时又把"外藏椁"叫作"库"。这些材料表明，把墓的结构分为"正藏"与"外藏椁"的制度，从春秋晚期已经发其端，战国时至少已成为好几个诸侯国的王陵制度，到汉代，诸侯王与列侯的墓葬，沿用了这种制度①。

在墓葬形式与椁棺结构的研究考察中，天马——曲村遗址北赵晋侯墓地的发掘无疑是最具价值的考古学资料之一。延续的八世晋侯墓与晋侯夫人墓葬，完整地反映了西周中期至春秋初期的诸侯国邦君的

① 参阅俞伟超《汉代诸侯王与列侯墓葬的形制分析——兼论"周制""汉制"与"晋制"的三阶段性》，《中国考古学会第 1 次年会论文集》，文物出版社 1980 年版。

丧葬制度。譬如：从 M9 与 M13 的单墓道"甲"字形竖穴土圹墓到 M63、M93，演变成双墓道"中"字形竖穴土圹墓。其间除 M7、M33、M32、M91 及 M102 五座墓为单墓道长方形竖穴土圹墓，M9、M13、M6、M92、M1、M2、M8、M31 与 M64 及 M62 十墓为"甲"字形墓，另有 M63 与 M93 两墓为"中"字形墓圹。在晋侯与晋侯夫人之间的墓圹规模与棺椁结构的比较中，可以看出越到后几组墓，越显示出晋侯与晋侯夫人之间等级差异，尤其是第 6 组 M8 与 M31、第 8 组 M93 与 M102。而第 7 组的"中"字形墓 M63 的晋侯夫人，很有可能是第 8 组 M93 晋侯的母后，而且入葬时间晚于 M64 与 M62，这样才有了 M63 的超规格墓圹。

北赵晋侯墓地除去椁室、棺室遭彻底破坏，葬式不清者，几乎无一例外，都是一椁二棺的规格，椁室也趋于一致，平面均呈"冄"字形，南北长 4.1—4.9 米，东西宽 3—3.7 米，高约 1.4—2.7 米。椁室的长宽高的差异似乎与墓主是晋侯还是晋侯夫人无关。椁室的盖板东西向铺放，椁盖为 20 块左右，每块长 3 米有余，宽 15 至 30 厘米；底板为 12 至 15 块，为南北向纵排陈设。这可以说是"尊者用大材"[①]了。至于天子"以端长六尺"，亦不像汉墓的黄肠题凑之制，疑为椁室的盖板。再者，北赵晋侯墓无分"正藏"与"外藏椁"，与战国楚墓椁制很不相同。

在北赵晋侯墓地中有多座墓葬中的墓室中有所谓的积石积炭。这一葬制似乎开始于西周后期，在北赵晋侯墓地第 4 组墓有了积炭，但不是在晋侯墓中，而在晋侯夫人墓（M92）中。

第 6 组墓也是在晋侯夫人墓（M31）中。墓室内积石积炭，椁盖板积木炭厚度约 0.4 米，椁室北壁外由卵石与木炭填充成二层台，宽 1

---

① 《礼记·丧大记》郑玄注："此谓尊者用大材，卑者用小材耳。自天子、诸侯、卿、大夫、士、庶人六等，其椁自六丈而下，其方自五寸而上，未闻其差所定也。"

米,南壁外二层台主要由土和木炭填充,宽0.85米;西椁壁外二层台由卵石与木炭填充,宽0.9米。椁底板下垫一层木炭,厚0.16米,木炭以下到墓底由卵石和人工而成的棱角分明的块石铺垫。

第7组墓的晋侯墓(M64)椁四周积石、上下积炭,晋侯夫人中的M63,也就是与下一世邦君有着特殊联系的M63。墓底铺有一层石块,石层上垒了道石梁,每道石梁长及墓室东西壁,宽0.6—0.9,高0.6—0.7米。石梁间及其周填满木炭,石梁上各置垫木1根,上承椁室,椁室四周及上下填木炭,椁外南北面还有少量积石。

第8组墓的晋侯墓(M93),椁室四角外有8垛石块砌成的石墩,石墩高约3.2米,大体和椁室高度相当。墓底亦有3道石梁,只是宽度为1.2米,上承椁室,椁室四周除积石外,均为木炭所围。椁盖上,底下亦铺置木炭。

《左传》成公二年载:"宋文公卒,始厚葬,用蜃炭。"杜预注:"烧蛤为炭,以圹。"《周礼·地官·掌蜃》:"掌敛互物,蜃物,以共圹之蜃。"郑玄注:"互物,蚌蛤之属。犹塞也。将井椁先塞下蜃,御湿也。"说是用蚌蛤烧成的炭置于墓圹,吸水防腐,拟或其效应一致,而考古所得之墓室木炭与文献中蜃炭之用材不同耳。

附录 1：北赵晋侯墓地随葬礼器
组合登录表

墓 号	墓主人（推定）	玉 器	青铜容器	兵 器	乐 器	车马器	棺椁
※M9	武 侯	（不详）	鼎簋（不详）	（不详）	编钟（不详）	殉车 7	一椁双棺
M13	武侯夫人	括发玉管，玉牌及珠玑胸佩 2 组、柄形器	鼎 5 簋 4 甗、盨、盘 1、壶 1 觯			殉车，车马饰	一椁一棺
※M6	成 侯	（被盗）	（被盗）	（被盗）	（被盗）	殉车	一椁一棺
M7	成侯夫人	（被盗）	（被盗）			殉车	一椁一棺
※M33	厉 侯	（被盗）	（被盗）鼎 2 簋 1 方壶 1 盂 1 残片	（被盗）戈、剑	（被盗）石磬 10	（被盗）殉车（至少）5，另有辖、軎、銮铃若干	（不详）
M32	厉侯夫人	（被盗）	（被盗）				（不详）
※M91	靖 侯	玉覆面 1 玉璜联珠玉佩 1 玉箸状器 2 玉 2	鼎 7 簋 5 爵、鬲各 2 方壶、圆壶、盘、甗、盘、匜、盂、尊、卣、豆各 1	戈 12 剑、矛各 1 镞 70	编钟 7 石磬 20	殉车 2 马镳、軎、络执、马面具、銮铃	一椁双棺
M92	靖侯夫人	玉覆面 2 四璜四珩联珠玉佩 1 玉牌玉戈联珠佩饰 1 玉牌联珠串珠 1 玉璧坠饰 2 玉石 22 玉雕饰 15 玉戈若干石戈 4	鼎 2 盨 4 壶 2			軎、辖	一椁双棺
※M1	鳌侯	（被盗）	（被盗）鼎 1	（被盗）戈 3 矛 2 铜铃 6	（被盗）石磬 2 鸾铃 6	（被盗）1、辖 2、鸾铃 4 軎 14 衔 11	（被盗）鸾铃、石鱼 48 节约 139

续表

M2	蘬侯夫人	（被盗）玉璧、玉鸟、玉饰、玉佩、玉圭各1蚕形玉饰、石珠各2石鱼14	（被盗）鼎1				铜鱼36（积炭）
※M8	献侯	（被盗）玉覆面、三璜双环双玉佩、多璜过珩连环胸腹玉佩、大玉戈及大玉环、兽面纹玉琮各1玉质小饰件若干,另有金带饰1组15件	（被盗）鼎1簋2壶2兔形尊3甑1盉1爵1	大石戈2、小石戈2铜镞	（被盗）编钟1组、石编磬8	车马坑,鸾铃3铜环	一椁一棺,铜鱼若干、圆形铜棺饰2
M31	献侯夫人	玉覆面1六璜联珠玉饰1玉牌联珠串饰1小玉牌串珠1大玉1玉环1圭形饰1璜21玉蝉1镂空佩饰16	鼎3簋2盘、盉各1				一椁三棺
※M64	穆侯	玉覆面1	鼎5簋4尊4方壶2盘、甌、簋、爵、匜各1镞若干	戈、剑各1	编钟8钲1石磬16	殉车、祭祀坑内多殉马	一椁双棺铜鱼、蚌贝、铜铃等多件
M62	穆侯夫人	玉覆面1玉环10玉璜50玉戈12玉串饰2玉龙2玉捉手1石圭3	鼎3簋4壶2爵、方彝、盘、盂、鼎形盒、筒形器、匜各1				一椁双棺
M63	穆侯次夫人	玉环、玉璧10玉璜50玉戈12玉质小饰件若干	鼎3簋2壶2爵、方彝、盘、盂、鼎形方盒、筒形器各1				一椁双棺
※M93	文侯	玉石覆面1、玉束发器1玉璧2玉戈1石圭5石柄形器	鼎5簋6壶2盘各1明器:鼎、簋、尊、卣、爵、瓶、盘、方彝各1	戈2镞	编钟16(大小两套)编磬10	马骨	一椁双棺、铜铃、铜首8铜鱼330

| M102 | 文侯夫人 | 玉琮 1 项佩饰 1 玉牌 1 猴形玉饰 2 | 鼎 3 簋 4 盘、匜各 1 明器：鼎、簋、盂、爵、盉、方彝各 1 | | | | 一椁双棺 |

（以推定墓主人夫妇墓组入葬时间为序，有※号者为晋侯墓）

上表据《1992 年春天天马—曲村遗址墓葬发掘报告》(《文物》1993 年第 3 期)，《天马—曲村遗址北赵晋侯墓地第 2 次发掘》(《文物》1994 年第 1 期)，《天马—曲村遗址北赵晋侯墓地第 3 次发掘》(《文物》1994 年第 8 期)，《天马—曲村遗址北赵晋侯墓地第 4 次发掘》(《文物》1994 年第 8 期)，《天马——曲村遗址北赵晋侯墓地第 5 次发掘》(《文物》1995 年第 7 期)制。

附录 2：两周墓葬青铜礼用
容器随葬组合登录表

编　　号：01

考古年代：西周墓葬第 1 期

文化区域：关中与洛阳地区

墓　号	墓室面积	墓主自铭	鼎	鼎以外的青铜礼用容器 （以数量多少为序）	出处
陕西泾阳高家堡西周墓	5.7		2	簋 2 爵 2 卣 2 甗 1 觯 1 尊 1 盉 1 盘 1	文 72・7
甘肃灵台白草坡 M1	8.3	潶伯	7（圆3、方2、鬲2）	簋 3 卣 3 尊 2 斗 2 甗 1 罍 1 爵 1 角 1 觯 1 斗 1 盉	学 72・2
甘肃灵台白草坡 M2	6.7	陕伯	2（方）	簋 2 卣 2 甗 1 爵 1 觯 1 尊 1 卣 1	学 72・2
陕西 61－62 张家坡 M106	5.8		1	簋 1 爵 1 瓿 1 觯 1 尊 1	考 84・9
陕西 84－85 沣河铁路桥西 M15	5.4		1	簋 1 爵 1 瓿 1 尊 1	考 87・1
陕西沣东 63 马王村 M1			2	爵 2 甗 1 簋 1 瓿 1 觯 1 卣 1	考 63・8
陕西 66 岐山贺家村西周墓	8.2		4	簋 1 角 1 卣 1 罍 1 斗 1	文 72・6
河南洛阳东郊钢铁厂 M1	4.5		2	爵 2 尊 2 甗 1 簋 1 瓿 1 觯 1	考 59・4
河南 53 洛阳 3：01	7.2		1	爵 2 罍 1 瓿 1 尊 1 尊 1 卣 1	考 56・1
河南洛阳北瑶"登"西周墓	3.9		1	爵 2 罍 1 瓿 1 尊 1 卣 1 簋 1 觯 1	考 72・2
河南洛阳北瑶庞家沟 M1	6.3		2	甗 1 簋 1 觯 1	学 80・4
陕西 67 张家坡 M87	6.7		2	簋 2 爵 2 瓿 1 尊 1 卣 1 斗 1	学 80・4
陕西宝鸡峪泉西周墓	9.0		1	簋 2 觯 1 卣 1	文 75・3

陕西武功游凤黄南窑西周墓		1	罍3簋1(被破坏)	文博86·1
甘肃庆阳温泉乡庙嘴西周墓		1	爵1觚1	考85·9
陕西61—62张家坡M308	5.1	1		考84·9
甘肃灵台洞山M1	2.5	1	簋1	考76·1
陕西67张家坡M80	6.4		爵1	学80·4
陕西67张家坡M85	5.2		簋1爵1觚1	学80·4
陕西61—62张家坡M307	5.3		爵1觯1	考84·9
陕西岐山贺家村M1	11.9	1	簋1瓿1罍1斝1(被盗)	考76·1

编　　号:02
考古年代:西周墓葬铜器第2期
文化区域:关中与洛阳地区

墓　　号	墓室面积	墓主自铭	鼎	鼎以外的青铜礼用容器（以数量多少为序）	出处
陕西72扶风刘家村丰姬墓			3	簋3卣3尊2甗1瓿1爵1壶1盘1盉1	《陕青》3
陕西85—86张家坡M183(孟员墓)	5.8(洞室4·1)		2	甗1簋1爵1盉1	考89·6
陕西76扶风云塘M10	6.7		1(方)	爵1觯1尊1	文80·4
陕西76扶风云塘M13	4.8		1	爵2甗1觯1尊1卣1	文80·4
陕西76扶风云塘M20	6.1		1	簋2爵2甗1尊1卣1	文80·4
陕西扶风召李M1	3.9		1	卣2(报告作卣1壶1)觯1	文76·6
陕西71宝鸡茹家庄桥梁厂西周墓			1	簋1爵1觯1卣1	考文80(创)

编　　号:03
考古年代:西周墓葬第3期
文化区域:关中与洛阳地区

续表

墓　号	墓室面积	墓主自铭	鼎	鼎以外的青铜礼用容器（以数量多少为序）	出处
陕西54长安斗门镇普渡村长　墓	9.1		4	鬲2簋2爵2觚2瓿1卣1罍1壶1盉1斗勺1盘1	学57·1
陕西80—81长安斗门镇花园村M15	9.1		4（方2圆2）	簋2爵2尊2卣2觯1	文86·1
陕西75临潼零口南罗西周墓			4	簋2鬲1甗1尊1卣1盉1盘1盂1	文82·1
陕西80—81长安斗门镇花园村M17	8.7		3（圆2方1）	簋2爵2壶2甗1瓿1觯1尊1卣1盉1盘1	文86·1
陕西75扶风法门乡庄白白家村西周墓			3	簋2爵2壶2甗1觯1盉1盘1	文76·6
陕西78扶风齐家M19	10.9		1	簋2爵2甗1觯1尊1提梁卣1盉1盘1	
陕西53长安斗门镇普渡村M2	2.9		1	甗2爵2簋1尊1斗1	学8
河南洛阳庞家沟M410	12.2		1	簋1鬲1觯1罍1壶1	文72·10
甘肃72灵台西岭M1			1	簋1	考76·1
陕西80—18长安斗门镇普渡村M14	4.2		1		文86·1

编　　号：04
考古年代：西周墓葬第4期
文化区域：关中与洛阳地区

墓　号	墓室面积	墓主自铭	鼎	鼎以外的青铜礼用容器（以数量多少为序）	出处
陕西81扶风强家村M1	14.8		4	簋5（明1）鬲4壶2瓿（明）2盉（明）1盘（明）1	文博87·4
河南54洛阳中州路M816	5.0		2	簋2盉1器盖1	《洛阳中州路（西工段）》
陕西51扶风上康村M2	6.6		2	簋2	考60·8
陕西扶风黄堆M4	12.8		1	簋2（被盗）	文86·8

续表

陕西 67 张家坡 M103	7.1		1	（被盗）	学 80・4
甘肃灵台百里乡寺沟村 M1	5.9		1	（被盗）	考 81・6
陕西扶风黄堆 M16				簋 1	文 86・8
陕西 67 张家坡 M105	5.0		1		学 80・4

编　　号:05

考古年代:西周墓葬第 5 期

文化区域:关中与洛阳地区

墓　　号	墓室面积	墓主自铭	鼎	鼎以外的青铜礼用容器（以数量多少为序）	出处
陕西 64 长安张家坡西周墓	10.5		3	盨 4 壶 2	考 65・9
甘肃宁县湘西乡宇村谢家西周墓				鬲 1 盨 1 觚形杯 1（报告作尊）	考 85・4
陕西 81 岐山北郭乡曹家沟西周墓			2		考文 82・2
陕西扶风黄堆 M1	7.6			簋 1	文 86・8
陕西 67 长安张家坡 M115	7.1		1	盂 1	学 80・4
陕西 73 岐山贺家村 M3	14.7		1	盨 1（被盗）	考 76・1
甘肃 73 庆阳宁县玉村西周墓			1	簋 1 壶盖 1	考文 83・3

编　　号:06

考古年代:西周墓葬第 1 期

文化区域:河南—卫国、应国、申国、虢国

墓　　号	墓室面积	墓主自铭	鼎	鼎以外的青铜礼用容器（以数量多少为序）	出处
河南 61 浚县鹤壁庞村西周墓			3	簋 3 爵 3 鬲 1 甋 1 觯 1 尊 1 卣 1 盉 1	文丛 3

编　　号:07

考古年代:西周墓葬第 2 期

文化区域:河南—卫国、应国、申国、虢国

墓　号	墓室面积	墓主自铭	鼎	鼎以外的青铜礼用容器 （以数量多少为序）	出处
河南浚县辛村卫国墓地 M60	4.8		1	甑1簋1爵1尊1卣1	同上
河南浚县辛村卫国墓地 M29	8.4		1	簋2甑1	《浚县辛村》
河南平顶山应国墓 M242	中型	柞伯	2	簋2觯2尊1爵1卣1	

编　　号:08

考古年代:西周墓葬第3期

文化区域:河南—卫国、应国、申国、虢国

墓　号	墓室面积	墓主自铭	鼎	鼎以外的青铜礼用容器 （以数量多少为序）	出处
河南洛阳东郊 M13	10		1	爵2甑1簋1尊1觯1	

编　　号:09

考古年代:西周墓葬第4期

文化区域:河南—卫国、应国、申国、虢国

墓　号	墓室面积	墓主自铭	鼎	鼎以外的青铜礼用容器 （以数量多少为序）	出处
河南平顶山应国墓地 M84	10.52	应侯	2	甑1爵1尊1卣1觯1盉1盘1盨1	

编　　号:10

考古年代:西周墓葬第5期

文化区域:河南—卫国、应国、申国、虢国

墓　号	墓室面积	墓主自铭	鼎	鼎以外的青铜礼用容器 （以数量多少为序）	出处
河南86平顶山薛庄阳岭应国墓地 M95	20.3		5	簋6(明2)鬲4盨明2方壶2匜2(明1)盘2(明1)椭圆形器1甑1	华夏92·2
河南82平顶山薛庄阳岭西周墓	中型	应吏	1	簋1觯1爵1	文84·12
81南阳北郊委砖瓦场西周墓			1	簋2盘1	中原84·4

河南洛阳白马寺 M1	6.46		1	瓿 2 瓶 1 簋 1 盘 11 爵 1	
河南洛阳白马寺 M21			1	簋 2 壶 2 盉 1 盘 1	
河南上村岭虢国墓地 M2006	14	孟姞（虢侯夫人）	3	鬲 4 盨 2 圆壶 2 方瓶 1 簋 1 盘 1 盉 1 尊 1 方彝 1 爵 1（明）觯 1（明）	文 95・1

编　　　号：11

考古年代：西周墓葬第 2 期

文化区域：山东

墓　　　号	墓室面积	墓主自铭	鼎	鼎以外的青铜礼用容器（以数量多少为序）	出处
山东 79 济阳刘台子 M2	中型		1	簋 2 鬲 1 觯 1	文 81・9
山东 79 济阳刘台子 M3	中型		1	簋 1	文 85・12
山东 82 滕县庄里西村墓	12.8	滕侯	2	鬲 2 簋 1 壶 1	考 84・4
山东济阳刘台子西周墓 M6	25.8	逢国国君夫人	6（圆 3 方 3）	簋 5 觯 2 瓶 2 鬲 1 尊 1 盉 1 卣 1 盘 1	
山东济宁商业局西周墓			2	爵 2 瓶 2 簋 1 方彝 1 盘 1	文 94・3

编　　　号：12

考古年代：西周墓葬第 3 期

文化区域：山东

墓　　　号	墓室面积	墓主自铭	鼎	鼎以外的青铜礼用容器（以数量多少为序）	出处
山东 80 黄县庄头村 M1			3	簋 2 爵 2 瓶 1 觯 1 卣 1 方壶 1 盘 1	文 86・8
山东曲阜望父台墓地 M23			1		《曲阜鲁国故城》

编　　　号：13

考古年代：西周墓葬第 5 期

文化区域：山东

续表

墓　号	墓室面积	墓主自铭	鼎	鼎以外的青铜礼用容器（以数量多少为序）	出处
山东 74 莱阳中荆乡前河前村西周墓			2	壶 2 瓿 1 盘 1 匜 1	文 83·12
山东 69 烟台上夼村西周墓	中型	曩侯之弟	2	壶 1 匜 1	考 83·4

编　号:14

考古年代:西周墓葬第 1 期

文化区域:京津、辽宁、河北

墓　号	墓室面积	墓主自铭	鼎	鼎以外的青铜礼用容器（以数量多少为序）	出处
北京房山琉璃河 M50	5.99		1	鬲 1 爵 1 觯 1 尊 1	考 75·5
北京房山琉璃河 M52	9.5		1	爵 2 鬲 1 觯 1 尊 1	考 75·5
北京房山琉璃河 M1043				爵 1 罍 1	考 84·5
北京昌平白浮村 M3	中型		2	簋 2	考 76·4
天津蓟县张家园 M3	小型		1	簋 1	考 93·4
天津蓟县张家园 M4	小型		1	簋 1	考 93·4
北京房山琉璃河黄土坡村 M1193	大型			觯 1 罍 1 盉 1(被盗)	考 90·1
北京房山琉璃河 M251				鬲 1 尊 1 卣 1 盘 1	
北京房山琉璃河 M253			2(方 1圆 1)	瓿 1 卣 1	

编　号:15

考古年代:西周墓葬第 2 期

文化区域:京津、辽宁、河北

墓　号	墓室面积	墓主自铭	鼎	鼎以外的青铜礼用容器（以数量多少为序）	出处
北京房山琉璃河 M53	7.7			簋 1 爵 1 觯 1 尊 1	考 74·5
北京房山琉璃河 M1026			1	簋 1	考 84·5
北京 82 顺义牛栏山西周墓			1	爵 2 瓿 2 觯 1 尊 1 卣 1	文 83·11

墓　　　号			鼎	鼎以外的青铜礼用容器 （以数量多少为序）	出处
河北 78 元氏县西张 村西周墓			1	爵 2 卣 2 甒 1（明）簋 1 尊 1 盉 1（明）盘 1 （明）	考 79·1

　　编　　　号:16
　　考古年代:西周墓葬第 3 期
　　文化区域:京津、辽宁、河北

墓　　　号	墓室面积	墓主自铭	鼎	鼎以外的青铜礼用容器 （以数量多少为序）	出处
北京昌平白浮村 M2	8.4		1	簋 1 壶 1	考 76·4

　　编　　　号:17
　　考古年代:西周墓葬第 1 期
　　文化区域:山西——晋

墓　　　号	墓室面积	墓主自铭	鼎	鼎以外的青铜礼用容器 （以数量多少为序）	出处
山西洪洞洪赵永凝东 堡 NM9			1	簋 1 木胎壶 1	文 57·8
山西洪洞洪赵永凝东 堡 NDM14				鬲 1 簋 1	文 57·8
山西曲北 M1			1	簋 1	《燕园聚 珍》

　　编　　　号:18
　　考古年代:西周墓葬第 2 期
　　文化区域:山西——晋

墓　　　号	墓室面积	墓主自铭	鼎	鼎以外的青铜礼用容器 （以数量多少为序）	出处
山西北赵晋侯墓地 M9	大型	晋侯	7	尊 1 盉 1 簋、斝、觯 （数量不明）双合方鼎 1 鼎形温食器 1 罐 1	文 94·1
山西北赵晋侯墓地 M13	大型	晋侯夫人	5	簋 4 甒 1 盨 1 觯 1 壶 1 盘 1	文 94·1

　　编　　　号:19
　　考古年代:西周墓葬第 3 期
　　文化区域:山西——晋

墓　　　号	墓室面积	墓主自铭	鼎	鼎以外的青铜礼用容器 （以数量多少为序）	出处
山西北赵晋侯墓 M6	大型	晋侯		（被盗）	文 94·1
山西北赵晋侯墓 M7	大型	晋侯夫人		（被盗）	文 94·1

编　　　号:20

考古年代:西周墓葬第 4 期

文化区域:山西——晋

墓　　　号	墓室面积	墓主自铭	鼎	鼎以外的青铜礼用容器 （以数量多少为序）	出处
山西北赵晋侯墓 M33	大型	晋侯	2	簋 1 觯 1 方壶 1 盂 1 （被盗）	文 95·7
山西北赵晋侯墓 M32	大型	晋侯夫人		（被盗）	文 95·7

编　　　号:21

考古年代:西周墓葬第 5 期

文化区域:山西——晋

墓　　　号	墓室面积	墓主自铭	鼎	鼎以外的青铜礼用容器 （以数量多少为序）	出处
山西洪洞永凝东堡 BM5			3	簋 2 瓿 1	文 87·2
山西北赵晋侯墓 M64	96	晋侯	5	簋 4 尊 4 方壶 2 瓿 1 簠 1 爵 1 盘 1 匜 1	文 94·8
山西北赵晋侯墓 M62	92	晋侯夫人	3	簋 4 爵 1 尊 1 方彝 1 鼎形方盒 1 壶 1 盘 1 匜 1	文 94·8
山西北赵晋侯墓 M63	139	晋侯夫人	3	簋 2 壶 2 爵 1 觯 1 方 彝 1 鼎形方盒 1 盘 1 匜 1 筒形器 1	文 94·8
山西北赵晋侯墓 M91	大型	晋侯	7	簋 5 鬲 2 爵 2 瓿 1 豆 1 方壶 1 圆壶 1 尊 1 卣 1 盘 1 匜 1 盂 1 鉴 1	文 95·7
山西北赵晋侯墓 M92	大型	晋侯夫人	2	盨 2 圆壶 2	文 95·7
山西北赵晋侯墓 M1	大型	晋侯	1	（被盗）	文 93·3
山西北赵晋侯墓 M2	大型	晋侯夫人	1	（被盗）	文 93·3

续表

| 山西北赵晋侯墓 M8 | 大型 | 晋侯 | 1 | 兔尊 3 簋 2 方壶 2 瓿 1 爵 1 盘 1 盉 1(被盗) | 文 94•1 |
| 山西北赵晋侯墓 M31 | 大型 | 晋侯夫人 | 3 | 簋 2 方壶 2 盘 1 盉 1 | 文 94•8 |

编　　号:22
考古年代:西周墓葬第 2—3 期
文化区域:江苏、安徽

墓　　　号	墓室面积	墓主自铭	鼎	鼎以外的青铜礼用容器 (以数量多少为序)	出处
江苏丹徒烟墩山 M1			1	盉 2 角形器 2 盘 2 簋 1 盂 1 鬲 1 兽形尊 1	文 55•5
江苏丹徒烟墩山附葬墓			4		文 55•5
江苏丹徒大港母子墩西周墓			2	方座簋 1 簋 1 鸟腹尊 1 尊 1 鬲 1 卣 1 壶 1	文 84•5
江苏溧水乌山 M1			1		文丛 2
江苏溧水乌山 M2			方 1	卣 1 盘 1	文丛 2
安徽屯溪 M1			4	尊 2 卣 2 盘 2 簋 1 盂 1	学 59•4
安徽屯溪 M3			2	簋 3 方座簋 1 尊 1 盂 1 卣 1 盘 1	学 59•4

编　　号:23
考古年代:西周墓葬第 1 期
文化区域:陕西

墓　　　号	墓室面积	墓主自铭	鼎	鼎以外的青铜礼用容器 (以数量多少为序)	出处
陕西宝鸡竹园沟 M1			5	簋 3 平底罐 3 尖底罐 2 爵 1 盘 1	《宝鸡𢐗国墓地》
陕西宝鸡竹园沟 M7 甲	12—16	𢐗伯各	3(圆 1 鬲 1)	簋 2 瓿 2 尊 2 卣 2 觯 1 斗 1 平底罐 1 尖底罐 1	同上
陕西宝鸡竹园沟 M7 乙			1	簋 1 方卣(报告作小方罍)1 觯 1 平底罐 1 尖底罐 1	同上

续表

墓 号	墓室面积	墓主自铭	鼎	鼎以外的青铜礼用容器（以数量多少为序）	出处
陕西宝鸡竹园沟 M13 甲	12—16		7（圆4方2鬲1）	簋3卣2甒1豆1爵1瓿1觯1尊1盘1盉1平底罐1尖底罐1	同上
陕西宝鸡竹园沟 M13 乙	12—16		2（圆1鬲1）	簋1平底罐1尖底罐1	同上
陕西宝鸡纸坊头 M1	大型	弜伯	4（圆2方1鬲1）	簋5鬲2甒1觯1罍1（被盗）	同上

编　　　号:24
考古年代:西周墓葬第2期
文化区域:陕西

墓 号	墓室面积	墓主自铭	鼎	鼎以外的青铜礼用容器（以数量多少为序）	出处
陕西宝鸡竹园沟 M4 甲	12—16	弜伯	4（圆3方1）	簋2觯2鬲1甒1尊1卣1爵1壶1斗1盘1平底罐1尖底罐1	《宝鸡弜国墓地》
陕西宝鸡竹园沟 M4 乙	12—16		3	方彝2簋1觯1平底罐1尖底罐1	同上
陕西宝鸡竹园沟 M8	5.7		1	卣2簋1爵1觯1尊1平底罐1尖底罐1	同上
陕西宝鸡竹园沟 M20	10.6		2	簋2盒1	同上
陕西宝鸡竹园沟 M9	8.1		2（锡1）	锡簋2	同上

编　　　号:25
考古年代:西周墓葬第3期
文化区域:陕西

墓 号	墓室面积	墓主自铭	鼎	鼎以外的青铜礼用容器（以数量多少为序）	出处
陕西宝鸡茹家庄 M1 乙	大型	弜伯	7 圆4方3	簋5尊5豆4鬲2爵2壶2盘2甒1觯1卣1罍1斗1盉（报告作）1鼎形温食器1	《宝鸡弜国墓地》

陕西宝鸡茹家庄 M1 甲	大型	强伯姜	5	簋 4	《宝鸡国墓地》
陕西宝鸡茹家庄 M2	大型	井姬（强伯之妻）	6（圆 5 方 1）	簋 5 鬲 2 盒 2 甗 1 尊（报告作罇）1 熏炉 1 盘 1	《宝鸡国墓地》

编　　号:26
考古年代:春秋墓葬第 1 期
文化区域:中原地区

墓　　　号	墓室面积	墓主自铭	鼎	鼎以外的青铜礼用容器（以数量多少为序）	出处
山西北赵晋侯墓地 M93	100.6	晋侯	6（明 1）	簋 7（明 1）壶 2（明 2）1 甗 1 尊（明）1 爵（明）1 觯（明）1 方彝（明）1 匜 1	文 95·7
山西北赵晋侯墓地 M102	14.7	晋侯夫人	4（明 1）	簋 5（明 1）壶 1 盘 1 匜 1 盉（明）1 爵（明）1 觯（明）1 方彝（明）1	同上
河南 86 平顶山薛庄乡阳岭应国墓地 M1	14.4	应侯妃姜	5（明 4）	簋 6（明 6）方壶 2（明 2）方甗（明）1 方彝（明）1 盉（明 1）盘 1	华夏88·1
河南陕县上村岭 M1025	24.7	虢国太子	7	簋 6 鬲 6 方壶 2 甗 1 豆 1 盘盉 1 罐 1	《上村岭虢国墓地》
河南陕县上村岭 M1810	12.9		5	簋 4 鬲 4 方壶 2 甗 1 豆 1 盘 1 盉 1	同上
河南陕县上村岭 M1820	16.9		3	簋 4 鬲 2 簠 2 方壶 2 罐 2 甗 1 豆 1 盘 1 匜 1	同上
山西芮城 M1	11.6		3（明 1）	簋（明）5 碟形器 4 方壶 2（明 1）盘（明）1 匜（明）1	文 87·12
山西侯马上马村 M4078	15.0		3	簋 2 盘 1 匜 1	文 89·6
山西陕县上村岭 M1819	4.8		2		《上村岭虢国墓地》
河南新郑唐户 M39			1	尊（杯?)2 簋（明 1）	文丛 2

续表

墓号	墓室面积	墓主自铭	鼎	鼎以外的青铜礼用容器（以数量多少为序）	出处
河南陕县上村岭 M1714	6.3		1	盘 1 匜 1	《上村岭虢国墓地》
河南陕县上村岭 M1661			1		同上
河南陕县上村岭 M1744			1	盘 1	同上
河南陕县上村岭 M1631	9.9			鬲 1	同上
河南新郑唐户 M3				鬲 2	文丛 2
河南陕县上村岭 M1705	7.2		3	簋 4 方壶 2 盘 1 匜 1 小罐 1	《上村岭虢国墓地》
河南陕县上村岭 M1706	14.5		5	簋 4 鬲 4 方壶 2 铺 1 盘 1 匜 1 豆 1	同上
河南陕县上村岭 M2001	18.8		10（明 3）	簋 9（明 2）鬲 8 盨 4 壶 4 盘 4（明 3）爵 3（明 1）盂 3（明 2）尊 3（明 2）簠 2 铺 2 方彝（明 2）觯（明 2）豆 2	华夏 92·3
河南陕县上村岭 M1721	11.3		3	盘 1 匜 1	《上村岭虢国墓地》
山西侯马上马村 M1284	9.9		3	盘 1 匜 1	
河南陕县太仆乡			5	簋 4 簠 4 鬲 4 方壶 3 罍 2 瓿 1 盘 1 匜 1 鉴 1	

编　号:27
考古年代:春秋墓葬第 1 期
文化区域:内蒙古

墓　号	墓室面积	墓主自铭	鼎	鼎以外的青铜礼用容器（以数量多少为序）	出处
内蒙古宁城小黑石沟石椁墓	7.13		1（方）	匜 7 豆 4 簋 2 罍 1 鬲 1 壶 1 盂 1 尊 1 盨盖 1	文 95·5

编　　　号:28
考古年代:春秋墓葬第 2 期
文化区域:中原地区

墓　　号	墓室面积	墓主自铭	鼎	鼎以外的青铜礼用容器（以数量多少为序）	出处
河南新郑李家村春秋大墓	大型		22	鬲 9 簋 8 壶 6 铺 6（方 4 圆 2）簠 6 敦 3 盨 3 盘 3 鉴 2 卢 1 牺尊 1 甀 1	《新郑彝器》
河南辉县琉璃阁 M80	35.5		13	鬲 6 簋 4 簠 4 敦（报告作）2 盨 2 盉 1 瓠壶 1 铺（报告作舟）1 盘 1 匜 1	《山彪镇与琉璃阁》
山西侯马上马村 M13	20.0		7	敦 4 鬲 2 簠 2 方壶 2 铺（报告作舟）2 甀 1 盘 1 匜 1 鉴 1 鍑形器 1	考 63·5
山西尉氏河东周村墓			2	簋 4 敦 4 匜 4 甑 3 簠 4 铺（报告作舟）3 簠 2 盘 2 扁平壶 1	
河南洛阳中州路 M4	8.6		3	簠 2 敦 1 盨 1（报告作盨2）1 盘 1 匜 1	《洛阳中州路（西工段）》
山西长治分水岭 M270	25.3		10	簠 2 敦 2 方壶 2 盨 1 鑑 1 铺 1 匜 1 盘 1	学 74·2
河南洛阳中州路 M2415	15.3		1	簠 1 铺（报告作舟）1 盘 1 匜 1 勺 1	《洛阳中州路（西工段）》
山西长治分水岭 M269	25.8		9	鬲 4 簠 2 敦 2 方壶 2 甀 1 匕 1 鑑 1 铺 1 盘 1 鉴 1	学 74·2
万荣庙前村春秋墓	21.5		7（小2）	鬲 3 敦 2 方壶 2 盨 1 铺（报告作簠）2 鉴 2 尊 1 匜 1	文 58·12
河南洛阳西工区 LBM4	10.8		2	盨 2 敦 1 簠 1 铺（报告作舟）1 盘 1 匜 1	考 85·6
河南新郑李家村春秋墓			1	敦 1 铺（报告作舟）1 盘 1 匜 1	考 83·8

编　　号:29

考古年代:春秋墓葬第 3 期

文化区域:中原地区

墓　　号	墓室面积	墓主自铭	鼎	鼎以外的青铜礼用容器 （以数量多少为序）	出处
河南辉县琉璃阁甲墓	113.3		15	豆 8 壶 8(方、圆 6,瓠形 1 扁壶 1)簠 4 鬲 4 簋？罍 2 甀 1 钪 1 钾（报告作舟)1 方盘 1 匜 1 鉴 1	《山彪镇与琉璃阁》
河南辉县琉璃阁乙墓	69.3		10	鬲 4 簠 4 簋 4 敦？钾（报告作舟)2 方壶 2 鉴 2 甀 1 豆 1 盘 1 匜 1	同上
河南辉县琉璃阁 M55	46.0		14（列 12)	鬲 6 簠 4 钾 4 豆 2 方壶 2 钪（报告作舟)1 盘 1 匜 1 鉴 1	同上
河南辉县琉璃阁 M60	35.1		29	鬲 6 簠 6 簋 4 方壶 3 鉴 3 罍 2 盘 2 甀 1 钪（报告作舟)1 豆 1 鐎（报告作盉)1 勺 1	同上
山西侯马上马村 M15			3	豆 2 圆壶 2 钪 2 甀 1 盘 1 匜 1	考文 81·2
山西侯马上马村 M4006	14.6		3	豆 2 罍钪（报告作舟)1 盘 1 匜 1	文 89·6
河南洛阳中州路 M2729	11.0		2	豆 2 罍 2 钪（报告作舟)1 盘 1 匜 1	《洛阳中州路（西工段)》
河南洛阳玻璃厂 M439			1	豆 1 钪 1 勺 1	文 81·7
山西定襄中霍村 M1	20.6		4	豆 2 壶 2 甀 1 盘 1 匜 1	
山西定襄中霍村 M2	18.6		2	豆 1 甀 1 壶 1 盘 1 勺 1	

编　　号:30

考古年代:春秋墓葬第 1 期

文化区域:山东(鲁国、薛国、齐国、莒国、纪国)

墓　　号	墓室面积	墓主自铭	鼎	鼎以外的青铜礼用容器 （以数量多少为序）	出处
山东曲阜乙组 M48		鲁司徒	3(列)	簋 2 盨 2（明 1）盘 2（明）甂 1 簠 1 壶 1 匜 2	《曲阜鲁国故城》
山东曲阜乙组 M30		鲁伯念	1	盨 1 壶（明）1 盘 1 匜 1	同上
山东曲阜乙组 M46			1	簋 1	同上
山东曲阜乙组 M49			1(明)	簋（明 2）盘 1 匜（明）1	同上
山东曲阜乙组 M11			1		同上
山东曲阜乙组 M14			1		同上
山东曲阜乙组 M20			1		同上
山东 70 历城北草沟春秋墓		鲁伯大父之女季姬	1	簋 1	文 73·1
山东临朐嵩山乡泉头村 M 甲		齐侯子行（齐公子）	2	鬲 5 单环耳椭圆罐形器（报告作舟）1 盘 1 匜 1	文 83·12
山东临朐嵩山乡泉头村 M 乙		孟姬	3	鬲 2 簋 2 鸟盖卣形器（报告作壶）1 盘 1 匜 1	文 72·5
山东 51 黄县灰城南埠村春秋墓		冀伯父跽之女姜无	1	盨 4 鬲 1 盘 1 匜 1	《山东古国考》
山东淄博南阳村春秋墓			1	单环耳舟形器（报告作鉴）1	考 86·4

编　　号：31
考古年代：春秋墓葬第 2 期
文化区域：山东（鲁国、薛国、齐国、莒国、纪国）

墓　　号	墓室面积	墓主自铭	鼎	鼎以外的青铜礼用容器 （以数量多少为序）	出处
山东曲阜甲组 M201			1	盆 1 铷（报告作舟）1	《曲阜鲁国故城》
山东滕州薛国故城 M1	36.4		8	鬲 6 簋 6 壶 3 簠 2 铷 1 盘 1 匜 1	学 91·4

续表

山东滕州薛国故城 M4		10	鬲6簋6壶3簠2盘 2匜2鑑1铜1鉴1 鸟形杯1	学91・4
山东滕州薛国故城 M2		8	鬲6簋6壶3簠2铜 1盘1匜1小罐1	学91・4
山东84临淄齐国故 城东古城 M1	30.4	3	簋2壶1铜1 盘1匜1	考88・1
山东78沂水刘家店 子 M1		16	鬲9豆(报告作盌)7 壶7罍4瓶(报告作 盆)2甒1铜(报告作 舟)2 鑑1盉1盘1匜1罐1	文84・9
山东78沂水刘家店 子 M2		9	罐2及其他酒水器	文84・9
山东82临沂相公乡 王家黑墩村凤凰岭春 秋墓	106.6 (被盗)	7(四号 殉葬坑 2、三号 殉葬坑 1)	敦3簠2瓶1铜1盆 1 四号殉葬坑:敦3缶 2壶2鑑1铜1盘1 三号殉葬坑:缶1	《临沂凤 凰岭东周 墓》
山东泰安黄家岭奇春 秋墓			敦1盘1匜1	《山东文 物选集》
山东长清仙人台 M5	14.85	国王室 夫人	4(带流 鼎1)	敦2舟2铜1壶1盘 1	

编　号:32

考古年代:春秋墓葬第3期

文化区域:山东(鲁国、薛国、齐国、莒国、纪国)

墓　号	墓室面积	墓主自铭	鼎	鼎以外的青铜礼用容器 (以数量多少为序)	出处
山东滕州薛国故城 M9	5.4		1	豆2盘1匜1	学91・4
山东滕州薛国故城 M6	6.1		1	豆2铜1	学91・4
山东邹平大省村 M1			1	铜(报告作舟)2盘1 匜1鉴1	考86・7
山东莒南大店镇老龙 腰 M1	大型		2	敦3壶1铜(报告作 舟)1盘1	学78・3

山东 77 淄博淄川磁村 M1	8		1	敦 1 锜 1	考 91・6
山东 77 淄博淄川磁村 M01	7.35		1	敦 1 锜 1	考 91・6
山东 77 淄博淄川磁村 M02	7.6		1	敦 1 锜 1	考 91・6
山东 77 淄博淄川磁村 M03	7			敦 1 锜 1 豆 1	考 91・6
山东邹平大省村 M3			3	锜(报告作舟)1 盘 1 豆 1 壶 1	考 86・7
山东阳谷景阳冈墓				豆 1 铫(报告作扁壶)1 锜1	考 88・1

编　　号:33
考古年代:春秋墓葬第 1 期
文化区域:汉水以北、淮水流域及江淮间地区

墓　　号	墓室面积	墓主自铭	鼎	鼎以外的青铜礼用容器（以数量多少为序）	出处
湖北枣阳吴店赵湖墓(2)			1	簋 2 壶 1	考 75・4
湖北枣阳吴店赵湖墓(3)			1	罍 2	考 75・4
湖北随县安居桃花坡 M1			2	鬲 4 簋 4 壶 1 盘 1 匜 1	文 82・12
河南湖北随县安居桃花坡 M2			4	鬲 2 簋 1	文 82・12
河南新野小西关墓(2)			3	鬲 4 簋 4 方瓶 1 盘 1 匜 1 盒 1	
河南 79 罗山高店村墓			2	壶 1 锜 1 盒(报告作盆)1 盘 1 匜 1	中原81・4
河南 83 潢川光山宝相寺上官岗黄君孟夫妇合葬墓		黄君孟 G1 黄君孟夫人 G2	2 2	豆 2 壶 2 罍(报告作罍)2 盘 1 匜 1 鬲 2 壶 2 豆 2 罍(报告作罍)2 盂 1 瓶 1 盂 1 罐 1 盒 1 盘 1 盒 2 匜 1	考 84・4

编　　号:34
考古年代:春秋墓葬第 2 期
文化区域:汉水以北、淮水流域及江淮间地区

续表

墓　　号	墓室面积	墓主自铭	鼎	鼎以外的青铜礼用容器 （以数量多少为序）	出处
湖北枣阳茶庵段营春秋墓	5.7		3	簋4壶2	考75·4
湖北 80 随县刘家崖 春秋墓	8.3		2	鬲4壶2勺2	考82·2
湖北随县万店周家岗 春秋墓			2	鬲2簋2壶2盘1匜1	考84·6
河南新野城关小西关 春秋墓(1)	8.4		2	簋2甗1盘1匜1盒1	文73·5
湖北随县城郊季氏梁 春秋墓			1	簋2甗1	文80·1
河南潢川隆古乡高稻 场 M1		蔡公子义 工武		簋1钘1盘1匜1缶1	
河南潢川隆古乡高稻 场 M2			3	2敦1簋1缶1	

　编　　号:35
　考古年代:春秋墓葬第 3 期
　文化区域:汉水以北、淮水流域及江、淮间地区

墓　　号	墓室面积	墓主自铭	鼎	鼎以外的青铜礼用容器 （以数量多少为序）	出处
湖北随县东城义地岗 春秋墓			1	盏1	江汉89· 1
湖北随县安居徐家嘴 春秋墓			1	簋1	江汉90· 1
安徽55寿县蔡侯墓	60	蔡侯申	18	鬲8簋8缶6簠4鉴 4盘4瓬4尊3盆3 敦2豆2铺（报告作 迆）2壶2勺2鉳1 钘（报告作鐎）1	《寿县蔡 侯墓出土 遗物》

　编　　号:36
　考古年代:春秋墓葬第 1 期
　文化区域:楚国

墓　　号	墓室面积	墓主自铭	鼎	鼎以外的青铜礼用容器 （以数量多少为序）	出处
湖北当阳赵家 M2	8.9		1	簋1	《湖北当阳赵 家湖楚墓》

续表

| 湖北当阳金家山 M9 | 25.7 | | 2 | 簠1盏1铜1 | 同上 |
| 湖北当阳赵家 M3 | 16.5 | | 1 | 簠1 | 同上 |

编　　　号:37

考古年代:春秋墓葬第2期

文化区域:关中与洛阳地区

墓　　号	墓室面积	墓主自铭	鼎	鼎以外的青铜礼用容器 (以数量多少为序)	出处
河南淅川下寺 M7	35		2	簠2(报告作浴缶)2盏1盘1匜1勺1	《淅川下寺春秋楚墓》
湖北当阳赵家 M4	12.5		1	簠1	《湖北当阳赵家湖楚墓》
河南淅川下寺 M1	70.3		14	缶4铲勺3方壶2勺2簠2簠1盏1斗1盘1匜1鬲1鐎(报告作盉)1	《淅川下寺春秋楚墓》
河南淅川下寺 M2	58.9	王孙诰	19	缶4勺3簠2鬲2组1禁1铜1盏1豆1壶1斗1鉴1盘1匜1盆1盒1	同上
河南淅川下寺 M8	41.2		1	簠4缶1匜1鐎(报告作盉)1(被盗)	同上
河南淅川下寺 M4	18.8		1	簠1缶1盘1匜1	同上
河南淅川下寺 M36	13.2		2	簠2缶2盘1匜1	同上
湖北当阳赵家 M8	10.8		1	锡簠1盏1铜1	《湖北当阳赵家湖楚墓》
湖北当阳金家山 M235	9.3		1	敦1	同上
湖北襄阳山湾 M6P	8.7		2	簠2缶2盘1匜1瓢1	江汉83·2

续表

墓　号					出处
湖北当阳郑家洼子 M23	5.8		1	盏1铜1	《湖北当阳赵家湖楚墓》
河南淅川下寺 M3	22.5	仲姬	6	簠4缶4勺2盘1匜1壶1鐎(报告作盉)1鉴1盒形器1盏1斗1	《淅川下寺春秋楚墓》
湖北当阳杨家山 M6	11.8		1	盘1	《湖北当阳赵家湖楚墓》
湖北襄阳山湾 M15	10.1		1	盏1缶1盘1匜1	江汉83·2

编　　　号:38

考古年代:春秋墓葬第3期

文化区域:楚国

墓　　　号	墓室面积	墓主自铭	鼎	鼎以外的青铜礼用容器（以数量多少为序）	出处
河南淅川下寺 M10	23.1		4	缶4簠2勺2敦1盘1匜1斗1	《淅川下寺春秋楚墓》
河南淅川下寺 M11	21.1		5	缶3簠2敦1盘1匜1斗1勺1铲勺1	同上
湖北襄阳山湾 M14	8.3		1	簠1缶1盘1匜1瓢1	江汉83·2
湖北襄阳山湾 M33	7.0	楚子	2	簠1敦1缶1盘1匜1	江汉83·2
湖北襄阳山湾 M22	6.1		1	敦1	江汉83·2
湖北枝江姚家港高山庙 M14	8.0		2	簠2缶1盘1匜1斗（报告作瓢）1	文89·3
河南淅川和尚岭 M1	41.8		6	簠、壶（残片）（被盗）	华夏92·3

编　　　号:39

考古年代:春秋墓葬第1期

文化区域:长江下游地区

墓　　号	墓室面积	墓主自铭	鼎	鼎以外的青铜礼用容器（以数量多少为序）	出处
安徽 81 肥西金牛乡墓	10.4		1		考 84·9

编　　号:40
考古年代:春秋墓葬第 2 期
文化区域:长江下游地区

墓　　号	墓室面积	墓主自铭	鼎	鼎以外的青铜礼用容器（以数量多少为序）	出处
安徽六安毛坦厂镇燕山村走马岗春秋墓	11.8			尊 1 有盖鬲形盉 1 瓿形盉 1 盘 1 盖形器 1 斗(报告作匜形勺) 1	考 93·7
安徽 88 舒城河口镇春秋墓	38.6		4	簠 1 缶 1 带流缶(报告作 I 式盉) 1 器盖形器 1 瓿形盉(报告作 II 式盉) 1	文 90·6
安徽 59 舒城凤凰嘴春秋墓	8.4		3	鬲 3 缶 3 瓿形盉 1 小罐 1 盘形器 1 器盖形器 1	考 69·10
安徽 80 舒城九里墩春秋墓	28.3		1	簠 2 盉 1 敦 1(被盗)	学 82·2
江苏 84 丹徒北山春秋墓			3	缶 2(被盗)勺 1	东南 88·3—4
江苏 80 吴县枫桥乡何山春秋墓			5	簠 2 鐎(报告作盉) 1 缶 1 盘 1 匜 1	文 84·5

编　　号:41
考古年代:春秋墓葬第 3 期
文化区域:长江下游地区

墓　　号	墓室面积	墓主自铭	鼎	鼎以外的青铜礼用容器（以数量多少为序）	出处
江苏 79 丹徒谏壁粮山春秋墓			2	瓿 1 罍 1	考 81·5
江苏 85 镇江谏壁镇王家山春秋墓			1 "越式"	鐎(报告作盉) 1 鉴 1 盘 1 匜 1 虎子形器 1 炉 1(曾遭破坏)	文 87·12

江苏 75 苏州虎丘乡新塘村千墩坟春秋墓		2	豆 1 鐎（报告作盉）1鉴 1 壶 1	文 81·11
江苏六合程桥镇 M1		1	缶 1	考 65·3
江苏六合程桥镇 M2		3	匜 1	考 74·2
江苏六合程桥镇 M3		2	瓿 1 簠 1 铷 1 盘 1 匜 1 勺 1	东南 91·1

编　　号:42
考古年代:春秋墓葬第 1 期
文化区域:关中地区——秦国

墓　　号	墓室面积	墓主自铭	鼎	鼎以外的青铜礼用容器（以数量多少为序）	出处
陕西宝鸡西高泉 M1				豆 1 壶 1	文 80·9
陕西户县宋村 M3	23.4		5	簠 4 方壶 2 瓿 1 盘 1 匜 1	文 75·10
甘肃灵台景家庄 M1	7.3		3	方瓿 1	考 81·4
陕西陇县边家庄 M5	18.2		5	簠 4 方壶 2 瓿 1 盘 1 扁盉 1	文 88·11

编　　号:43
考古年代:春秋墓葬第 2 期
文化区域:关中地区——秦国

墓　　号	墓室面积	墓主自铭	鼎	鼎以外的青铜礼用容器（以数量多少为序）	出处
陕西宝鸡福临堡 M1	7.8		3	簠 2 方壶 2 方瓿 1 敦 1 盘 1 匜 1	考 63·10
陕西陇县边家庄 M1			6（镤 1，列 5）	簠 4 方壶 2 瓿 1 盘 1 扁盉 1	考文 86·6
陕西凤翔八旗屯 M27			3	方瓿 1 盆 1	文丛 3
陕西宝鸡阳平秦家沟 M1	9.0		3	簠 4 方壶 2 盘 1 匜 1	考 65·7
陕西宝鸡阳平秦家沟 M2	8.9		3	簠 4 方壶 2 盘 1 匜 1	考 65·7
陕西长武上孟村 M27	10.1		1	方瓿 1	考文 84·5
陕西眉县水泥厂墓	4.7		1	簠 1 壶 1	文博 93·6

编　　号:44
考古年代:春秋墓葬第 3 期
文化区域:关中地区——秦国

墓　　号	墓室面积	墓主自铭	鼎	鼎以外的青铜礼用容器（以数量多少为序）	出处
陕西长安客省庄 M202	7.0		2	簋 2 方壶 2 鉴 2 方瓹 1 盘 1 匜 1	《沣西发掘报告》
陕西凤翔高庄 M10	15.0		3	簋(明)2 方壶(明)2 方瓹(明)1 盂 1 匜 1	考文81·1
陕西凤翔高庄 M49	8		2	方壶(明)2 方瓹(明)1 盘(明)1 匜(明)1 盂(明)1 觯(明)1	考文81·1

编　　号:45
考古年代:春秋墓葬第 2 期
文化区域:桂江、漓江以东地区

墓　　号	墓室面积	墓主自铭	鼎	鼎以外的青铜礼用容器（以数量多少为序）	出处
广西 71 恭城加会乡秧家墓			5	尊 2 罍 1	

编　　号:46
考古年代:战国墓葬第 1 期
文化区域:周、三晋地区

墓　　号	墓室面积	墓主自铭	鼎	鼎以外的青铜礼用容器（以数量多少为序）	出处
山西芮城坛道村 M2	14.9		2	豆 2 壶 2 瓹 1 盘 1	文87·12
山西潞城潞河 M8	10.9		1	壶 2 敦(报告作盒)1 匜 1 盘 1	文86·6
山西长子羊圈沟 M1	12.8		2	壶 2 敦 1 铘(报告作舟)匜 1 豆 1	学84·4
山西长子羊圈沟 M2	10.9		3	豆 3 盘 1(报告作舟)1 匜 1	学84·4
邯郸百家村 M57	23.8		3	瓹 1 豆 1 壶 1 铘(报告作舟)1 盘 1 匜 1	考 62·12
山西潞城潞河 M7	33.0		13	豆 8 鉴 4 盘 3 鬲 2 簋 2 匜 2 罐 2 壶 2 勺 2 铘(报告作舟)1 瓹 1 瓠壶 1 鐎 1 罍 1 炭炉 1	文86·6

续表

墓号			鼎	鼎以外的青铜礼用容器	出处
山西太原金胜村 M251	101.2		25	豆14 鬲6 鉴6 方壶4 高足小方壶2 椭方壶1 瓠壶1 罍1 鸟尊1（另有簠、盉、瓺、盘、匜、甀等）	文89·9
河南洛阳中州路 M2717	15.8		5	壶5 豆4 匜1 瓺1 盘1 高足壶1 勺1 钶（报告作舟）1	《洛阳中州路（西工段）》
山西长子羊圈沟 M7	30.8		7	豆5 壶2 鉴2 鬲2 簠2 盆2 盘2 瓺1 敦1 盉1	学84·4
河南陕县后川 M2040			21	豆6 鉴4 簠4 簋4 壶3 敦2 方壶1 瓺1 钶1 盘1 炭炉1	考58·11
河南汲县山彪镇 M1	56.2		14	壶5 豆4 勺4 匜3 鉴3 盘3 簠1 簋1 瓺1 钶1 鬲1 尊1 瓠壶1 椭方壶1 箕1	《山彪镇与琉璃阁》
山西屯留武家沟 M1			1	壶2 豆1 钶（报告作舟）1	考83·3
山西闻喜邱家庄 M13			2	豆2 钶1 盘1 匜1	考文83·1

编　号:47
考古年代:战国墓葬第2期
文化区域:周、三晋地区

墓　号	墓室面积	墓主自铭	鼎	鼎以外的青铜礼用容器（以数量多少为序）	出处
山西长治分水岭 M26	46.7		7	簋2 敦2 豆2 匜2 鉴2 簠2 壶2 炭炉1	考64·3
山西长治分水岭 M25	37.5		6	鬲3 敦2 豆2 壶2 匜2 鉴1 钶（报告作舟）1 盘1	中原84·3
河南洛阳西工区 M203	9.0		2（盖鼎）	盖豆2 提梁壶2	中原84·3
山西万荣庙前村 M1			1	壶1	考63·5

墓　号					
山西长治分水岭 M12	71.7		5	簋3鉴3敦2壶2匜2簠2钫2铜2瓶（报告作甑）1盘1匜1	学57·1
河南辉县赵固 M1	22.4		3（鬲1）	敦2壶2瓶1鉴1鬲1	《辉县发掘报告》
河北邯郸百家村 M3	17.8		1	敦1	考62·2
山西长治分水岭 M36	29		2	壶1鐎1	学57·1
河南洛阳中州中路东周墓 GIM3750	16.8		2	敦2壶2鐺1盘1匜1	
河南洛阳西工 M131	14·3		5	勺5豆4壶4盘1	文94·7
河南洛阳道北锻造场 IM1540	5·6		1	盆1勺1	文94·7

编　　　号：48

考古年代：战国墓葬第1期

文化区域：中山国

墓　　　号	墓室面积	墓主自铭	鼎	鼎以外的青铜礼用容器（以数量多少为序）	出处
河北唐县北城子 M1	6.0		1	瓶1豆1壶1勺1盘1匜1	光明日报72·7·16
河北唐县北城子 M2	9		1	瓶1豆1扁壶1缶1	同上
河北满城采石厂战国墓			1	瓶1豆1敦1勺1匜1	同上
河北新乐中同村 M2	8.75		1	瓶1豆1鍑1壶1铜1勺1盘1	考84·11
河北新乐中同村 M1	5.89		2	豆1瓶1匜1	考84·11
河北行唐李家庄战国墓	3.15		1(盖)	豆1瓠壶1双耳壶1匜(报告作勺)1	文63·4
河北平山访驾庄战国墓	3.0		1	豆1壶1盘1勺1	文78·2
河北灵寿西岔头战国墓			2	豆1瓿1铜(报告作舟)1盘1匜1	文86·6

编　　　号:49

考古年代:战国墓葬第 2 期

文化区域:中山国

墓　　　号	墓室面积	墓主自铭	鼎	鼎以外的青铜礼用容器（以数量多少为序）	出处
河北平山三汲乡 M1	大型	中山王罍	9（升）附细孔流	圆壶 6 簋 4 鬲 4 勺 3 方座豆 2 盘豆 2 方壶 1	文 79·1
河北平山三汲乡 M2	大型		9（升）		
河北平山三汲乡 M6	大型		9（升）盖 5	圆壶 5 勺 5 鬲 4 盉 4 方座豆 2 盘豆 2 扁壶 2 小方壶 2 瓶 2 簋 2 圆盒 2 钵 2 牺尊 2 火盆 2 簋 2 簋 1 提链罐 1 盘 1 匜 1	文 79·1
河北迁西大黑汀战国 M1	12		1	豆 1 盨 1 敦 1 匜 1	

编　　　号:50

考古年代:战国墓葬第 1 期

文化区域:燕国

墓　　　号	墓室面积	墓主自铭	鼎	鼎以外的青铜礼用容器（以数量多少为序）	出处
河北 52 唐山贾各庄 M18			1	豆 1 簋 1 壶 1 盘 1 匜 1 勺 1	学(6)
河北 52 唐山贾各庄 M28			2	豆 1	同上
北京 82 顺义龙湾屯战国墓			1	豆 1(被破坏)	考 85·8

编　　　号:51

考古年代:战国墓葬第 2 期

文化区域:燕国

墓　　　号	墓室面积	墓主自铭	鼎	鼎以外的青铜礼用容器（以数量多少为序）	出处
北京怀柔城北战国墓			1	豆 1 壶 1	
河北 78 三河灵山乡双村 M1			1	豆 1 簋 1	考 87·4

		2	豆 1	考 65·11
河北 65 易县燕下都 M31		2	豆 1	考 65·11
北京 81 通县中赵甫战国墓		3	勺 3 豆 1 敦 1 匜 1（被破坏）	考 85·8
河北 78 三河灵山大唐回村 M1		1	豆 1 簋 1 勺 1	考 87·4
北京 77 丰台永定门外砂子口贾家花园战国墓		2	钫 1	文 78·3

编　　号：52

考古年代：战国墓葬第 1 期

文化区域：齐国

墓　　号	墓室面积	墓主自铭	鼎	鼎以外的青铜礼用容器（以数量多少为序）	出处
山东 66 平度东岳石村 M16			1	敦 2 壶 1 铜（报告作舟）1 盘 1 匜 1	考 62·10
山东莱芜戴鱼池战国墓			2	豆 2 铜（报告作舟）1	文 89·2

编　　号：53

考古年代：战国墓葬第 1 期

文化区域：楚国

墓　　号	墓室面积	墓主自铭	鼎	鼎以外的青铜礼用容器（以数量多少为序）	出处
湖北襄阳蔡坡 M4	154		2	瓢 3 壶 2 敦 1 簋 1 盘 1 匜 1 浴缶 1	江汉 85·1
河南固始白狮子地墓 M1	132		2	壶 2 匜 2 熏炉 1	中原 81·4
湖北襄阳山湾 M19	10		1	敦 1 盘 1	江汉 83·2
湖北襄阳山湾 M23	7.3		1	簋 1 盘 1 浴缶 1 匜 1	同上
湖北江陵天星观 M1	1272.6		不详	盘 1 匜 1 浴缶 1 鐎 1 勺 1 斗 1	
湖北江陵望山 M1	219	東大王	8	壶 4 敦 2 盘 2 匜 2 尊缶（不详）浴缶（不详）鐎、罍、鉴、勺、炭炉、箕	文 66·5

续表

墓　号	墓室面积	墓主自铭	鼎	鼎以外的青铜礼用容器（以数量多少为序）	出处
湖北江陵望山 M2	111.3		5	敦4壶4盘2匜2尊缶(不详)勺	文 66·5
湖北江陵藤店 M1	105.6		2	勺4方豆2壶2盘1匜1	文 73·9
湖北江陵雨台山 M354	29.3		2	盘1匜1勺1	《江陵雨台山楚墓》
湖北76宜城楚皇城雷家坡 M3			2	壶2鍪1蒜头壶1	考 80·2
湖北江陵马联山林场 M2	5.6		2	敦2壶2勺2盘1匜1	江汉 88·3
河南淅川和尚岭 M2	55·1		7	簠2壶2敦1缶1盘1匜1斗1	华夏 92·3

编　　号:54
考古年代:战国墓葬第2期
文化区域:楚国

墓　号	墓室面积	墓主自铭	鼎	鼎以外的青铜礼用容器（以数量多少为序）	出处
湖北荆州包山 M2	1097.4		19	勺7盘4罍(报告作直颈平肩壶)4小盒3壶2簠2尊缶2浴缶2折肩缶2鉴2 2敦2匜1盂1瓶1箕1	《包山楚墓》
湖北襄阳蔡坡 M12	251.6		2	勺3壶(盖)1匜1	考 78·4
河南信阳长台关 M1	178.4		2	勺6盘4壶3高足壶盒2敦1高足匜1鐎1尊1炭炉1箕1	《信阳楚墓》
湖北麻城 M1	77.7		2	壶2勺2敦2杯2	江汉 86·2
湖北襄阳蔡坡 M9	69.6		2	勺3匜2盘1	江汉 85·1
湖北鄂城鄂钢 M53	22.1		2	壶2勺2敦1	考 78·4
湖北江陵太湖港 M1			2	敦2壶2	江汉 88·2

湖北江陵雨台山 M169	15.8		1	壶1勺1	《江陵雨台山楚墓》
湖北江陵雨台山 M150	10		2	勺1	同上
湖北江陵马山 M1	9.9		2	耳杯2壶1匜1勺1盆形器1	同上
湖北江陵雨台山 M314	7.0		1	壶1勺1	同上
湖北江陵雨台山 M391	6.6		1	壶1	同上
湖南长沙识字岭315	6.3		1	敦1壶1	《长沙发掘报告》
湖北江陵雨台山 M217	5.8		1	壶1	《江陵雨台山楚墓》
湖北江陵雨台山 M203	5.0		1	壶1盘1勺1	同上
湖北江陵雨台山 M323	4.5		1	壶1勺1	同上
湖北江陵拍马山 M18	2.1		1	壶1勺1	考73·3
湖南长沙烈士公园 M1	1.6		1	敦1壶1	考58·6
湖北江陵雨台山 M368	18.0		1	勺1	《江陵雨台山楚墓》
湖北荆门包山 M5	16.6		1	盘1匜1	《包山楚墓》
湖北江陵张家山 M201	15.9		2	盒1壶1盘1匜1勺1	江汉84·2
湖北江陵雨台山 M532	12.0		1		《江陵雨台山楚墓》
湖北江陵雨台山 M478	10.0		1		同上

续表

墓 号					出处
湖北江陵雨台山 M428	7.2		1	勺1	同上
湖北江陵雨台山 M423	6.6		1	勺1	同上
湖南长沙识字岭 M1	6.3		4	盒2勺2	考77·1
湖北江陵雨台山 M446	6.0		1		《江陵雨台山楚墓》
湖北江陵雨台山 M480	5.6		1	盒1壶1	同上
湖南长沙识字岭 M2			2	壶2勺2盘1匜1	考77·1
湖南长沙白泥塘 M5	42.2		3	壶2敦1盆1	

编　　号:55
考古年代:战国墓葬第1期
文化区域:曾国

墓 号	墓室面积	墓主自铭	鼎	鼎以外的青铜礼用容器 (以数量多少为序)	出处
湖北78随县擂鼓墩一号墓		曾侯乙	20	鬲10簋8簠4壶4浴缶4豆3斗2尊缶2方鉴缶2鉴2甗1盘尊1禁1勺1小口尊1盘1匜1无耳鼎形器1炉盘1罐1	《曾侯乙墓》
湖北78随县擂鼓墩二号墓		曾侯乙夫人	17(升9)	鬲10簋8簠4壶4尊缶4豆3盥缶2甗1斗1盘1匜1炭炉1釜1箕1	文85·1

编　　号:56
考古年代:战国墓葬第1期
文化区域:秦国

墓 号	墓室面积	墓主自铭	鼎	鼎以外的青铜礼用容器 (以数量多少为序)	出处
陕西凤翔高庄 M49	8		2(明)	甗(明)1壶(明)1盘(明)1盉(明)1	文丛3
陕西凤翔高庄 M48	10.1		2(明1)	甗(明)1盘(明)1匜(明)1	考文86·5

陕西凤翔八旗屯西沟道 M26	10		2（明 1）	壶（明）2 盘（明）2 豆（明）2 甗（明）1 罍（明）1 匜（明）1 盆（明）1	文丛 3
陕西凤翔高庄 M18	9.4		1	三足釜（明）1 匜 1 铆（报告作舟）1	考文81·1
陕西凤翔八旗屯 BM31	4.3			甗（明）1 盘（明）1 匜（明）1	
陕西凤翔八旗屯 GM9	10.9		3（明）	豆（明）2 壶（明）2 甗（明）1 盘（明）1 敦 1	文丛 3
陕西凤翔八旗屯 M14	4.9		1（明）	甗（明）1 盘（明）1 匜（明）1	同上

编　　号:57

考古年代:西周墓葬第 1 期

文化区域:关中与洛阳地区

墓　　号	墓室面积	墓主自铭	鼎	鼎以外的青铜礼用容器（以数量多少为序）	出处
甘肃 74 平凉庙庄 M7	31.4		1	壶 1 盘 1 鼎形灯 1	考文82·5
甘肃 74 平凉庙庄 M6	29.3		1	壶 2 盘 1 匜 1	同上
陕西咸阳黄家沟 M43	23.9		2	壶 2 勺 1	同上
陕西大荔朝邑 M107	17.6		1	壶 1	文·2
陕西咸阳任家嘴墓	13.1		3	甗 2 壶 1 扁壶 1 提梁壶 1 高柄钫 1	文丛 2
陕西 79 凤翔高庄野狐沟 M1			1	套杯 6 勺 2 鋬 1 铺首壶 1 蒜头壶 1	文80·9
陕西 83 凤翔八旗屯西沟道 M7				鋬 1 勺 1	文博86·3
陕西大荔朝邑 M203			1	釜 1 壶 1	文·2
河南泌阳官庄 M3		南椁	1	匜 3 鋬 1 壶 1 蒜头壶 1 盘 1 勺 1 圆奁 1	文80·9
		北椁	1	匜 4 鋬 1 壶 1 蒜头壶 1 盘 1 勺 1	同上

编　　　号：58
考古年代：战国墓葬第 1 期
文化区域：广东岭南地区

墓　　　号	墓室面积	墓主自铭	鼎	鼎以外的青铜礼用容器 （以数量多少为序）	出处
广东清远马头岗 M2	3.1			浴缶（报告作罍）1	考 64·3
广东四会乌旦山 M1	20		3	鐎（报告作盉）1	考 75
广东德庆落雁山 M1	7.1		1		文 73·9
广东广宁铜鼓岗 M16	3.1		1	盘 2	学集 1

编　　　号：59
考古年代：战国墓葬第 2 期
文化区域：广东岭南地区

墓　　　号	墓室面积	墓主自铭	鼎	鼎以外的青铜礼用容器 （以数量多少为序）	出处
广东罗定背夫山 M1	5.7		2	鉴 2	考 83·6
广东罗定南门峒 M1	8.3		3	鉴 2 盉 1 尊缶 1	考 83·1
广东肇庆松山北岭 M1	37·6		5	罍 2 盘 2 釜（报告作锅）1 壶 1 桶形器（报告作附耳筒）1	文 74·11

表内出处学刊简称对照表

考　　·······················　《考古》《考古通讯》

文　　·······················　《文物》《文物参考资料》

学　　·······················　《考古学报》

考文　·······················　《考古与文物》

中原　·······················　《中原文物》

华夏　·······················　《华夏考古》

江汉　·······················　《江汉考古》

东南　·······················　《东南文化》

文丛　·······················　《文物丛刊》

附录 3:两周墓主自铭身份与随葬青铜容器组合登录表

(西周一至五期)

墓　　号	墓室面积	墓主自铭	鼎	鼎以外的青铜礼用容器 (以数量多少为序)
灵台白草坡 M1	8.3	潶伯	7	簋 3 卣 3 尊 2 斗 2 瓢 1 斝 1 爵 1 角 1 觯 1 盂 1
灵台白草坡 M2	6.7	隩伯	方鼎 2	簋 2 卣 2 瓢 1 爵 1 觯 1 尊 1 盉 1
宝鸡竹园沟 M1			5	簋 3 爵 41
宝鸡竹园沟 M7 甲	12—16	强伯各	3	簋 2 瓿 2 尊 2 卣 2 觯 1 斗 1 平底罐 1 尖底罐 1
宝鸡竹园沟 M7 乙			1	簋 1 方卣 1 平底罐 1 尖底罐 1
宝鸡竹园沟 M13 甲	12—16		7	簋 3 卣 2 瓢 1 豆 1 爵 1 瓿 1 觯 1 尊 1 盘 1 盉 1 平底罐 1 尖底罐 1
宝鸡竹园沟 M13 乙	12—16		2	簋 1 平底罐 1 尖底罐 1
宝鸡纸坊头 M1	大型	强伯	4	簋 5 鬲 2 瓢 1 觯 1 罍 1(被盗)
山东济阳刘台子西周墓 M6	25.8	逄国国君夫人	6(圆 3 方 3)	簋 5 觯 2 爵 2 瓢 1 鬲 1 尊 1 盉 1 卣 1 盘 1
82 滕县庄里西村墓	12.8	滕侯	2	鬲 2 簋 1 壶 1
北赵晋侯墓地 M9	大型	晋侯	7	尊 1 盉 1 簋、斝、觯(数量不明)双合方鼎 1 鼎形温食器 1 罐 1
北赵晋侯墓地 M13	大型	晋侯夫人	5	簋 4 瓿 1 盨 1 觯 1 壶 1 盘 1
平顶山应国墓 M242	中型	柞伯	2	簋 2 觯 2 尊 1 爵 1 卣 1
宝鸡竹园沟 M4 乙	12—16	强季	3	簋 1 方鬲 1 觯 1 勺 1 尊 1 平底罐 1 尖底罐 1
72 扶风刘家村丰姬墓			3	簋 3 觯 3 卣 3 尊 1 瓿 1 爵 1 壶 1 斝 1 盘 1

85－86 张家坡 M183（孟员墓）	5.8	孟员	2	瓿 1 簋 1 爵 1 鬲 1
北赵晋侯墓 M6	大型	晋侯		（被盗）
北赵晋侯墓 M7	大型	晋侯夫人		（被盗）
宝鸡茹家庄 M1 乙	大型	弜伯	8	簋 5 尊 5 豆 4 鬲 2 爵 2 壶 2 盘 2 瓿 1 觯 1 卣 1 罍 1 斗 1 盂 1
宝鸡茹家庄 M1 甲	大型	弜伯妾	5	簋 4
宝鸡茹家庄 M2	大型	井姬（弜伯之妻）	6	簋 5 鬲 2 盉 2 瓿 1 尊 1 熏炉 1 盘 1
平顶山应国墓地 M84	10.52	应侯	2	瓿 1 爵 1 尊 1 卣 1 觯 1 盂 1 盘 1 盨 1
北赵晋侯墓 M33	大型	晋侯	2	簋 1 觯 1 方壶 1 盂 1（被盗）
北赵晋侯墓 M32	大型	晋侯夫人		（被盗）
河南上村岭虢国墓地 M2006	14	孟姞（虢侯夫人）	3	鬲 4 盨 2 圆壶 2 方瓿 1 簋 1 盘 1 盂 1 尊 1 方彝 1 爵（明）1 觯（明）1
82 阳岭墓	中型	应史	1	簋 1 觯 1 爵 1
北赵晋侯墓 M64	96	晋侯	5	簋 4 尊 4 方壶 2 瓿 1 簋 1 爵 1 匜 1
北赵晋侯墓 M62	92	晋侯夫人	3	簋 4 爵 1 尊 1 方彝 1 鼎形方盒 1 壶 1 盘 1 匜 1
北赵晋侯墓 M63	139	晋侯夫人	3	簋 2 壶 2 爵 1 觯 1 方彝 1 鼎形方盒 1 盘 1 盂 1 筒形器 1
北赵晋侯墓 M91	大型	晋侯	7	簋 5 鬲 2 爵 2 瓿 1 豆 1 方壶 1 圆壶 1 尊 1 卣 1 盘 1 匜 1 盂 1 鉴 1
北赵晋侯墓 M92	大型	晋侯夫人	2	盨 2 圆壶 2
北赵晋侯墓 M1	大型	晋侯	1	（被盗）
北赵晋侯墓 M2	大型	晋侯夫人	1	（被盗）
北赵晋侯墓 M8	大型	晋侯	4	簋 3 兔尊 3 方壶 2 瓿 1 爵 1 盘 1 盂 1（被盗）

续表

北赵晋侯墓 M31	大型	晋侯夫人	3	簋 2 方壶 2 盘 1 盉 1

（春秋·一至三期，战国·一二期）

墓　　号	墓室面积	墓主自铭	鼎	鼎以外的青铜礼用容器（以数量多少为序）
北赵晋侯墓地 M93	100.6	晋侯	6（明1)	簋 7(明1)壶 2 盘 2(明1)瓶 1 尊(明)1 爵(明)1 觯(明)1 方彝(明)1 匜 1
北赵晋侯墓地 M102	14.7	晋侯夫人	4（明1)	簋 5(明1)壶 1 盘 1 匜 1 盉 1 爵(明)1 觯(明)1 方彝(明)1
70 历城北草沟鲁墓		鲁伯大父之女季姬	1	簋 1
临朐嵩山乡泉头村 M 甲		齐侯子行	2	鬲 5 单环耳椭圆罐形器 1 盘 1 匜 1
临朐嵩山乡泉头村 M 乙		孟姬	3	鬲 2 簋 2 鸟盖卤形器 1 盘 1 匜 1
51 黄县灰城南埠村墓		跞伯貮父之女姜无	1	盨 4 鬲 1 盘 1 匜 1
曲阜乙组 M30		鲁伯念	1	盨 1 壶 1 盘 1 匜 1
陕县上村岭 M1052	24.7	虢国太子	7	簋 6 鬲 6 方壶 2 瓶 1 豆 1 盉 1 罐 1
83 潢川光山宝相寺上官岗黄君孟夫妇合葬墓		黄君孟 G1	2	豆 2 壶 2 罍 2 盘 1 匜 1
		黄君孟夫人 G2	2	鬲 2 壶 2 豆 2 罍 2 瓶(盉形)1 罐 1 盘 1 方座 1 匜 1
长清仙人台 M5	14.85	邿国王室夫人	4(带流1)	敦 2 舟 2 瓶 1 壶 1 盘 1
湖北襄阳山湾 M33	7.0	楚子	2	簠 1 敦 1 缶 1 盘 1 匜 1
55 安徽寿县蔡侯墓	60	蔡侯申	19	鬲 8 簋 8 缶 6 簠 4 鉴 4 盘 4 瓢 4 尊 3 盆 3 敦 2 豆 2 铺 2 壶 2 勺 2 钲 1 盉 1
潢川隆古乡高稻场 M1		蔡公子义工武		簠 11 盘 1 匜 1 缶 1

江陵望山 M1	219	東大王	8	壶 4 敦 2 盘 2 匜 2 尊缶(不详)浴缶(不详)鐈、罍、鉴、勺、炭炉、箕
78 湖北随县擂鼓墩一号墓		曾侯乙	20	鬲 10 簋 8 壶 4 浴缶 4 豆 3 斗 3 尊缶 2 方鉴缶 2 鉴 2 甒 1 盘尊 1 禁 1 勺 1 小口尊 1 盘 1 匜 1 无耳鼎形器 1 炉盘 1 罐 1
78 湖北随县擂鼓墩二号墓		曾侯乙夫人	17	鬲 10 簋 8 壶 4 尊缶 4 豆 3 浴缶 2 甒 1 斗 1 盘 1 匜 1 炭炉 1 釜 1 箕 1
平山三汲乡 M1	大型	中山王嚳	10（升 9，附细孔流 1)	圆壶 5 簋 4 鬲 4 勺 3 方座豆 2 盘豆 2 方壶 1
平山三汲乡 M2	大型		9(升)	
平山三汲乡 M6	大型		14（升 9，盉 5)	圆壶 5 勺 5 鬲 4 盉 4 方座豆 2 盘豆 2 扁壶 2 小方壶 2 甒 2 簋 2 圆盒 2 钵 2 牺尊 2 火盆 2 箕 2 提链罐 1 盘 1 匜 1

第五章　礼器制度的衰落

　　礼器制度的衰落并非在于礼器使用上的减少,而是其所有关系与原有秩序受到了根本性的破坏。直接原因是始于西周后期的王室衰微,这使以天子为中心的贵族分配制度失去了基础。与王室衰微相比,礼器制度具有显著的滞后特征,这是由于礼器制度终归隶属于国家形态下的贵族制度。春秋战国之际的社会大变革导致了旧贵族等级制度的瓦解,诸侯国内部势力的增强,使礼器制度得到了强化。被文献称之为"僭越"的现象,实际上已成为诸侯国内的新的礼器制度。地缘政治的发展使以宗法为核心的亲缘政治陷入危机,遂宗庙、祭器的宗法作用被削弱。同时,这一时期的人文思潮也为礼器制度的衰落进程提供了理论武器。礼器在脱离了原有的轨迹之后,走向了世俗化。在墓葬考古学资料上的反映是随葬品的全面的明器化。

　　关于两周礼器制度发展过程的后期状况,本书第二章与第四章已有论述。第二章所述两周礼器分配内容的铭文中的授受关系在春秋之后发生明显变化,其特点之一是,以周天子为主体的礼器授受形式(赏赐)已基本上销声匿迹,而诸侯与邦君制器及诸侯国内部的分配形式相对多了起来。第四章中论及春秋战国时期的随葬制度中僭越现象十分普遍,取代周天子权威的是诸侯国国君,称侯的大墓中的随葬礼器无论在组合关系上还是在数量关系上,都超过了西周诸侯墓的规模。进而,大夫的墓葬中也出现了普遍的僭越现象,这在考古资料中有着显著的体现。本章将结合这一历史背景对以上论题做进一步的分析。

周王室衰弱的征兆始于西周前期偏后的昭王时期,是时南方江淮之间异族并起,威胁西周统治,《左传》僖公四年曰:"昭王南征而不复。"这是周王对庶邦的军事行动中的首次失利,史家称之王道中衰。即位的穆王闵文武之道阙缺,据应劭《史记正义》云:"太仆,周穆王所置。盖太御众仆之长,中大夫也。"看来当时王室所依托的人已在卿大夫之列。由此时局好像有了转机,穆王曾安然出游,对犬戎用兵也获胜以归。然而"自是荒服者不至"(《史记·周本记》)。继之的共、懿、孝、夷四王政绩不显,"王室遂衰",所幸未至甚衰。

还应指出的是,自西周早期始跨越整个西周中期,直至晚期之初夷王时,西周王朝的统治大致处于一种较为平稳发展的状态,这无疑也为礼器制度的发展创造了一个良好的环境。《史记·齐世家》集解引徐广说,曰:夷王曾烹齐哀王。说明周王朝在当时仍凌于诸侯之上。共、懿、孝、夷王时期的金文中出现记述王朝廷礼册命的铭文,在赏赐中已形成了成套的礼器组合形式,由此反映了西周中期政治秩序的安定,同时亦说明西周礼器制度与贵族等级分配制度已进一步成熟。这是一个礼器制度平稳发展的时期。

西周王朝的真正衰落是从其晚期显现出来的,厉王时的内乱,"诸侯不享,王流于彘"[1]。礼书中习见之"四享皆束帛加璧,庭实唯国所有"的制度[2]于西周末年已见废弛。宣王时天下的形势仍很严峻,据《毛公鼎》载,宣王形容当时的天下是"翻翻四方,大纵不静",郭沫若释"翻翻"当是天下纷乱之状[3],可知周王的统治面临危机。不过从金文资

---

[1] 《国语·周语上》。
[2] 《仪礼·觐礼》。
[3] 郭沫若:《金文丛考》,人民出版社1954年版,第131页。

料与文献资料上看,宣王经过努力,有过短时期的所谓中兴。但是,后来由于不适当地插手鲁国立君之事,"诸侯从是而不睦"①。西周末年的大旱灾与大地震,可能使周人的实力遭到了毁灭性的打击,从此一蹶不振。幽王时诗歌云:"今也日蹙国百里。"②所谓蹙国,朱熹以为"盖犬戎内侵,诸侯外叛也"。《毛诗·国风》中有"王国十篇",郑玄《诗谱》谓"平王以乱故徙居东都王城,于是王室之尊与诸侯无异",应是符合历史事实的适度评价。

春秋时期是一个历史巨变的时代,它以王朝衰败、诸侯并起的急剧演变为特征,同时出现了社会生产力的迅速发展与经济制度的变革。那种宗法制下的大规模的"千耦其耘"(《诗·周颂·载芟》)之类的"籍田以力"的制度已不再成为必须。家庭个体生产与收租税已被逐渐采用。社会经济所有权的变革,进而促进了礼器的社会功用的转变,这一逻辑关系体现为生产力与社会变革的互动作用。譬如:《国语·晋语》载,发生在各国土地所有权变革前后的所谓"宗庙之牺,为畎亩之勤"。伴随着宗庙制度的没落,奉祭宗庙的带血的肉——牺牲变得不再那么必要,最终也必将带来盛牲牢之器的鼎俎的功用转变,从而,间接地推动了礼器世俗化的进程。

春秋以后,以王为主体的大规模的赏赐已不多见。或有之也多为"挟天子,以令诸侯"的霸主所利用。《左传》僖公二十八年载,在晋文公的霸业达到顶峰使受侯伯之命,亦有弓矢之赐,其辞曰:"王命尹氏及王子虎、内史叔兴父策命晋侯为侯伯,赐之大辂之服,戎辂之服,彤弓一,彤矢百,旅弓矢千,秬鬯一卣,虎贲三百人。曰:'王谓叔父,敬服王命,以绥四国,纠逖王慝。'晋侯三辞,从命,曰:'重耳敢再拜稽首,奉扬天子之丕显休命。'受策以出,出入三觐。"其实当时的周王室

是否具有如此大规模赏赐的能力,已经很值得怀疑。《左传》桓公十五年记,周王室向诸侯索要车服,而被视为"非礼也",遭到鲁的拒绝。而事过 65 年,周室的衰落仍在继续深化,哪里还有赏赐"大辂之服,戎辂之服"与"虎贲三百人"的能力呢? 从某种意义上说,周王室的存在完全是由于春秋霸主与诸侯政治的需要,也就是说,周王室的赏赐也完全是由于春秋霸主与诸侯政治的需要。对于赏赐的主体或客体来说都只是一种形式。

另一方面,拥有采邑的诸侯与卿大夫更加热衷于土地的兼并与争夺。争夺土地的过程中,贵族间还为争夺"室"而厮杀。"室"在周代似被看作是宗族的财产。《说文》释:"室,实也;实,富也,从宀从贯。贯,货贝也。"许慎的这一解释与周代的实际情况相吻合。"室"可以说是一种财产单位,与西周彝铭所记贵族受赏赐的内容相似。如果一个贵族集团亡宗灭族,"室"也会随之被人兼并或瓜分。例如,郑国贵族子质、子西曾经率领国人"杀子孔而分其室";齐国贵族崔杼"杀高厚于洒蓝而兼其室"[1];楚国贵族公子围"杀大司马𦬒掩而取其室"[2]。《国语·晋语六》载,在晋国贵族内部争斗中,曾经"杀三郤而尸诸朝,纳其室以分妇人",亦可推知,分其室、兼其室、纳其室的内容包括象征宗族权力的礼器,即所谓"毁其宗庙,迁其重器"。

盟誓是春秋时期新出现的一种礼仪现象,由此导致礼器在功用、性质方面发生了微妙的变化。盟誓仪式见于《周礼》《左传》等典籍。《秋官·司盟》注曰:"盟者,书其辞于策,杀牲取血,加书于上而埋之,谓之载书。"以上记述在山西侯马秦村盟誓遗址的考古发掘中得到了证实。据发掘报告[3]载,出土盟书共计 5000 余件,可以认定盟书是参与新式

---

① 《左传》襄公十九年。
② 《左传》襄公三十年。
③ 参阅山西省文物工作委员会:《侯马盟书》,文物出版社 1976 年版。

礼仪的器具之一，另外在出土盟书的竖坑中的壁龛内还发现了成组的玉器，有璧、环、玦、瑗、珑、璜、圭、璋等多种，雕琢精细。可以认为这些玉器参与了盟誓礼仪。据填土中的陶片与牛村古城南陶器的对比结果，盟誓遗址年代为春秋晚期。从盟书的内容得知，参与盟誓的主体是晋国的卿大夫，并且可知在诸侯国内已经有与"以事其主"对立的政治势力，也有了"纳室"，即夺取他人家属资产的事件发生。盟誓的形式与盟书的内容，一方面反映了诸侯国内卿大夫势力的强大，另一方面也反映了具有新内容的礼仪与礼器制度已经出现。这与春秋晚期，各诸侯国基本上摆脱了周天子的控制、建成了独立的集权国家有关。这时建筑在西周分封基础之上的礼器制度已经丧失了原有社会作用。公元前5 世纪以后，周王室衰微至极，名存实亡。同时，敬王（前 519－前 477）避子朝之乱，东徙成周，经过十世至王赧（前 314－前 256）时，方才迁回王城。这时的诸侯国国君已经可以任意地制定符合本国政治统治的法典和礼制，礼器已经转而成为诸侯国国家政权的象征。

与农业的发展相并行，手工业与商业也取得了显著的进步。如《周礼·考工记》曰："国有六职，百工与居一焉。"《周礼·大宰》曰："以九职任万民……五曰百工，饬化八材。"又《考工记》云："凡攻木之工七，攻金之工六，攻皮之工五，设色之工五，刮摩之工五，搏埴之工二。"凡 30 个工种。同时，春秋时期的民间已形成独立的手工业者阶层。《吕氏春秋·召类篇》记述一家制鞋帮的工匠，说："吾恃为鞶以食三世矣。"又如鲁国的公输般也是著名的工匠。独立的手工业为礼器的商品化创设了物质上的条件，商业的发展进而加速了礼器世俗化的进程。

春秋时期，不只大的城市有固定的贸易场所，一般城镇也设有固定的市场。《太平御览·市》引管仲的话说："百乘之国，中立而市，东西南北五十里。千乘之国，中立而市，东西南北百五十里。"诸侯国之间的贸易已经相当发达。如《国语·晋语》说,晋国绛县(今山西侯马)的富贾能"金玉其车,文错其服",可见当时已形成了独立的商人阶层。由于民间手工业与商业的繁荣,礼书所谓"有圭璧金璋,不粥于市。命服命车,不粥于市。宗庙之器,不粥于市。牺牲不粥市。戎器不粥于市……锦文珠玉成器,不粥于市"[①]等禁令难以实施。《左传》昭公十六年就曾记述了晋国大夫韩宣子得知一件玉环在郑国的商人手中,便谒于郑伯,希望通过郑国权贵向商人施加压力,以索买玉环。不料子产表示:此玉"非官府之守器也",并且说:"昔我先君桓公与商人皆出自周……世有盟誓,以相信也。"子产的话不仅说明商贾拥有曾被视为礼器的玉环为合法,而且表明商贾在郑国具有能与国君盟誓的如此高的政治地位。

总之,由于周王室的衰微,诸侯与卿大夫在礼器制度上的僭越行径,以及礼器的世俗化等原因,礼器制度的衰败在西周末至战国的历史阶段中,诚如孔子所言"礼崩乐坏","天下大乱",如此历史事实被演绎得愈来愈粲然彰明,无遮无掩。

一、旧贵族等级制度的瓦解与礼器制度的没落

自西周末年,各主要诸侯国基本上摆脱了周王室的控制,成为独立的国家。春秋诸侯国仍然称为邦,齐邦、晋邦等称谓屡见于春秋金文。但这时的邦已与西周有显著不同,西周因为有一个最高的周天子,各邦没有完整而独立的主权。西周末年,天子的衰微给了庶邦以独立发展的机会。由于实际上已经不存在那个"最高主权",庶邦的主权也就不再是不完整的了。在周王室衰落以后,贵族之间的等级制度并没有随

---

① 《礼记·王制》。

之瓦解,礼器制度的衰落也出现了相对滞后的现象。这一现象,一方面在诸侯国内部形成了以诸侯为主体的礼器分配结构,在西周后期至春秋中期的一段时间内仍然保持有十分森严的秩序;另一方面,在诸侯国与周王之间,在诸侯国与诸侯国之间出现了绝大的混乱。而到了春秋后期,这种天下大乱的势头终于在诸侯国内蔓延开来,以僭越礼器制度为特征"礼崩乐坏"真正达到了不可收拾的程度。

(一) 以周王室为核心的礼器制度的衰落

周初王室将土地分封给诸侯与邦君,周人自认为"溥天之下,莫非王土;率土之滨,莫非王臣"[①]。诸侯邦君接受了封国,是由周王室赋予的权力,按道理来说,必将承担对周王室的义务"以藩屏周"。"其怀柔天下也,犹惧有外悔,捍御侮者,莫如亲亲,故以亲屏周。"[②]其"周天下"的形成好像是个周宗族的共同体,其本质也可以说是一个以周宗族为主体的农业民族的共同体。

除了"以藩屏周"之外,诸侯、邦君还要对周王室承担职贡的义务,《地官·大司徒》曰:"以土均之法辩五物九等,制天下之地征,以作民职,以令地贡。"郑玄注:"征,税也。地贡,贡地所生,谓九谷。"《地官·均人》曰:"掌均地政,均地守,均地职,均人民牛马车辇之力政。"郑玄注:"政,读为征。"所谓"贡"应是周王室赖以生存的物质保障,诸侯与邦君理当在封地上代周天子向属民征收贡赋,然后向王室纳贡。诸侯的这种义务在两周叫作"职贡"。依《周礼》所说,全国的地征(税)与地贡、草贡以及土地上人民、牛马车辇之力政,是由周天子来征收的,而实际上这几乎是不可能的。原因是,职贡并不就等同于租税。征收租税的

---

① 《诗经·小雅·北山》。
② 《左传》僖公二十四年。

根据是对土地的主权或所有权,而征收职贡的根据却是实力。西周初年,周天子拥有强大的武力,他取得了天下庶邦的臣服,因而也就有可能迫使他们交纳贡赋,这毋宁说一种大邦对小邦的具有暴力特征的经济掠夺,由于庶邦"职贡"不足而引起周天子的征伐,在西周史上屡见不鲜。反之,周天子的势力在被削弱,衰败之后,这种经济权力也就随之而被削弱,或被剥夺。

对于周天子来说,所谓"地征""地贡"等权力关系是不很稳定的,以至其过程的文字记载罕见于文献,很有可能是东周礼书的作者们据周公制礼作乐的思想遗产而构拟。同时,在诸侯与邦君对周王室的职贡中,有一种情形格外显著,即所谓的"九贡"。《天官·大宰》曰:"以九贡致邦国之用:一曰祀贡,二曰嫔贡,三曰器贡,四曰币贡,五曰材贡,六曰货贡,七曰服贡,八曰斿贡,九曰物贡。"其中除币贡、材贡、货贡等专案所指比较宽泛外,其余几项都是指非功利性的礼器,或制造礼器的原材料。似乎在《周礼》的作者看来,周天子是全国礼器与礼器原料的垄断者,他通过礼器的再分配而成为国家宗法制度意义上的最高领袖,国家最高权力的象征。

到了春秋时期,即使是这样的非功利性的贡赋也受到削损,如《左传》僖公四年记载,齐侯曾率诸侯之师伐楚,其理由就是"尔贡苞茅不入,王祭不共,无以缩酒,寡人是征"。又如《左传》桓公五年载:"王夺郑伯政,郑伯不朝。"诸侯不贡不朝,说明用以维护周天子权威的纽带大大松弛了。《左传》昭公十五年载:"十二月,晋荀跞如周,葬穆后,籍谈为介。既葬,除丧,以文伯宴,樽以鲁壶。王曰:'伯氏,诸侯皆有以镇抚王室,晋独无有,何也?'文伯揖籍谈,对曰:'诸侯之封地,皆受明器于王室,以镇抚其社稷,故能荐彝器于王。晋居深山,戎狄之与邻,而远于王室,王灵不及,拜戎不暇,其何以献器?'"上引对话中的"受明器"和"荐彝器"之语关乎到春秋时期的礼器制度。前者指由王那里颁赐礼器予诸侯。杜预注曰："谓明德之分器。"即如周初王依据宗法关系分器于诸侯，后者则指诸侯献器于王室，如杜注："荐，献也；彝，常也。谓可常宝之器，若鲁壶之属。"这位被指责为数典忘祖的籍谈所表述的意思已经十分清楚，他对献器于王提出了质疑，可见当时诸侯向天子的贡纳礼器的制度废弛到何种地步。

更耐人寻味的是，待籍谈回到晋国，叔向得知此事后，非但不去指责籍谈，而是将周天子大加责难一番，说："王一岁而有三年之丧二焉。于是乎以丧宾宴，又求彝器，乐忧甚矣，且非礼也。彝器之来，嘉功之由，非由丧也。"依叔向的说法，不遵祖制礼典的倒是周天子了。

由于诸侯邦君不贡不朝，周王室的经济陷入了窘迫境地，用来维持王室门面的礼仪用器也已匮乏。《左传》桓公十五年春，"天王使家父来求车，非礼也。诸侯不贡车服，天子不私求财"。贡纳车服在"九贡"之外，诸侯没有这样的义务，而周王室又不得不依赖诸侯资助而维持时日，厚着脸皮向诸侯索要，反而落得"非礼也"的嘲弄。是时，代表周天子权威的礼器制度以惊人的速度迅速瓦解。《左传》隐公八年记载，郑国请求放弃泰山之祀而祀周公，以泰山的祐地换许田的事就说明了这一点。许田原是鲁国朝见周天子的朝宿之邑，后在此立周公别庙，在地理位置上靠近郑。枋是郑国助祭泰山的休邑，靠近鲁。郑国之所以提出要以枋换许田，就是因为周天子不再巡狩，也不再祭祀泰山，故各从本国所近之宜。这一事件说明周天子祭神权在诸侯国那里受到了限制，也标志着周王室手中礼器的宗教功能的根本削弱。

《左传》昭公二十三年载："古者，天子守在四夷；天子卑，守在诸侯。诸侯守在四邻；诸侯卑，守在四竟。"如赵伯雄说："这是一个历史巨变。从西周的分权状态进入战国的集权状态，不是通过强化周天子的权力达到的，恰恰相反，它是天子势力衰落、分权的状态进一步发展的结果。"①同样,西周的宗法制之"礼"也是分散在宗法的网络中,礼原本为各等级的大宗与小宗所享用,当周天子的宗主地位被架空之后,周天子的礼器规制也就失去了往日的约束力。《左传》僖公十一年:"天王使召武公内史过赐晋侯命,受玉惰。"可见天子赐器已不被诸侯放在眼里。

　　然而这并不是说所有的礼器都失去了作用,相反,这场一变而成为"天子卑"、再变而成为"诸侯卑"的社会危机是一个历史的过程。纵观周王室的衰败,其东迁之后,不能兼弱国以自大,丧失了命天下而重振的良机。据《国语·周语》,晋文公使周襄王重返王城,安定了王畿政局。周襄王欲赐予土地,以加慰劳。文公辞谢不受,但请求准予晋君采用天子所用的墓道之葬礼。为此这位周襄王发表了一大通议论,强调"先王之有天下也,规方千里以为甸服,以供上帝山川百神之祀,以备百姓兆民之用,以待不庭不虞之患。其余以均分公侯伯子男,使各有宁宇",认定"唯是死生之服物采章"不能更动,并指责如果这样做的话就是"更姓改物",为礼器制度所不容。此后晋文公受地而还。为此周王室损失了温、原等邑。周襄王视旧典神圣不可厘革,宁肯丧失土地,也不在故典旧礼上做出让步,以至王畿日蹙,等列于一般小国诸侯。周襄王"重礼轻土"的政策并非偶然,很可能是周王朝政治的本质中残留着氏族统治体系和公社共同体的一种表现。周族取得了天下,其以农业小生产为经济基础的社会形态并没有多少的改变,而且来自夷狄的侵扰依旧,因此有所谓"崇明祀,保小寡,周礼也"②的说法。

　　在这样的形势下,周天子对礼器与礼器原料的垄断不仅不复存在,

---

　　①　赵伯雄:《周代国家形态研究》,湖南教育出版社 1990 年版,第 221 页。

　　②　《左传》僖公二十一年。所谓崇明祀,即崇奉对太皞和济水的祭祀。《淮南子·天文训》曰:"东方木也,其帝太皞,其佐句芒,执规而治春。"《礼记·月令》陈澔注曰:"太皞,伏羲,木德之君。句芒,少皞氏之子曰重,木官之臣,圣神继天立极,生有功德于民,故后王于春祀之。"济水为河名,后并入黄河。济水是周人崇拜的对象。所谓保小寡,即保护那些氏族统治体系和原始公社共同体时代残余的小国。

而且原有的标志等级的礼器制度也随之瓦解。《左传》哀公七年载"吴来征百牢"。景伯曰："君若以礼命于诸侯，则有数矣；若亦弃礼，则有淫者矣。周之王也，制礼，上物不过十二，以为天之数也。今弃周礼，而曰必百牢……"《秋官·大行人》曰："上公九牢，侯伯七牢，子男五牢，是常数也。"所谓牢与盛牲的鼎在文献中是相契合，推测行祭礼的牢数与作礼器的鼎数是一致的，均作为贵族等级的标志。淫即谓过也，而百牢与常数之差是何等之巨，可见春秋末年，以标志贵族等级的礼器制度已无法挽回地走向衰落。

（二）诸侯卿大夫在礼器制度上的僭越

礼器是贵族权力的标志物，要维持此标志物的权威性，根本在于确定礼器的受授关系，在分配中防范那些确立贵族等级的礼器组合关系与数量关系遭受破坏。因此礼器的交换是必须予以制止的。然而这种权威在西周中期就已受到了挑战。譬如：西周中期贵族间已见礼器的交换行为，在贵族内部进行的礼器交换，属于以物易物一类的商品交换。1975 年 2 月岐山董家村发现一窖西周青铜器，其中《卫盉》[①]铭曰："矩伯庶人取瑾璋于裘卫，才（裁）廿朋，厥贮其舍田十四，矩或取赤虎两，麂韐两，贲鞃一，才（裁）廿朋，其舍田三田。"记载共王三年，裘卫用价值 100 朋贝的瑾璋、两件赤琥及两件麂韐和 1 件贲鞃，换取矩伯的土地 13 田（约 1300 亩）。矩伯需要从裘卫那里取得佩玉（瑾璋与赤虎）和皮革服饰（鹿皮披肩与杂色制作的蔽膝）。所谓"裁"多少朋贝，是指裁断定值之意。玉与皮衣以至田土皆可以用货贝来定价折价，其中属礼器的玉器进入了以物易物一类的商品交换活动中。

另外，《五祀卫鼎》记载共王五年裘卫用自己的 5 田（500 亩）土地

---

① 庞怀清军：《陕西省岐山县董家村西周铜器窖穴发掘简报》，《文物》1976 年第 5 期。

对换了邦君厉的 4 田（400 亩）土地；《九年卫鼎》记载矩向裘卫取了 1
辆车，附带华丽的车饰、车具若干（内有皮毛制品），其妻还向卫取帛 6
卷，矩付给卫的是一块林地。由此可知西周中期，王朝的礼器分配制度
已经出现了问题。礼器的权威性也受到了挑战，贵族间出于某种需要，
而用礼器换取土地和林地。《礼记·王制》所谓"有圭璧金璋，不粥于
市。命服命车，不粥于市。宗庙之器，不粥于市。牺牲不粥市。戎器不
粥于市。……锦文珠玉成器，不粥于市"。"田里不鬻"是周礼的一条根
本原则，卫器铭文表明这一原则在西周中期开始被突破了。春秋以后，
礼器的交换仍时有发生。《公羊传》桓公元年载"郑伯以璧假许田"。表
面是以作璧抵押来借许田，实际上是交换。《经》与《传》把用璧交换说
成是借用，恐怕是春秋之初的一种隐讳的辞令。"易之则其言假之何？
为恭。曷为为恭？有天子存，则诸侯不得专地。"这反映了春秋之初，诸
侯间在隐讳的辞令下进行有礼器参与的交换。

　　这种任意改变、超越固有的礼器组合关系与数量关系的行径，无疑
引起礼器制度上的混乱。交换是改变礼器原有组合关系与数量关系的
主要途径之一。在西周墓葬考古的贵族随葬器皿组合中，不难发现某
些礼器的数量关系的不确定性。由此似乎可以推测，改变固有的礼器
组合关系与数量关系的行径使西周的礼器制度遭到了破坏。然而，应
当指出的是最初的破坏，不仅没有引发整个制度的毁灭，而且在新的国
家机制走向集权的过程中获得了修补。春秋时期的诸侯国统治者出于
维护上层社会稳定的需要，而寻求贵族等级与礼器等级间的新的平衡
点，由此强化了礼器制度，出现了新的礼器规范。譬如：春秋初期，随葬
鼎的数量非但没有因王室的衰微而出现大的混乱，反而出现了更为严
密而规范的用鼎制度。墓葬考古证明，何休在《公羊传》桓公二年注中
所言"诸侯七，卿大夫五，元士三也"的用鼎制与春秋初期的随葬鼎的情
形相符。而到了春秋中晚期，在墓葬考古中则出现了诸侯用九鼎，卿大

夫用七鼎,下大夫用五鼎的新规范。新的用鼎之数反映了诸侯国内卿大夫地位的提高,这与在战争中,国君往往要依靠卿、上大夫带兵打仗,其地位逐步提高有关。卿大夫用鼎数量的提高带来了新的用器规范。

僭越之"僭"字与"浸""渐"同源。从字义上看,其重点在超越自己所应有的行为规范,逾越了社会对自己所属等级的各种礼法、规定。如《公羊传》昭公二十五年曰:"诸侯僭于天子。"《汉书·五行志》曰:"庶位逾节兹谓僭。"《说文》"僭"与"拟"可互释,亦可连用。《史记》有谓"僭拟"①,可知僭拟与僭越的表述基本一致。

春秋时期的僭越之基本特征,本原是宗族内宗序的逾越,即祭祀祖先宗序上的混乱。但由于周的宗法性质,则往往以贵族身份的面貌出现。如东周礼书所载:"盏斝及尸君,非礼也,是谓僭君。"②尸君,君之尸也。杞宋二王后,得用以献尸,其余列国惟用时王之器。国君皆用盏斝以及地尸君,非礼也,是僭上之君礼。周制规定,诸侯的公子得祖先君,公孙不得祖诸侯,故公子为大夫者,亦得立宗庙于其采地,故曰邑有宗庙先君之主。另外,其王子母弟,虽无功德,不得出封为诸侯,而食采畿内者,亦得立祖王庙于采地。故都宗人,家宗人,掌祭祖王之庙也。由三桓始,谓鲁之三家立桓公庙也。可见建立宫庙成为僭越,即建立祭祖制度的关键。

僭越行径的最显著而普遍特征是逾越礼器的等级,各种形式的礼器僭越可以说是五花八门,如:

"诸侯之宫县,而祭以白牡,击玉磬,朱干设锡,冕而舞《大武》,乘大路,诸侯之僭礼也。"

"台门而旅树,反坫,绣黼丹朱中衣,大夫之僭礼也。"

---

① 《史记·太史公自序》:"诸侯大小为藩,爰得宜,僭拟之事稍衰贬矣。"
② 《礼记·礼运》。

"故天子微,诸侯僭;大夫强,诸侯胁。于此相贵以等,相覢以货,相
赂以利,而天下之礼乱矣。诸侯不敢祖天子,大夫不敢祖诸侯。而公庙
之设于私家,非礼也,由三桓始也。"①

由于西周礼制与宗法制的并行关系,进而产生了亲亲与尊尊之间
无法克服的矛盾。周天子的礼器制度自建立之初,就受到来自宗族内
部消极因素的侵蚀。据考古学资料,至迟在懿王(第七代王)时期,就有
一部分诸侯与天子之卿僭用了天子之礼,随后几乎所有诸侯和某些诸
侯之卿也僭用了天子之礼。

譬如:扶风庄白窖藏(76FZH1)所出懿王时微佰史瘨的铜簋 8 件。
做器者"瘨",或称"微伯瘨",又称"微瘨",族徽为瘨,在武王灭商后,自
其烈祖起,世代为周王史官。《瘨钟》铭谓"瘨"为"左尹氏",尹氏即作册
尹,也就是内史,瘨仍为史官。同出的鬲铭曾单称"微伯","微"即为封
地,"微伯"当即封爵之称。此窖虽基本未瘞铜鼎,但八簋是用来配九鼎
的,微伯史瘨当用大牢九鼎。依《周礼》做器人的职官仅在中大夫位,属
春官宗伯。拟或西周初官位不止如此,又有宋出《微伯娟氏鼎》可证同
族徽之娟氏之"微伯"确为爵称,即便如此,像这样一个人用上了大牢九
鼎,足以说明僭越现象的普遍。

贵族做器与赐器中的僭越行为在春秋之时已相当普遍,周天子于
诸侯国似乎还能保持宗主国的地位,仍然口口声声"阙巩之甲,武所以
克商也"。说到周襄王赐晋文公的赏赐也是周室的恩典,曰:"其后襄之
二路,镙钺,秬鬯,彤弓虎贲,文公受之,以有南阳之田,抚征东夏,非分
而何?夫有勋而不废,有绩而载,奉之以土田,抚之以彝器,旌之以车
服,明之文章,子孙不忘,所谓福也。"②其中所赐之物中,"二路"即大

---

① 《礼记·郊特牲》。
② 《左传》昭公十五年。

路、戎路,在《周礼》中属王之五路,是天子的用的车乘;"铖钺",即青铜大斧,有授予代王专杀之权的蕴意。彤弓,《尚书·文侯文命》载幽王为犬戎所杀。晋文侯与郑武公,迎太宜曰立之,是为平王。平王迁都洛邑,以文侯为方伯,赐以"秬鬯一卣;彤弓一,彤矢百;卢弓一,卢矢百;马四匹"。秬鬯为祭祀祖先用的黑黍与香酒。诸侯受锡命,当告其始祖,故赐秬鬯也。蔡沈注:"侯伯之赐无常,以功大小为度也。"功之大小成为王赐的最重要的尺度。

由于诸侯受赐无常,加上"奉之以土田,抚之以彝器",也造成了诸侯在器用上僭越旧有礼器制度。春秋之时,在诸侯国中礼器制度上僭越更是在所难免。《左传》成公二年载:"八月,宋文公卒,始厚葬,用蜃炭,益车马,始用殉。重器备,棺有四阿,棺有翰桧。"这仅是此类事件中的一例。

到了春秋以后,各国贵族的僭礼越轨行为更加有恃无恐,究其原因,旧贵族制度的瓦解,新的爵禄制的建立是其重要根源之一,《管子·小问》与《说苑·权谋》篇都曾提到齐桓公以"田宅爵禄"尊礼贤能之士的事迹。《左传》襄公二十二年(前552),"(齐)庄公为勇爵",杜注:"设爵位以命勇士。"《史记·晋世家》载晋文公流亡归国后,"赏从亡者及功臣,大者封邑,小者尊爵"。全不以宗法血缘为依据。《左传》哀公二年(前493),晋国的赵鞅宣布"克敌者,上大夫受县,下大夫受郡,士田十万,庶人工商遂,人臣隶圉免"的誓词。又,韩国的申不害实行"见功而与赏,因能而授官"的爵赏制度,吴起在楚国变法,采取了使封君之子孙三世而收爵禄,绝灭百吏之禄秩,损不急之枝官,以奉选练之士。战国时魏国用李悝变法,实行了"食有劳而禄有功"的新爵制。

如果说春秋前期是诸侯称霸的局面的话,那么,春秋后期,一些卿大夫则成了这台历史剧的主角。卿大夫在自己的领地内有种种特权。他们有自己的官吏,组织自己的军队;他就像西周的邦君一样,仍然是宗族的首领。他们与属下的族人往往结成一个强固的整体。有了强大的政治、经济、军事势力，势必谋求更大的权力。因而各国卿大夫起来反诸侯的事例颇多。《史记·太史公自序》曾感叹："春秋之中，弑君三十六，亡国五十二，诸侯奔走不得保其社稷者，不可胜数。"如上所述，春秋时期礼制的瓦解，并非来自外部力量的破坏，其"礼坏乐崩"局面的出现，是由于宗主周王室的衰败，与九州之内诸侯国的强盛而发，在诸侯国中出现了原有等级礼制上的僭越。也就是说这一时期的政局特征是，周天子仍然是名义上的天下宗主，各诸侯邦君却以实力来争夺天下共主的地位。同时，礼仪与礼器并没有丧失其政治权力的象征作用，只是原有的秩序被"非礼之礼"的僭礼所扰乱，而不至最终的瓦解。由于礼器制度终归是维护贵族权益的制度，王室衰微之后并没有直接道致礼器制度的彻底破坏，相反，诸侯国贵族利用已有的礼器制度，为谋求实现其各自的最大利益而服务。同时，礼器制度存在本身又说明，礼器的等级关系对于贵族的等级关系仍然具有诠解与制约作用。

春秋晚期，诸侯继续使用礼器达到绝地天通的功用，建筑以诸侯国国君为中心的祭祀体系。譬如《洹子孟姜壶》铭："于上天子，用璧玉一司。于大无司誓，于大司命，用璧、两壶、八鼎。于南宫子，用璧二备、玉二司、鼓钟一肆。"郭沫若释：

> "上天子""大无(巫)司誓""南宫子"均系神名。上天子者上帝之异称，此用"天子"已失去天之子本义，单用之如帝如皇也。大无司誓，无当是巫，与《诅楚文》之"大神巫咸"殆是一事。"齐侯拜嘉命"以下数语，乃平列，其公式为"于某神用某物"，因知"于大无司誓于大司命"乃是"于大巫司誓与大司命"也。[1]

《洹子孟姜壶》铭载祭神用礼器种类与数量如下表：

---

① 郭沫若：《两周金文辞大系考释》，科学出版社 1957 年版，第 213 页。

神名/礼器种类	玉　器	青　铜　容　器	乐　器
上天子	璧玉一司		
大无(巫)司誓、大司命	璧	两壶、八鼎	
南宫子	璧二备,玉二司		鼓钟一肆

此壶为齐国大夫田(陈)桓子及其妻所铸之器。《史记》称田桓子事齐庄公有宠。铭文见齐侯女嫁于桓子为妻,时代为春秋晚期。从《洹子孟姜壶》铭可见,是时诸侯国的国君构筑起新的祭神体系,并在旧有的礼器制度之上建立了僭越的礼器组合。其组合关系不见经传,亦与古礼不合之处多矣。关于铭文中玉器组合单位,王国维在《释珏朋》、杨树达在《积微居金文说》中都有过论述。王文认为,"备"即"珏",是一对玉器;杨文认为,"备"与"司"皆以盛器言之。拙文从之。由此可知器主用玉组合的显贵。另外,用"八鼎"于大夫之妻丧礼,亦不合礼制。虽然铭文记述有"听命于天子"等语,但实际作器人陈氏完全将自己置于这一礼器体系的主祭人的位置。且打着"用御天子之事"的旗号,行"用从尔大乐,用铸尔羞铜"的僭越之实。

春秋战国之际,周的礼器制度并没有完全废弛。《国语·楚语下》载楚昭王问于观射父的一段论说反映了用器祭神的主道思想,曰:"在男曰觋,在女曰巫。是使制神之处位次主,而为之牲器时服。……使名姓之后,能知四时之生、牺牲之物、玉帛之类、采服之仪、彝器之量、次主之度、屏摄之位、坛场之所、上下之神、氏姓之出,而心率旧典者,为之宗。于是乎有天地神民类物之官、是为五官,各司其序,不相乱也。"说明即便是在重巫术的楚国仍然遵照周的礼器制度,以及祭神的法度;只是祭神的主体已不再是周天子,而是诸侯国的国君。

见于文献中的那些新受"田宅爵禄"的人当然不把旧礼器制度放在眼里,使礼乐制的僭越变行径得更加猖獗。《左传》襄公十一年载:"郑人赂晋侯以师悝、师触、师蠲……凡兵甲百乘、歌钟二肆,及其镈、磬、女乐二八。"晋侯为了表张大夫魏绛的功绩,"以乐之半赐魏绛",史书称"魏绛于是乎有金石之乐,礼也"。然而,这些金石之乐加上女乐,即使除一半,用在魏绛这样的大夫身上也完全是僭越礼制的。又,《礼记·郊特牲》曰:"大夫之奏《肆夏》,由赵文子始也。"根据礼制,在天子、诸侯大祭、大飨、大射之中才奏《肆夏》,平时天子燕居时"行以《肆夏》,趋以《采荠》",而赵文子却以大夫身份用《肆夏》之乐,显然是僭用天子之礼。前文已引《礼记·郊特牲》:公庙设于私家,由三桓始。而他们的僭越又何止于设庙,季孙氏、叔孙氏、孟孙氏三家大夫,他们在鲁国像天子一样,在祭完自己的宗庙后和着《诗·雍》的歌乐来搬去祭品,叔孙甚至在自己的家宴上明目张胆地按照天子的规格举乐:"八佾舞于庭。"《左传》昭公二十五年记:"将禘于襄公,万[①]者二人,其众万于季氏。"大多数舞人都跑季平子家助兴去了。这是礼乐大乱的写照。

礼器制度的混乱还表现在诸侯国的关系中,为了拥有更多的权力象征物,诸侯国贵族需要大量的礼器,由此春秋中晚期以后,小国、弱国面临大国强国的征伐威胁,出于不得已用礼器以"赂"强敌。譬如:

《左传》成公二年:齐侯赂晋以纪甗玉磬与地。

《左传》成公十年:郑赂晋以襄钟。

《左传》襄公十一年:郑人赂晋侯以……歌钟二肆,及其镈磬。

《左传》襄公二十五年:齐侯赂郑以宗器。

《左传》昭公七年:燕赂齐以瑶瓮、玉椟斝耳。

《左传》昭公十六年:徐人赂齐以甲父之鼎。

《吕氏春秋·审己》:鲁侯赂齐侯以岑鼎。

……

这些发生在春秋晚期的看似为诸侯国间的用礼器"赂"以对方的外

---

① 万,武舞名。执干戚而舞。

交活动,却都是以武力威胁为背景的,导致礼器的功用也随之成为一种能够因权宜而使用的单纯的财物形式。到了战国,礼器已基本上失去了参与礼仪的功用,而是被视为"宝"进行公开的掠夺,首当其冲的弱不禁风的周室。

《战国策·东周策》载,有人向韩王献计曰:"西周者,故天子之国也,多名器重宝,按兵而勿出,可以练东周,西周之宝可尽取矣。"

又载:"……楚韩欲得宝即且趣我攻西周,西周宝出,是我为楚韩取宝以德之也。"

《战国策·秦策》载,张仪曰:"不如伐韩……以临二周之郊,诛周主之罪,侵楚魏之地,周自知不救,九鼎宝器必出。据九鼎按图籍,挟天子以令天下,天下莫敢不听。"这更是赤裸裸武力政策,九鼎宝器也成为战争的重要目标。

由于各国政治走向了集权机制的极致,进入了战国以后,称王的诸侯在礼器的使用上已不受以往的礼器制度的约束,各阶层的僭越才发展到无序的地步。考古发掘的相应资料可以说是不胜枚举,不一而足①。所谓依据贵族等级的用鼎制度,在僭礼的长期破坏下,已一变再变。从墓葬考古可以窥视到,战国时期的僭越随葬礼器已相当普遍,可知原有的礼器制度已经名存实亡。

二、地缘政治的形成与礼器制度的衰落

两周的国家性质笼统地说,应是宗法政治与地缘政治的结合体。周初分封"封建亲戚,以藩屏国",说明政治体制中的血缘主导成分。见

---

① 俞伟超、高明《周代用鼎制度研究(下)》列举的"大牢九鼎"就有 6 例,"大牢七鼎"有 7 例……其中,河南新郑南关郑伯墓的铜圆鼎 21 件、簋 10 件,河南辉县琉璃阁墓甲的铜圆鼎 15 件、簋 14 件,辉县琉璃阁 M60 的铜圆鼎有 24 件,簋有 6 件。

于文献，周初分封，殷人是按"族"分封给鲁、卫、晋三个侯国的，这表明"族"不仅是殷人的组织形式，也是周初诸侯国内的主要社会组织成分。

西周社会的血缘组织有两个层次，一是所谓《诗·大雅·板》云："大邦维屏，大宗维翰。""宗子维城。"宗即血缘组织。大邦是大的诸侯国，为周之同姓大贵族，他们是周天子的屏障，是王朝的栋梁。在宗法制的结构中王之嫡子与从属的小宗组成的贵族集团犹一座城邑；二是依附于贵族组织的庶族组织，他们是直接的生产者，不能摆脱贵族组织而独立存在。在宗法制的结构中犹如这座城邑的地基。在宗族组织的发展过程中，宗法制遇到了不可克服的自身障碍，宗族政治的基础是宗族组织，而宗族组织的壮大繁衍出大量分支，周天子在不断的分封中实际上削弱了王室的力量。

再者，众所周知，宗法制度只能形成于那些对土地享有所有权或领有权的父系宗族内，在西周时代"天子建国"，春秋时代"诸侯立家"的过程中，宗族政治都是与特定的地域相结合的，由此形成了地缘政治因素。随着宗法制社会向后期过渡，地缘政治的成分在国家政治中的比重也就越来越大。同时，以"王邦"与"王天下"为代表的，所谓"内服"（王畿）与"外服"（畿外）的政治格局呈现出逐渐衰弱的趋势。

春秋后期，作为西周社会的宗法制，以及宗祖之祭开始出现从政治中游离出来的倾向，如《左传》襄公二十六年载，卫献公谓"政由宁氏，祭则寡人"。也就是说行政权由大夫执掌，卫献公仅作为国家宗教象征。另外，田氏专齐后不改齐国姜姓；三桓弱鲁而不变周公之宗都是这种情况的生动反映。

伴随地缘政治的比重加大，国家主权意识的加强，以血缘为基础的宗庙之器的所有权也发生了变化。《礼记·曲礼》这样写道："大夫士去国，祭器不逾竟。大夫寓祭器于大夫，士寓祭器于士。夫去国，逾竟，为坛位，乡国而哭。"这段文字反映了春秋时期诸侯国的情况。起码说明两个方面的问题,其一,地缘性政治开始形成,祭器不随人行,而是存在国内,人在国外,要"乡国而哭",诸侯国作为地缘政治组织的因素显著;其二,"大夫寓祭器于大夫,士寓祭器于士",表明他们之间非亲缘关系,更不像是宗法制的关系。从文献资料看,大夫是可立族的,有自己的宗庙,因此,寓宗庙祭器于大夫一阶层内的关系必是不属于同一宗族的;而士不在诸侯政权中任职,不受民受疆土,故士是不立族的,自然就没有宗庙,这种寓宗庙祭器于士一阶层内的关系亦很难说就限制在宗族之内。因为宗法制讲的是"同姓纵宗"①的关系,而不是社会群体的关系。尤其是祭器之属不以宗族、宗庙为单位,说明社会组织形态发生了很大的变化。

另外,礼器的变化也反映于社祭与宗祭的关系上。宗庙是血缘政治的象征,从根本上讲,春秋以前的国家政权的标志是宫庙。鼎作为盛牲牢之物,从源渊上讲应为宗庙之物,因此,鼎亦是血缘政治的象征。故《左传》宣公三年载楚人问周天子"鼎之轻重",就是觊觎王权。

社是一种具有地缘政治倾向的神祇,表示对地界诸神的祭祀,与地域神崇拜有关。周初分封,社也具有象征的政治意义。一般说,一个国家政权立一社。西周有二都,故有二社;鲁国有二社,一为周社,一为亳社。春秋之时,社的数量似乎有所增加,《礼记·祭法》郑注曰:"百家以上则共立一社。"奉行于社祭的礼器笼统地说与宗庙祭器无异,《左传》闵公二年谓太子"奉塚祀社稷之粢盛"。但也有微妙的区别。同篇文献记梁馀子养曰:"帅师者,受命于庙,受脤于社。"《周礼·秋官·大行人》说脤为祭社之肉,盛于蜃器。《周礼·地官·掌蜃》曰:"祭祀,共蜃器之蜃。"郑玄注:"蜃之器,以蜃饰,因名焉。"可以说算不上是什么重器。由于宗法制度的衰弱,宗庙必将减少。在社祭增加的情况下,人们并没有

---

①　《礼记·大传》。

将宗教热情重新地投入到作为一定方域的守护神的身上,由于社神与人们没有血缘伦理关系,远不及祖先神亲切,又有所谓"用命赏于祖,弗用命戮于社"之说,因此用于社的祭器很可能不再那么辉煌。

春秋之初的诸侯国,从表面上看,不是天子庶子或同母兄弟的封国,便是天子的姻亲甥舅之邦,似乎与周初分封时之国无所区别。其实不然,这时诸侯国与周初相比,已具有了后世国家的雏形。理由可列举三个方面,其一,春秋各主要诸侯国都已有了明确的固定的领土范围。所谓周初的封邦建国,不过在某地建一城邑。而到了春秋时期,诸侯国已成为有着大块连成一片领土的界划分明的新型国家。《左传》襄公二十一年载:季孙说"我有四封",这里的"四封"当是指四方边界。这时的地域性明显。李学勤将东周时代列国划分为七个文化圈,也说明地区政治经济发展促进了地缘文化发展;其二,春秋各诸侯国内的中央与地方关系已确立。春秋晚期县郡制推行之后,设县大夫(如晋国),这时的封主是国君,被封者是大夫,但国君与大夫的关系,已经不同于天子与诸侯的关系了。《左传》襄公二十一年载有"外举不弃仇,内举不失亲"的祁大夫已是县大夫,是地方官吏,完全不同于作为封君的卿大夫。昭公十一年载"齐桓公城谷而置管仲",等等。他们对外,所背靠的只能是其所在的诸侯国,其分配是食俸禄而一般无采邑;对内,他们以所辖地方对国家贡纳,并为国家征调徒役。其三,春秋诸侯国中封主与被封者之间的君臣关系明显加强了。大夫一般都担任国家的官职,而且平时也大多居于国都之中。这就使得大夫对于国家的离心倾向要小得多。

战国时期各国经过变法,于国君之下有了一套受其控制的官僚机构,确立起君主集权制,地缘政治体制开始形成。由于地缘政治的确立,维系宗法的礼器制度已经基本瓦解,原有的礼器功用出现了根本性的变化,礼器制度的衰亡已成为必然。授田制的普遍推行给予了旧有体制以最致命一击。秦国在商鞅变法以前就酝酿着由国家直接授田予民众的问题。商鞅在变法以前所拟开垦荒地的方案中就提出"訾粟而税，则上壹而民平"[1]，商鞅变法废除宗法制度下的公田，其后着眼于要让农民耕种尽可能多的土地，不受公田的束缚，并且要通过"任地""分田"一类的方法，使农民与国家直接联系，不再经过宗族组织这个中间环节。个体小农经济真正从宗族中分离出来，最终摆脱了贵族宗族的束缚。以宗子作主祭者的宗庙、祭器的实际作用已被削弱。《左传》桓公二年曰："天子建国，诸侯立家，卿置侧室，大夫有贰宗，士有隶子弟，庶人、工、商各有分亲，皆有等衰。""天子建国"即天子分封诸侯，此事于东迁以后早已绝迹了，春秋时宗族分化，主要表现在"诸侯立家""卿置侧室"等等之上。

应当指出的是，以鼎为代表的血缘政治的象征物的消亡是一个相当缓慢的过程，犹如宗庙之制并不因一时变革而完全更改。随着郡县制和地方行政制度的确立，大多数社会居民成为国家的编户齐民，以亲缘为核心的宗族经济体系被削弱，但是宗族组织并没有消亡。宗族组织在经济方面作为的减弱，并不就此丧失了在政治方面的影响。如《战国策·秦策》所谓："收亡国，聚散民，立社主，置宗庙。"战国时期，社会上仍然是宗族组织与地域行政组织并存。故以宗庙为依托的祭器并没有完全丧失其存在的意义，只是它在社会生活中所起的作用已经被大大削弱，包括祭器所代表的宗法权力已不再是人们政治生活中的唯一权威。

三、春秋战国时期的人文思潮与礼器的超越

人文精神的界定，因时代、因社会文化不同而异。然而总的来说，

---

[1]　《商君书·垦令》。

应是对人生价值的肯定、鼓励与保障,由此给予人生价值以最终的根据与肯定。中国古代的人文精神相对于宗教中对人类社会活动与人类知识的否定而言,具有较为充分的理性特征。古代中国的农业社会性质,于人文精神之滥觞起到了决定性的作用。其传统可追溯到《尚书》,如《召诰》曰:"天亦哀于四方民,其眷用命懋,王其疾敬德。"《洛诰》曰:"诞保文武受民。""王命予来承保乃文祖受命民。"又,《康诰》曰:"若保赤子。""用康保民。"其中具有较强的"民"的观念。同时,其忧患意识与敬、命哲等观念也为后世精神文化的发展带来深远影响。然而,这必定是人文精神的萌芽,既无深入的哲理,也没有系统的论说。中国古代人文精神的发皇,作为一种思潮的出现当在春秋战国时期,而它的承担者则是,崛起于这一动荡年代的新阶层——士。士曾经属于贵族中的最下层,士所拥有礼器的级别也是最低的,礼仪的规格是最低的。士与礼器、礼仪的关系,礼书中并不鲜见,考古资料也可以提供证据。关于这方面的情况,前文已有举证。

士所包括的社会人群范围很广,凡非大夫而为贵族者,均可称士。士的地位也不尽相同,至有甚相悬殊者。高级的士,如《左传》襄公十年所载,知者,"书曰盗,言无大夫焉"。这种高级的士在国家政治生活中有一定的地位。低级的士则如早年的孔子"贫且贱",这种人的地位,距为平民的庶人,也就只有一步之遥。春秋末到战国时期,这些下层平民中受过教育的"士"或进入诸侯大夫的管理机构,或独立于社会,形成了一个不拥有政治权力却拥有文化权力的知识人阶层。春秋中叶以前的士,皆为下层之贵族,他们都是有执干戈以卫社稷的义务,也都是有受贵族教育的权利。春秋末期以后情况逐渐有了变化。士不再是下层贵族,而渐成为平民知识分子的专名。至此,儒的名称开始风行。

关于儒的起源,众说纷纭。马王堆汉墓帛书《易传》中有一篇《要》,其中引孔子的话说:"吾与史巫同涂而殊归也。"据孔子的说法,儒者"吾求其德而已","我后其祝卜矣,我观其德义耳也"。《说文》亦曰儒是"术士之称"。儒士有自己特殊的行为规范,对于礼仪也有着自己的独特的见解。"儒有不宝金玉,而忠信以为宝;不祈土地,立义以为土地;不祈多积,多文以为富,难得而易禄也,易禄而难畜也。"[①]此是对物化礼的超越。

在春秋战国间的人文思潮中,先是将人文精神引入到原有的礼制中,使礼仪人文化。如《左传》成公五年载,晋士贞伯曰:"神福善而祸淫。"

《左传》襄公九年载,郑子驷、子展曰:"……要盟无质,神弗临也。所临惟信,信者言之瑞也,善之主也,是故临之。"

《左传》昭公二十年载,齐景子谏齐侯,因疾病而欲诛祝史曰:"若有德之君,外内不废,上下无怨,动无违事,其祝史荐信,无愧心矣,是以鬼神用飨,国受其福,祝史与焉。其所以蕃祉老寿者,为信君使也。其适遇淫君……肆行非度,无所还忌……神怒民痛,无悛无心……是以鬼神不享其国以祸之。"

接着这种"人文精神"将礼从仪中剥离出来,进而强调礼和仪的统一成为这一时期士所追求的理念。《左传》襄公三十年载,北宫文子对卫侯曰:"有威而可畏,谓之威,有仪而可象,谓之仪。"并指出,威仪是秩序的保证,进退旋舍、周旋容止、语言动作都很重要,因为外在的仪节是一种象征,人们"则而象之",社会就可以有秩序,有了秩序,国就安定。说的是仪在礼制中的重要作用。

《左传》昭公五年载:叔齐批评恪守礼器制度的鲁昭公"焉知礼",他认为这是外在的仪节,"是仪也,不可谓礼。礼,所以守其国,行其政令,无失其民者也"。

---

① 《礼记·儒行》。

《国语·鲁语上》载：鲁庄公对曹刿曰："不爱牲玉、于神。"曹刿对曰："动不违时，财不进用；财用不匮，莫不能使，共祀。是以用民无不听，求福无不丰。……夫民求不匮于财，而神求优裕于享者也，故不可以不本。"说的是臣民穷困，无物供奉国君祭祀。一人奉祀，祭品不可能丰盛；恩惠不能普施全国，则庶民不会归心；祭祀不丰，神明不会福佑。其中寓意礼与仪的统一。《国语·楚语上》载，公元前 537 年，楚灵王征集 10 万工匠在今湖北省潜江市建造了章华宫，为其离宫。为此伍举进谏：我听说过，国君以因功上受天子恩宠，荣获天子的车马、命服、礼器的嘉奖以为美，而没有听说"以土木之崇高、彤镂为美，而以金石匏竹之昌大、嚣庶为乐"。进而他指出这样做的结果是"国民罢焉，财用尽焉，年谷败焉，百官烦焉……"如此进谏批评国君贪图奢华享受的文字，在先秦文献中屡见不鲜。其中蕴含着"民本"的古典政治伦理精神。

春秋末年的孔子将礼推至社会伦理的极致，他说："非礼勿视，非礼勿听，非礼勿言，非礼勿动。"[①]这时，孔子提倡的礼，不仅强调礼与仪的统一，而且提出了新的礼与器的关系。孔子强调以"仁"——人性心理原则作为礼的本质，外在的实体的"礼"服从于内在的心理——"仁"。《论语·八佾》："人而不仁，如礼何？人而不仁，如乐何？"仁的基本特征是人的伦理的心理状态，也就是人性。孔子强调以人之伦理作为礼的本质，是孔子思想的一大进步。

孔子进而以历史上的事例说明其观点，认为禹时期礼是最无可挑剔的。这种礼"菲饮食而致孝乎鬼神，恶衣服而致美乎黻冕，卑宫至而尽力乎沟洫"[②]。其中先圣既有祭服之华美，又有尽力农田，而他本人平时却穿着破旧的衣衫，住着低矮的宫室。

---

① 《论语·颜渊》。
② 《论语·泰伯》。

他又说："麻冕，礼也；今也纯，俭；吾从众。"①在孔子看来礼帽用麻料制成固然合乎礼仪；现在大家用丝线制成，更省俭，我赞成大家的做法。又，"子贡曰：'有美玉于斯，韫匵椟而藏诸？求善而沽诸？'子曰：'沽之哉！沽之哉！我待贾者也！'"（同上）孔子居然说将美玉拿出去卖了吧，这与《礼记·王制》所云："锦文珠玉成器，不粥于市"的规制大相径庭。看来孔子已清楚地认为到外在形式的礼器不再是礼的本质。他对世人提出质问："礼云礼云，玉帛云乎哉？乐云乐云，钟鼓云乎哉？"②大意是礼呀礼呀，难道只是指玉帛等礼器而言吗？乐呀乐呀，难道只是指钟鼓等乐器而言吗？这是孔子的内心冲突，也是时代潮流提出的人文主题。器之奢华的外在形式与礼之仁爱的内在形式的背反已为孔子所发现，并向世人揭示出来。礼与礼器规制是自上古而商周以来的中土文化的共法，而仁是孔子创辟的学说之本质，孔子对包含礼器在内的中国传统礼乐文化的最大贡献是引仁入礼，以仁释礼，以礼释仁，在仁礼互释中赋予礼乐文化以内在的生命和价值。

在《孟子·梁惠王下》篇中载，孟子丧葬父母并没有按照礼制用鼎。乐正子以孟子的同情者之立场，申诉了因前后贫富不同，而办理母亲的丧事规格超过了先逝去的父亲，这是无可厚非的。孟子在《公孙丑下》进一步阐述过他的思想，曰："古者棺椁无度，中古棺七寸，椁称之。自天子达于庶人，非直为观美也，然后尽于人心。不得，不可以为悦；无财，不可以为悦。得之为有财，古之人皆用之，吾何为独不然？且比化者无使土亲肤，于人心独无恔乎？吾闻之也：君子以天下俭其亲。"在孟子看来，葬礼是随时代的变迁而不断变化的，葬器是否称美，有着诸多条件的限制，君子在任何情况下，都不应当在父母身上"俭"，就可称得

① 《论语·子罕》。
② 《论语·阳货》。

上孝了。同时,他主张人要追求内心的平衡,而不拘泥于礼的外在形式,那么,礼器制度自天子至于庶人皆有等又有什么意义呢? 这不正是对礼器制度的超越呢?

儒家认为士要"修身践言,谓之善行。行修言道,礼之质也"①,而不是去追求礼器的外在形式。《诗·魏风·汾沮洳》云:"彼其之子,美如玉。美如玉,殊异乎公族。"用玉来赞美一位超乎于王孙公子之上的类如士的人格。这在当时似乎是一种时尚。孔子说:"人而不仁如礼何? 人而不仁如乐何?"②郭沫若称孔子说:"把仁道的新精神灌注在旧形式里面去了。"③孔子还说:"先进于礼乐,野人也;后进于礼乐,君子也。如用之,则吾从先进。"④普及其形式,新精神灌注以新精神,这是孔子做的工作。以"明明德"评价礼器的使用,到了孔子,可以说是一重要的认识阶段。孔子对于礼器的作用显然有一种辩证的认识,首先,孔子承认礼器的象征作用,《论语》中有如下记述:

(1)孔子对曰:"俎豆之事,则尝闻之矣……"⑤

(2)有子曰:"礼之用,和为贵;先王之道,斯为美;大小由之。有所不行,知和而和,不以礼节之,亦不可行也。"⑥

(3)子曰:"赐也,尔爱其羊,我爱其礼。"⑦

(4)子曰:"……以吾从大夫之后,不可徒行也。"⑧

孔子在(1)文中以俎豆比拟礼学,认同礼器是礼的物化形式,在(2)

---

① 《礼记·曲礼上》。
② 《论语·八佾》。
③ 郭沫若:《十批判书·孔墨批判》,科学出版社1956年版。
④ 《论语·先进》。
⑤ 《论语·卫灵公》。
⑥ 《论语·学而》。
⑦ 《论语·八佾》。
⑧ 《论语·先进》。

文中,孔子认为"礼之用","大小由之","以礼节之"都适用于礼器的规则,实际上也是礼物化形式的体现,(3)文同样是以物的形式表现礼的例证。(4)说的是颜渊死了,颜路请求孔子给颜渊买个外椁。孔子以自己曾做过鲁国的司寇,是个大夫,不能步行,而加以拒绝了。很明显孔子的"礼",是维护"礼制"招牌下的政治权利之分配制度的,是承认礼器为"礼"的社会规则的表征的。

然而,孔子又是对礼器是否"明明德"提出疑义的第一人,他说:

(1)子曰:"礼云礼云,玉帛云乎哉? 乐云乐云,钟鼓云乎哉?"

(2)子曰:"麻冕,礼也,今也纯;俭,吾从众。"①

(3)子曰:"……孔,与其奢也,宁俭;丧,与其易也,宁戚。"②

(4)子曰:"有美玉于斯,韫匵而藏诸? 求善贾而沽诸?"子曰:"沽之哉! 沽之哉! 我待贾者也!"③

(5)子曰:"禹,吾无闻然矣? 菲饮食而致孝乎鬼神,恶衣服而致美乎黻冕,卑宫室而尽力乎沟洫。禹,吾无闲然矣!"④

孔子在(1)文中的质疑,实际上是提出了礼器之器与道的背反,孔子强调其中道的意义,而至春秋末期,评判"礼也","非礼也"的权威已从礼器的最高分配者——王的手中转移到圣的手中,也就是有了高于王权的"明明德"的意识上的标准,因此也就出现了重道轻器的倾向。故此,(2)(3)都是崇尚俭朴,这本身就超越了礼器仅是一种分配制度表征的概念。(4)孔子赞同将作为礼器的玉卖掉,这与礼书中所谓礼器"不粥于市"的规则截然不同。也正是因为基于这样认识,(5)文认为上古的禹,尽管饮食菲薄,衣冠破旧,宫室低矮,却是孔子政治理想的楷

① 《论语·泰伯》。
② 《论语·八佾》。
③ 《论语·子罕》。
④ 《论语·泰伯》。

模。可以认为,孔子在维护已有社会制度(所有制,分配制度)的前提下,开创了道重于器的认知模式。这一认识有着深远的影响。司马迁在追记东周礼制时提出,礼既然是"承天之道","治人之情,"必是"缘人情而制礼,依人性而作仪"①。实现于伦理之尊卑贵贱,使人们在日常活动中各有其位,各循其礼,不相僭越。如李泽厚所指出的:"孔子没有把人们的感情心理引道向外在的崇拜对象或神秘境界,而是把它消融满足在亲子关系为核心的人的世间关系之中,使构成宗教三要素的观念、情感和仪式统统环绕和沉浸在这一世俗伦理和日常心理的综合统一体中……"②

在人文主义思潮的冲击下,礼器原有的宗教根基已经动摇,其神学色彩亦现淡化。《墨子·明鬼》篇在描述战国之初的祭祖活动时说:"今洁为酒醴粢盛以敬慎祭祀……虽使鬼神请(诚)亡(无),此犹可以合驩(欢)聚众,取亲于乡里。"用祭器尊鬼神之目的在于"合驩(欢)聚众,取亲于乡里",商与西周祭祖时的那种浓郁宗教氛围不见了,这大概是当时的实际情况。

另外,在当时的人文主义思潮中存在着理性化的要求,在器皿追求上有一种求"和"的主张,强调人的欲望与自然规律和谐统一。《国语·郑语》记史伯提出"和实生物,同则不继",他认为,所谓"和"是"以他平他",就是把相异的东西综合统一起来,追求量的增加,而不可能产生出原来没有的新事物。从中或不断产生新的事物,所谓"同"是"以同裨同",即只把相同的东西加到一起,"和"与人内心的精神状态密切联系,具有社会的理性的精神内容。对于礼器的组合关系与数量关系的演变也有一定影响。《国语·楚语》引《祭典》云:"国君有牛享,大夫有羊享,

---

① 《史记·礼书》。
② 李泽厚:《中国古代思想史论》,人民出版社 1988 年版,第 21 页。

士有豚犬之奠;庶人有鱼炙之荐。笾豆脯醢则上下共之。"笾豆之制在当时已成为脱离典章礼仪的世俗风化用器,这大约是春秋晚期以后的事。

然而,士于礼器的超越是有限的,礼器的人文主题只是在承认礼的物化作为的前提条件下提出的。因之《论语·卫灵公》载卫灵公问布阵之法于孔子,孔子对曰:"俎豆之事,则尝闻之矣;军旅之事,未之学也。"俎豆是祭祀、宴飨所用礼器,孔子以此两种器来代指祭祀礼仪,可见孔子的礼并未完全脱开物化礼的认识模式。

《孟子·滕文公下》载,孟子曰:"士之失位也,犹诸侯之失国家也。礼曰:'诸侯耕助以供粢盛;夫人蚕缫,以为衣服。牺牲不成,粢盛不洁,衣服不备,不敢以祭。惟士无田,则亦不祭。牲杀、器皿、衣服不备,不敢以祭,则不敢以宴,亦不足吊乎?'"[①]所谓粢盛,粢音咨;盛音成。"粢"字《说文》作"𪗉",重文作"粢",古书或又作"齐"。六谷(黍、稷、稻、粱、麦、菇)之可以盛于器皿中的叫"粢"[②]已经盛于器皿中的叫"盛"。[③]可见孟子一样未能完全脱开物化礼的认识模式。

按照孟子的说法,"孔子三月无君,则皇皇如也"的原因是没有君主任用他,他就会失掉官位。推论之"士之失位也,犹诸侯之失国家也"。而士要官位的目的不是为了别的什么,而是为了用其官禄以致礼。《礼记·曲礼》云:"无田禄者不设祭器。"又《王制》云:"大夫士宗庙之祭,有田则祭,无田则荐。"又《春秋穀梁传》成公十七年云:"宫室不设,不可祭;车马器械不备,不可以祭;有司一人不备其职,不可以祭。"因此,孟子认为,为了获得祭礼的资格,"士之仕也,犹农夫之耕也"。由此,似乎可以证实孟子也是认同礼的物化特征。

---

① 《孟子·滕文公下》。

② 《诗经·小雅·甫田》毛传云:"器实曰齐。"

③ 《诗经》毛传云:"在器曰盛。"

儒家学说一方面认为:"夫礼者,所以定亲疏,决嫌疑,别同异,明是非也。"①强调以君主为中心的社会秩序,认定士在如此的社会环境中才能实现自身价值,因此必须从属于以物化分定的社会等级原则;另一方面,儒学则认为"前圣继天立极之道,莫大于礼;后圣垂世立教之书,亦莫先于礼"。② 礼的原则,由物化世界的权威——王转向了精神世界的权威——圣。圣的出现,应当说是人文思潮的产物。它似乎是一种具有神秘灵性的人格,它用精神的,而不是物质的力量,根据自己的德行、思想改变着周围,以至将它们改变成一个同自己谐调的有着新秩序的社会。孔子在这样一个战乱频仍,融旧铸新的重要转型时期提出诸如"礼云礼云,玉帛云乎哉?"的主张,本身就体现人文思潮的巨大声势。到了战国时期,士的社会地位进一步提高,表现出一种强有力的个人性格,百家争鸣,社会本身需要理性智慧的照耀,士的个体人格特征得到了极大的发挥,超越固有礼器制度的社会意识逐步形成。加上地缘政治的成熟打破了原有的宗法制度,建筑于贵族等级制之上的礼器制度由此走向衰落。到了战国后期,礼器的世俗化已是大势所趋,见于云梦秦简《日书》③中的鬼神已没有了任何政治化,甚至无伦理化的倾向,而只具有世俗化功能。秦人观念中的神只是自然界各种神秘力量的人格化与神格化,并不作为社会伦理原则的源泉,而且不见任何祭神之器的参入。在 400 余简的文书中仅见三处作避邪驱鬼的用具,如牡棘(854)、芻矢(859)与应鬼鼓的人鼓(862),可见礼器的世俗结果就是礼器逐步退出人们的社会生活。

这场变革在墓葬考古学资料上的反映是随葬品的明器化,明器逐渐取代礼器的过程从一个侧面反映了礼器的世俗化。从已知考古资料

---

① 《礼记·曲礼上》。

② (元)陈澔:《礼记集说·序》。

③ 《云梦睡虎地秦墓》,文物出版社 1981 年版。

得知,礼器明器化大致源于殷墟墓葬,其中第 3 期第 II 阶段墓葬已见容器类明器①;在西周墓葬 2 期的 78 河北元氏县西张村墓也发现了明器化的容器②,在西周第 4、第 5 期的中原、关中地区的墓葬中也有零星发现③;春秋时期,在中原、关中及山东等地区的墓葬中发现有成批的容器型明器④,包括属春秋墓葬 1 期的北赵晋侯墓 M93 与晋侯夫人墓 M102 中亦出有多件作容器的明器⑤;尤其是在战国第 1 期的陕西凤翔高庄与八旗屯的属秦国墓葬发现了大量的明器⑥。在中小型墓中出现明器渐多的显著趋势。

　　除了容器类明器以外,另有一种专用来类比生人生活的模型类明器也出现在战国时期的墓葬中,《礼记·檀弓上》载,孔子曰:"之死而致死之,不仁而不可为也,之死而致生之,不知而不可为也。是故竹不成

---

　　① 殷墟墓葬三期第 II 阶段西区 M2579、M1713(《殷墟青铜器》,文物出版社 1985 年版,图版 223 至 231),郭庄村北 M6(《河南安阳郭庄村北发现一座殷墓》,《考古》1991 年,第 10 期)等出有明器。

　　② 《河北元氏县西张村的西周遗址和墓葬》,《考古》1979 年第 1 期。

　　③ 西周墓葬四期的 81 扶风强家村 M1(《陕西扶风强家一号西周墓》,《文博》1987 年第 4 期),西周墓葬五期的 86 平顶山市薛庄乡阳岭应国墓地 M95(《平顶山应国墓地九十五墓的发掘》,《华夏考古》1992 年第 3 期)与河南陕县上村岭虢国墓地 M2006 等出有明器。

　　④ 春秋墓葬一期的曲阜乙组 M48,M49(《曲阜故城》,齐鲁出版社 1982 年版),河南陕县上村岭 M1052、M1810、M1820、M2001(《上村岭虢国墓地》,科学出版社 1959 年版),山西芮城 M1(《山西芮城东周墓》,《文物》1987 年第 12 期)等,春秋墓葬三期的陕西长安客省庄 M202、凤翔高庄 M10、M49 等出有明器。

　　⑤ M93 出土器有鼎 1、簋 1、盘 1、尊 1、卣 1、爵 1、觚 1、方彝 1,M102 出土器有鼎 1、簋 1、匜 1、爵 1、觯 1、方彝 1(《天马——曲村遗址北赵晋侯墓地第五次发掘》,《文物》1995 年第 7 期)。

　　⑥ 战国墓葬一期的陕西凤翔高庄 M49、M48、M18(《陕西凤翔高庄秦墓地发掘简报》,《考古与文物》1981 年第 1 期)与凤翔八旗屯 GM9、BM3、M14(《陕西凤翔八旗屯秦国墓葬发掘简报》,《文物资料丛刊》第 3 辑;《一九八一年凤翔八旗屯墓地发掘简报》,《考古与文物》1986 年第 5 期)及凤翔八旗屯西沟道 M26(《陕西凤翔八旗屯西沟道秦墓发掘简报》,《文博》1986 年第 3 期))等出有明器(以上墓葬分期标准本于朱凤瀚《古代中国青铜器》的青铜器分期法)。

用,瓦不成味,木不成斫,琴瑟张而不平,竽笙备而不和,有钟磬而无簨
虡。其曰明器,神明之也。"这段话是否出自孔子还很有疑问,因为在孔
子的那个年代还不见如此的"明器"。其实上段话所指的明器就是模
型。竹器则无縢缘而不成其用;瓦器则粗质而不成其黑光之泽;木器则
朴而不成雕斫之纹;琴瑟则虽张弦而不平,不可弹也;竽笙虽备而不和,
不可吹也;虽有钟磬而地无悬挂之簨虡,不可击也。而用这些器物来类
比死者生前情景,目的是做到"事死如事生,事亡如事存,孝之至也"。[①]
用目前已知考古资料来考察,《礼记·檀弓上》中所说的那种明器最早
出现于战国墓[②]中,流行于汉墓[③]中。随葬品的明器化是礼器世俗化在
墓葬制度中的一种具体体现,并且最终取代了礼器随葬。这一遗存现
象,宣告了延续于西周东周的礼器制度的寿终正寝。

---

① 《中庸·第十九章》。

② 燕下都故城战国早期墓 M16 出有陶制的甬钟、钮钟与编镈(《河北易县燕下都第十
六号墓发掘》,《考古学报》,1965 年,第 2 期)。湖北江陵雨台山战国墓中有 15 座随葬有木俑
(《江陵雨台山楚墓发掘简报》,《考古》,1980 年,第 5 期)。陕西凤翔八旗屯战国早中期墓出
现了陶制的仓囷和牛车(《陕西凤翔八旗屯秦国墓葬发掘简报》,《文物资料丛刊》,第 3 辑)等。

③ 西汉前期墓葬出现有大量的陶、木质的俑与家畜模型,以及车、船、仓、灶、井、房及田
等模型,这些模型与文献记载的"明器"相符。到了东汉中期,在大部分地区的墓葬中以鼎、敦
为标志的"礼器"已经基本上消失,随葬明器而取代礼器的全过程完结。

结　语

礼器具有象征王权与贵族权力的政治特征,而后来的儒家学者又赋予其象征圣德的伦理特征。农产品与畜牧产品不仅是祭祀的供奉物,而且也规范了礼器的形制,这样的形式成了我们这个古老农业民族特有的文化载体。"天人合一"的观念最终体现在礼器的使用制度中。正统宗教与政治的结合使礼器神圣化,即使在礼器制度衰亡之后,它仍然对后世产生了深远的影响。

礼器的节度作用,即贵族等级制度中的制用之法,已在前文有过详细论述。在此应当说明的是,所谓的礼器象征作用与其节度作用(确定等级的作用)既是一个纵的关系,又是一个横的关系。所谓纵的关系,即先有礼器的象征作用,而后有其节度作用。礼器的象征作用约产生于新石器晚期,到了商殷王朝,随着王权的强化而有了较大的发展,至西周初期,由于分封的实行,才使礼器真正具有了规则化的节度作用。所谓横的关系,即两者相互联系,亦相互制约,一旦偏废,礼器制度亡矣。如红山、良渚文化之玉器,仅有象征作用而无若干等级的节度作用,礼器制度未成;而春秋战国之际,诸侯卿大夫之僭越行径,仅强调了礼器的象征作用,而偏废了其节度作用,是时礼制衰败矣。孔子曰:"八佾舞于庭,是可忍也,孰不可忍也。"①说的是礼仪丧失了等级上的节

---

① 《论语·八佾》。

度,即"礼坏乐崩";又曰:"觚不觚,觚哉。"①则说的是礼器的象征作用
也有了问题。可见两周礼器制度与社会形态的关系实在值得研究。现
将前文各章节所论概括为以下几点,以为小结:

1.礼器是礼的物化形式,最初表现为用器皿作盛器去飨祭神祇。
在礼祭祖先神的卜辞中出现的贞卜者唯有王,卜辞中的"礼"尤其表现
为用礼乐之器祭祀那些与时王有明确世系关系的祖神。应当强调指
出,本书是将礼器作为一个整体的研究对象来考察和认知的。

2.礼器制度有着一个起源、发展的演变过程。新石器时代的玉器
与用于祭祀的陶质高三足(高四足)与高圈足容器,最终与氏族高层权
力、原始宗教礼仪相结合,成为了一贯性的礼器,礼器制度开始萌芽。
至迟在夏商时期,礼器成为王权与贵族权力的象征。二里头、二里冈遗
址出土的成组青铜器标志着礼器制度的初步形成。商晚期殷墟墓葬出
土的多种类型随葬品组合群,说明了礼器制度已经成熟。到了西周,礼
器具备了宗教、政治、宗法三方面的综合特征,最终演变成了以礼器的
组合关系、数量关系确定贵族等级关系的礼器制度。

3.两周礼器制度的社会作用不仅仅表现在礼器的象征作用本身,
作为一种具有政治作用的制度,礼器的分配已成为区别权力等级的分
配体制。周初天子将各种礼器以封赐的形式分配给贵族。西周中期以
后天子赏赐礼器给贵族与册命制相联系。这种形式实际上是"二次分
配"。另外,在两周礼器分配制度中具有很显著的亲缘特征。

4.本文将现存东周礼书中所见礼器分为玉器、青铜容器、漆木竹陶
礼器、乐器、车服器、丧葬器及兵器7类。其中大部分礼器名称在古文
字中都可以找到相应的依据,并且与两周使用这些礼器的制度相连接,
譬如:用玉器、用盛牲牢器、用盛粢器、用酒酉器、用豆笾器、用旗物与用

---

① 《论语·雍也》。

车马等制度。

5.墓葬出土礼器是当前以考古学方法研究两周礼器的主要实证资料，进而折射出是时的礼器制度。墓葬随葬品呈现出不同的组合与不同的数量级。在对两周重要墓葬的考古学资料进行比较之后，似乎可以认定，以礼器的组合关系来判定墓主身份等级更确于其数量关系。两周墓葬礼器的最高组合形式包括玉器、青铜容器、兵器、乐器、车马器、棺椁六类。本书使用了定量分析方法试图确定墓葬（墓主）与随葬礼器之间的运动变数关系，这在方法论上是一次尝试。在探索使用两门学科以上知识来研究古代制度方面有着意义。

6.与王室衰微相比，礼器制度具有显著的滞后特征。诸侯国内部集权政治，强化了礼器制度，在礼书中所谓的僭越现象，实际上是春秋时期诸侯国内的新的礼器制度。同时，这一时期的人文思潮也为礼器制度的衰落提供了理论依据。礼器在脱离了原有的轨迹之后，走向了世俗化。墓葬考古学资料的反映是随葬品的明器化。

在前文第二章论及铜器铭文出现的礼器有 7 类；第三章论及东周礼书出现的礼器也有 7 类；第四章论及墓葬考古中出现的随葬礼器有 6 类。其实这 3 部分资料中出现的礼器类型大同小异，略有偏重。其相互关联的情形如下图所示，

铜器铭文、东周礼书与墓葬考古中出现的礼器分类示意图

今天得以观察到的两周礼器种类，大致主要集中于以上 3 部分的遗存与文献资料中，在这样一个由不同来源，不同载体构成的综合资料

体系中,礼器的分类及其内容基本是相同,而且几乎完全可以相互征引,相互印证,反映了这一资料体系的可信。

在分类上略有不同的是,于铜器铭文中宗彝为礼用容器类,无质地区别,东周礼书中的情形也与之相近,只是从目前发现并认知有大量出土青铜容器的角度出发,才将容器按质地又分为青铜与漆、竹、陶两类。再者,铜器铭文中有礼服、车马、銮旗分类,东周礼书是将三者合而为一,其内容则基本相同。由此可见在铜器铭文与东周礼书的礼器分类基本一致。铜器铭文中无丧葬器外,这一点很明确,铜器铭文中王对在世贵族赏赐礼器,无丧葬器是情理之中的事。其余各分类都是相同或相近的。另外,墓葬考古中缺少漆、竹、木质地类礼用容器,缺少礼服、旗物等纤维类礼器,很可能是由于地下埋藏经年腐烂而化为乌有,而并非随葬物中从来就没有这些类型的礼器。由上述分析可以认为,于彝铭、礼书、墓葬中出现的礼器,在大的类别上是基本一致的。

对礼器进行分类整理,是研究礼器制度的认识基础,对以上三方面的载有礼器的资料进行分类、整理与比较,将有益于获得符合历史事实的结论。

在上述研究的基础上,下面有必要进一步深入地探讨与礼器制度本身相关的几个问题,即:礼器制度产生的物质文化背景与精神文化背景,即综合地认识,礼器及相关制度受到哪些空间与时间存在形式的制约? 礼器及相关制度为哪些意识形态所认同? 礼器及相关制度对后世产生了哪些影响? 回答这些问题,对于了解礼器制度的文化特征有着十分重要的意义。

一、两周礼器制度的产生背景

据综合研究可以认为,农产品与畜牧产品不仅是祭祀的供奉物,而且也规范了礼器的形制。古代农业社会的城邑文化是两周礼器制度的物质基础,表现为宗天宗祖的礼的物化形式已成为了我们这个古老农业民族特有的文化载体。礼器具有象征王权与贵族权力的政治特征,而后来的儒家学派又赋予其象征圣德的伦理特征。"天人合一"的观念最终体现在礼器的使用制度中。正统宗教与政治的结合使礼器神圣化,即使在礼器制度完全衰亡之后,它仍然对后世产生深远的影响,旧有的礼器曾被后来历代王朝君主视为正统政权的标志,两周礼器制度作为一种政治文化遗产,则成为后来历代王朝典章制度的灵魂与楷模,不容忽视的是,这种礼的物化形式的存在,对于民族传统文化的传承有着深远的影响。

(一)礼器制度的空间与时间存在形式

首先,我们要为这一研究对象规范一个地理范围,这样做首先具有社会文化学的意义。众所周知,礼器制度的空间存在形式局限在称之为"九州"的文化地理范围内。《诗·商颂·长发》云,商汤时"昭假迟迟,上帝是祗。帝命式于九围"。这里所说的九围或称九域,《毛传》曰:"九围,九州也。"清代学者马瑞辰释"围,域、有,皆一声之转。声同则义同,故《韩诗》释九域曰九州,毛释九有、九围并曰九州,特变文以为韵耳"。[①]九州地域观念的形成,很可能与农耕文化区域形成有着密切的关系。商应当说是这一文化区域形成过程中的重要时期。

然而,即使是在九州之内,也还有着众多的邦。后来强盛起来的周取代了商,但也未从根本上改变这样的局面,只是如《小雅·六月》说:"文武吉甫,万邦为宪。"《尚书·洛诰》载周公说:洛邑居于天下的中心,如果周王居这里治天下,就会"万邦咸休"。西周青铜器《墙盘》铭文上

---

① 《毛诗传笺通释》卷32。

说:"曰古文王……匍有上下。"为万邦所拥戴。古代中国人的生存空间自西周以后基本上稳定下来,范围在黄河中下游的广袤田野,从此华夏人就生息繁衍在这块土地上。在这一居住区以北的戈壁沙漠、干旱草原与东面一望无际的东海,曾是华夏民族交通外部世界的天然屏障。世界屋脊的青藏高原,横亘在古代中国文明与印度文明之间。数千年来,这两个古老文明之间难以进行接触和交流。梁启超曾生动地设想,假如没有喜玛拉雅山把南北两地隔开,中国和印度的历史将会完全重写。

农耕自然经济的自给自足性,地理环境的相对封闭性,以及其他各种因素的配合,导致传统中国文化形态具有早熟性的特征,这种文化早熟性,对传统文化本身的发展趋势、中华民族的文化心理以及以后的士大夫阶级的价值观念体系与思维方法等等,无疑产生了深刻的影响。华夏人在与其他古代文明相对隔绝的特殊条件下创造和发展了自己的文化。即使现代考古学和人类学曾经发现并可能继续发现外部文化的某些个别要素,但就总体而言,华夏先民们在主观上从来未曾意识到印度、埃及、美索不达米亚这些古代文明作为华夏文明不同的异源的文化实体的存在。礼器制度作为一种特有的古代文化的载体与保存者,正是在这样一个空间范围内生成并发展起来,因此,在中国古代文化中它具有着一维的时间形式的延续,而在与其他古代文明比较时,它有具有区别于其他古代文明的地域文明的显著特征。

华夏人还具有另外一种文化观念,集中表现在《孟子·滕文公》所说的"吾闻用夏变夷者,未闻变于者也"的论断中。产生这种排他性的文化传播观念的原因是,由于华夏人相对于比自己落后的四邻僻远部族来说,具有较高的文化势能。他们自然会用自己相对先进的制度、习俗、典章文物及生产技术,从君臣秩序、衣冠礼制、到稻麻黍稷,亦即儒家后来笼统指称的衣冠礼乐教化与周边相对落后的文化相比较。久而久之,它转化为一种价值观而贯彻于所有涉及道德、习惯与风俗的一切社会生活之中。这时的礼器制度的"观念",已不再归属于某一个社会阶层,作为归属于整个区域的文明,它最终成为一种深入持久的民族的文化观念。

(二) 礼器制度与农业社会形态属性

古代中国农业的构成,从来就是以种植农业为主,以畜牧农业为辅,有祭祀功用的礼用容器的鼎簋组合集中反映这种农业构成关系。农业很早就受到历代统治者的高度重视,如《国语·周语上》曰"王事唯农是务"。在统治者的主持下,宗教活动向与农业生产密切结合,用盛农作物的专门礼器奉祭神灵,是诸夏民族在长期社会实践中形成的礼神方式。《礼记·明堂位》曰:"有虞氏之两敦,夏后氏之四琏,殷之六瑚,周之八簋。"郑玄注:"皆黍稷器,制之异同未闻。"是说三代礼器无大的变化。如果考察簋的具体形制与功用,当然礼书的概括不够准确,因为周与前代相比,无论是从单个器皿的演变,还是从礼器组合的制度来看都是有不小的差异。然而《礼记》这里所言大要似乎是在说明三代的盛黍稷之器的事神方式无大的变化,或者可以认为,相对于游牧民族文化而言,在长期的历史过程中用礼器奉祭祖神的制度与礼器的奉行方式没有大变化。究其原因,大致可以归于"诸夏"农业社会文化体系的延续,从而构成了"三代之礼一也"①的历史格局。

文献中习见与农事相关的祭祀仪典,这一现象似可称之为"农业宗教"。诸如夏历正月惊蛰之后,要举行祭天祈求五谷丰收的"郊祭"。东方苍龙星始现,正是农作物蓬勃生发,待雨水而蕃长之际,故行祈雨之"雩"祭;始杀指秋风乍起,万物肃杀之时,即夏历之七月。此时新谷开

---

① 《礼记·礼器》。

始成熟,故天子尝新,并用之祭祀祖先,举行"尝"祭。昆虫蛰伏之时,为夏历十月。烝,众也,万物皆已成熟,可选择众物来祭祀,故曰烝祭。四时之祭直接与农业生产相关,倍受人们的重视。因此如按常例举行则不书,如果超出常例,则要记载。《左传》襄公十三年,"冬,城防,书事,时也。于是将早城,臧武仲请俟毕农事,礼也"。《国语·周语中》载"周制有之曰:'……不夺民时,不蔑民功'"。这里说的"民时""民功"即农业之时,农事之功。优先农事被看作是符合礼制的。

由于礼的重要原则与农时有着密切的关系,因而受到最高统治者的重视,在王所用礼器中充满着象天与尊天的意识。《礼记·月令》载天子在一年的各月中,均据不同的时令而乘用不同形式的车马,穿戴不同颜色的衣着与服玉。天子所用的器皿要据不同季节而改用形式,或在春月用"疏以达"的器皿;或在夏月用"高以粗"的器皿;或在秋月用"廉以深"的器皿;或冬月用"闳以奄"的器皿。透过构拟的成分,可以观察到其中表现的一种以器象天,以器象农的意识,天子通过用器的形态与颜色来传达对古代农业的主宰——天神的尊崇。并强调"礼以顺时,信以守物。民生厚而德正,用利而事节,时顺而物成"[1]。这里所说的"顺时"的目的是遵从农业生产规则,而强调顺时正是礼器制度的特质之一,在祭祀活动中礼器的奉行也是围绕着与农事密切相关的四季进行的。因此可以说礼器制度是植根于农业文化土壤的,礼器制度的文化源泉也是农业社会的文明。

自农业文明诞生之后,在这块既适应于农业,又适应于畜牧的古老土地上,农业民族与游牧民族之间的对峙就已存在。毋庸置疑,农业民族与游牧民族存在着生产方式与生活方式的差异,如《诗·周颂·思文》云:"贻我来牟,帝命率育。无此疆尔界,陈常于时夏。"来为小麦,牟

---

[1] 《左传》成公十六年。

为大麦。这里描述的是农业文化向广大的区域拓展。同时农业文明的另一种传播方式是与游牧部族的战争,《诗·小雅·采薇》云:"靡室靡家,猃狁之故……"《诗·大雅·皇矣》云:"帝迁明德,串夷载路。天立厥配,受命既固。"上帝作了周人的保护神,将福祉移至周人,而使其土著昆夷逃亡。《诗·周颂·桓》云:"绥万邦,娄丰年,天命匪解。"在周人看来武王平定天下,年年丰登,得到了上天的佑护。同时,诗中说:"桓桓武王,保有厥士,于以四方,克定厥家。"这里所称"四方"已被排斥在"娄丰年"与天佑之外。"四方"所指又在哪里呢? 如《诗·鲁颂·閟宫》所云"戎狄是膺,荆舒是惩"。至于与猃狁之间更是战争频仍。《诗·小雅·六月》记周宣王时"猃狁匪茹,整居焦获。侵镐及方,至于泾阳……"大将尹吉甫奉命率兵北伐猃狁。从礼器制度产生的地域特征与历史特征来看,有理由相信,与之密切相关的农业社会系这一历史文化过程的基础。

记录周王征伐外族战争的铭文习见于西周青铜礼器[①],所记凤夷、鬼方、猃狁、南淮夷之属,均可以认为是非农业体系与非城邑文化的部族集团。

在这样一个广泛使用耜耕,进而采用犁耕农业的相对封闭的地域范围内,不断建立的新的使用以礼器为标志的伦理社会,有着农业社会的固有秩序、固有的社会组织,但它却不断地经受着游牧民族无秩序的挑战。在这样的一个过程中,"礼"的秩序逐渐地呈现出鲜明的特征与

[①] 西周晚期的《晋侯苏钟》铭记:伐凤夷战争之初,"晋侯苏折首百又廿,执讯廿又三夫";王命晋侯苏自西北隅敦伐熏域时,"折首百,执讯十又一夫";王命晋侯伐"逋逐"出奔夷人,"晋侯折首百又十,执讯廿夫,大室小臣车仆折首又五十,执讯六十夫",三次合计折首480,执讯114夫。这是一次见诸于西周金文中伐夷的赫赫战绩,另外于康王时的《小盂鼎》中记:伐鬼方获馘达4800余,俘人达13031人。年代较早的穆王时的《戜簋》中记:伐戎仅获馘100,执讯2夫。于西周晚期的铭文中,征伐夷狄的记载更是常见,西周偏晚的《多友鼎》记:伐猃狁,折首366、执讯28人;《虢季子白盘》记:伐猃狁,折首540、执讯50;《敔簋》记:伐南淮夷,折首100、执记讯40人。另有《翏生盨》《兮甲盘》《不娶簋》《师寰簋》《师同鼎》器铭,但称"执首执讯",未记数量。

强有力的生命力。英国历史学家汤因比在比较了世界其他古代文明的基础上,研究了古代中国文明(黄河中下游的古代中国文明)的起源,他指出:"我们发现人类在这里所要应对的自然环境的挑战要比两河流域和尼罗河的挑战严重得多"[1]。礼器制度的主体之所以发生在中原地区,而不是发生在别处的最重要的原因,不仅仅由于这一地区是早期农业的重要发祥地之一,而且灾荒频仍加深人们对"天神"的崇拜;不断的非农业民族的军事侵扰,反过来强化了人们对自己农业祖先的信仰,而礼器与相关制度正是由这样一个精神过程演绎出的物化形式。

春秋以后,中原农业民族与非农业民族之间的文化排异现象更加明显。《公羊传》成公十五年曰:"春秋内其国而外诸夏,内诸夏而外夷狄。"这说明诸夏各国相对于夷狄有一种文化认同性;而与夷狄则有一种文化的排拒心态。这种排拒心态在春秋前期多演绎为军事上的对抗,僖公四年,(齐)"桓公救中国,而攘夷狄"。其间各国诸侯以"不与夷狄之执中国也"[2]而多次会盟。进入中后期则更多体现为文化上的排斥,《公羊传》多见"夷狄之君,何以不言朝? 不能朝也"。[3] 指夷狄不懂得朝见的礼仪,不懂得因礼器而规范其行为,故不能取得国与国之间的正常往来,而受到中原农业民族的排斥。如孔子说:"夷狄之有君,不如诸夏之亡也。"[4]在这个以礼作为规范的国度里,"戎狄豺狼,不可厌也;诸夏亲昵,不可弃也"[5],又是其中一重要信念。非农业的夷狄之所以被排斥于礼文化之外,其中的血缘因素也不可低估。

那么,构成诸夏与夷狄间文化排异现象的根源何在呢? 其中宗教

---

① 〔英〕汤因比(Arnold Joseph Toynbee):《历史研究》中译本,上卷,上海人民出版社1966年版,第92页。

② 《公羊传》隐公王七年,《公羊传》庄公王十年等。

③ 《公羊传》僖公王二十九年,《公羊传》襄公十八年等。

④ 《论语·雍也》。

⑤ 《左传》闵公元年。

信仰的差异很可能是重要因素。所谓"神不歆非类,民不祀非族"[①],
"鬼神非其族类,不歆其祀"[②],"非我族类,其心必异"[③],等等。见于文
献的北方游牧民族的宗教信仰并不十分清晰,《汉书·匈奴传》载匈奴
"五月大会龙城,祭其先、天地、鬼神"。《后汉书·南匈奴传》说,"匈奴
岁有三龙祠"。这里说的"龙城""龙祠"是祠堂之类的"庙宇"[④]。可见
其宗教与中原诸夏有显著不同,而因史料不足不能详尽。

从习俗看,诸夏与夷狄间的差异比较宗教具有更多明著的个性特
征,《汉书·匈奴传·赞》云:"狄无百年之运。"这是指由于频繁的战争
与迁徙,一个个部落在很短时间内兴起,又在很短时间内消失。试想处
于这样的生存环境,如何又能长期使用以高三足与高圈足为特征的礼
用容器呢?因此《礼记·王制》云:"中国戎狄五方之民,皆有性也,不可
推移……中国、夷、蛮、戎、狄,皆有安居,和味,宜服,利用,备器。"可知
器用之不同,源于生活之习俗;生活环境不同又导致民族文化礼俗的不
同。毋庸置疑,游牧民族的精神活动也有着其物化形式。譬如:《史
记·匈奴列传》载"其送死,有棺椁金银衣裳,而无封树丧服"。《汉书·
匈奴传》曰:"匈奴法,汉使不去节,不以墨黥面,有得入穹庐。"又,匈奴
族人"父死妻其后母,兄弟死皆取妻妻之"等,其礼俗差异是显著的。

同时,游牧民族与中原农业文化在祭俗、礼仪及礼器上也有着明显
差异。《国语·鲁语上》曰:"非是族也,不在祀典。"由于礼器制度与农
业社会的密切关系,非农业社会的夷狄之族,被严格地排斥在其外,这
就是礼器制度作为一种文化载体的排他性。可见春秋战国时期,夏夷
对立的意识更加明确。《孟子·万章下》载孟子曰:"孔子先簿正祭器,

---

①　《左传》僖公十年。
②　《左传》僖公三十一年。
③　《左传》成公四年。
④　参阅林幹:《匈奴城镇和庙宇遗迹》,《匈奴史论文选集》,中华书局1983年版。

不以四方之食供簿正。"朱熹《集注》释"御，止也。止人而杀之，且夺其
货也"。又，《集注》引徐氏云："先以薄书正其祭器，使有定数，不以四方
难继之物实之。本器有常数，实有常品，则其本正矣。彼猎较者，将久
而自废矣。"孟子的意思是，在孔子以前更古的时代，人们曾经将所争夺
来的猎物用以祭祀，而在孔子的年代，既然猎物已不再用来供奉于祭
祀，争夺猎物的风气自然也就逐渐衰落。《孟子》说孔子率先用文书规
定祭祀所用器物和祭品，而不用别处的食物来供祭祀，上面所说的"四
方"当指与中原农业文化不同的游猎或游牧之民族。这说明春秋战国
时代对非农业民族文化有了更加明显的文化排斥。

　　从目前考古发掘的成果来看，我国北方存在有分别代表三支北方
民族的文化遗址。一个是推断为属山戎文化的玉皇庙文化遗址；一个
是推断为属东胡文化的夏家店上层文化遗址；另一个是推断为属匈奴
文化的毛庆沟、桃红巴拉文化遗址[①]。这三个遗址共同之处是同具有
属于游牧民族的文化特性。三个遗址中分别都发现有柄首铸有动物的
青铜短剑，所不同的是，玉皇庙文化遗址与毛庆沟文化遗址的青铜短剑
为柄身连铸，而夏家店上层文化遗址的青铜短剑则是柄身分铸的。另
一种典型器物是铸有兽（鸟）雕刻的铜牌饰。这很可能是贵族权力的象
征物，或军事组织首领的符号标志，但很难从中得出具有标志贵族等级
身份的功用。因此可以认为鄂尔多斯青铜器标志物，不仅在形制上与
中原青铜礼器迥异，而且在功用上也不相同。《国语·周语上》内史过
有如下一段论述："古者，先王既有天下，又崇立上帝、明神而敬事之，于
是乎有朝日、夕月以教民事君。诸侯春秋受职于王以临其民，大夫、士
日恪位著以儆其官，庶人、工、商各守其业以共其上。犹恐其有坠失也，
故为车服、旗章以旌之，为贽币、瑞节以镇之，为班爵、贵贱以列之，为令

_____

　　①　参阅田广金、郭素新：《鄂尔多斯式青铜器》，文物出版社 1986 年版。

闻嘉誉以声之。犹有散、迁、懈慢而著在刑辟,流在裔土,于是乎有蛮夷之国,有斧钺刀墨之民,而况可以淫纵其身乎?"内史过的这段话说明了诸夏文化与夷狄文化的主要区别在于,以农业社会为特征的诸夏是一个上下有等的礼制社会,由于等级不同而车马幡服服饰器用各有不同,由此而制定了赘见之礼、褒奖之制,以六赘、六币和尚瑞、六节作为臣民交际的自重之物;颁定不同的爵位、品命,由此品列各级贵族。《国语》认为以游牧为特征的夷狄是非礼制国家,因而要把那些履职不专、懈于治政、怠于奉王事上而受到处罚的人放逐到边地僻域,遂成为蛮畿,夷畿地区的要服国民。此种将蛮夷置于"仪礼之邦"之外的思维模式是显而易见的。

　　纵观先秦历史,长期以来农业文化体系与非农业文化体系是在相互排斥中共生共存的。"礼"既对这两类文化体系加以区别,同时又加以联系。如《周礼·掌节》载:"凡邦国之使节,山国用虎节,土国用人节,泽国用龙节,皆金也。"礼器很可能还作为信物联络各处异族文化。另外在推断为属山戎文化的玉黄庙文化等遗迹出土了有中原,尤其是燕国特色的青铜礼器,有铜鼎、豆、罍、匜等。反映了该文化遗址受到燕和中原的影响与,也证实了两种文化之间的交流。

二、与礼器制度相关的哲学思考

　　本章在对先秦礼器与其社会存在进行物的考察的同时,也对这一现象做出了形而上的思考,并将探寻消逝的时代精神作为研究的必要论题。譬如:"三礼"所反映的政治思想,与众多诸侯国的地方性政权形成了强烈的反差,由此昭示着一个正在被变革所锤炼的集权政体。礼书中所规范的典章制度与出土礼器的差异也说明了相对于社会存在之社会意识的独立性。

在中国古代社会，礼被认为是一切行为的最高标准，是高于其他道德准则的精神核心。如《礼记·曲礼上》曰："道德仁义，非礼不成。"礼既是一种精神上的高层次的普遍概念，同时又是一种体现于社会制度中的物质形式。前文已经说过，礼器是礼的物化形式，在社会政治制度中具有着普遍意义，它作为政治权利分配中的确定因素而存在。礼器作为政治权利分配的象征物，同时也作为享有政治权利者诸多规格的物质分配的一部分，如《荀子·礼论》说："故礼者，养也。……雕琢刻镂，黼黻文章，所以养目也；钟鼓管磬琴瑟竽笙，所以养耳也；疏房、檖貌、越席、床第、几筵、所以养体也。"它既是贵族政治生活的体现，又是其经济生活的一部分。这种精神形式与物质形式，政治形式与经济形式的结合，是礼器制度的显著特征之一。

董仲舒在《春秋繁露·天道施》中云："察天人之分，观道命之异，可以知礼之说矣。"他讲天人相类，而又强调天人之分。这似乎正是礼所具有的哲学上的意义。《荀子·性恶》云："凡礼仪者，是生于圣人之伪，非故生于人之性也。故陶人埏埴而为器。然则器生于工人之伪，非故生于人之性。"在荀子看来，礼仪与礼器不是人之天性的产物，而是圣人为政治统治的需要加之于人类社会的外在之物。

礼器的另一重要特征是以模拟天地为"本"，相若于所谓"礼有三本：天地者，生之本也；先祖者，类之本也；君师者，治之本也"。[①] 统治者为了政治目的以"本"于天地的形式而使之神圣化、制度化，然后复归于人们的政治生活。因此，在考察礼器制度的性质时，就不能不用哲学的思考去探讨其形而上的思维结构，以求在精神领域分析礼器制度的另一种特征。

---

① 《荀子·礼论》。

（一）"天人合一"观念在礼器制度中的体现

与礼器制度产生的社会背景相同，"天人合一"的传统观念植根于水平低下的小生产的古代农业社会。作为农业民族的华夏先民长期直面变幻莫测的自然环境，一方面形成了敬畏天命的心理模式；另一方面，作为古代农业的主要生产者，他们不可能根本地否定人的能动作用。这样就产生了一种把人伦之道复归于天的最初的天道观念，同时在这样的道德传统制约下直观自然时，又将人伦与自然相结合，遂取法于天，又溶通天人之际，天道成了人伦之道的本质；人道又成为了天道的延伸。《左传》昭公十八年有云"天道远，人道迩"，便是这样的一种表述。宋邵雍所谓："神生数。数生象，象生器。""发则神，神则数，数则象，象则器，器则变，器之变复归于神也。"①即天是造就一切的神灵，人则以器的象复归天的精神。譬如《周礼·大宗伯》郑注"六器"曰："礼神必象其类：璧圜象天；琮八方象地；圭锐象春物初生；半圭曰璋，象夏物半死；琥猛，象秋严；半璧曰璜，象冬闭藏，地上无物，唯天半见。"郑玄的解释，虽然看来不免牵强，然而这或许正是古人"天人合一"观念的一种诠释。"天人合一"的观念，既承认天道的尊威，同时又强调人的能动作用的社会因素。

所谓"天人合一"，还是古人在阐述天与人之间关系时的一种理想化的设计。这种思维模式体现在礼器的造像中，表达了古代农业民族的一种求"善"的心态。譬如用礼器类比天时。《礼记·礼器》曰："礼，时为大，顺次之，体次之，宜次之，称次之。"郑注曰："言圣人制礼所先后也。"孔疏曰："揖让干戈之时于礼中最大，故云'时为大'。"《礼记·月令》天子用器便是这种思维的典型一例。

---

① 　（宋）邵雍：《观物外篇》。

春季，天子的车服色均为青色。"乘鸾路，驾仓龙，载青旂。衣青衣，服仓玉。"鸾路，即为有鸾铃之车，据郑注的说法，意为鸾言春之意。仓同苍，亦为近青色也。是以青色比附春天。春季天子所用之器"疏以达"，后人有释作文理，也许不合两周的情况，然而春者生德之盛时，以"疏以达"象之。

夏季，天子的车服色皆用赤色。《春官·大宗伯》郑玄注曰："半圭曰璋，象夏物半死。"是时天子"其器高以粗，养壮佼"，用以比附"春生夏长"，生物旺盛。此谓硕大的礼器与生物的旺盛相合。

夏秋之际，天子的车服均用黄色，黄以象地。似亦有中央土之意。《春官·大宗伯》称"以黄琮礼地"，与之相合。是时为四季之中，与四方之中相配，都以黄色做标志。

秋季，天子的车服都用白色，白示西方。《春官·大宗伯》曰："以白琥礼西方。"秋季，天子用器"廉以深"。廉为棱角，亦有矩之义；深则蕴意收藏，示意秋季"可以筑城郭，建都邑，穿窦窖，修困仓"。

冬季，天子的车服改用黑玄色。《春官·大宗伯》曰："以玄璜礼北方。"郑玄注曰："半璧曰璜，象冬闭藏。"是时天子所用礼器"闳以奄"，所谓闳者，中宽也；奄者，上窄也。含有顺闭藏之令，以安伏蛰之性也。此符合"天人合一"之义，可知礼器制度有着固有的古代农业社会的文化内涵。

在周人的观念中，"天"并不是自然的天，而是具有意志的"命哲、命吉凶、命历年"[1]的主宰。《周颂·我将》篇云："畏天之威，于时保之。"意思是惧怕上天的威灵，而人所能做到的是遵从天季，不误农时。《左传》昭公二十五年载，子太叔说："夫礼，天之经也，地之义也，民之行也。"这是典型的天人合一的观念，他进一步说："是故为礼以奉之……

---

① 《尚书·召诰》。

为九文、六采、五章,以奉五色。"又,所谓"乐由天作,礼以地制,……明于天地,然后能兴礼乐也。"①这些表述都指出天的精神对礼器制用的统领作用,也就是说礼乐必须依据并遵循天地之精神才能"行",才能"兴",脱离了天的意志(天主同,主和;地主异,主节),人间的礼乐,必将陷入"淫则昏乱"的境地。

"天人合一"的观念在礼器上的另一方面的表现是祭器与朝聘、飨燕用器间的混用。《地官·乡师》郑玄注曰:"祭器者,簋鼎俎之属。"而这些器皿亦大量出现于朝聘与飨燕的器用之中。在本文第二章的引文中屡见不鲜。究其原因,也许应当说是"天人合一"观念的反映,首先,祭器由实用器发展而来,例如:《易》鼎卦的郑玄注曰:"鼎,象也。卦有木火之用,互体干、兑。干为金,兑为泽。"这里出现了一种习见的思维方式,即鼎有"烹熟物"之象,依郑玄说鼎卦互体干、兑。干的卦象为金,兑的卦象为泽,再加上"爨以木火",于是,成了"圣君兴仁义之道",并用鼎象"以教天下也。"

礼器混用的轨迹是,由祭器而朝聘、飨燕用器,表现了礼器"合于天时,设于地则,顺于鬼神,合于人心,理万物者也"②固有的设计思维。祭器的神秘性与朝聘、飨燕用器的实用性的结合体现了授命于天的权威,同时,也体现了礼器"天道远,人道迩"的实用因素。

(二) 器与道的哲学话题

阐述器与道的关系,是古典中国哲学上的一个重要而古老的哲学的论题。从《易系辞传》谓:"形而上者谓之道,形而下者谓之器。"又,"见乃谓之象,形乃谓之器,制而用之谓之法"的文字中,可以看到这一

---

① 《礼记·乐记》。
② 《礼记·礼器》。

论题的抽象意义。重温这一话题对于认识礼器的文化要素有着重要意义。

礼器具有显著的形象特征,亦具有显著的制用之法。与上述观念正合。

道与器固然有形而上与形而下之分,而道与器也有各自不同的层面,不同的层面具有不同的属性,譬如:道有制器之道、用器之道、用器的伦理、器的哲学等;器有器的制度、器的分配、器的制造、具体的器等,下文从基础的具体问题开始分析。

1. 具体的器与用、利的观念

在先秦时代,人们就已认识到不同的器具有不同的功用,《左传》中有谓"行器"(昭公一年)、"家器"(襄公五年)等,都是以其不同功用对器而区分的。《老子》认为,有了车毂中间的空间;有了中间的空间,才有器皿的作用……他的结论是"有之以为利,无之以为用。"[①]其实利与用均为器的功用,是人类最初所创造之物的基本特征,器的利与用都不能脱离器的存在。将器的空虚部分说成是无,显然是老子的误解。然而在老子的论述中,我们可以得出器有功利性的结论。

唐刘禹锡论及器与形的关系,认为"大凡入形器者,皆有能有不能"。[②] 也就是说,形是器的基本特征,由此产生器的"能"与"不能",亦即礼器的功利属性。在与其他器用的比较之后,可以认为,礼器在形象与制用方面是属于更注重象征作用的一类,在功用方面,如《礼记·郊特牲》曰:"宗庙之器,可用也,不可便其利也。"也就是说礼器的不具有一般器(指生产或生活用器)的功利性,它的特殊功用是作为贵族政治

---

① 《老子·上篇》:"三十辐共一毂,当其无,有车之用。埏埴以为器,当其无,有器之用。凿户牖以为室,当其无,有室之用。故有之以为利,无之以为用。"

② (唐)刘禹锡:《天论上》。

权利的象征,并通过器的"象",或器"象"的组合来体现持有者所享有某一级别的政治权利。

另一方面,礼器也具有一定的功利性,如在司马迁看来,以"金舆错衡","黼黻文章","琢磨圭璧"为特性的礼器在高层次的物质分配中,是对象于人的享乐欲望的特殊消费物品,以满足人们的"人体安驾乘","目好五色","耳乐钟磬","口甘五味","情好珍善"等物质享受的欲望;然而,防范其淫侈,给予人的物质欲求以约束、规范,则是礼器制用的主要作用。《史记·礼书》曰:"大路越席,皮弁布裳,朱弦洞越,大羹玄酒,所以防其淫侈,救其雕敝。是以君臣朝廷尊卑贵贱之序,下及黎庶车舆衣服宫室饮食嫁娶丧祭之分,事有宜适,物有节文。"于器的功用上追求奢靡华美,超越了一般器物的功利性;或在器的分配制度上给予奢靡华美以等级的约束,这些或许就是礼器的又一特殊属性。

2. 治器与形、象的观念

当代学者张岱年认为:"形乃道之所成,而道未有形。形而上犹云形之所由生为形之本的。形而下即有定形的。具体的物皆有定形,乃是器。而阴阳之对立选运所以生成具体的物者,则是道。道无形体,而变易历程亦无形体。"[①]可以认为,器的基本特征之一是其固有的形与象。《左传》僖公十五年载,韩简曰:"物生而后有象。"《礼记·郊特牲》曰:"器用陶匏,以象天地之性也。"陶匏本是一种造型十分简单的用器,然而正因为其质乃象物性之本,所以用于郊祭。又说"祭之日,王被衮以象天"。王的祭服以日月星辰为章,在于以象天来祭天。这里的象是由物派生的,是物或器的一种属性。如《国语·周语》述王子晋之言曰:"象物天地,比类百则,仪之于民,而度之于群生"。礼器的形象类比自

---

① 张岱年:《中国哲学大纲》,《张岱年文集》第 2 卷,清华大学出版社 1990 年版,第 60 页。

然界的物象以表示人与他界神灵的沟通。

3. 礼器组合与"多""钜""组"的观念

由复数以上的器皿体现的"多"的观念,在第一章中已经提到,山东大汶口文化遗址中的大墓中已经出现了成组群的随葬品,其中有数十件陶鼎或数十件背水壶,个别墓甚至随葬 100 多件高柄杯。这样的随葬形式体现了一个近乎于礼的过程。《礼记·礼器》曰:"古之圣人,内之为尊,外之为乐,少之为贵,多之为美。"这里所谓的美可以理解为器物的数量与人的欲求之间的和谐,也就是说越是多的量也就越趋于这种和谐。使用众多数量的随葬品,很有可能与此种古老观念相关。至于属"少之为贵"的玉器、漆器和丝绸等高档手工制品,很可能是为氏族贵族集团所控制,仅在其内部进行直接分配,有的则可能是巫术与神权的象征物。

"钜"通巨,义为"大"。在古人的观念中,器大以为美,譬如《吕氏春秋·侈乐》曰:"大鼓、钟磬、管箫之音,以钜为美。"《淮南子·本经训》曰:"大钟鼎美重器。"因之贵族的等级越高所占有的器也就越大,这已为考古资料所证实。《孟子·尽心下》:"充实之谓美,充实而有光辉之谓大。""大"简直成了比美还具备价值的观念。应当承认大器具有积极价值的姿态,能给人的感情以强烈的刺激与影响。

"组"原义为丝带,后引为编结,如《诗·鄘风·干旄》云:"素丝组之,良马五之。"遂有了组合之意。礼器不仅有着特殊的形象,而且因其"象"与"象"的不同组合体现出一种特定的制用。组合是构成礼器型式的一个重要因素,无论是从其总体,还是从其中一种类型的角度都会体现"组"的观念。"组"既规范了"多"的形式,又突出了"大"的形式,使一些体"大"的礼器在总体组合中超过一般地显露出来,最终成为具有特殊意义的组合。鼎的组合就是这样一例,《史记·封禅书》所载"神鼎一"的意义是"谓一元者,大始也。"①概括了创世纪的万物;"宝鼎三"的意义是象征"天地人",体现了人与天地的精神沟通;"九鼎"则象征"九牧",是王统治的政治区域。鼎的数量组合是变化的,依次是一、三、九,其象征的意义则各有不同。

出土的商周贵族墓的随葬礼器是一个综合的组合体,是一种政治权力的象征与标志,反映了墓主人所享有的那一部分贵族特权,包括祭天礼地之神权、祭祖权、朝王权、兵权、礼乐享用权、车服享用权,以及葬具享用权等。每一部分由若干器种组成,每一个器种又由若干数目的器件组成。一般说来,随葬礼器的组成部分表示墓主所享有的某一种贵族特权;器种的组成与器件的组成则表示墓主于某一种贵族特权所占有的份额。所谓享用的某一种特权是由贵族分配制度赋予的,譬如随葬礼器制度,即根据不同的贵族等级享有不同的随葬礼器的组成部分、不同的器种的组成与器件的组成。因此,这里所说的"组合关系"包括两个层面,一个层面是指不同类别(不同质料与不同功用)的诸种礼器的组合(组成部分);另一个层面是指同类礼器(器种的组成,如青铜容器类、玉器类)的自身组合。

4. 器的制度与"法"

法,《说文》云:"瀍也。平之如水,从水。廌所以触不直者去之,从廌从去。"即型,谓模型也。故"型"字释为"铸器之法也。"可知型为铸器模范,法为行为模范。如《易系辞传》云:"形,乃谓之器;制而用之谓之法。"即模仿此象此器制定出一种应用法则来,谓之法,亦即"有物有则"之义。假《老子》言:"人法地,地法天,天法道,道法自然。"这里说的是,自然是最高的法则。《管子·七法》曰:"治民有器,……义也,名也,时也,似也,类也,比也,状也,谓之象。尺寸也,绳墨也,规矩也,衡石也,

① 《春秋繁露·玉英》。

斗斛也,角量也,谓之法。渐也,顺也,靡也,久也,服也,习也,谓之化。"《管子》所说的道理与礼器之特性无一不与,足见《管子》的概括能力。古人往往将人复归于自然,与天地精神融通,然后确定与之结通的"器",并且依据人世的实际制定器的规格。礼器制度更是这一文化体系的极致,是典型的形而上与形而下的结合体。

《国语·周语下》载周景王打算铸造一口大而又大的钟,其声高为"无射",也就是比十二律中的第八律"林钟"发音更高的钟。单穆公起来表示反对,提出耳的听声、目的察色,都是为人的感官所规定的限度,超出了一定的限度就听不清,看不明,声和色的美就无从感知。这个限度就是自然的"法"。"律度量衡于是乎生,大小器用于是乎出……钟声不可以知和,制度不可以出节"。

礼器"象"与"象"的组合特征之一是,以物化的形式确定贵族成员在政治领域相互关系中的行为规范,这种特征或可以称之为"节度作用"。礼器的节度作用是由"器"所具有的节度共性演绎而来的。顾炎武在《日知录》中说:"形而上者谓之道,形与下者谓之器,非器则道无所寓……"以上所说的器并非专指礼器,然礼器者,其理亦然。礼器则更具形象,更具制用之法。

5. 治器之道与传统意识

诚如管子所说,礼器也有"渐也,顺也,靡也,久也,服也,习也,谓之化"的过程。1929 年底,顾颉刚发表了《周易卦爻辞中的故事·没有观象制器的故事》[①],后来在他获得新的心得后发表了《论〈易系辞传〉中观象制器的故事》[②],提出了诸如:"创造一件东西固然是要观象,但这个象乃是自然界之象,而非八卦象"等一些有益的观点。1930 年初,胡

---

① 《燕京学报》第 6 期。
② 《燕大月刊》第 6 卷第 3 期。

适给顾颉刚去信,提出五个理由,"以为《系辞传》中观象制器的故事不出后人羼传","尚不过泛举帝王"。为此顾颉刚又作《答适之先生论观象制器书》,对相关文献古料进行了研究整理,对上古"圣王"观象制器的流传脉络进行了疏通,他的认识基本上属于器的制造与形的一类的话题。

6.用器之道与传统政治思想

礼器纵的关系的启始是自发的祭祀用器与权力象征物。祭祀用器表现为持器者与神灵的沟通,其特征一般表现为对神的隆与敬,如《礼记·坊记》载孔子曰:"敬则用祭器,故君子不以菲废礼,不以美设礼。"特殊的祭器则体现为沟通大神的祭祀特权;权力象征物表现为持器者非同凡人的至尊至上的权威,一般表现为持器者在社会组织中所享有的一定支配他人的权力,特殊的权力象征物则体现为"受天有大命"与生杀予夺之大权。譬如《诗经》上描述的周先祖公刘的威仪①。因此鲁庄公也说:"牺牲玉帛,弗敢加也,必以信。"②不敢有加,遵行常数,祝史的祷告才能体现主祭人的虔诚,这是当时人的一种信念。

关于周王赐礼器,文献多有记载。周公制礼作乐,分封诸侯,当然将赏赐礼器囊括于其中。《左传》定公四年载:"昔武王克商,成王定之,选建明德,以藩屏周。故周公相王室,以尹天下,于周为睦。"伴随着分封制的实行,"分鲁公以大路、大旂、夏后氏之璜,封父之繁弱……"所谓大路即金路,是以铜作饰之车乘。铭文中多作"金车"。初为天子赐同姓诸侯之车。大旂为立于"金车"上的大旗,上绘有交龙。璜为半璧之玉器。"繁弱"为古之良弓。《荀子·性恶》曰:"繁弱、矩黍,古之良弓也。"它们均为具有政治权力象征意义之礼器。

---

① 《诗经·大雅·公刘》。
② 《左传》庄公十年。

《礼记·乐记》云:"故钟鼓管磬,羽籥干戚,乐之器也。屈伸府仰,缀兆舒疾,乐之文也。簠簋俎豆,制度文章,礼之器也。"礼器所具有的贵族政治权利的象征作用,曾是古代国家政治制度的重要组成部分,君王是礼器的最高级别之"象"与"象"的组合的垄断者,拥有全国礼器的制作与分配权;同时,礼器也作为国家统治集团所有的不同级别成员权力的象征,"是故礼者,君之大柄也,所以别嫌明微,傧鬼神,考制度,别仁义,所以治政安君也。"①同时,礼器的象征作用不能脱离政治制度与伦理的规范,即"升降上下,周还裼袭,礼之文也。故知礼乐之情者能作,识礼乐之文者能述。作者之谓圣,述者之谓明。明圣者,述作之谓也。"②因此,礼器不仅具有象征王权的政治特征,而且具有象征圣德的伦理特征。明代王夫之还说过:"统此一物,形而上则谓之道,形而下则谓之器,无非一阴一阳之和而成,尽器则道在其中矣。"他主张器与道是高度统一的。

7. 礼器与宗天观念

前文已经论述,东周礼书上称:"以苍璧礼天,以黄琮礼地。"③然而为什么上古的人就用这种形态的器皿祭天礼地?过去人们不太理解,在良渚文化遗址发现了与玉琮极为相似的寺墩遗址的布局后,找到了一些答案。据考古报告④,寺墩的圆形祭坛相当于玉琮的俯视图。寺墩祭坛可能是沟通天地的通道,而玉琮当具有与祭坛相同的功能。说明拥有玉琮的人是沟通天地的操作者,良渚玉琮应是对天地精神沟通的祭坛的模拟。

从进入等级社会后的青铜礼器型制来看,笼统地说,三足器(兼少

---

① 《礼记·礼运》。

② 《礼记·乐记》。

③ 《周礼·春官·大宗伯》。

④ 参阅史宗刚:《无愧于东方文明之光》,《文物》1997年第7期。

量的四足器)与高圈足器演变成礼器的比例最大。三足器与高圈足器将所盛的食物被架高,有一种隆而敬的意识在其中,其造型与"以禋祀昊天上帝"之"献"的原始影像相合。特别是非炊具类的高三足与高圈足类器物,很可能用于祭祀与燕飨的仪礼之中。作为"东部陶器传统的主要特征"之一是,"陶器之器身常因某种方法加高而不着地"①。可以推论,其中必然包括着一个类似原始宗教的思维世界,起码在后来的文献中,这种"加高而不著地"的意识已经表达得很明确了,"馨香祀登闻于天"②,"以天之高,故燔柴于坛……天神在上,非燔柴不足以达之。"③以及于金文中所见字,即尊加阜旁以表示字本为崇高之义,似乎高三足与高圈足类器皿也蕴含了与之相近的意识。显而易见,三足器与圈足器的陶质容器是后来青铜容器的雏形,大多青铜容器与新石器时代的三足、圈足陶器有着承袭关系。

8. 象与几的认识

"象"是什么意思? 前文有过讨论。然而象又是通过怎样的形式与礼制相连的呢? 在这方面胡适曾做出过精彩的论述,他说:"人类的一切器物制度礼法,都起于种种'象'。换言之,'象'便是一切制度文物的'几'。……因为'象'的应用,在心理和人生哲学一方面就是'意',就是'局心'(孟子所谓'以仁存心,以礼存心'之存心)。就是俗话说的'念头'。"④这里所说的"几"(动机)"意""存心""念头"是象所体现的意识,是一种主观的东西。《易系辞》上曰:"易,圣人之所以极深而研几也。"《注》曰:"极未形之理则'深',适动微之会则曰'几'。"《正义》曰:

---

　　① 〔美〕吉德炜:《从考古器物看中国思维世界的形成》,*Le Civilta Cinese Antica*,Venice,April 1985。

　　② 《尚书·酒诰》。

　　③ 《礼记·郊特牲》,孔疏。

　　④ 胡适:《中国哲学史大纲·卷上》,中华书局1991年版,第68页。

"'几'者,离无入有,是最初之微。"这里所谓的"几"可以理解为动机。《易系辞》下曰:"知几其神呼! 几者,动之微,吉之先是者也。"《注》曰:"几者,去无入有。理而无形,不可以名寻,不可以形睹者也……唯神也……故能朗然玄照,鉴于未形也。"由此可知"几"属形而上一类的。《易系辞》曰:"近取诸身,远取诸物。"由此可以推论所谓的象与造象者的社会存在是息息相关的,《易经》从复杂的自然现象和社会现象中抽象出阴(－－)阳(———)两个基本范畴,就是一个例证。

吕思勉曾高度评价"形而上者谓之道,形而下者谓之器"这两句话的概括性,他说:"道者,事物之所以然,无形迹可见,故曰形而上,犹言成形之先;曰形而下,则犹言成形之后耳。此乃天事,非人事。"[①]《左传》僖公十五年载,"物生而后有象。"这里所说的象是由物派生的,物或器的一种属性。

(三) 礼器的伦理特征

礼器于中国古代伦理有着特殊意义。所谓伦理,其形式是人的人格,它制约着人的本质特征而成为人行为的出发点和动机。中国古代的伦理特征是在中国的特定条件下表现人的社会生活所固有的道德原理,而这种道德原理,实质上又是以社会存在规律——人的以生产力为基础的各种创造力的总和,与人的以生产关系为基础的社会关系总和的社会规律为前提。其中包括作为社会共同体的集中代表的价值观,各种制度下的不同等级的人格依存或从属的社会关系,等等。由于这些关系往往是以不同层次上的尊卑、贵贱、上下之别的形式表现出来,因此,当礼器充当这些关系中的确定因素时,也同样成为族内诸层次的表现形式。《荀子·大略》曰:"亲亲,故故,庸庸,劳劳,仁之杀也。贵

---

① 《吕思勉读史札记》,上海古籍出版社 1982 年版,第 425 页。

贵，尊尊，贤贤，老老，长长，义之伦也。行之得其节，礼之序也。”传统伦理是以价值观、是非观来支配社会共同体成员的行为与观念，并用礼的形式约束其尊卑、贵贱、长幼的等级秩序，然后由礼器加以确定。

以“亲亲”作为礼器的目的之一，应追溯到早于孔子年代的铜器铭文资料，殷周铭文中申明为某做器，本身就体现了一种以长为尊的伦理意识，譬如：有为祖做器者①，为父做器者②，为祖与父做器者③，为母做器者④与为父母做器者⑤，及少数的为兄做器者⑥。这些铭文资料都是用做器的形式表示做器人对祖先与血缘前辈的奉祭，体现了传统的尊奉长者的伦理道德观念。

制器的目的与社会意识之间的关系，最终体现对血缘家族中的祖先与亲族长者奉祭。“亲亲”成为一种做器人的思维定式，它的形成是一种长期的民族文化积淀的结果。《中庸》载孔子总结说：“仁者人也，亲亲为大；义者宜也，尊贤为大；亲亲之杀，尊贤之等，礼所生也。”“亲亲为大”，是把血缘亲属关系摆在“仁”的头等地位。孔子认为“立爱自亲

---

① 为祖做器之例：《且己鼎》铭：“乃孙作且（祖）己宗宝𩰫𩱧。”（《三代》3·21·3）《徲且丁鼎》铭：“徲作且（祖）丁尊彝永宝。”（《三代》3·14·2）《旃鼎》铭：“用享孝于朕文祖。”（《三代》4·6·1）

② 为父做器之例：《亩鼎》铭：“用作父己宝尊彝。”（《三代》4·21·1）《趞父辛鼎》铭：“用作朕皇考宽公尊鼎。”（《三代》4·35·1）

③ 以祖与父为对象：《平侯鼎》铭：“都公平侯自作尊锰，用追孝于厥皇且（祖）晨公，于厥皇考错（?）公。”（《三代》4·23·1）《鬲攸从鼎》铭：“作朕皇且（祖）丁（?）公、皇考叀公尊鼎。”（《三代》4·23·1）《鬦硕鼎》铭：“用享孝于皇且（祖）皇考。”（《三代》4·35·2）

④ 为母做器之例：《田告方鼎》铭：“田告作母辛尊。”（《三代》3·3·1—2）《若𢆶鼎》铭：“若𢆶餗作文母宗尊彝。”（《三代》3·17·5）《穆父乍姜懿母鼎》铭：“穆父作姜懿母餗鼎。”（《三代》2·50·2）《母辛鼎》铭：“子贝用作母辛大彝。”（《三代》3·9·1）

⑤ 为父母做器之例：《白父鼎》铭：“伯頵父作朕皇考屖伯、吴姬宝鼎。”（《三代》4·1·1）《师趛鼎》铭：“师𩛥作文考圣公、文母圣姬尊彝。”（《三代》4·11·1）《颂鼎》（三）铭：“用作朕皇考屖（恭）叔、皇母（恭）姒宝尊鼎。”（《三代》4·39·1）《諆鼎》铭：“諆肈作其皇考、皇母者比君鬺鼎。”（《三代》4·6·1）

⑥ 为兄做器之例：《季兄己鼎》铭：“季作兄己尊彝。”（《三代》3·9·3）

始",即所谓"赤子之心"及"孩提之童无不知爱其亲也",是建立礼的社会的情感基础。

孔子的伦理观,即使在今天,这样一个道理也是不难理解的,亲亲,是人类最原始,最真挚,最纯洁的一种情感。从人类历史来看,自原始人群以至氏族、胞族、部落、部落联盟,所有人类最初的共同体,没有不倚靠血缘亲属关系之间的相亲相爱作为联结的纽带的。恩格斯在《家庭·私有制和国家的起源》第一版序言中称原始社会为"以血缘团体为基础的旧社会",似乎也是这样一个意思。"义者宜也",宜为正当之意。超越了"亲亲"一步,应当是国家出现以后的事,说明义与仁不同,其本意是要求正当,而不是要求亲亲。尊贤又是要求正当的首要原则。《礼记·丧服四制》上说:"门内之治恩掩义,门外之治义断恩。"门指家族内,是说在家族内,应该注重恩与仁;在社会上,应该注重义与贤。"亲亲之杀"是说在"亲亲"之中是有亲疏远近的区别的,这里所说的杀是隆杀之意,同样,尊贤的对象也是有上下不同等级的,由于有了亲亲之隆杀,尊贤之等级,而产生了礼,它的物化形式就是礼器。

将伦理植于礼器的制用之中,是当时的一种流行的思维方式。《左传》昭公二十五年载子太叔的一段论述:"为君臣上下,以则地义;为夫妇外内,以经二物;为父子、兄弟、姑姊、甥舅、昏媾、姻亚,以象天明。"还有:"是故审行信令,福祸赏罚,以制死生。生,好物也;死,恶物也。好物,乐也;恶物,哀也。哀乐不失,乃能协于天地之性,是以长久。"值得注意的是,这段论述认定,君臣的上下关系的规则取象于地义;而诸如父子、兄弟等亲缘关系的规则,则取象于天。

器与伦理在一定条件是可以转化的。《说苑·反质》说:"鲁有俭者,瓦鬲煮食,食之而美,盛之土铏之器,以进孔子。孔子受之,欢然而悦……"孔子欣然接受普通老百姓用瓦鬲装的"薄膳",弟子以为有失身份,孔子却以为很荣耀,因为用的是古朴的鬲,不失礼,而"如受太牢之馈"。通过用鬲进膳,孔子还得到了"食美者念其亲"的体会。这样我们就不难理解孔子为什么没有把人们的感情心理引导向外在的崇拜对象或神秘境界,而是把它消融在亲子关系为核心的人的世间关系之中,使构成宗教三要素的观念、情感和仪式统统环绕和沉浸在这一世俗伦理和日常心理的综合统一体中①。以亲缘关系中的尊卑上下而确定礼器的组合关系与数量关系,是两周礼器制度的一大特性,在先秦文献中有十分显著的体现,诸如:

1. 男女关系的男尊女卑

《左传》庄公二十四年载:"秋,哀姜至,公使宗妇觌,用币。"被认为是"非礼也"。原因是:"令男女同贽,是无别也。男女之别,国之大节也,而由夫人乱之,无乃不可乎?"章物为彰明所执之物类,以显示贵族身份的高低。觌在这里指会见。所谓的尊卑关系称之为"国之大节",这在当时是很重要的伦理原则。

2. 长幼关系的长尊幼卑

古人以用礼器的多少与礼器奉行之仪的先后来确定长尊幼卑,如:

《礼记·乡饮酒义》曰:"八十者五豆,九十者六豆,所以明养老也。"

《大雅·行苇》六、七章云:"曾孙维主,酒醴维醹。酌以大斗,以祈黄耇。黄耇台背,以引以翼。寿考维祺,以介景福。"耇黄为黄发老人,贵族们将高寿的族人看作是增添福祉的祥兆,因此用大碗的酒为他们祝福,并主动地去搀扶他们,其义均为尊长养老之义也。《礼记·礼运》载孔子曰:"是故夫礼,必本于夫,殽于地,列于鬼神,达于丧祭射御冠昏朝聘。"而《礼记·乐记》曰:"乐者为同,礼者为异……乐由天作,礼以地制,……明于天地,然后能兴礼乐也。"这里所说"礼者为异","礼以地制"应是指礼的物化形式,即礼器。礼器的数量关系与组合关系亦用来

---

①　参阅李泽厚:《中国古代思想史论》,人民出版社 1988 年版,第 21 页。

确定"亲亲"之关系。故"夫礼者,所以定亲疏,决嫌疑,别同异,明是非也。"①在孔子看来,人的自然之属性——家长制的不同等级的人格依存与从属的社会伦理关系,首先从长幼之不同的尊卑之别的关系上表现出来。

由于礼类于人格的本原之美,因此,礼仪的特征也有了"美"的成分,即"言语之美,穆穆皇皇。朝廷之美,济济翔翔。祭祀之美,齐齐皇皇。车马之美,匪匪翼翼。鸾和之美,肃肃雍雍。"②又如《荀子·礼论》曰:"礼者,断长续短,损有余,益不足,达爱敬之文,而滋成行义之美者也。"

礼又有了内心修养的成分。子谓《韶》:"尽美矣,又尽善也。"谓《武》:"尽美矣,未尽善也。"

子曰:"兴于诗,立于礼,成于乐。"③

子曰:"君子博学于文,约之以礼,亦可以弗畔矣夫!"④

子曰:"非礼勿视,非礼勿听,非礼勿言,非礼勿动。"⑤

荀子认为:"圣也者,尽伦者也;王也者,尽制者也。两尽者,足以为天下极矣?"⑥

《左传》襄公二十七年载:齐庆封来聘,其车十分美观。孟孙谓叔孙曰:"庆季之车,不亦美乎?"叔孙曰:"豹闻之,'服美不称,必以恶终'。美车何为?"意思是,车马服饰与其人地位不相称,必得恶果。

礼器的外在特征是"威仪",《左传》襄公三十一年载:"君臣、上下、父子兄弟、内外大小皆有威仪也。""君子在位可畏,旋舍可爱,进退可

---

① 《礼记·曲礼上》。
② 《礼记·少仪》。
③ 《论语·泰伯》。
④ 《论语·雍也》。
⑤ 《论语·颜渊》。
⑥ 《荀子·解蔽》。

度,周施可则,容止可观。作事可法,德行可象,声气可乐,动作有文,言语有章,以临其下,谓之有威仪也。"《礼记·表记》载,子曰:"大人之器威敬。"这里所说的器据说指龟策,说是其中有圣人所以寓神道之教,故言大人之器也。虽然未必符合,但是以其威敬而不敢玩亵,故大事则用,小事则否倒是礼器的特征之一。这样不仅区别了事之大小,也区别了人之贵贱。马克思在论及天主教堂时曾说:"巨大的形象震撼人心,使人吃惊……这些庞然大物以宛者天然生成的实体物质地影响人的精神,精神在物质的重量下感到压抑,而压抑之感正是崇拜的起始点。"①这也是一种威仪的作用。

在原始意识的表象——宗教和神话中,华夏人不重视创世的统一神的崇拜,而是现实地着眼于天地自然和文化发源的祖先,着眼于自然的赐予和人际的血缘关系。因此,华夏人很少有宗教感情,而是在包括祭祀在内的一系列礼仪制度中表现其祈祐的现实精神。

从对人的行为的节制作用而言,礼是一种外在的规定,它按照上下等级次序规范人们的社会行为,限制人们活动的可行范围,并将这些规范伦理化,制度化,并与我们民族的特有的传统农业生产方式与生活方式相结合,构成了从精神到物质的博大精深的文化体系。

在两周礼器的特质方面,"俭"的重要性容易为人们所忽视。然而,这在礼制建立的初期则是至关重要的。《左传》隐公三年载君子曰:"苟有明信,涧溪沼沚之毛,苹蘩藻之菜,筐筥锜釜之器,潢于行潦之水,可荐于鬼神,可羞于王公,而况君子结二国之信,行之以礼,又焉用质?《风》有《采蘩》《采苹》,《雅》有《行苇》《泂酌》,昭忠信也。"其中包含有明显的原始氏族社会以诚作约,以物为标的内容。"俭"的特征还反映在对器用的数量约束上。所谓"夫德,俭而有度,登降有数。文物以纪文,声

---

①　《马克思恩格斯全集》第 5 卷,莫斯科 1928 年版,第 140 页。

明以发之,以临照百官,百官于是乎戒惧而不敢易纪律。"在古风犹存的东周之初,"俭而有度"的特征就更为明显。"故昭令德以示子孙。"因此鲁庄公也说:"牺牲玉帛,弗敢加也,必以信。"①不敢有加,遵行常数,祝史的祷告才能体现主祭人的虔诚,这是当时人的一种信念。

有外国学者,已经注意到当时采用模范工艺制作礼器与中国古代民族的思维方式关系,美国学者吉德炜说:"这是很重要的技术成就,因为商代青铜铸造者使用的内、外范,就是从这种程式的观念中发展出来的。可是这也具有社会以及观念上的意义,因为这种制法反映出一种依照模范模制,遵守模范形制,以及标准化即'工程式的'(ENGI-NEER)的创造观。往后中国政治社会思想中,效法道德人物会如此重要,实不足为奇。"②还应当看到的是,模范模制的礼器与礼器的模范(规范)作用是相互作用的。《左传》成公二年载孔子曰:"信以守器,器以藏礼。""唯器与名不可以假人,君之所司也。"他还批评管仲"镂簋而朱纮,旅树而反坫,山节而藻棁……而难为上也",为太侈;又批评晏婴"仲祀其先人,豚肩不掩豆……而难为下也"③,为太俭,都未能合乎礼器的使用规范。坚持中庸,坚持正统是中国古代文化的人伦之道,也就是制器与用器之道,且相互作用。这一主张与思维方式对后世产生了深远的影响。

三、两周礼器制度对后世的影响

两周礼器制度对后世的影响是多方面的。其一是在后人追述中,礼器被神圣化的倾向十分显著。《墨子·非攻下》就将商纣"九鼎迁止

---

① 《左传》庄公十年。

② 〔美〕吉德炜:《从考古器物看中国思维世界的形成》,*Le Civilta Cinese Antica*,Venice,April 1985。

③ 《礼记·杂记下》。

（之）"看作是商朝灭亡的先兆，将"赤鸟衔圭，降周之岐社"看作是周室振兴的前征，甚至将周军的旌旗也说成是"天赐武王黄鸟之旗"。这是人们把礼器与圣王之迹联系在一起的例证，其中附会了神秘色彩。《战国策·齐策》战国中期，冯谖劝孟尝君"请先王之祭器，立宗庙于薛"，以此在薛地聚集孟尝君的族人。可见在礼器制度衰落的当时，宗庙与宗庙之器对其族人仍具有召唤力。这是一种神秘的精神力量。

《史记·封禅书》载汉代传说：周亡后"宋太丘社亡，而鼎没于泗水彭城下"。《史记·秦始皇本纪》载："始皇还，过彭城，斋戒祷祠，欲出周鼎泗水，使千人没水求之，弗得。"后来还闹了一通"汾阴直有金宝气"，也是子虚乌有。在汉代也有过不少出寻"宝鼎"的故事。最著名的要属武帝改元，《汉书·武帝纪》载："元鼎元年五月……得鼎汾水上。"应劭注："得宝鼎，故因是改元。"不用说肯定是将古鼎神秘化了。这种意识对后人认识礼器却有着深远的影响。与将古礼器作为教化的工具也有着连带作用。

其二是后世为古礼器演绎出了教化的功用。《大戴礼记·哀公问于孔子》载鲁哀公向孔子请教礼的问题，孔子主张"备其鼎俎，设其豕腊，修其宗庙"，从而使民众知礼并有礼仪，在儒家看来，宗庙、宗族及其宗器对于巩固社会稳定有着不可替代的作用，礼器所具有的血缘凝聚力是其教化作用的集中体现。考古学出现以前多出土是零星的单个的器皿的记述，后来才从田野考古的墓葬发掘中知道了礼器的组合，因此产生了由随葬器物来考察当时的文物典章制度的研究，由于这方面的研究出现相对较晚，影响力也相对较弱。另一方面则是记载两周礼器制度的文献，尤其是称之为"三礼"的东周礼书，其对后世产生了不可低估的深远影响。正如孔子所认为的，大礼只能相因，小礼可以损益。《论语·为政》篇载："子曰：殷因于夏礼，所损益可知也；周因于殷礼，所损益可知也。其或继周者，虽百世可知也。"但王莽所建官制，是由他自己乱据古意七拼八凑,奇形怪态编造成的出来。真正依照《周官》只建立了几个卒正、连率等小官。实际上他没有真正实行《周官》。直到西魏的宇文泰当政,笃于复古,正是这位鲜卑人拓跋氏的君王仿照《周礼》建立了六官,自己当了大冢宰。他的儿子建立北周,完全沿用了六官之制。这都是一位学者苏绰为他们创拟的。这是《周礼》所定官制在中国历史上唯一获得实行的一次。而东周礼书所载礼器制度对后世的影响的情形就大不相同了,其声势要大得多。

《史记·封禅书》上说,鼎"遭圣则兴,鼎迁于夏商。周德衰,宋之社亡,鼎乃沦没,伏而不见"。汉武帝于元狩三年夏六月,在汾阳出土古鼎,以为是禹九鼎之一。根据九鼎"遭圣则兴"的说法,被视为祥瑞,立即以礼祭鼎,迎鼎至甘泉宫。至长安时,"公卿大夫皆议请尊宝鼎",然后将宝鼎"见于祖祢,藏于帝廷"。是年改元为"元鼎",并于次年举行了封禅大礼。《汉书·礼乐志》载:至成帝时,"于水滨得古磬十六枚,议者以为善祥,刘向因是说上'宜兴辟雍,设庠序,陈雅乐,隆雅颂之声,盛揖攘之容,以风化天下'。可见,古乐器的出土,被汉室朝廷认为是"善祥"之兆,而且有益于社会风化。到了宋代,有人提出了"假其器而宣其教"[①],以古之礼器宣扬礼教。

其三,两周随葬礼器制度对后世仍然产生着持续性的影响。汉墓情况就是很好的例子,尤其是西汉诸侯王及贵族墓葬更是以两周随葬礼器制度为本,大量拟造地宫礼器。如:长沙马王堆一号汉墓,即西汉"軑侯"夫人墓出土的以漆器为主,陶器为辅的礼用容器组群。漆器共184件,有鼎7、钫4、钟2、盒4、匕6、卮7、勺2、耳杯90、具杯1、盘32、盂6、案2、匜2、奁17等;陶器共51件,有鼎6、钫2、钟2、盒6、瓿1、豆

---

① 《礼义为器赋》,《古今图书集成》,经济录编·礼仪典,第11卷。

2、壶 1、熏炉 2、甗 1、釜 1、罐 23 等①。其中仍然突出了以鼎为主的组合关系。

又如:江苏徐州西流宛朐侯刘埶墓②,随葬有陶帛鼎 9、盒 9、壶 4、钫 4、罐 19、盆 2、鐎壶 1、瓮 1、熏炉 1、陶编磬 1 组 9 件。另有玉石器等。由于墓主刘埶参与了"七国之乱"的谋反,因而未发现西汉诸侯王葬制中的车马坑或车马器;特别是未见表明身份的玉衣或玉面罩,以及琀、塞等殓葬玉器。尽管如此,仍然可以看到为表示墓主身份而随葬的成组礼器。

其四,礼器制度对后世教化产生着持续性的影响。在宋人的著作中对于金石学的功用有两种说法:一种认为古器本身是古之圣人用以载道之物,强调其作为礼之象征的功用,即如李公麟所言:"圣人制器尚象,载道垂戒,寓不传之妙于器用之间,以遗后人,使宏识之士,即器以求象,即象以求意,心悟目击命物之旨,晓礼乐法,而不说之秘,朝夕鉴观,罔有逸德,此唐虞画衣冠以为记,而能使民不犯于有司,岂徒眩美贪玩,为悦目之具哉。"显然,此种说法是认为古器物有直接的晓以礼教而稳定统治秩序的作用;另一种说法,是认为研究金石学可以复原古礼,证经补史,如刘敞自序其《先秦古器图碑》时所言:"三王之事,万不存一,诗书所记,圣贤所立,有可长太息者独器也乎哉。"他在所著《先秦古器记》中讲到,编撰此书是为了借此使"礼家明其制度,小学正其文字,谱牒资其世谥"。翟耆年在《籀史》中评述太学博士吕大临考证彝器之成绩是"其讨论深远,博而合经","述天子册命之礼尤详,可以想象当时礼仪之大纲"。吕大临的《考古图》上说:"予于士大夫之家,所阅多矣,每得传摹图写、寖盈卷轴,尚病窾启,未能深考,暇日论次成书,非敢以

---

① 《长沙马王堆一号汉墓》,文物出版社 1973 年版。
② 《文物》1997 年第 2 期。

器为玩也。观其器，诵其言，形容仿佛，以追三代之遗风，如见其人矣；以意逆之，或探其制作之原，以补经传之阙之，正诸儒之谬误，天下后世之君子有意于古者，亦将有考焉。"可见自宋人著录金石学，已形成了以彝器、彝铭诂经、补经的趋势。

纵观《二十五史》的《礼志》《郊祀志》的内容，其正统礼制除了局部因理解的不同而有不大的调整外，几乎没有什么重大的变化。因此可以说先秦两汉是中国历史发展过程中的一个关键时期，也是正统文化理论化和定型化的时期。

清入关以后，本来在关外信仰萨满教的满族统治者，在祭天礼制上发生了重大变化。《大清会典》规定的南郊大祀为："正月上辛祈谷，孟夏常雩，冬至圜丘，皆祭昊天上帝。"这三项祭礼，显然不是满洲传统，而是承袭了中原帝王实行了两千年的礼制。这种礼制至少始于周礼。这次重大演变绝不是偶然的，它最终体现了古代中原农业民族正统文化地位。清朝统治者在这方面下了很大的功用。

典章文物一直为华夏民族认定为民族的特征，其影响的程度至深至远。谁违背了它也就会被认为脱离了民族文化的本体。包括近代农民起义军太平天国干王洪仁玕的绝命诗中写道："北狄迷伊真本性，纲常文物倒颠之。"（第3、4句）诗中感叹今人受北狄——"满清"之迷惑而忘却本性，颠倒了文物纲常。在洪仁玕的意识中，文物纲常是华夷有别的标志，维护汉民族的文物纲常也是本平天国与满清王朝作斗争的思想武器。可见华夷有别的古训在中国近代革命的启始阶段仍有着其深远影响①。

礼的物化形式具有很强的保守性，末代皇帝溥仪在《我的前半生》中写道："据说乾隆皇帝曾经这样规定过：宫中的一切物件，哪怕是一寸

---

① 参阅王庆成：《洪仁玕亲书绝命诗》，《文物》1997年第4期。

草都不准丢失。为了让这句话变成事实,他拿了几根草放在宫中的案几上,叫人每天检查一次,少一根都不行,这叫作'寸草为标'。我在宫里十几年间,这东西一直摆在养心殿里,是一个景泰蓝的小罐,里面盛着三十六根一寸长的干草棍,这堆小干草棍几曾引起我对那位祖先的无限崇敬,也曾引起我对辛亥革命的无限忿慨。"①由此可见,礼的物化形状所具有的不可思议的保守的内在力。

直至国民党政府在逃离大陆之前,其还将大批故宫文物携往台湾,试图假此来召唤世界,标榜正统,其中包括青铜器 61 箱 2382 件,古玉器 103 箱 3894 件。从 20 世纪 50 年代后半期开始,台湾经济出现了高速增长,到了 60 年代,其令人惊异的增长率便以"台湾奇迹"的神话风靡了整个世界。在这一神话背后,有人居然探听到如此的秘辛:这只"小龙"的养成原来与从故宫里拿去的玉器有着密切的关联②。这些是在研究礼器制度历史影响时,不该忽视的一个问题。

---

① 　爱新觉罗·溥仪:《我的前半生》,群众出版社 1964 年版,第 54、55 页。
② 　〔日〕典厩五郎:《故宫探秘录》,前章《台湾的奇迹》,1997 年版。

主要参考文献表

一、基本文献

《周易正义》(中华书局影印,阮元刻十三经注疏本)。

《尚书正义》(中华书局影印,阮元刻十三经注疏本)。

《毛诗正义》(中华书局影印,阮元刻十三经注疏本)。

《春秋左传正义》(中华书局影印,阮元刻十三经注疏本)。

《春秋公羊传注疏》(中华书局影印,阮元刻十三经注疏本)。

《春秋榖梁传注疏》(中华书局影印,阮元刻十三经注疏本)。

《周礼注疏》(中华书局影印,阮元刻十三经注疏本)。

《仪礼注疏》(中华书局影印,阮元刻十三经注疏本)。

《礼记正义》(中华书局影印,阮元刻十三经注疏本)。

《论语注疏》(中华书局影印,阮元刻十三经注疏本)。

《孟子注疏》(中华书局影印,阮元刻十三经注疏本)。

《毛诗传笺通释》。

《逸周书》。

《国语》。

《战国策》。

《史记》之《殷本纪》《周本纪》《封禅书》《礼书》。

《春秋繁露》。

《古今图书集成》,经济录编·礼仪典第 11 卷。

《说文解字》。

《荀子·礼运》。

《吕氏春秋》。

恩格斯:《家庭、私有制和国家的起源》。

二、古文字、考古学文献

(以下文献以出版、发表时间为序)

王国维:《古礼器略说》,载《雪堂丛刻》,1915 年。

罗振玉:《殷墟书契考释·礼制》,台湾艺文印书馆,1911 年。

苏秉琦:《斗鸡台沟东区墓葬》,1948 年北平版;《图说》,中国科学院出版社,1954 年。

《中国古器物学的新基础》,台湾《文史哲学报》1950 年第 1 期。

郭沫若:《金文丛考》,人民出版社,1954 年。

陈梦家:《西周铜器断代》,《考古学报》,1955 年,总 9－10,1956年,1－4 期。

陈梦家:《殷墟卜辞综述》,科学出版社,1956 年。

《安徽寿县蔡侯墓出土遗物》,科学出版社,1956 年。

《辉县发掘报告》,科学出版社,1956 年。

郭沫若:《两周铜器铭文辞大系考释》,科学出版社,1957 年。

《上村岭虢国墓地》,科学出版社,1957 年。

《山彪镇与琉璃阁》,科学出版社,1959 年。

《洛阳中州路(西工段)》,科学出版社,1959 年。

《黄县曩器》,山东人民出版社,1960 年。

《新中国的考古收获》,1962 年。

《长沙马王堆一号汉墓》,文物出版社,1973 年。

《侯马盟书》,文物出版社,1976 年。

俞伟超、高明:《周代用鼎制度研究》,《北京大学学报》1978 年第 1—2 期,1979 年第 1 期。

邹衡:《夏商周考古论文集》,文物出版社,1980 年。

唐兰:《殷墟文字记》,中华书局,1981 年。

《中国早期铜器的初步研究》,《考古学报》1981 年第 3 期。

《殷墟妇好墓》,文物出版社,1981 年。

夏鼐:《商代玉器的分类、定名和用途》,《考古》1983 年第 5 期。

中国社会科学院考古研究所:《新中国的考古发现与研究》,文物出版社,1984 年。

林沄:《豐豐辨》,《古文字研究》第 12 辑,中华书局,1985 年。

《殷墟青铜器》,文物出版社,1985 年。

《鄂尔多斯青铜器》,文物出版社,1986 年。

唐兰:《西周青铜器铭文分代史征》,中华书局,1986 年。

《江陵雨台山楚墓》,文物出版社,1986 年。

《宝鸡𢀖国墓地》,文物出版社,1988 年。

朱凤瀚:《琱生簋铭新探》,《中华文史论丛》1989 年第 1 期。

林沄:《周代用鼎制度商榷》,《史学集刊》1990 年第 3 期。

《李济考古学论文选集》,文物出版社,1990 年。

《登封王城岗与阳城》,文物出版社,1992 年。

朱凤瀚:《古代中国青铜器》,南开大学出版社,1995 年。

《中国北方古代文化国际学术讨论会论文集》,中国文史出版社,1995 年。

刘一曼:《安阳殷墓青铜器组合的几个问题》,《考古学报》1995 年第 4 期。

李学勤、彭裕商:《殷墟甲骨分期研究》,上海古籍出版社,1996 年。

孙庆伟:《两周"佩玉"考》,《文物》1996 年第 9 期。

《大甸子》,科学出版社,1996 年。

王人聪:《杨姞壶铭释读与北赵 63 号墓主问题》,《文物》1996 年第 5 期。

杨树达:《积微居金文说》,中华书局,1997 年。

朱凤瀚:《有关邶其卣的几个问题》,《故宫博物院院刊》,1998 年第 4 期。

苏秉琦:《中国文明起源新探》,生活·读书·新知三联书店,1999 年。

三、近现代史学文献

郭沫若:《中国古代社会研究》,联合书店,1930 年。

岑仲勉:《西周社会制度问题》,新知识出版社,1956 年。

王玉哲:《中国上古史纲》,上海人民出版社,1959 年。

郭宝钧:《中国青铜时代》,生活·读书·新知三联书店,1963 年。

郭沫若:《青铜时代》,科学出版社,1965 年。

郭沫若:《十批判书》,科学出版社,1965 年。

扬宽:《古史新探》,中华书局,1965 年。

〔英〕汤因比:《历史研究》中译本,上海人民出版社,1966 年。

赵光贤:《周代社会辨析》,人民出版社,1980 年。

方国瑜:《纳西象形文字谱》,云南人民出版社 1981 年。

《吕思勉读史札记》,上海古籍出版社,1982 年。

《匈奴史论文集》,中华书局,1983 年。

张光直:《中国青铜时代》,生活·读书·新知三联书店,1983 年。

王世民:《西周春秋金文中的诸侯爵称》,《历史研究》1983 年第 3 期。

刘泽华：《先秦政治思想史》，南开大学出版社，1984年。

李学勤：《东周与秦代文明》，文物出版社，1985年。

徐复观：《中国人性论史》，台湾学生书局，1985年。

张亚初、刘雨：《西周金文官制研究》，中华书局，1986年。

吴泽：《西周时代的社神崇拜和社祀制度研究》，1986年。

陈汉平：《西周册命制度研究》，学林出版社，1986年。

李泽厚：《中国古代思想史论》，人民出版社，1988年。

刘雨：《西周金文中的祭祖礼》，《考古学报》1989年第4期。

朱凤瀚：《商周家族形态研究》，天津古籍出版社，1990年。

张岱年：《中国哲学大纲》，《张岱年文集》，清华大学出版社，1990年。

朱凤瀚：《殷墟卜辞所见商王室宗庙制度》，《历史研究》1990年第6期。

张岱年：《中国哲学大纲》，《张岱年文集》第2卷，清华大学出版社，1990年。

赵伯雄：《周代国家形态研究》，湖南教育出版社，1990年。

钱杭：《周代宗法制度史研究》，学林出版社，1991年。

陈戍国：《先秦礼制研究》，湖南教育出版社，1991年版。

胡适：《中国哲学史大纲·卷上》，中华书局，1991年。

杜正胜：《古代社会与国家》，台北允晨文化实业股份有限公司，1992年。

詹鄞鑫：《神灵与祭祀》，江苏古籍出版社，1992年。

朱凤瀚：《商周时期的天神崇拜》，《中国社会科学》1993年第4期。

常金仓：《西周礼俗研究》，文津出版社，1993年。

朱凤瀚、徐勇：《先秦史研究概要》，天津教育出版社，1996年。

晁福林：《夏商西周的社会变迁》，北京师范大学出版社，1996年。

裘锡圭：《从几件周代铜器铭文看宗法制度下的所有制》，《尽心集——张政烺先生八十庆寿论文集》，中国社会科学院出版社，1996 年。

吴荣曾主编：《尽心集》，中国社会科学院出版社 1996 年。

张荣明：《殷周政治与宗教》，五南图书 1997 年。

四、外文参考文献

〔日〕水野清一：《殷周青铜与玉》，东京经济新闻社，1959 年。

〔日〕白川静：《金文通释》，白鹤美术馆，1963—1983 年。

〔日〕松丸道雄：《西周青铜器与其国家》，东京大学出版会，1980 年。

〔日〕林巳奈夫：《殷周时代青铜器之研究》，东京吉川弘文馆，1984 年。

〔美〕吉德炜：《从考古器物看中国思维世界的形成》，*Le Civilta Cinese Antica*，Venice，April 1985。

后　记

　　拙著收笔之际,报章上又传来发现铸有"王作彝□,左守"铭文之西周铜鼎的消息①。这是迄今确知的周王作鼎,其意义之重大自不待言,为两周礼器制度的研究增添了又一珍贵资料。庆抃之余,对先秦史研究又生出几分敬畏,对于古史研究的长期性也多了一分认识。值得庆幸的是,拙著能够据这一时期的考古资料与文献资料,并参考了前人与今人的研究成果对先秦史研究课题提出属于自己的一些粗浅认识。

　　拙著的底本是我的博士论文,从论题的确定、提纲的逻辑关系到具体的行文都得到了导师朱凤瀚先生的深入指导,他严谨认真的治学精神与方法论,对于本文写作的全过程起到了无以取代的决定性作用。朱凤瀚先生对先秦史与先秦考古学深刻全面的认识,大大地提高了拙著的学术研究水平。回想起最初的写作,不禁汗颜。先生耳提面命的教诲,对本文有着再造之功,为此他倾注了大量的心血。在经历困惑之时,导师对我勖勉有加;在有所新悟之时,导师教我谨慎深入……应当看到,其整个过程对我的人生与以后的治学都有着深远影响。在拙著付梓之际,谨向导师朱凤瀚先生恭致谢忱。

　　拙著修改的过程中,还得到了不少学术前辈的教诲,其宝贵意见已

---

　　①　2003 年 6 月 25 日《人民日报》等媒体报告,2001 年 12 月至 2002 年春,洛阳市发掘一古墓。墓为"亚"字形。已被盗。墓中出土一件破损青铜鼎的内侧,有铭文为"王作彝□,左守"等字(中间一字缺失,考古工作者推测为"宝"字)。有人推测墓主最有可能是东周第一代天子周平王。

于成书之前予以精心吸纳。

撰写期间,年过九旬的老父亲正卧病榻之上,老人家念念不忘孩儿的学业,予以鞭策。时至今日,老人已经过世,然而,当时的三言两语铭记在心。妻子何芳不辞辛劳为我誊写书稿,其中的苦衷永存记忆,愿以拙著作为这段生活的纪念。子曰:"行有余力,则以学文。"其所言甚善,对于攻读博士学位者,家人的理解,不能不说是至关重要的。

就在拙著即将完成之际,一位日本友人光顾寒舍,他望着案头上厚厚的书稿,不禁发问:你写的这东西有什么现实意义吗?这个问题提得好,我写的是学术研究的玩意儿,照说也不当有什么功利目的,但是要说现实意义却有那么一点,我国现有的分配制度不还是拙文讲的那么一套吗?诸如部长住多大的房,坐什么车;局长住多大的房,坐什么车;处长住多大的房……都是铁定的,就像是周代礼器分配的"章程",超出了"待遇"规制就是"腐败",还不就是 2000 年前的"僭越"吗?实际这套规制本身就是滋生官员们腐败的温床,是非改不成的弊政。这本书的出版或许能为进行中的社会改革提供历史上的资料呢。日本友人听了我的一番议论,大服。说来也是一段趣事。兹由衷感谢商务印书馆丁波先生为拙著出版所做出的勤勉无私的工作。

本文所做研究课题时代跨度长,内容多,尚须进一步深入探讨之处还很多,很多。总之,就教于读者才是作者之大幸。

吴十洲

于北京寓所雄风楼
2006 年 3 月 1 日